圖解系列

五南圖書出版公司 印行

消防安全設備設置標準

作者 **盧守謙**　協同作者 **陳承聖**

閱讀文字

理解內容

觀看圖表

圖解讓
消防安全設備
設置標準
更簡單

推薦序

推薦序

　　為培育出國家消防安全設備之設計、監造、裝置、檢修及防火防災實務型人才，本校特創立消防安全學士學位學程之獨立系所，建置了水系統、警報系統及氣體滅火系統專業教室等軟硬體設備，擁有全方位師資團隊，跨消防、工程科技、機械工程、電機、資訊等完整博士群組成，每年消防設日間部四技班、進修部四技班及進修學院二技班等，目前也刻正籌備規劃消防系（所），為未來消防人力注入所需的充分能量。

　　本校經營主軸為一核心之提升人的生命品質；三主軸之健康促進、環境保育、關懷服務；四志業之健康、管理、休閒、社會福利等完整理念目標。在消防學程發展上，重視實務學習與經驗獲得，促進學生能儘快瞭解就業方向；並整合相關科系資源，創造發展出綜合性消防專業課程模組，不僅能整合並加強教學資源，使課程更為專業及專精，還能順應新世紀社會高度分工發展，提升學生消防就業市場之競爭能力。在課程規劃上，含消防、土木建築、機械、化工、電機電子、資訊等基礎知識與專業技能，培育學生具備公共安全、災害防救、職業安全衛生管理等市場所需之專業領域知識；並使學生在校期間，取得救護技術員、防火管理人、保安監督人、CAD 2D、CAD 3D 或 Pro/E 等相關證照，及能考取消防設備士、消防四等特考、職業安全／衛生（甲級）或職業安全／衛生管理師（員）等公職及專業證照之取得。

　　本書作者盧守謙博士在消防機關服務期間累積豐富之現場救災經歷，也奉派至英國及美國消防學院進階深造，擁有消防設備師，也熟稔英日文能力，教學經驗及消防書籍著作相當豐富。本書再版完整結合理論面與實務面內涵，相信能使讀者在學習上有系統式貫通了解，本人身為作者任教大學之校長，也深感與有榮焉，非常樂意為本書推薦給所有之有志消防朋友們，並敬祝各位身心健康快樂！

大仁科技大學校長

自序

自序

　　各類場所消防安全設備設置標準自78年7月31日訂定發布，同年9月施行以來，迄今歷經11次修正，最近一次為110年6月25日，特針對109年4月錢櫃KTV發生火災造成5死49傷，是類場所有播放音樂、歌唱及封閉式隔間等特性，易對火警警鈴或緊急廣播聲響造成干擾，為確保消費者得即時並清楚獲知火災訊息，火警自動警報設備之設置及功能須有強化之措施。

　　於民國84年消防法大修改，其中納入日本防火管理，要求一定規模以上供公眾使用建築物，應設置防火管理人並製定消防防護計畫（消防法第13條），且場所為能自衛消防，至少應編組滅火班、通報班與避難班；此三個班別與四大系統之水／化學系統（滅火）、警報（通報）及避難系統是同樣宗旨的。亦即，火災應變行動應有上揭三項，且通報為優先之實施順位（如同警報是帶動消防設備之火車頭一樣）。然而，揆之國內建築物火災重大案例，許多是歸咎於火災發現人員，並沒有優先實施全面通報，導致內部人員仍不知情下葬生火窟。

　　作者現任教於大仁科技大學，學校特成立火災鑑識組織，由作者專責執行火災原因調查與鑑定、火災／消防研究產學合作及廠區防火安全技術顧問等，也順應社會市場需求，於消防學程定期舉辦各種消防訓練班，有消防20學分班、防火管理人初訓／複訓班及消防設備師士考前衝刺班等推廣教育，也接受客製化消防訓練。在本書編輯方面，大量參考日文資料來進行解析，因國內設置標準多參考自日本，並花相當時間於電腦繪圖上，無不希望以圖解式使讀者從複雜條文中，來暢通法規脈絡及掌握條理之思路。倘若本書對教學與實務上有所此微貢獻，自甚感榮幸，這也是筆者孳孳不倦之動力來源。

盧守謙　博士
大仁科技大學火災鑑識中心主任

CONTENTS

目錄

第3章　消防安全設計（第31條～第192條）

第4章　公共危險物品等場所消防設計及消防安全設備（第193條～第233條）

第5章　附則（第234條～第239條）

第6章　消防設備師（士）考題精選

第1章
總則（第1條～第3條）

1-1 授權命令

第 1 條
本標準依消防法（以下簡稱本法）第六條第一項規定訂定之。

【解說】
消防法第六條如次：

第 6 條
本法所定各類場所之管理權人對其實際支配管理之場所，應設置並維護其消防安全設備；場所之分類及消防安全設備設置之標準，由中央主管機關定之。
消防機關得依前項所定各類場所之危險程度，分類列管檢查及複查。
第一項所定各類場所因用途、構造特殊，或引用與依第一項所定標準同等以上效能之技術、工法或設備者，得檢附具體證明，經中央主管機關核准，不適用依第一項所定標準之全部或一部。
不屬於第一項所定標準應設置火警自動警報設備之旅館、老人福利機構場所及中央主管機關公告場所之管理權人，應設置住宅用火災警報器並維護之；其安裝位置、方式、改善期限及其他應遵行事項之辦法，由中央主管機關定之。
不屬於第一項所定標準應設置火警自動警報設備住宅場所之管理權人，應設置住宅用火災警報器並維護之；其安裝位置、方式、改善期限及其他應遵行事項之辦法，由中央主管機關定之。

　「各類場所消防安全設備設置標準」係依據消防法制定，在法律位階層次上，係屬第三位階之法規命令，行政機關必須基於法律直接授權依據，如右圖所示。所以在本辦法第 1 條須開宗明義講出，係依消防法第 6 條第一項之法律授權來訂定。

　基本上，「法規命令」與「行政規則」皆屬「行政命令」，第四位階之行政規則以行政體系內部事項為內容，原則上無須法律授權，行政機關得依職權訂定習稱之「行政規定」，而第三位階法規命令需要法律明確授權，有規範上的拘束力，須於行政院發布後即送立法院備查。目前在消防體系上有法制化法律，有消防法、災害防救法及爆竹煙火管理條例、內政部消防署港務消防隊組織通則及內政部消防署組織條例，惟獨法制化之第二位階，始能訂定罰則，因罰則會嚴重影響人民權利義務，須送由人民選舉出之立法委員，進行三讀立法審查。因此，人民假使違反本標準第三法位階規定，只能引用消防法相關罰則進行處分。

金字塔型法律位階架構

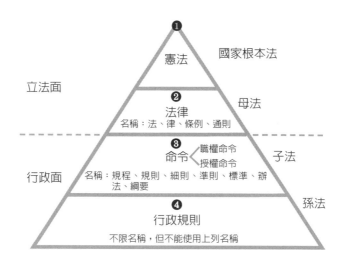

中華民國法律位階明細圖

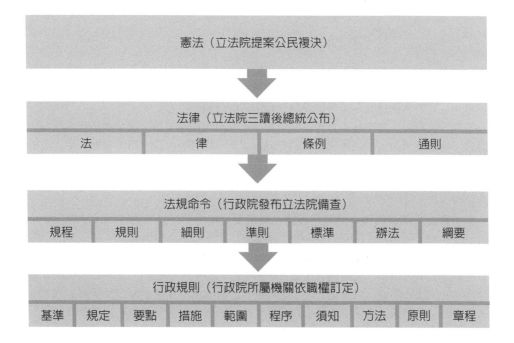

1-2 未定國家標準

第 2 條
（刪除）

【解說】

第 2 條已法制化，移到消防法第 6 條第 2 項：「各類場所因用途、構造特殊，或引用與依第一項所定標準同等以上效能之技術、工法或設備者，得檢附具體證明，經中央主管機關核准，不適用依第一項所定標準之全部或一部。」

第 3 條
未定國家標準或國內無法檢驗之消防安全設備，應檢附國外標準、國外（內）檢驗報告及試驗合格證明或規格證明，經中央主管機關認可後，始准使用。
前項應經認可之消防安全設備項目及應檢附之文件，由中央消防機關另定之。

【解說】

本條與消防法第 6 條第 3 項（因用途、構造特殊，或引用與依第一項所定標準同等以上效能之技術、工法或設備者，得檢附具體證明，經中央主管機關核准），皆可能必須送經內政部審核認可；假使是未定國家標準或國內無法檢驗之消防安全設備，應經內政部認可，始能使用。未定國家標準或國內無法檢驗之消防安全設備，應檢附國外標準，如海龍替代藥劑自動滅火設備查驗，經內政部核發審核認可書之海龍替代品滅火設備在竣工查驗時，需按審核認可書所載依 NFPA 2001（潔淨藥劑滅火系統標準）規定實施氣密試驗，惟尚不需施行藥劑放射試驗。

又開放式廚房之防火區劃是否得採設置撒水幕於開口處，按「建築技術規則建築設計施工編第四節防火區劃所列舉區劃分隔之構件，僅有防火牆、防火樓板及甲乙種防火門窗，並無水幕系統，如擬使用水幕系統作為防火區劃之構件，請依建築新技術新工法新設備及新材料審核認可申請要點規定辦理」，並依上開規定向內政部營建署申請審核認可。

在臺灣高鐵隧道消防安全設備設置並無相關規定，惟得參考國外相關法規規定檢討設置（如美國 NFPA-130），並檢具個案設計之消防安全設備圖說經中央消防主管機關認可後，始准使用。在未定國家標準方面，依消防署解釋函規定，如建材之選用若無國家標準，指出訂定規範有困難者，招標單位為確保工程品質及便於工程驗收時有其標準依據之需要，可選定三種以上規格、品質、價格相當之廠牌及型號，並加註「或同等品」字樣。此際所選定之廠牌為「指定廠牌」，而同等品之使用需依內政部函釋「同等品」之定義辦理。

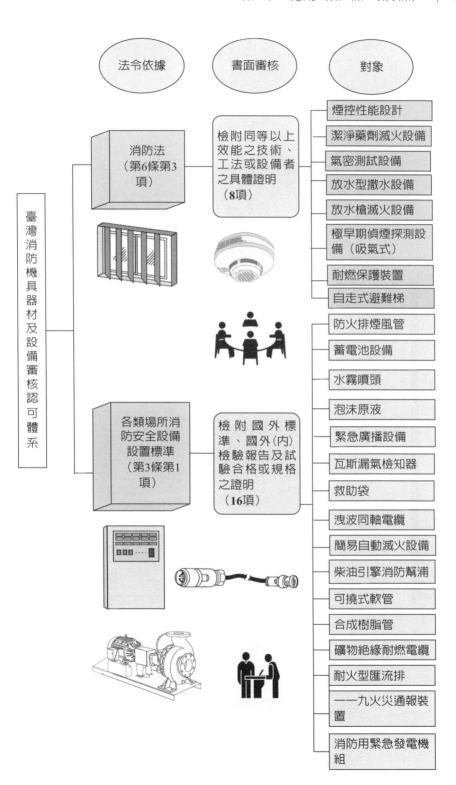

各類場所法規用語與檢討

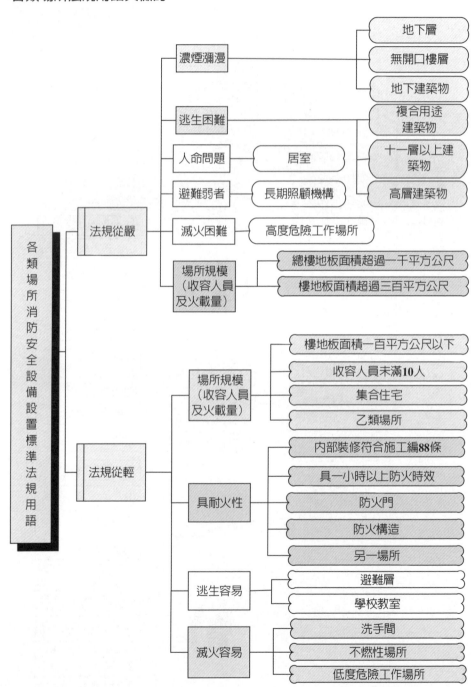

第2章
消防設計（第4條～第30條）

2-1 標準化用語（一）

第 4 條

本標準用語定義如下：

一、複合用途建築物：一棟建築物中有供第十二條第一款至第四款各目所列用途二種以上，且該不同用途，在管理及使用形態上，未構成從屬於其中一主用途者；其判斷基準，由中央消防機關另定之。

二、無開口樓層：建築物之各樓層供避難及消防搶救用之有效開口面積未達下列規定者：

（一）十一層以上之樓層，具可內切直徑 50 公分以上圓孔之開口，合計面積為該樓地板面積三十分之一以上者。

（二）十層以下之樓層，具可內切直徑 50 公分以上圓孔之開口，合計面積為該樓地板面積三十分之一以上者。但其中至少應具有二個內切直徑 1 公尺以上圓孔或寬 75 公分以上、高 120 公分以上之開口。

三、高度危險工作場所：儲存一般可燃性固體物質倉庫之高度超過 5.5 公尺者，或易燃性液體物質之閃火點未超過攝氏 60 度與攝氏溫度為 37.8 度時，其蒸氣壓未超過每平方公分 2.8 公斤或 0.28 百萬帕斯卡（以下簡稱 MPa）者，或可燃性高壓氣體製造、儲存、處理場所或石化作業場所，木材加工業作業場所及油漆作業場所等。

四、中度危險工作場所：儲存一般可燃性固體物質倉庫之高度未超過 5.5 公尺者，或易燃性液體物質之閃火點超過攝氏 60 度之作業場所或輕工業場所。

五、低度危險工作場所：有可燃性物質存在。但其存量少，延燒範圍小，延燒速度慢，僅形成小型火災者。

六、避難指標：標示避難出口或方向之指標。

（續）

【解說】

　　基本上，本條定義主要是標準化用語，在複合用途建築物的消防上考量，主要係用途多元，在防火管理上不易整合，平時自衛消防編組不易實施訓練，增加火災預防及應變上難度。而無開口樓層可分避難面及消防搶救面做考量，二者造成使用或搶救人員不易出入，且火災時因外來氧氣供應及排出煙困難，易造成室內火災生成煙量多，此種在火災學上，火勢延燒變得減緩，但內部人員會受到濃煙中一氧化碳威脅性增大。而高中低度工作場所，此指工業廠房，如倉庫高度 ≥ 5.5 公尺，會造成垂直可燃物立體火災及消防瞄子有效射水（6 公尺）問題，而液體閃火點 <60℃ 為引火性液體，無論在火災預防與滅火上危險性較高，而液體蒸氣壓為物質於一密閉容器中蒸氣粒子的運動範圍，受到容器的限制開始撞擊器壁，蒸氣粒子撞擊器壁所產生的壓力，以 ≤ 2.8kg/cm² (37.8℃)，這與可燃液體沸點有關。因其蒸氣壓如超過每平方公分 2.8 公斤，就不是液體，而為壓縮氣體。

　　依內政部消防法令函釋及公告，依「複合用途建築物判斷基準」規定，判斷是否具從屬關係，如認定非屬複合用途建築物時，則以其建築物申請名稱據以認定用途歸類及檢討消防安全設備設置，尚無單獨僅就建築物樓層內個別場所檢討之適用。

供避難及消防搶救用之有效開口

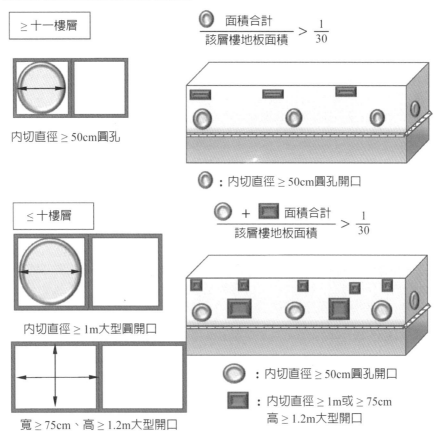

≥十一樓層

內切直徑 ≥ 50cm圓孔

$$\frac{\bigcirc\ 面積合計}{該層樓地板面積} > \frac{1}{30}$$

◎：內切直徑 ≥ 50cm圓孔開口

≤十樓層

內切直徑 ≥ 1m大型圓開口

寬 ≥ 75cm、高 ≥ 1.2m大型開口

$$\frac{\bigcirc + \blacksquare\ 面積合計}{該層樓地板面積} > \frac{1}{30}$$

◎：內切直徑 ≥ 50cm圓孔開口

■：內切直徑 ≥ 1m或 ≥ 75cm
　　高 ≥ 1.2m大型開口

高度危險工作場所

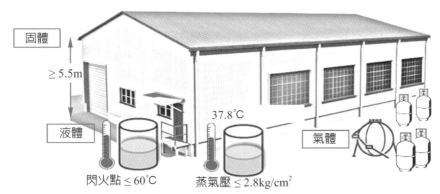

固體

液體

氣體

≥ 5.5m

37.8°C

閃火點 ≤ 60°C　　蒸氣壓 ≤ 2.8kg/cm²

2-2 標準化用語（二）

第 4 條（續）
前項第二款所稱有效開口，指符合下列規定者：
一、開口下端距樓地板面 120 公分以內。
二、開口面臨道路或寬度 1 公尺以上之通路。
三、開口無柵欄且內部未設妨礙避難之構造或阻礙物。
四、開口為可自外面開啟或輕易破壞得以進入室內之構造。如採一般玻璃門窗時，
　　厚度應在 6 毫米以下。
本標準所列有關建築技術、公共危險物品及可燃性高壓氣體用語，適用建築技術規
則、公共危險物品及可燃性高壓氣體設置標準暨安全管理辦法用語定義之規定。

【解說】
　　本條複合用途在「一棟建築物中有供各類場所第 12 條第一款至第四款所列用途二
種以上，在符合下列規定之一者，得判定為在管理及使用型態上構成從屬關係」，在
國民小學內一棟供教室、辦公室、防空避難室及教具儲藏室使用之地上五層、地下二
層建築物，其供教具儲藏室使用地下一層，「教具儲藏室」應為「學校教室」之從屬
用途，即得適用之。
　　本條有效開口用途係主要作為消防人員搶救為主，而供人員避難通行使用為輔，與
第 189 條有效開口面積是不同的，其為一種淨通風量面積，用途供通風排煙使用，有
其完全不同目的。
　1. 在開口下端距樓地板面高度考量，係人員通行不能有太大阻礙，以 1.2 公尺約
　　　為一般建築物女兒牆高度，超過此高度則存在某種程度之一定障礙。
　2. 開口面臨道路或寬度 1 公尺以上之通路，以進行消防活動。
　3. 開口無柵欄且內部未設妨礙避難之構造或阻礙物，以供人員能順利出入通行。
　4. 開口為可自外面開啟或輕易破壞得以進入室內之構造。如採一般玻璃門窗時，
　　　厚度應在 6 毫米以下。這是防盜與消防搶救二種之間權衡考量。亦即以人民防
　　　盜用途可能喪失，所造成人民財產權利的侵害和所欲達成之消防人命搶救目的
　　　間，應該有相當的平衡（兩者不能顯失均衡），亦即不能為了達成很小的目的
　　　而使人民蒙受過大的損失。此種消防搶救人命之目的，顯然大於人民防盜功能
　　　減低可能之損失。
此外，無開口樓層與無窗戶居室定義不同，後者係具有下列情形之一之居室：
　1. 依建築技術規則建築設計施工編第四十二條規定，有效採光面積未達該居室樓
　　　地板面積 5% 者。
　2. 可直接開向戶外或可通達戶外之有效防火避難構造開口，其高度未達 1.2 公尺，
　　　寬度未達 75 公分；如為圓型時直徑未達 1 公尺者。
　3. 樓地板面積超過 50 平方公尺之居室，其天花板或天花板下方 80 公分範圍以內
　　　之有效通風面積未達樓地板面積 2% 者。

供避難及消防搶救有效開口認定（日本）

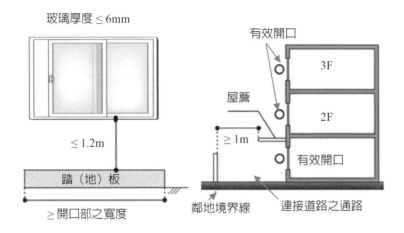

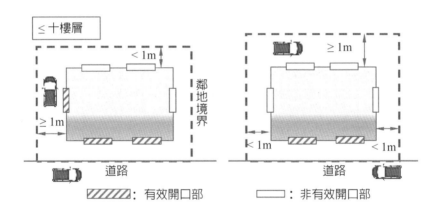

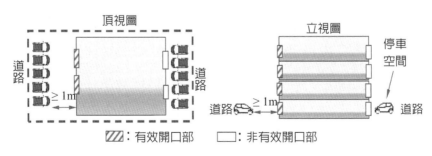

（福岡市消防局，平成26年）

2-3 標準化用語（三）

【補充解說】

按「一棟建築物中有二種以上用途，在符合複合用途建築物判斷基準第二點任一款之規定時，得免視爲複合用途建築物。上揭國民小學案例依同基準第二點第二款規定，應視爲複合用途建築物，惟有同基準第二點第一款『管理權相同，使用者一致或密切關係，使用時間大致相同』之適用時，則得免視爲複合用途建築物。」

在無開口樓層方面，以建築物之各樓層供避難及消防搶救用之有效開口面積，是否達到規定值爲判斷依據，惟其規範意旨，係作爲檢討消防安全設備設置之準據；各類場所如屬無開口樓層，則其應設之消防安全設備趨嚴，以補避難及消防搶救用有效開口之不足。建築技術規則建築設計施工編第 108 條及第 109 條則規範供搶救人員進入建築物內部用緊急進口，二者規範意旨有別。

檢討有效開口時，鐵捲門開口不符有效開口規定，不得計入面積計算。建築物之各樓層供避難及消防搶救用有效開口構造之認定，按「開口應爲可自外面開啟或輕易破壞得以進入室內之構造」、「如需上鎖時需符合下列規定之一：一般玻璃門窗，需爲可輕易破壞者（厚度不得超過 6 毫米）；對於無法輕易破壞但可自外面開啟之窗戶有效開口面積之核算，應依開口型式分別檢討。開口面臨道路或寬度 1 公尺以上之通路」，所稱通路如有植栽、矮屏或其他工作物時，應不得造成避難及消防搶救障礙。

建築技術規則建築設計施工編第 109 條緊急進口之構造應依左列規定：

1. 進口應設地面臨道路或寬度在 4 公尺以上通路之各層外牆面。
2. 進口之間隔不得大於 40 公尺。
3. 進口之寬度應在 75 公分以上，高度應在 1.2 公尺以上。其開口之下端應距離樓地板面 80 公分範圍以內。
4. 進口應爲可自外面開啟或輕易破壞得以進入室內之構造。
5. 進口外應設置陽台，其寬度應爲 1 公尺以上，長度 4 公尺以上。
6. 進口位置應於其附近以紅色燈作爲標誌，並使人明白其爲緊急進口之標示。

高度危險工作場所也可能是公共危險物品之場所，其定義：易燃性液體物質之閃火點未超過攝氏六十度與攝氏溫度爲三十七點八度時，其蒸氣壓未超過每平方公分二點八公斤。此源自 NFPA 30 及 ASTM 易燃液體爲閃火點低於 $140^\circ F$（$60^\circ C$），且在 $100^\circ F$（$37.8^\circ C$）時其絕對蒸氣壓不大於 40 psi（$2.8kg/cm^2$）。如果蒸氣壓超過 40 psi，就不是液體，而爲壓縮氣體（Compressed Gas：即密封容器在 $37.8^\circ C$ 時蒸氣壓超過 $2.8kg/cm^2$）。

複合用途建築物判斷

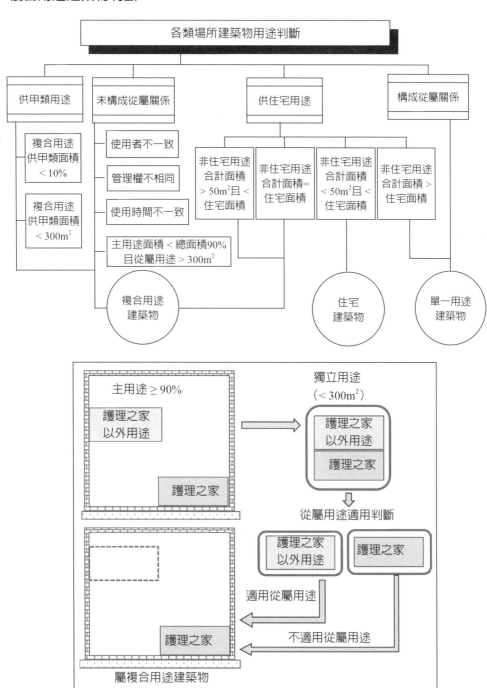

2-4 另一場所（一）

第 5 條

各類場所符合建築技術規則以無開口且具有 1 小時以上防火時效之牆壁、樓地板區劃分隔者，適用本標準各編規定，視為另一場所。

建築物間設有過廊，其符合下列規定時，適用前項規定，視為另一場所：

一、過廊僅供通行或搬運用途使用，且無通行之障礙。

二、過廊有效寬度應在 6 公尺以下。

三、連接建築物之間距，一樓應超過 6 公尺，二樓以上應超過 10 公尺。但符合下列規定者，不在此限：

（一）連接建築物之外牆及屋頂（限與過廊連接相距 3 公尺以內者），應為防火構造或不燃材料。

（二）前目之外牆及屋頂不得設有開口。但開口面積在 4 平方公尺以下，且設有甲種或乙種防火門窗者，不在此限。

（三）過廊應為開放式或符合下列規定者：

　　1. 應為防火構造或不燃材料建造。

　　2. 過廊與兩側建築物相連接處之開口面積應在 4 平方公尺以下，且設有甲種或乙種防火門。

　　3. 應依下列規定設置直接開向室外之開口或機械排煙設備。但設有自動撒水設備者，得免設。

　　(1)直接開向室外之開口面積合計應在 1 平方公尺以上，且符合下列規定：

　　　A.開口設在屋頂或天花板時，應設有寬度在過廊寬度 1/3 以上，長度在 1 公尺以上之開口。

　　　B.開口設在外牆時，在過廊兩側應設有寬度在過廊長度 1/3 以上，高度在 1 公尺以上之開口。

　　(2)機械排煙設備應能將過廊內部煙量安全有效地排至室外，排煙機應連接緊急電源。

【解說】

　　各場所如以無開口且具 1 小時以上防火時效之牆壁區劃分隔，代表為一防火區劃，火災延燒性減小，且該牆壁所區劃各場所之主要出入口，即為避難層出入口，可分別直接通達道路或私設通路，人命危險低，自得依另一場所認定，分別核算各該場所之樓地板面積。

　　本條視為另一場所規定，是與下一條之單一場所為相對性條文，進行標準化之定義解釋，基本上視為另一場所在建築物法視為他棟之條件幾乎一樣，建築技術規則建築設計施工編第 89 條規定略以，建築物以無開口且具有一小時以上防火時效之牆壁及樓地板所區劃分隔者，適用本章各節規定，視為他棟建築物。

　　於防火構造建築物一基地內二棟建築物間之防火間隔未達 3 公尺範圍內之外牆部分，應具有 1 小時以上防火時效，其牆上之開口應裝設具同等以上防火時效之防火門或固定式防火窗等防火設備。於非防火構造建築物一基地內兩棟建築物間應留設淨寬 3 公尺以上之防火間隔。

視為另一場所分別計算面積（日本）

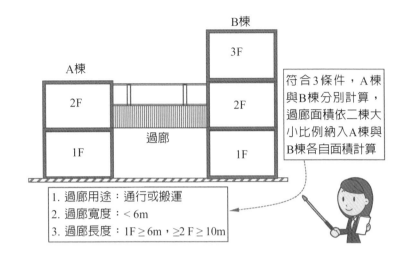

符合3條件，A棟與B棟分別計算，過廊面積依二棟大小比例納入A棟與B棟各自面積計算

1. 過廊用途：通行或搬運
2. 過廊寬度：< 6m
3. 過廊長度：1F ≥ 6m，≥ 2 F ≥ 10m

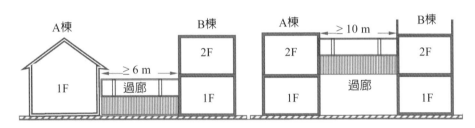

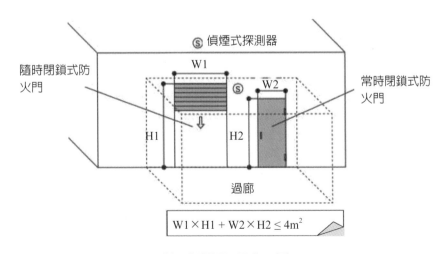

$$W1 \times H1 + W2 \times H2 \leq 4m^2$$

（埼玉市消防局，平成 28 年）

2-5 另一場所（二）

【解說】

「無開口防火牆」，係指防火牆上不得有開口。假使兩棟建築物間以加裝防火鐵捲門加以區劃，並不符以無開口防火牆區劃或防火樓板分隔之規定，這是因為防火捲門雖為不燃材料，但金屬易於熱傳導，如同國內連棟式鐵皮屋易於火災延燒數棟一樣，無阻火之可能，不得視為他棟建築物或另一場所。

於四層樓透天集合住宅建築物，地下層為供停車空間使用，其各棟與地下層間分別以防火門區劃分隔時，因各棟仍可經由地下層間相互連通，倘若地下層火災，大量火煙往上至各棟，並未符合「以無開口防火牆及防火樓板區劃分隔」之規定，不得視為另一場所。如同達十六層或 50 公尺以上高層建築物，地下室連通開挖時，其系統式消防安全設備為其共用，整體功能維護，因達一定相當規模以上，應委託專業機構辦理檢修申報，始為勝任檢修工作。若同一基地內有多棟建築物，地下室未連通開挖者，其消防安全設備檢修申報依各棟建築物之高度或樓層數檢討後，分別適用消防法第 9 條委託消防設備師、消防設備士或專業機構辦理。此外，對於五層以下集合住宅會請消防隊審查消防安全設備，基於維護公共安全之考量，仍以配合審查為宜；至其消防安全設備仍依「各類場所消防安全設備設置標準」相關規定辦理。

在過廊方面，在用途上僅供搬運與通行使用，此是防止囤積雜物在過廊走道上，造成可燃物延燒，而過廊寬度是考量人員避難通路問題，而長度則是考量火災對流與輻射熱曝露問題，避免二棟建築物延燒，如同國內建築物大多為鋼筋混凝土構造，規定建築物間需各自從境界線退縮 1.5 公尺，以合計 3 公尺作為防火間距之意旨相同。

過廊構造可分為開放式及密閉式兩種，且需有開向室外之一定開口，無論是在屋頂或在外牆上（高度 1/2 以上、寬度大於過廊長度 1/3 以上、面積大於 1 平方公尺），這是考量有效開口無論從避難或消防搶救觀點上之排煙及人員進出考量。而過廊開放式，主要指過廊兩側具有距樓地板至天花板高度 1/2 或 1 公尺以上及過廊全長直通外氣之開口，且能釋出一端建築物高溫火煙，得未延燒至另一端；或一側具有距樓地板至天花板高度 1/2 或 1 公尺以上及過廊全長直通外氣之開口，且中央應設有效阻隔火或煙蔓延之垂壁構造，使熱煙得以排放至外氣，因二端建築物間距至少 6 公尺，因火災輻射熱傳導與距離平方成反比，已無輻射熱延燒，而一端火煙傳導與對流熱也因釋出，可確保另一端建築物安全，得不受設置消防安全設備之限制。所以在過廊構造及開口位置規範，係主要為避免火災延燒，自得視為另一場所來檢討樓地板面積。

此外，地下層是否認定為無開口樓層；於法規上，無開口樓層係針對地面層以上之樓層作檢討並不包含地下層，因此，於無開口樓層與地下層需要檢討設置設備時，法規是分開寫的，目的是不同樓層之地下層或無開口樓層，不必合計其樓地板面積來作檢討的。

不受建築物間距（1F-6m, 2F-10m）限制及面積計算（日本）

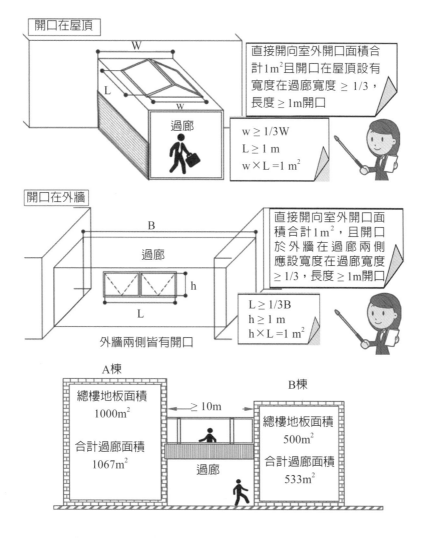

開口在屋頂

直接開向室外開口面積合計1m²且開口在屋頂設有寬度在過廊寬度 ≥ 1/3，長度 ≥ 1m開口

過廊

$w \geq 1/3W$
$L \geq 1 m$
$w \times L = 1 m^2$

開口在外牆

過廊

直接開向室外開口面積合計1m²，且開口於外牆在過廊兩側應設寬度在過廊寬度 ≥ 1/3，長度 ≥ 1m開口

$L \geq 1/3B$
$h \geq 1 m$
$h \times L = 1 m^2$

外牆兩側皆有開口

A棟
總樓地板面積 1000m²
合計過廊面積 1067m²

≥ 10m

B棟
總樓地板面積 500m²
合計過廊面積 533m²

過廊

區分	總樓地板面積	過廊占 AB 棟比例	加入過廊面積合計（m²）
A 區	1000m²	1000/500 = 0.67	1000 + (100×0.67) = 1067
B 區	500m²	500/1500 = 0.33	500 + (100×0.33) = 553
過廊	100m²		

（埼玉市消防局，平成 28 年）

不受建築物間距 (1F-6m, 2F-10m) 限制（日本）

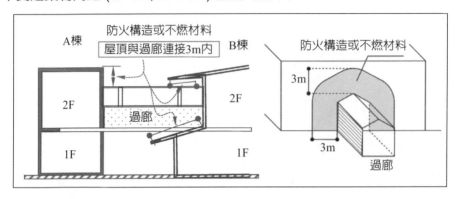

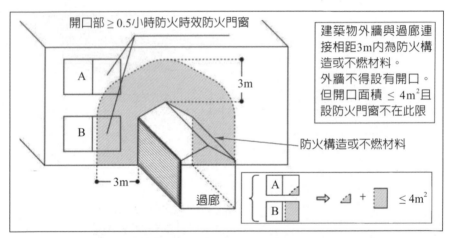

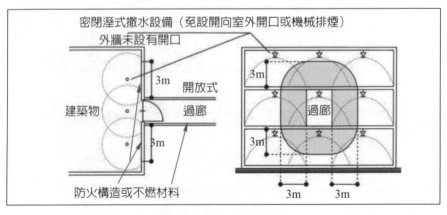

（埼玉市消防局，平成 28 年）

Note

2-6 單一場所

第 6 條
供本編第 12 條第五款使用之複合用途建築物，有分屬同條其他各款目用途時，適用本標準各編規定（第 17 條第一項第四款、第五款、第 19 條第一項第四款、第五款、第 21 第二款、第 149 條第二款、第三款、第 152 條第二款及第 157 條除外），以各目為單元，按各目所列不同用途，合計其樓地板面積，視為單一場所。

【解說】

在各類場所消防安全設備設置標準之規定，主要以人命危險性之用途（第 12 條）、多數人及火載量之面積及避難搶救難易之空間樓層來作考量，設計上係以規格為主、同等性能以上替代之方式，來辦理規劃消防安全設備；亦即能允許性能化設計。事實上，同樣規格建築物在使用及管理上也不一，尤其是火載量與開口氧氣量大相逕庭，一旦起火後火災行為迥異，難僅以規格來作同樣用途法規之規範。

在各類場所區劃上，依建築規則可分面積區劃、樓層區劃、暨穴區劃、用途區劃。此主要旨意係在控制及圍限火勢行為在一定範圍，避免波及整棟建築物，如同船舶設計一樣，劃分數個船艙區隔，船艙間人員來往，以水密門做控制，避免船舶哪一部位被魚雷攻擊，船舶內部進水波及整艘船，而難以挽救，這與建築物火災防火區劃是一樣旨趣。

於複合用途建築物如檢討室內消防栓設備，依內政部消防法令函釋及公告，依第 6 條檢討該複合用途建築物是否有分屬同條其他各款目用途，以各目為單元，按各目所列不同用途，合計其樓地板面積，視為單一場所，再檢討是否達到第 15 條之標準；有關複合用途建築物檢討消防安全設備之設置，係參照日本消防法規訂定，其著眼點在避免業者以逐次變更使用為手段，使建築物將低強度用途，大部分變更為高強度用途，而免設有關消防安全設備；在高危險程度免設，而低危險程度應設之情況，係屬特例，且在樓地板面積較小之建築物方有之情形。

消防法之場所用途分類與建築法之建築物使用分類方式殊異，且二者各有配套之使用管理措施；各類場所於變更用途時，應依消防法第 10 條第三項及各類場所消防安全設備設置標準第 13 條檢討設置。如建築物辦理變更供托嬰中心及課後托育中心、第六目、第十二目使用時，因火載量有限且用途單純，建築使用強度未大幅提升，適用第 6 條時，以變更用途範圍樓地板面積，單獨檢討消防安全設備之設置即可。

單一用途建築物（日本）

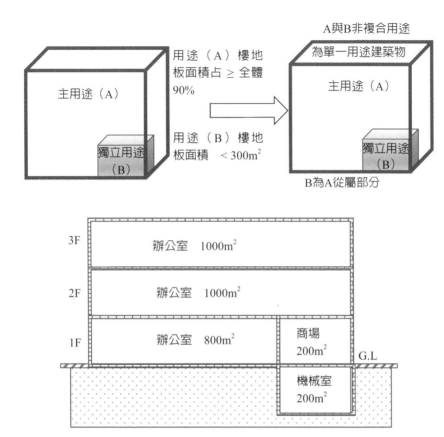

區分	用途	主及獨立用途所占比例	加入共用面積合計（m²）
主用途部分	辦公室	(1000 + 1000 + 800)/3000 = 0.93	2800 + (200×0.93) = 2986
獨立用途部分	商場	200/3000 = 0.07	200 + (200×0.07) = 214
共用部分	機械室		

1. 供主用途部分樓地板面積合計占該棟總樓地板面積 ≥ 90%。
2. 供獨立用途部分樓地板面積合計 < 300 m²。

（埼玉市消防局，平成 28 年）

2-7 消防安全設備種類

第 7 條
各類場所消防安全設備如下：
一、滅火設備：指以水或其他滅火藥劑滅火之器具或設備。
二、警報設備：指報知火災發生之器具或設備。
三、避難逃生設備：指火災發生時為避難而使用之器具或設備。
四、消防搶救上之必要設備：指火警發生時，消防人員從事搶救活動上必須之器具或設備。
五、其他經中央主管機關認定之消防安全設備。

【解說】

　消防安全設備種類如同防火管理制度之自衛消防編組一樣，發生火災時需有滅火班（滅火設備），第一時間建築物使用人能知悉火災發生之通報班（警報設備），及建築物主要避難動線為濃煙所阻之避難班（避難逃生設備）；上述是建築物使用人員遇到危險時，所採取自力防衛行為，倘若火勢失控或是建築物規模較大，則有仰賴專業裝備及專業人員之公部門消防單位前來應變，並提供消防搶救上之必要設備，如水源、排煙、供電、通信輔助等，以進行有效及安全之消防活動。

　消防安全設備應用之各種材料與規格，係關係到建築物使用安全，有人命與財產保障之意；至其品質應符合國家相關標準，以確保其性能與使用壽命及設備可靠度。依內政部消防法令函釋及公告（以下同），至消防類產品是否與國家標準之規定一致，係由經濟部標準檢驗局依商品檢驗法據以公告，並依國家標準實施檢驗，目前經標準檢驗局公告為應施檢驗品目；對於未公告為應施檢驗品目，現階段由「內政部消防技術審議委員會」擇定消防安全設備、器材進行審核認可。

　取得使用執照之建築物，為分租或分售辦理分戶使用，其各分戶之消防安全設備，仍應依原核准圖說維持各項消防安全設備之功能。又工商單位會辦一般營業（如飲食店、網咖、KTV 等）現場勘查案件，倘無法檢附核准消防安全設備圖說，得依建築令核准圖面之面積或現場實際勘查認定，惟涉火警自動警報設備、室內消防栓設備、自動撒水設備等系統式設備之設置者，仍應檢附消防設備師設計，並經審查通過之消防圖說。而違規使用場所（未申領使用執照），以其實際用途以新法規要求設置消防安全設備，並予分類列管檢查。

消防安全設備種類結構

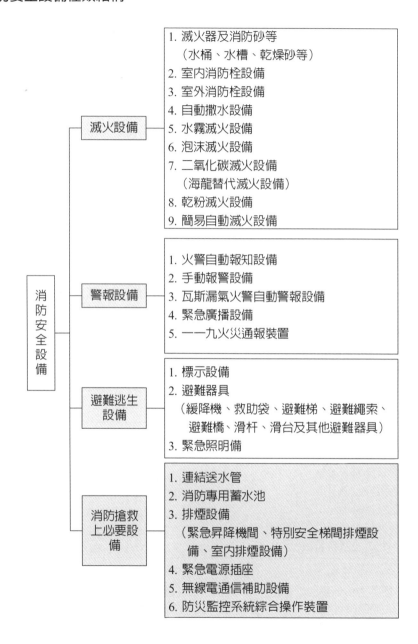

2-8 滅火設備種類

第 8 條
滅火設備種類如下：
一、滅火器及消防砂。
二、室內消防栓設備。
三、室外消防栓設備。
四、自動撒水設備。
五、水霧滅火設備。
六、泡沫滅火設備。
七、二氧化碳滅火設備。
八、乾粉滅火設備。
九、簡易自動滅火設備。

【解說】
　　滅火設備之滅火機制主要以冷卻滅火如水系統；以窒息滅火如泡沫、二氧化碳、乾燥砂、膨脹蛭石或膨脹珍珠岩；以抑制連鎖反應如乾粉滅火器、乾粉滅火設備或大多數簡易自動滅火設備。在公共危險物品之火災方面，因其起火源有相當多元，除用火用電造成一般建築物火災外，在物理能如衝擊、摩擦、壓縮、火花、高溫及過熱等，在化學能如混合、二種以上接觸及氧化、分解、聚合、發酵等自燃發火，皆會使其引起火災（詳見筆者所著火災學）。在滅火方面，有時單一滅火機制無從見效，需以降溫、阻隔或掩埋等其他方式搶救，如水桶、水槽、乾燥砂、膨脹蛭石或膨脹珍珠岩等。

第 9 條
警報設備種類如下：
一、火警自動警報設備。
二、手動報警設備。
三、緊急廣播設備。
四、瓦斯漏氣火警自動警報設備。
五、一一九火災通報裝置。

【解說】
　　火災一旦發生越早發現越有利，因此設置火警自動警報；如果火勢已起，探測器尚未感知，人類眼睛已發現，立即以手動報警設備或以緊急廣播進行危險通報。
　　火災應變首重發現及通報，在日本法定之警報設備相當多元化，其種類有火警自動報知設備、瓦斯漏氣火警自動警報設備、漏電火災警報機、通報消防機關火災報知設備、緊急警報設備（緊急警鈴、自動警笛、廣播設備）、緊急警報器具（警鐘、攜帶用擴音機、手動式警笛）。

滅火設備分類結構

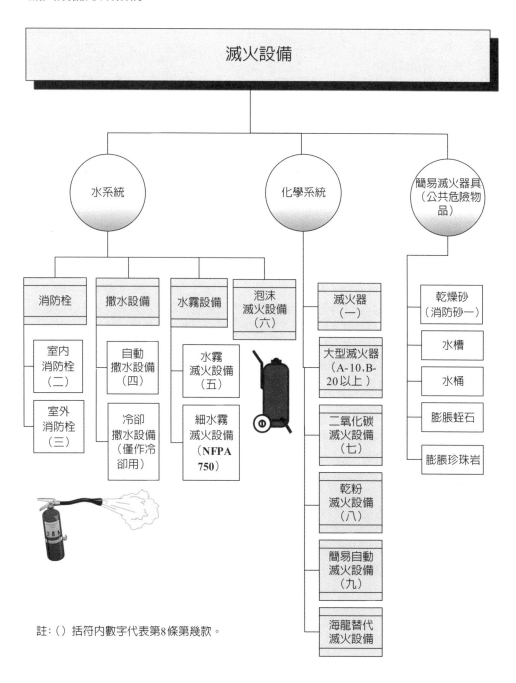

註：（）括符內數字代表第8條第幾款。

2-9 避難逃生設備種類

第 10 條
避難逃生設備種類如下：
一、標示設備：出口標示燈、避難方向指示燈、觀眾席引導燈、避難指標。
二、避難器具：指滑臺、避難梯、避難橋、救助袋、緩降機、避難繩索、滑杆及其
　　他避難器具。
三、緊急照明設備。

【解說】
　　在標示設備上，可見光為紅、橙、黃、綠、藍、靛、紫之七種光譜是電磁波譜中人眼可以看見（感受得到）的部分，此波長範圍一般於 390～700 奈米。火場逃生視覺能見度在煙霧中受限，在明視覺下，人眼對綠色波段較為敏感；在介視覺與暗視覺下，人眼則對藍光較為敏感。

　　火災煙為一種空氣捲入燃燒過程伴隨未燃燒分解、冷凝物或其他方式混入質量體數量，所產生熱揮發之混合物，對於內部人員逃生避難行為能力造成某種程度影響。

　　在標示引導上，可分發光性燈源如出口標示燈及避難方向指示燈及反光性非燈源如避難指標，二者在濃煙遮蔽視線環境下，能提供某種程度之能見度及辨識性，在視覺上發光或反光性，導引內部人員進行避難及消防搶救之輔助裝置。在建築物使用逃生極限上，火場安全疏散三個極限值，為 A. 逃生視距的極限值；B. 人能承受煙濃度極限值；C. 煙濃度人員逃生視覺光強度的最低極限值。

　　基於建築物之避難逃生應以建築物本身防火避難設施為主，如安全梯即是，當其主要避難動線受阻時，始考量避難器具，因此其使用是為避難輔助之定位。法規規定防火對象建築物在第二層至第十層，需設置法定避難器具（七種以上），但實務上建設公司大多設計以緩降機作為避難器具，此種考量當然是以經濟方面，而非以使用安全性為觀點。但自從民國 85 年本設置標準施行迄今以後，已有使用緩降機不當或設計不良，造成數次人命死亡案例，可見其仍具一定安全風險。

　　在緊急照明設備方面，在日本避難設備上是沒有此項設備，以緊急照明設備宗旨，係停電時能提供建築物初期活動之必要照明，以利避難人員採取有效應變，但出口標示燈及避難方向指示燈已有一定燈源可引導內部人員行動指南；因此，在日本其並未計入消防安全設備之一種，亦免日後檢修申報對象。

避難逃生設備分類原理

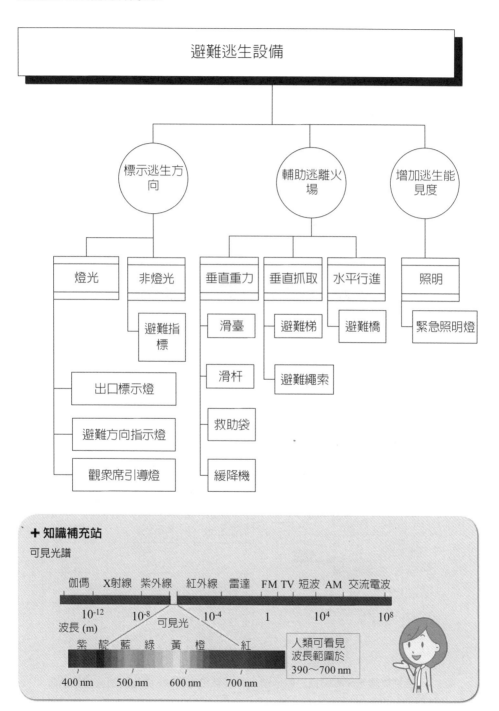

＋ 知識補充站

可見光譜

日本消防安全設備種類

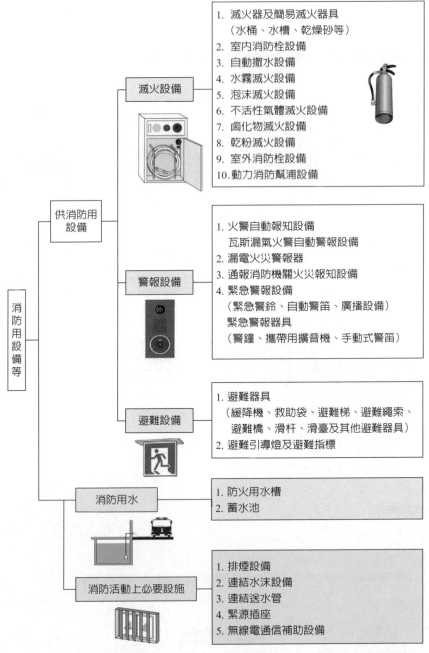

消防用設備等
├─ 供消防用設備
│   ├─ 滅火設備
│   │   1. 滅火器及簡易滅火器具
│   │   （水桶、水槽、乾燥砂等）
│   │   2. 室內消防栓設備
│   │   3. 自動撒水設備
│   │   4. 水霧滅火設備
│   │   5. 泡沫滅火設備
│   │   6. 不活性氣體滅火設備
│   │   7. 鹵化物滅火設備
│   │   8. 乾粉滅火設備
│   │   9. 室外消防栓設備
│   │   10.動力消防幫浦設備
│   │
│   ├─ 警報設備
│   │   1. 火警自動報知設備
│   │   瓦斯漏氣火警自動警報設備
│   │   2. 漏電火災警報器
│   │   3. 通報消防機關火災報知設備
│   │   4. 緊急警報設備
│   │   （緊急警鈴、自動警笛、廣播設備）
│   │   緊急警報器具
│   │   （警鐘、攜帶用擴音機、手動式警笛）
│   │
│   └─ 避難設備
│   1. 避難器具
│   （緩降機、救助袋、避難梯、避難繩索、
│   避難橋、滑杆、滑臺及其他避難器具）
│   2. 避難引導燈及避難指標
│
├─ 消防用水
│   1. 防火用水槽
│   2. 蓄水池
│
└─ 消防活動上必要設施
    1. 排煙設備
    2. 連結水沫設備
    3. 連結送水管
    4. 緊源插座
    5. 無線電通信補助設備

（註：不活性氣體滅火設備指二氧化碳／惰性氣體之合併，鹵化物滅火設備指鹵化烴與海龍之合併。）

日本消防用設備設置費用

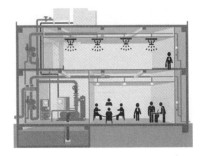

自動撒水設備工事

項目	設置（撒水頭）數	施工費及材料費	報告及檢查出席費	合計（日幣）
新設	15	1500000	70000	1570000 元
改修（移設）	2	200000	50000	250000 元
改修（增設）	1	300000	50000	350000 元

火警自動警報設備工事

項目	設置（探測器）數	施工費及材料費	報告及檢查出席費	合計（日幣）
新設	27	1500000	70000	1570000 元
改修（移設）	2	50000	50000	100000 元
改修（增設）	1	300000	-	30000 元

緩降機工事

項目	設置數	施工費及材料費	報告及檢查出席費	合計（日幣）
新設	1	220000	50000	270000 元
改修（移設）	-	-	-	-
改修（增設）	1	200000	-	200000 元

滅火器

20m

項目	設置支數 × 基本費	報告及檢查出席費
乾粉蓄壓式滅火器（10 型 3kg）	1 支 ×6000 元	50000
強化液滅火器（3 L）	1 支 ×10000 元	50000
大型乾粉滅火器（50 型 20kg）	1 支 ×50000 元	50000

2-10 消防搶救上之必要設備種類

> **第 11 條**
> 消防搶救上之必要設備種類如下：
> 一、連結送水管。
> 二、消防專用蓄水池。
> 三、排煙設備（緊急昇降機間、特別安全梯間排煙設備、室內排煙設備）。
> 四、緊急電源插座。
> 五、無線電通信輔助設備。
> 六、防災監控系統綜合操作裝置。

【解說】

　　在建築物防火避難設施方面，建築物高度超過十層樓以上部分之最大一層樓地板面積，在 1500 平方公尺以下者，至少應設置一座緊急昇降機，並應有緊急電源之照明設備及設置消防栓、出水口、緊急電源插座等消防設備。而建築物在二層以上，第十層以下之各樓層，應設置緊急進口。顯然此二者設施係為消防人員救災活動作考量，然而其並未列入本條消防設備種類，避免其為建築物公共安全檢查簽證對象，也同時為消防安全設備檢修申報對象。

　　在連結送水管方面，在一定樓層以上建築物設置之，以利消防人員在較高樓層火災進行消防活動，避免逐層延伸消防水帶（每條長度 20 公尺）部署，以爭取救災時效及減少水帶摩擦之水壓損失。

　　在消防專用蓄水池上，在一定大規模建築物，如果發生火災，在火場控制上可能需要長時間消防活動，需有大量水源作為後勤補給，為免水源產生供應問題，及使用者付費原則，此種防火對象物管理權人必須自備水源，以控制自身建築物火災，方免使用大眾免費水源。

　　在排煙設備上，可分避難用及消防人員搶救用，在建築法規上樓地板面積在 100 平方公尺以上之居室，其天花板下方 80 公分範圍內之有效通風面積未達該居室樓地板面積 2% 者居室，即應檢討排煙設備，此條應以採取自然排煙為主。在消防法規上消防人員搶救，除梯間排煙有利消防活動之展開，另一將火場進入成長期大量濃煙為閃燃或爆燃所需之燃料源，予以排出室外，自然就不會發生如此致命危險現象，使消防人員避免殉職於火場上。

　　緊急電源插座在國內實務上，消防人員救災時用到機率低，一般會使用此插座大多以破壞器材為主，但其消防單位使用卻是以燃油為動力。

　　於民 110 年 6 月 25 日新增防災監控系統綜合操作裝置，係為因應建築物之複雜化及大規模化，實務上針對火警受信總機、緊急廣播、通話連絡、緊急發電機、探測器、滅火設備及排煙設備等之操作或監控介面，係以防災監控系統綜合操作裝置整合於單一系統介面，透過圖像化顯示方式，強化系統監控及操作功能。

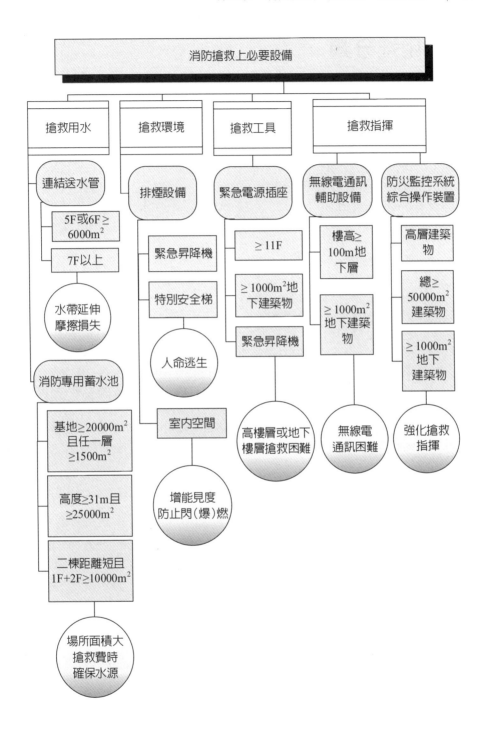

2-11 用途分類

第 12 條

各類場所按用途分類如下：

一、甲類場所：

（一）電影片映演場所（戲院、電影院）、歌廳、舞廳、夜總會、俱樂部、理容院（觀光理髮、視聽理容等）、指壓按摩場所、錄影節目帶播映場所（MTV 等）、視聽歌唱場所（KTV 等）、酒家、酒吧、酒店（廊）。

（二）保齡球館、撞球場、集會堂、健身休閒中心（含提供指壓、三溫暖等設施之美容瘦身場所）、室內螢幕式高爾夫練習場、遊藝場所、電子遊戲場、資訊休閒場所。

（三）觀光旅館、飯店、旅館、招待所（限有寢室客房者）。

（四）商場、市場、百貨商場、超級市場、零售市場、展覽場。

（五）餐廳、飲食店、咖啡廳、茶藝館。

（六）醫院、療養院、榮譽國民之家、長期照顧服務機構（限機構住宿式、社區式之建築物使用類組非屬 H-2 之日間照顧、團體家屋及小規模多機能）、老人福利機構（限長期照護型、養護型、失智照顧型之長期照顧機構、安養機構）、兒童及少年福利機構（限托嬰中心、早期療育機構、有收容未滿二歲兒童之安置及教養機構）、護理機構（限一般護理之家、精神護理之家、產後護理機構）、身心障礙福利機構（限供住宿養護、日間服務、臨時及短期照顧者）、身心障礙者職業訓練機構（限提供住宿或使用特殊機具者）、啟明、啟智、啟聰等特殊學校。

（七）三溫暖、公共浴室。

（續）

【解說】

本條用途分類消防設計，關係到後續消防設備篇之相關規定。讀者應熟讀本條之場所分類，以利後續條文之研讀。在甲類場所主要是以建築物使用之人命危險度為主要分類，本款為不特定多數人聚集場所及避難弱者，而形成火災時，會有大量人員疏散時間之急迫感。

有些場所依內政部消防法令函釋及公告，如藝文展演空間（Live House），比照第 12 條第一款第一目之場所；演藝場所比照夜總會或戲院。大賣場在營業時間內出入者眾，其經營型態比照商場、超級市場，要求消防安全設備。

各類場所消防安全設備設置考量因子

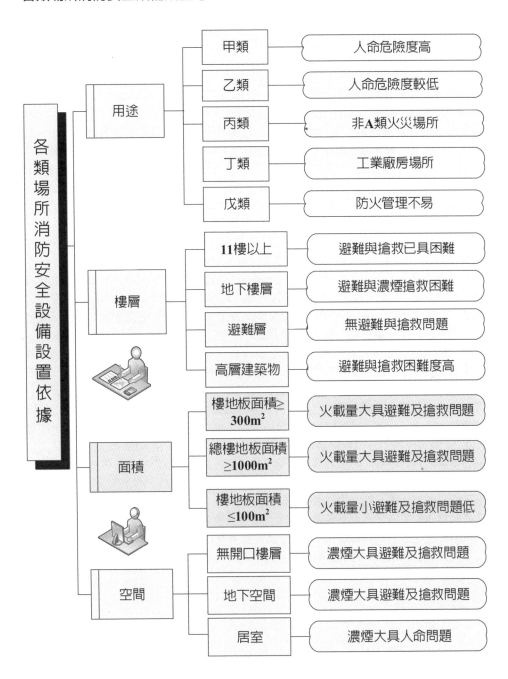

2-12 甲類場所

【解說】

依內政部消防法令函釋及公告（以下同），表演館（場）（觀眾席面積未達 200 平方公尺，不提供餐飲及飲酒服務），適用第 12 條第二款第四目用途。音樂展演場（觀眾席面積未達 200 平方公尺，供輕食、提供非酒精飲料服務），適用第 12 條第一款第五目、第二款第四目、第八目等用途。音樂展演場（觀眾席面積未達 200 平方公尺，供餐飲及含酒精飲料服務），如屬音樂展演，而非提供表演節目等娛樂服務，適用第 12 條第一款第五目。藝文音樂展演活動屬短期、與其他用途併用時，消防安全管理原則以其主要用途或危險度高者為適用原則，如於集會堂表演，適用第 12 條第一款第二目用途；於訓練場所進行舞蹈訓練及偶爾表演，適用第 12 條第二款第三目用途。

就營業行為、有無包廂（區隔）等情形，依第 12 條第一款第一目（理容院、指壓按摩場所等）、第二目（美容瘦身場所等）或第二款第六目（辦公室等）檢討之。在按摩場所用途分類方面，以包廂式或非包廂式作為區分標準，該場所如屬包廂式，歸為第 12 條第一款第一目之場所，如屬非包廂式，歸為同條第二款第六目之場所。又餐館、小吃店等行業附設視聽歌唱設備供消費者免費使用，應視業者以何者為經常性、營利性且屬商業性質之營業行為為斷。

護理機構包括居家護理機構、護理之家機構及產後護理機構等，其中居家護理機構未設任何病房設施，屬家庭式照護，危險性低，不列入本條規範。在民宿方面，指利用自用住宅空閒房間，以家庭副業方式經營，提供旅客鄉野生活之住宿處所。」另「民宿消防安全設備之設置應依民宿管理辦法第 8 條規定辦理，惟民宿經營之規模（面積、客房數）如逾越該辦法第 6 條之規定，而具旅（賓）館之使用性質時，則應依第 12 條第一款第三目有關旅（賓）館之規定設置消防安全設備，並應依消防法相關規定辦理檢修申報、防火管理及防焰等事項」。故民宿實際經營之規模，逾申請核准登記面積、客房數、用途，如具旅（賓）館之使用性質時，則應依第 12 條第一款第三目有關旅（賓）館之規定設置消防安全設備。

在面積 300 平方公尺以下餐廳，雖非「供公眾使用建築物之範圍」，但仍屬「各類場所消防安全設備設置標準」第 12 條第一款第五目規定之場所，應依消防法第 6 條規定列管檢查該場所消防安全設備，且其消防安全設備經檢查如不符規定者，並應依同法第 37 條規定予以處罰。

各類場所分類結構

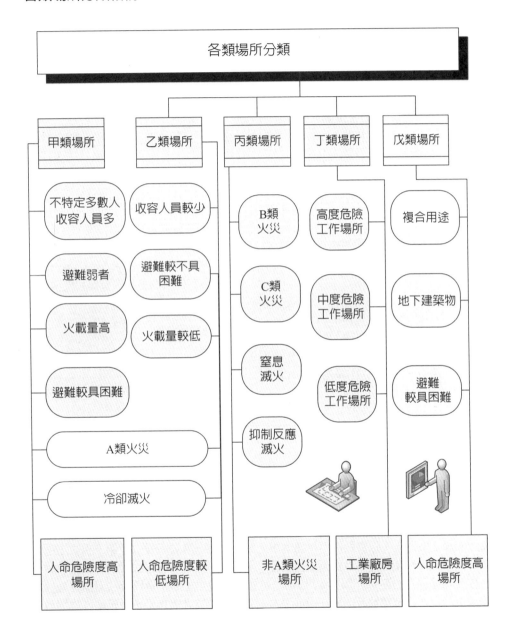

2-13 乙類場所

第 12 條（續）
二、乙類場所：
　　（一）車站、飛機場大廈、候船室。
　　（二）期貨經紀業、證券交易所、金融機構。
　　（三）學校教室、兒童課後照顧服務中心、補習班、訓練班、K 書中心、前款
　　　　　第六目以外兒童及少年福利機構（限安置及教養機構）及身心障礙職業
　　　　　訓練機構。
　　（四）圖書館、博物館、美術館、陳列館、史蹟資料館、紀念館及其他類似場
　　　　　所。
　　（五）寺廟、宗祠、教堂、供存放骨灰（骸）之納骨堂（塔）及其他類似場所。
　　（六）辦公室、靶場、診所、長期照顧服務機構（限社區式之建築物使用類組
　　　　　屬 H-2 之日間照顧、團體家屋及小規模多機能）、日間型精神復健機
　　　　　構、兒童及少年心理輔導或家庭諮詢機構、身心障礙者就業服務機構、
　　　　　老人文康機構、前款第六目以外之老人福利機構及身心障礙福利機構。
　　（七）集合住宅、寄宿舍、住宿型精神復健機構。
　　（八）體育館、活動中心。
　　（九）室內溜冰場、室內游泳池。
　　（十）電影攝影場、電視播送場。
　　（十一）倉庫、傢俱展示販售場。
　　（十二）幼兒園。
（續）

【解說】
　　各類場所應以實際使用用途及性質，依各類場所消防安全設備設置標準第 12 條檢討場所用途分類。依內政部消防法令函釋及公告，按租賃之套房得比照第 12 條第二款第七目集合住宅、寄宿舍檢討其消防安全設備之設置。
　　在臺鐵駕駛模擬室之機械設備如為提供員工模擬駕駛列車之教育訓練使用，而非屬電信設備之機器，得以實際使用用途適用上開設置標準第 12 條第二款第三目之場所。
　　有關婚紗攝影及美容瘦身場所，應比照「辦公室」用途，檢討設置消防安全設備。
　　按「煤礦儲存倉庫」係屬第 12 條第二款第十一目之倉庫用途場所。而補習班於實施都市計畫地區總樓地板面積在 200 平方公尺以上；於非實施都市計畫地區總樓地板面積在 500 平方公尺以上者；及供學童使用之補習班，均屬供公眾使用建築物。
　　非供學童使用且未達上開規模之補習班，則非屬供公眾使用建築物。至所稱「學童」之範圍，應包括學齡前兒童及國小學童。

各類場所用途分類檢討消防安全設備設置

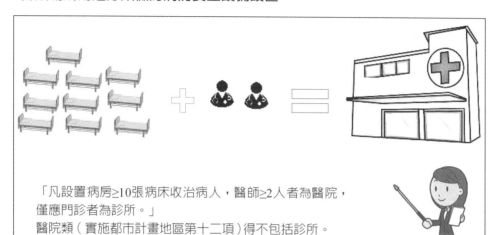

「凡設置病房≥10張病床收治病人，醫師≥2人者為醫院，僅應門診者為診所。」
醫院類（實施都市計畫地區第十二項）得不包括診所。

在棒球場方面，以鋼構、具1小時防火時效屋頂、四周開放無牆及無觀眾臺與看臺方式建構，且僅供運動打球使用者，考量上開建築為開放空間，火載量低、起火與火災擴大危險性低，及容易避難逃生之特性，且非屬各類場所消防安全設備設置標準第12條第二款第八目之場所，得免設消防安全設備。

複合用途建築物

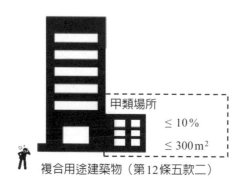

甲類場所
≤ 10%
≤ 300m²

複合用途建築物（第12條五款二）

2-14 丙丁類場所

第 12 條（續）
三、丙類場所：
　　（一）電信機器室。
　　（二）汽車修護廠、飛機修理廠、飛機庫。
　　（三）室內停車場、建築物依法附設之室內停車空間。
四、丁類場所：
　　（一）高度危險工作場所。
　　（二）中度危險工作場所。
　　（三）低度危險工作場所。
（續）

【解說】

依內政部消防法令函釋及公告，有關應設置消防安全設備之場所，乃係指定著於土地上或地面下具有頂蓋、樑柱或牆壁，供個人或公眾使用之建築物或構造物而言。對於場所用途分類之認定係依申請人所附申請資料中之建築物使用用途或登記行業類別為準，經對照第 12 條之用途歸類後，據以檢討其消防安全設備之設置。

高鐵列車「檢驗修理場」得比照第 12 條第三款第二目之場所分類檢討其消防安全設備之設置，惟該場所停放之車輛係以電力而非易燃性液體作為動力來源，如參酌美國 NFPA 相關規定規劃設計自動撒水設備作為防護。

提供通信使用之「電信機房」，雖有交換機房、集線機房及集線室等之區分，惟仍屬第 12 條第三款第一目規定之用途場所。「電信機器室應檢討其消防安全設備，並應視同電信機械室檢討自動滅火設備之設置」之規定辦理。有關液化石油氣汽車改裝廠之消防安全設備，依照汽車修護廠規定辦理。

對於工廠用途場所業依作業環境危險程度，予歸類區分為高、中、低度危險工作場所，並參酌其規模、面積大小予規範消防安全設備之設置。高度危險工作場所之倉庫，其儲存一般可燃性固體物質應採實質認定，不宜以包裝材料為認定對象。

臺灣省菸酒公賣局臺中酒廠生產之米酒頭、黃酒、花雕酒、米酒，其閃火點均超過30℃，上揭物質閃火點未超過 60℃時，仍屬高度危險工作場所。至原料米、麥雖已去殼，仍屬所稱之一般可燃性固體物質。

中度危險工作場所

冰水機房如以主用途場所申請建築執照，依中度危險工作場所檢討其消防安全設備之設置。

有關供「開放式漁市場」、「漁、肉、蔬果臨時攤販集中使用之黃昏市場」等類似場所，三面無外牆開放式一層樓，考量建築物為一層樓，僅部分時段使用、無隔間，具二方向避難路徑、煙熱易於散失，危險度較低，比照中度危險工作場所。

酒類產品未達公共危險物品及可燃性高壓氣體設置標準暨安全管理辦法之製酒場所，比照中度危險工作場所，在農牧用地以農業設施自產農產品加工室名義申設之農村酒莊，屬製酒場所，依中度危險工作場所檢討。

低度危險工作場所

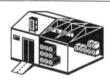

供冷凍肉類之冷凍倉庫為低度危險工作場所，為確保其室內消防栓設備操作及使用功能，設置在冷凍倉庫外周圍4個入口處，該倉庫內任一點至消防栓接頭之水平距離如超過第34條第1項之規定，以加設水帶方式檢討，出水量及放射壓力應符合規定。

動植物檢疫中心之動物舍，平時為供牛、羊、豬等動物棲息，除餵食、清潔及防疫時間外，皆無人駐守，比照低度危險工作場所用途檢討消防安全設備，其中室內消防栓以室外消防栓替代，火警自動警報設備及緊急廣播設備如為四面無牆外氣流通時得免議。

2-15 戊類場所

第 12 條（續）

五、戊類場所：

　　（一）複合用途建築物中，有供第一款用途者。

　　（二）前目以外供第二款至前款用途之複合用途建築物。

　　（三）地下建築物。

六、其他經中央主管機關公告之場所。

【解說】

　　已類場所已刪除原先之林場，因林場內之建築物則依其用途分類要求設置消防安全設備並列管檢查，已無就此類用途另行規範之必要。

　　釣蝦場營業範圍內無電子遊戲設備或視聽歌唱設備，僅單純經營釣蝦之釣蝦場，尚非第 12 條規範之範疇，惟如為有電子遊戲、資訊休閒、視聽歌唱等複合用途，應依使用強度及危險性高之用途檢討消防安全設備。至釣蝦場之水池是否計入樓地板面積部分，查建築物樓地板面積之計算，應依建築技術規則建築設計施工編第 1 條第五款規定檢討。

　　而公園申請供觀景臺或涼亭使用、鋼構、挑高、開放空間、四周無可燃物之地上建築物，非第 12 條規範之場所，得予免檢討消防安全設備之設置。而地下道機房非屬第 12 條，得免辦理消防安全設備圖說審查及竣工查驗事宜。

　　適用建築法第 98 條規定視為特種建築物，其地下發電廠房及廠房通道兩側空間係屬無人電廠、非地下建築物、無供個人或公眾使用，非屬各類場所消防安全設備設置標準第 12 條規範之場所。惟如涉公共危險物品及可燃性高壓氣體，則仍應依公共危險物品及可燃性高壓氣體設置標準暨安全管理辦法相關規定辦理。

　　按地下建築物係指主要構造物定著於地面下之建築物，包括地下使用單元、地下通道、地下通道之直通樓梯、專用直通樓梯、地下公共設施等，及附設於地面上出入口、通風採光口、機電房等類似必要之構造物。

　　另公路係指供車輛通行之道路及其用地範圍內之各項設施；是公路隧道非屬地下建築物，自不適用設置標準之規範，亦非消防署權管範圍。有關公路設計、施工、養護及交通工程之各項技術規範，故公路隧道消防設備之設置係由交通部主政。

各類場所用途分類檢討消防安全設備設置

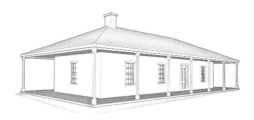

軍事用途建築物如屬「供公眾使用建築物」，雖經地方政府同意免辦建築執照，仍應檢具消防安全圖說向當地消防機關申請辦理審（勘），並由消防機關分類列管檢查。

經國防部核定具機密性者，基於國防機密安全及消防安全之衡平考量，採自行列管方式，並依消防法規定辦理消防安全設備審（檢）查、檢修申報、防火管理等，俾強化場所消防安全。

集合住宅係具有共同基地及共同空間或設備，並≥3個住宅單位，如同一建照內之透天住宅，並未開挖地下層如認定非屬集合住宅，即無第12條第二款第六目適用。

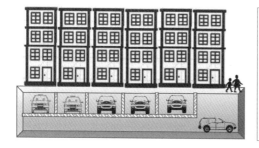

地下一層整體開挖之透天住宅，經建築機關認定屬集合住宅，惟地上層各棟均屬獨立門戶，使用性質單純，且依規定區劃分隔者，其與地下層各間以建築設計施工編第76條防火門窗區隔者，得僅就地下一層停車空間檢討消防設備。

2-16 增改建或變更用途（一）

第 13 條

各類場所於增建、改建或變更用途時，其消防安全設備之設置，適用增建、改建或用途變更前之標準。但有下列情形之一者，適用增建、改建或變更用途後之標準：

一、其消防安全設備為滅火器、火警自動警報設備、手動報警設備、緊急廣播設備、標示設備、避難輔助器具及緊急照明設備者。

二、增建或改建部分，以本標準中華民國 85 年 7 月 1 日修正條文施行日起，樓地板面積合計逾 1000 平方公尺或占原建築物總樓地板面積 1/2 以上時，該建築物之消防安全設備。

三、用途變更為甲類場所使用時，該變更後用途之消防安全設備。

四、用途變更前，未符合變更前規定之消防安全設備。

【解說】

依內政部消防法令函釋及公告（以下同），用途變更為補習班之新設立補習班，則依第 13 條第一款規定，其消防安全設備為滅火器、火警自動警報設備、手動報警設備、緊急廣播設備、標示設備、避難器具及緊急照明設備者，該等設備之設置，適用變更用途後之標準。

幼兒園申請兼辦國民小學兒童課後照顧服務時，如未涉及建築物使用執照之變更時，考量幼兒園兼辦國民小學兒童課後照顧服務，係以幼兒園為主要用途，其使用強度及消防安全設備之檢討以幼兒園較為嚴格，在一定招收（國民小學兒童）人數及建築一定規模條件（幼兒園原核定空間範圍 1/2），免辦理變更使用執照下，得免辦理消防安全設備之檢討。惟如有使用用途變更時，仍依第 13 條規定辦理。

領有使用執照之建築物用途變更，應依建築法第 73 條執行要點檢討，並申請變更使用執照；建築物增建、改建之部分應依建築技術規則檢討，並申請建造執照。按各類場所消防安全設備設置標準第 13 條係規定消防設備之檢討，而防火門係屬建築技術規則規定之防火設備，非屬消防設備。

用途變更為甲類場所使用時，該變更後用途之消防安全設備，適用變更後之標準規定，係指原為非甲類用途場所變更為甲類用途場所或原為甲類場所變更為他種甲類用途場所時均應適用之。

不同行為消防法規適用

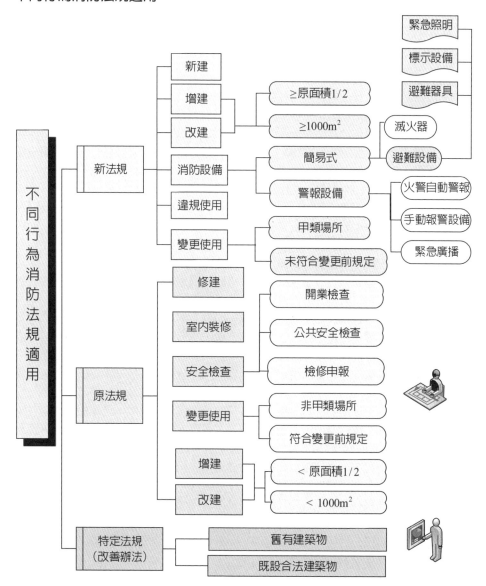

2-17 增改建或變更用途（二）

【解說】

消防安全設備審查，其法規適用之原則，係以申請建造執照掛號之日期爲準，其消防安全設備之設置，得依申請建造執照當時之法規設計。

於建築法第 73 條執行要點規定，辦理建築物變更使用執照有關項目免檢討，消防安全設備之檢討仍應依消防法規處理。如建築物三、四層原供醫院用途使用，辦理變更用途爲護理之家，依建築法第 73 條執行要點規定辦理變更使用時，雖屬同類組使用項目變更，有關項目免檢討，惟仍應依規定重新檢討消防安全設備設置。

在古蹟方面，按「古蹟依其主管機關，區分爲國定、直轄市定、縣（市）定三類，分別由內政部、直轄市政府及縣（市）政府審查指定及公告之，並報內政部備查。」、「古蹟應保存原有形貌及文化風貌，不得變更，如因故損毀應依照原有形貌及文化風貌修復，並得依其性質，報經古蹟主管機關許可後，採取不同之保存、維護或再利用方式。」供玻璃工藝博物館使用之市定古蹟，如涉及消防設備之改善，且基於文化資產保護考量難依現行法規改善時，仍應依規定報經古蹟當地主管機關審查許可後始得辦理。

假使原使用執照用途爲一般零售業（甲類第四目）變更爲酒吧（甲類第一目）時，業構成上開規定「變更用途之條件」，爰應依消防法第 6 條第二項：「消防機關得依前項所定各類場所之危險程度，分類列管檢查及複查。」各級消防主管機關辦理消防安全檢查違法案件處理注意事項規定，以其實際用途分類列管檢查，並依現行規定要求設置消防安全設備。

原建築物總樓地板面積的計算，增建後各棟未能視爲另一場所，該總面積爲各棟樓地板面積之合計；增建棟場所用途歸類認定，得單就該棟之場所檢討；其消防安全設備之設置，以增建棟整體建築物依第 13 條規定，就應適用增建前之標準或增建後之標準檢討，於增建部分設置該消防安全設備。

按實施都市計畫地區總樓地板面積在 200 平方公尺以上之補習班，或非實施都市計畫地區總樓地板面積在 500 平方公尺以上之補習班均屬供公眾使用建築物範圍。又建築物使用應按其使用強度及危險指標分類分組，在變更使用檢討項目及標準，與該變更使用範圍是否爲供公眾使用建築物無涉。至其變更使用涉及消防設備之檢討，仍應依規定檢討消防安全設備之設置。

各類場所用途分類檢討消防安全設備設置

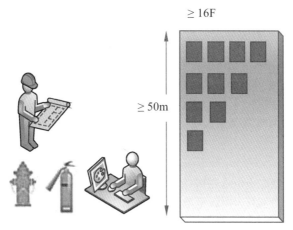

消防法第1條後段明定，本法未規定者，適用其他法律規定。如屬高層建築物應依建築設計施工編高層建築物第243條，就燃氣設備設置處所，要求設置瓦斯漏氣火警自動警報設備。假使高層建築物部分樓層變更使用，依第13條檢討。至連結送水管之設置，業有完整規範，應依設置標準規定辦理。

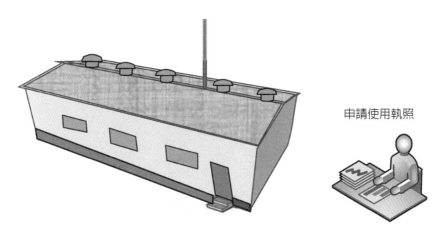

已設置之公共危險物品或可燃性高壓氣體儲槽，申請使用執照時，如能檢具儲槽設置時之相關證明文件，則其消防安全設備得依設置時之相關法規辦理。

2-18 應設置滅火器

【解說】

　　滅火器是一種初期滅火相當便利有效之消防安全設備，當然這取決於初期火勢成長大小、使用人員能力及滅火器數量是否足以控制；在日本有一種背負式滅火器，總重量限制在 35 公斤以下，但在臺灣則沒有。而滅火效能值（Extinguisher Ratings，在日本稱能力單位）是提供滅火器，所能控制火災規模之一種指南。如 A 類火災滅火效能值等級，基於相對比例從 1A 至 40A；例如一個 4A 能控制火災比 2A 滅火器約兩倍大。B 類滅火效能值等級，基於能控制漏油火災之面積從 1B 至 640B；例如一個 10B 滅火器能撲滅約 0.9 平方公尺漏油火災面積。

　　於放映室類似電氣設備之各類場所，一旦起火不能使用水來滅火，如使用布毯進行窒息覆蓋，因纜線層層結構也是難以見效，是故設置滅火器如化學乾粉滅火器即可。於設有鍋爐房等大量使用火源之場所，因一起火不像電氣或煙蒂之火源小，可能又不能使用水滅火，因火勢大小關係，勢必以快速具有滅火效能值來進行壓制，方可控制火災成長。

　　原俗稱西瓜之自動滅火器之設置，常因受高度及空間是否封閉等因素影響，加上其設置之施工、檢查保養上之困難及其設置後實質效果有限，於民國 85 年修正發布之「各類場所消防安全設備設置標準」中予以刪除。而法律採從新從優之原則，適用現行第 14 條之規定，檢討改採設置「滅火器」。

設置滅火器場所

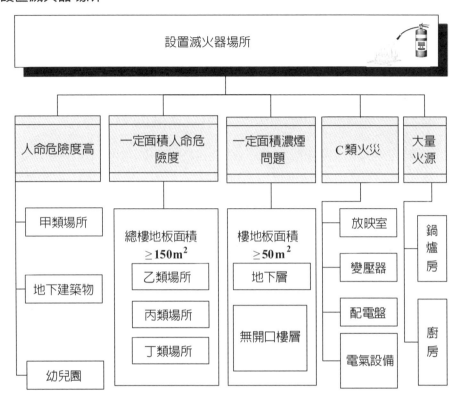

滅火藥劑共通性狀（日本）

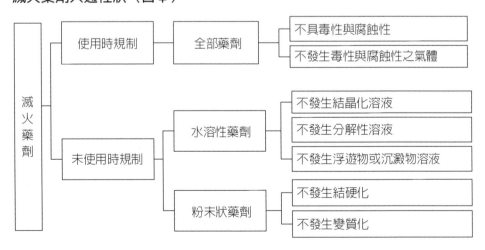

（消防設備士資格研究會，平成 22 年）

2-19 應設置室內消防栓設備

第 15 條

下列場所應設置室內消防栓設備：

一、五層以下建築物，供第 12 條第一款第一目所列場所使用，任何一層樓地板面積在 300 平方公尺以上者；供第一款其他各目及第二款至第四款所列場所使用，任何一層樓地板面積在 500 平方公尺以上者；或為學校教室任何一層樓地板面積在 1400 平方公尺以上者。

二、六層以上建築物，供第十二條第一款至第四款所列場所使用，任何一層之樓地板面積在 150 平方公尺以上者。

三、總樓地板面積在一百五十平方公尺以上之地下建築物。

四、地下層或無開口之樓層，供第 12 條第一款第一目所列場所使用，樓地板面積在 100 平方公尺以上者；供第一款其他各目及第二款至第四款所列場所使用，樓地板面積在 150 平方公尺以上者。

前項應設室內消防栓設備之場所，依本標準設有自動撒水（含補助撒水栓）、水霧、泡沫、二氧化碳、乾粉或室外消防栓等滅火設備者，在該有效範圍內，得免設室內消防栓設備。但設有室外消防栓設備時，在第一層水平距離 40 公尺以下、第二層步行距離 40 公尺以下有效滅火範圍內，室內消防栓設備限於第一層、第二層免設。

【解說】

室內消防栓是一非常具有大滅火能力之消防安全設備。於一般建築物初期或成長期火災，在設備正常運作上以源源不絕供應，大多能進行壓制火勢至熄滅。當然這要取決於使用人之能力與特性。為使用便利性，可分第一種及第二種室內消防栓。

但設有室外消防栓設備時，在第一層水平距離 40 公尺以下、第二層步行距離 40 公尺以下有效滅火範圍內，室內消防栓設備限於第一層、第二層免設，這是同等性能替代考量，因室外消防栓有效射水高度一般為 6 公尺，而國內建築物每層高度約為 3 公尺。

基本上，應檢討設置室外消防栓設備之場所為高、中、低度危險工作場所，其中並不包括學校教室。內政部消防法令函釋及公告，學校教室仍應依第 15 條第一項規定檢討室內消防栓設備之設置，並無「設有室外消防設備，於其有效滅火範圍內，室內消防栓設備限於第一、二層免設」規定之適用。

日本室內消防栓種類（日本總務省消防廳）					
種類	設置基準				特徵
	設置間隔	放水壓力	放水量	水源容量	
第一種	≤ 25m	≥ 1.7 kg/cm^2	≥ 130 L/min	≥ 2.6 m^3	2 人操作
易操作型第一種	≤ 25m	≥ 1.7 kg/cm^2	≥ 130 L/min	≥ 2.6 m^3	1 人操作
第二種	≤ 15m	≥ 2.5 kg/cm^2	≥ 60 L/min	≥ 1.2 m^3	1 人操作
廣範圍型第二種	≤ 25m	≥ 1.7 kg/cm^2	≥ 80 L/min	≥ 1.6 m^3	1 人操作

應設置室內消防栓場所

類別	目別	應設置室內消防栓場所	樓地板面積	地下層或無開口	≥6層
甲	1	電影片映演場所（戲院、電影院）、歌廳、舞廳、夜總會、俱樂部、理容院（觀光理髮、視聽理容等）、指壓按摩場所、錄影節目帶播映場所（MTV等）、視聽歌唱場所（KTV等）、酒家、酒吧、酒店（廊）	≥ 300 m²	≥ 100 m²	≥ 150 m²
	2	保齡球館、撞球場、集會堂、健身休閒中心（含提供指壓、三溫暖等設施之美容瘦身場所）、室內螢幕式高爾夫練習場、遊藝場所、電子遊戲場、資訊休閒場所。			
	3	觀光旅館、飯店、旅館、招待所（限有寢室客房者）			
	4	商場、市場、百貨商場、超級市場、零售市場、展覽場			
	5	餐廳、飲食店、咖啡廳、茶藝館			
	6	醫院、療養院、榮譽國民之家、長期照顧服務機構（限機構住宿式、社區式之建築物使用類組非屬 H-2 之日間照顧、團體家屋及小規模多機能）、老人福利機構（限長期照護型、養護型、失智照顧型長期照護機構、安養機構）、兒童及少年福利機構（限托嬰中心、早期療育機構、有收容未滿二歲兒童之安置及教養機構）、護理機構（限一般護理之家、精神護理之家、產後護理機構）、身心障礙福利機構（限供住宿養護、日間服務、臨時及短期照顧者）、身心障礙者職業訓練機構（限提供住宿或使用特殊機具者）、啟明、啟智、啟聽等特殊學校	≥ 500 m²（除學校≥ 1 4 0 0 m²）	≥ 150 m²	
	7	三溫暖、公共浴室			
乙	1	車站、飛機場大廈、候船室			
	2	期貨經紀業、證券交易所、金融機構			
	3	學校教室、兒童課後照顧服務中心、補習班、訓練班、K書中心、前款第六目以外兒童及少年福利機構（限安置及教養機構）及身心障礙者職業訓練機構			
	4	圖書館、博物館、美術館、陳列館、史蹟資料館、紀念館及其他類似場所			
	5	寺廟、宗祠、教堂、供存放骨灰（骸）之納骨堂（塔）及其他類似場所			

類別	目別	應設置室內消防栓場所	樓地板面積	地下層或無開口	≥ 6 層
	6	辦公室、靶場、診所、長期照顧服務機構（限社區式建築物使用類組屬 H-2 之日間照顧、團體家屋及小規模多機能）、日間型精神復健機構、兒童及少年心理輔導或家庭諮詢機構、身心障礙者就業服務機構、老人文康機構、前款第六目以外之老人福利機構及身心障礙福利機構	≥ 500 m² （除學校 ≥ 1 4 0 0 m²）	≥ 150 m²	≥ 150 m²
	7	集合住宅、寄宿舍、住宿型精神復健機構			
	8	體育館、活動中心			
	9	室內溜冰場、室內游泳池			
	10	電影攝影場、電視播送場			
	11	倉庫、傢俱展示販售場			
	12	幼兒園			
丙	1	電信機器室			
	2	汽車修護廠、飛機修理廠、飛機庫			
	3	室內停車場、建築物依法附設之室內停車空間			
丁	1	高度危險工作場所			
	2	中度危險工作場所			
	3	低度危險工作場所			
戊	1	複合用途建築物中，有供甲類用途者		─	
	2	前目以外供乙至丁類用途之複合用途建築物			
	3	地下建築物	總樓地板≥ 150 m²		
其他		經中央主管機關公告之場所			

免設規定
1. 設有自動撒水（含補助撒水栓）、水霧、泡沫、二氧化碳、乾粉或室外消防栓等滅火設備者，在該有效範圍內，得免設室內消防栓設備。
2. 但設有室外消防栓設備時，在第一層水平距離＜40m、第二層步行距離＜40m 有效滅火範圍內，室內消防栓設備限於第一層、第二層免設

中央標準法規書寫方式

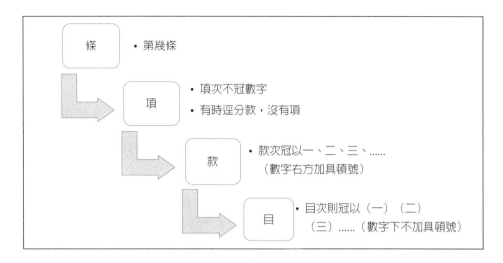

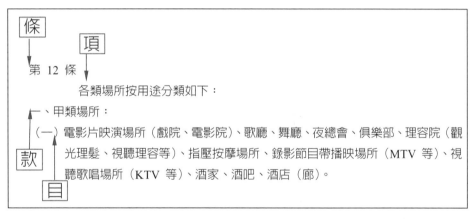

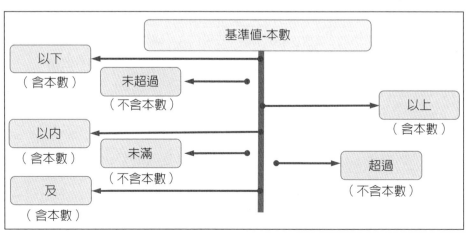

2-20 應設置室外消防栓設備

第 16 條

下列場所應設置室外消防栓設備：

一、高度危險工作場所，其建築物及儲存場所之第一層及第二層樓地板面積合計在 3000 平方公尺以上者。

二、中度危險工作場所，其建築物及儲存場所之第一層及第二層樓地板面積合計在 5000 平方公尺以上者。

三、低度危險工作場所，其建築物及儲存場所之第一層及第二層樓地板面積合計在 10000 平方公尺以上者。

四、如有不同危險程度工作場所未達前三款規定標準，而以各款場所之實際面積為分子，各款規定之面積為分母，分別計算，其比例之總合大於一者。

五、同一建築基地內有二棟以上木造或其他易燃構造建築物時，建築物間外牆與中心線水平距離第一層在 3 公尺以下，第二層在 5 公尺以下，且合計各棟第一層及第二層樓地板面積在 3000 平方公尺以上者。

前項應設室外消防栓設備之工作場所，依本標準設有自動撒水、水霧、泡沫、二氧化碳、乾粉等滅火設備者，在該有效範圍內，得免設室外消防栓設備。

【解說】

　　高度危險工作場所中之易燃性液體規定，係依 NFPA 30 對易燃性液體係指閃火點（Flash Point）低於華氏 100 度（攝氏 37.8 度）且蒸氣壓小於 40 psi（0.28 Mpa）之液體，因蒸氣壓係指在密閉條件中及一定溫度下，其容器中液相與氣相達成平衡，此時液面上蒸氣作用於液體的壓力，亦稱飽和蒸汽壓，其隨溫度增高，被汽化之液體愈多，而蒸氣壓增大，故 NFPA 30 將閃火點低於攝氏溫度 37.8 時，其蒸氣壓未超過 0.28 Mpa 定義為易燃性液體。如果蒸氣壓超過 40 psi，就不是液體，而為壓縮氣體【Compressed Gas：即密封容器在 37.8°C 時蒸氣壓超過 $2.8kg/cm^2$ 的氣態】。

　　而木構造或其他易燃構造建築物間外牆與中心線水平距離第一層在三公尺以下，第二層在五公尺以下，在國內少見，代表二棟間易於相互延燒；如同過廊連接建築物之間距，一樓超過六公尺，二樓以上超過十公尺，代表二棟間已不會相互延燒，得視為另一場所。

應設置室外消防栓場所

類別	目別	應設置室外消防栓場所	建築物及儲存面積
工作場所	高度	1. 可燃性固體物質倉庫高度 ≧ 5.5m 2. 易燃性液體閃火點＜60℃與 37.8℃時，其蒸氣壓＜2.8kg/cm² 者 3. 可燃性高壓氣體製造、儲存、處理場所 4. 石化作業場所，木材加工業作業場所及油漆作業場所等	≧ 3000 m²
	中度	1. 儲存一般可燃性固體物質倉庫之高度＜5.5m 者 2. 易燃性液體物質之閃火點 ≧ 60℃之作業場所 3. 輕工業場所	≧ 5000 m²
	低度	有可燃性物質存在，存量少，延燒範圍小，延燒速度慢，僅形成小型火災者	≧ 10000 m²
	複合	未達前三款規定不同危險程度工作場所	$(\dfrac{各款場所之實際面積}{各款規定之面積}+\dfrac{各款場所之實際面積}{各款規定之面積})\geq 1$
	同一建築基地 ≧ 二棟	木造或其他易燃構造建築物時，建築物間外牆與中心線水平距離第一層在＜3m，第二層在＜5m	第一棟第一層及第二層＋第二棟第一層及第二層…合計樓地板積 ≧ 3000m²
免設規定 設有自動撒水、水霧、泡沫、二氧化碳、乾粉等滅火設備者，在該有效範圍內，得免設室外消防栓設備。			

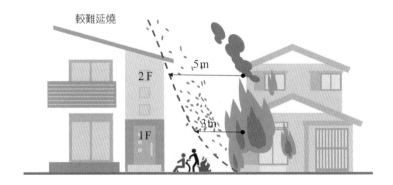

2-21 應設置自動撒水設備

【解說】

　　自動撒水設備在一百多年前就已發明，迄今是全球公認最有效之消防設備，在建築物發生火災後，全球統計報告指出，平均一般密閉式撒水頭不會超過三顆破裂，即控制住火勢發展，並熄滅火勢；在撒水頭應用上，NFPA 將其區分火勢控制（Fire Control）與火勢抑制撲滅（Fire Suppression）二種，如室內停車空間在英語系國家是裝置自動撒水設備，以達火勢控制，後續由消防人員進入後以滅火器等，再將殘火澈底撲滅。而國內則要求裝置泡沫滅火設備，認定車輛火災會有 A 類與 B 類，一旦起火後以大量泡沫進行放射，以淹蓋住火點使其熄滅之方式，但這是不經濟設計觀點，這也忽略設置消防隊之存在價值。

　　高層建築物在國內為 16 層樓以上，在日本為 11 層樓以上。

【解說補充】

依內政部消防法令函釋及公告（以下同），建築法系與消防法系就場所歸類認定之方式有別，建築法系將廠、庫歸爲同類，應檢討設置之防火避難設施相等。惟消防法系以災例爲鑑，就倉庫及工廠分別歸爲乙類及丁類場所，並分別定其應設消防安全設備之規範。建築物建造執照申請用途以冷凍工廠爲例，應釐清該場所實際用途究屬工廠之動態作業場所抑或靜態儲存場所，俾定性其爲工廠或倉庫；如屬前者，即不受該規定所規範，如屬後者，自應依該規定之規範。

按樓層高度超過 10 公尺且樓地板面積在 700 平方公尺以上之高架儲存倉庫，應設置自動撒水設備，第 17 條第一項第六款定有明文。該高架儲存倉庫即使在零下 25℃環境運作加工，仍應依規定，並檢討設置密閉乾式或預動式之自動撒水設備。蓋冷凍倉庫之諸多災例，通常肇生於其電機設備、溫控設備之故障、維修或局部工程施作期間，且倉庫之棧板、貨架、容器、包裝材或儲存物本身，概皆含有可燃性物質；冷凍倉庫所採冷凍劑無水氨氣（anhydrous ammonia），並具火災及爆炸危險性。徵諸美國、日本等先進國家，針對冷凍倉庫（或冷凍空間），亦皆設有應設自動撒水設備或其他自動滅火設備之規定。而煤礦儲存倉庫未設貨架，非高架儲存倉庫，亦非第 17 條第一項第六款規範對象。

建築物層數爲「基地地面以上樓層數之和。建築物內層數不同者，以最多之層數作爲該建築物層數。」高層建築物因樓層高度限制，考量其對於人員避難逃生、消防搶救困難等因素，相對危險性增加，且建築技術規則建築設計施工編第十二章高層建築物專章對於部分消防安全設備設置，有較特別之規定。

例題：
　共四層樓之醫院，每層樓地板面積 1495 平方公尺，是否可免設撒水設備，若再開挖 600 平方公尺之地下室作爲機械室及停車場用途，則該建築物一至四樓醫院部分，是否可免設撒水設備？
【解說】
　共四層樓之醫院，每層樓地板面積 1495 平方公尺，如無同條項第三款「地下層或無開口樓層，供第 12 條第一款所列場所使用，樓地板面積在 1000 平方公尺以上者。」之適用，則未達設置自動撒水設備之標準，若再開挖 600 平方公尺之地下室作爲機械室及停車場用途，因該停車場有可能供外人使用，本建築物係屬複合用途建築物，經檢討一至四樓醫院應設自動撒水設備。

應設置自動撒水設備場所

類別	目別	應設置自動撒水設備場所	＜十層	地下層或無開口	≧十一層	≧十六層
甲	1	電影片映演場所（戲院、電影院）、歌廳、舞廳、夜總會、俱樂部、理容院（觀光理髮、視聽理容等）、指壓按摩場所、錄影節目帶播映場所（MTV等）、視聽歌唱場所（KTV等）、酒家、酒吧、酒店（廊）	≧ 300 m²	≧ 1000 m²	≧ 0 m²	≧ 0 m²
	2	保齡球館、撞球場、集會堂、健身休閒中心（含提供指壓、三溫暖等設施之美容瘦身場所）、室內螢幕式高爾夫練習場、遊藝場所、電子遊戲場、資訊休閒場所。	≧ 1500 m²			
	3	觀光旅館、飯店、旅館、招待所（限有寢室客房者）				
	4	商場、市場、百貨商場、超級市場、零售市場、展覽場				
	5	餐廳、飲食店、咖啡廳、茶藝館				
	6	醫院、療養院、榮譽國民之家、長期照顧服務機構（限機構住宿式、社區式之建築物使用類組非屬 H-2 之日間照顧、團體家屋及小規模多機能）、老人福利機構（限長期照護型、養護型、失智照顧型長期照顧機構、安養機構）、兒童及少年福利機構（限托嬰中心、早期療育機構、有收容未滿二歲兒童之安置及教養機構）、護理機構（限一般護理之家、精神護理之家、產後護理機構）、身心障礙福利機構（限供住宿養護、日間服務、臨時及短期照顧者）、身心障礙者職業訓練機構（限提供住宿或使用特殊機具者）、啟明、啟智、啟聰等特殊學校、身心障礙福利機構（限照顧植物人、失智症、重癱、長期臥床或身心功能退化者）	≧ 0 m²（左述劃底線場所），其餘 1500 m²			
	7	三溫暖、公共浴室	≧ 1500m²			
乙	1	車站、飛機場大廈、候船室	－	－	≧ 100 m²	
	2	期貨經紀業、證券交易所、金融機構				
	3	學校教室、兒童課後照顧服務中心、補習班、訓練班、K 書中心、前款第六目以外之兒童及少年福利機構（限安置及教養機構）身心障礙者職業訓練機構				
	4	圖書館、博物館、美術館、陳列室、史蹟資料館、紀念館及其他類似場所				
	5	寺廟、宗祠、教堂、供存放骨灰（骸）之納骨堂（塔）及其他類似場所				

類別	目別	應設置自動撒水設備場所	<十層	地下層或無開口	≥十一層	≥十六層
	6	辦公室、靶場、診所、長期照顧服務機構（限社區式建築物使用類組屬 H-2 之日間照顧、團體家屋及小規模多機能）、日間型精神復健機構、兒童及少年心理輔導或家庭諮詢機構、身心障礙者就業服務機構、老人文康機構、前款第六目以外之老人服務機構及身心障礙福利機構	—		≥100 m²	≥0 m²
	7	集合住宅、寄宿舍、住宿型精神復健機構				
	8	體育館、活動中心				
	9	室內溜冰場、室內游泳池				
	10	電影攝影場、電視播送場				
	11	倉庫、傢俱展示販售場	樓層高度≥ 10m 且面積 ≥ 700m² 之高架儲存倉庫			
	12	幼兒園				
丙	1	電信機器室	—	—		
	2	汽車修護廠、飛機修理廠、飛機庫				
	3	室內停車場、建築物依法附設之室內停車空間				
丁	1	高度危險工作場所				
	2	中度危險工作場所				
	3	低度危險工作場所				
戊	1	複合用途建築物中，有供甲類用途者	甲類合計達 ≥ 3000m² 時，供甲類使用樓層			
	2	前目以外供乙至丁類用途之複合用途建築物	-			
	3	地下建築物	總樓地板≥ 1000m²			
其他		經中央主管機關公告之場所				

免設規定
前項應設自動撒水設備之場所，依本標準設有水霧、泡沫、二氧化碳、乾粉等滅火設備者，在該有效範圍內，得免設自動撒水設備。

日本水道連結型撒水設備種類

直結直壓式

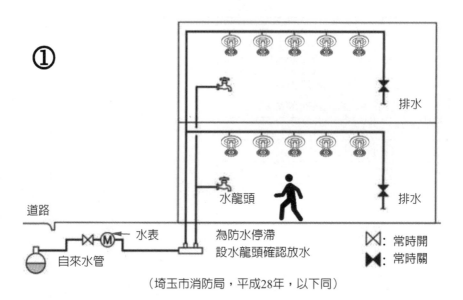

①

排水

水龍頭　排水

道路

水表

自來水管

為防水停滯
設水龍頭確認放水

▷◁ : 常時開
▶◀ : 常時關

（埼玉市消防局，平成28年，以下同）

直結增壓直送式

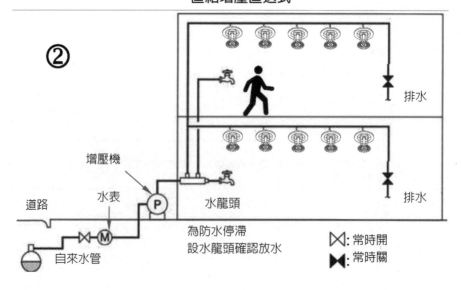

②

排水

增壓機

道路　水表　水龍頭　排水

自來水管

為防水停滯
設水龍頭確認放水

▷◁ : 常時開
▶◀ : 常時關

直結增壓重力水箱式

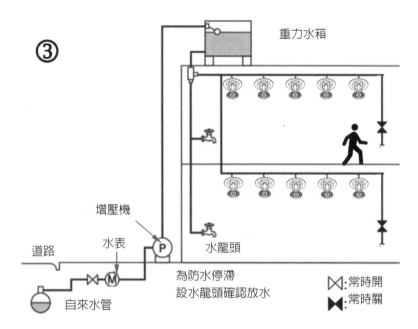

③

重力水箱

增壓機

水表

道路

自來水管

為防水停滯
設水龍頭確認放水

水龍頭

⊠：常時開
◖：常時關

呼水槽重力水箱併式

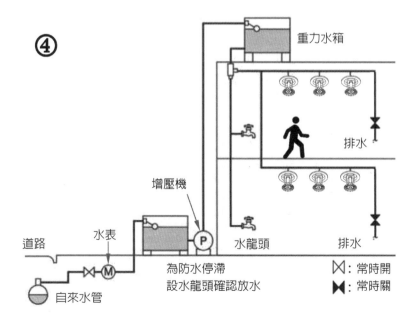

④

重力水箱

增壓機

水表

道路

自來水管

為防水停滯
設水龍頭確認放水

水龍頭

排水

排水

⊠：常時開
◖：常時關

呼水槽壓力水箱式

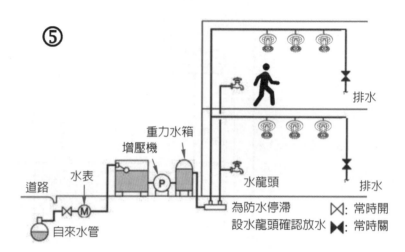

⑤

重力水箱
增壓機
道路
水表
自來水管
排水
排水
水龍頭
為防水停滯
設水龍頭確認放水
⋈：常時開
◀▶：常時關

呼水槽幫浦直送式

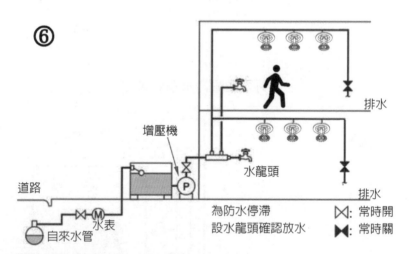

⑥

增壓機
道路
水表
自來水管
排水
排水
水龍頭
為防水停滯
設水龍頭確認放水
⋈：常時開
◀▶：常時關

日本加壓送水裝置之幫浦出水量及全揚程

內部裝修	出水量	全揚程
準不燃材料 （耐燃二級）	最大放水區域之撒水頭數 （≧ 四個以四個計）×20 L/min	$H = h1 + h2 + 2m$
耐燃一、二級以外	最大放水區域之撒水頭數 （≧ 四個以四個計）×35 L/min	$H = h1 + h2 + 5m$

註：H 為幫浦全揚程、h1 為配管摩擦損失水頭、h2 為落差（m）

呼水槽直結補助水箱併用式

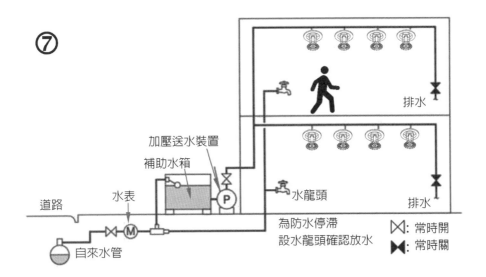

日本水道連結型撒水設備場所設置實例

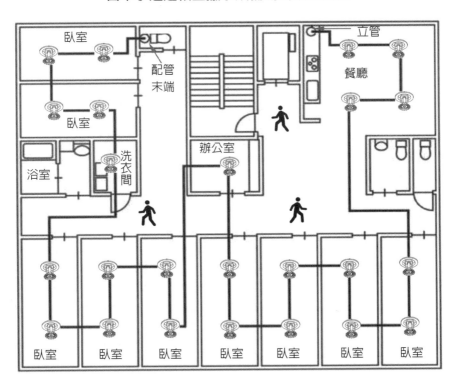

2-22 應設置移動式滅火設備

> **第 18 條**
> 下表所列之場所，應就水霧、泡沫、乾粉、二氧化碳滅火設備等選擇設置之。但外牆開口面積（常時開放部分）達該層樓地板面積 15% 以上者，上列滅火設備得採移動式設置。
> 樓地板面積在 300 平方公尺以上之餐廳或供第 12 條第一款第六目所定榮譽國民之家、長期照顧服務機構（限機構住宿式、社區式之建築物使用類組非屬 H-2 之日間照顧、團體家屋及小規模多機能）、老人福利機構（限長期照護型、養護型、失智照顧型之長期照顧機構、安養機構）、護理機構（限一般護理之家、精神護理之家）、身心障礙福利機構（限照顧植物人、失智症、重癱、長期臥床或身心功能退化者）使用之場所且樓地板面積合計在 500 平方公尺以上者，其廚房排油煙管及煙罩應設簡易自動滅火設備。但已依前項規定設有滅火設備者，得免設簡易自動滅火設備。

【解說】

當建築物內空間有 B 類與 C 類火災場所（原則超過 200m²），應檢討本條之特殊滅火設備，設置非整棟與樓層，而是以該場所之防護範圍作檢討設置。如非 A 類火災建築物，開口面積具一定規模，能與大氣互為流通，且建築物本身室內亦具一定高度，在初期火災發展下，採移動式由人員進行火災應變，仍不會短期間受限於煙霧與能見度關係而無法行動，所以本條採取法律鬆綁方式，不必設固定系統式消防設備。本條依內政部消防法令函釋及公告如次：外牆設置鐵捲門如為 24 小時開放，僅所述供防颱時使用，得視為常時開放之開口面積，惟事涉個案實質認定，請備妥書圖及證明資料逕洽地方消防機關辦理。

電信機械室係指設有通訊機器、設備者，並不包含只有訊號配線及端子接點之控制訊號中繼室。「其他類似之電器設備場所」係指電抗器、油式電容器、油式開關器、油式遮斷器、計器用變成器等電器設備，但不包括下列電器設備：

1. 配電盤或分電盤。
2. 電器設備中，不使用以冷卻或絕緣為目的之油類，且無產生氫氣等可燃性氣體者。
3. 電器設備容量合計未滿 20kVA 者。如配電盤盤體內設有非以油類冷卻之模鑄式自動冷卻變壓器，應為排除規範之配電盤。

有關外牆為建築物外圍之牆壁，有關地下機車停車場之結構體露天頂版部分，消防署不得視為建築物外圍之牆壁，故其頂版設置之露天開口，自無第 18 條外牆開口面積之適用。本條函釋依筆者看法，似有違立法之手段與目的不一。

民國 107 年新增避難弱勢族群場所廚房達一定規模以上，應設簡易自動滅火設備，這是考量廚房排油煙管油垢累積，一旦引火，燃燒延管壁快速竄延而難以人為滅火。

水霧、泡沫、乾粉、二氧化碳滅火設備等選擇設置場所

項目	應設場所	水霧	泡沫	二氧化碳	乾粉
一	屋頂直升機停機場（坪）。		○		○
二	飛機修理廠、飛機庫樓地板面積≥200m²。		○		○
三	汽車修理廠、室內停車空間在第一層樓地板面積≥500m²；在地下層或第二層以上樓地板面積≥200m²；在屋頂設有停車場樓地板面積≥300m²。	○	○	○	○
四	升降機械式停車場可容納≥10輛。	○	○	○	○
五	發電機室、變壓器室及其他類似之電器設備場所，樓地板面積≥200m²。	○		○	○
六	鍋爐房、廚房等大量使用火源之場所，樓地板面積≥200m²。			○	○
七	電信機械室、電腦室或總機室及其他類似場所，樓地板面積≥200m²。			○	○
八	引擎試驗室、石油試驗室、印刷機房及其他類似危險工作場所，樓地板面積≥200m²。	○	○	○	○

一、大量使用火源場所，指最大消費熱量合計在每小時 30 萬千卡以上者。
二、廚房設有自動撒水設備，且排油煙管及煙罩設簡易自動滅火裝置時，得不受本表限制。
三、停車空間內車輛採一列停放，並能同時通往室外者，得不受本表限制。
四、本表第七項所列應設場所得使用預動式自動撒水設備。
五、有特定或不特定人員使用中央管理室、防災中心等處所，不得設置二氧化碳滅火設備。

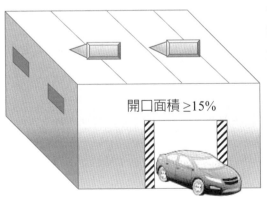

開口面積 ≥15%

外牆開口面積（常時開放部分）達該層樓地板面積15%以上者，上列滅火設備得採移動式設置

2-23 應設置火警自動警報設備

第 19 條

下列場所應設置火警自動警報設備：

一、五層以下之建築物，供第 12 條第一款及第二款第十二目所列場所使用，任何
　　一層之樓地板面積在 300 平方公尺以上者；或供同條第二款（第十二目除外）
　　至第四款所列場所使用，任何一層樓地板面積在 500 平方公尺以上者。

二、六層以上十層以下之建築物任何一層樓地板面積在 300 平方公尺以上者。

三、十一層以上建築物。

四、地下層或無開口樓層，供第 12 條第一款第一目、第五目及第五款（限其中供
　　第一款第一目或第五目使用者）使用之場所，樓地板面積在 100 平方公尺以上
　　者；供同條第一款其他各目及其他各款所列場所使用，樓地板面積在 300 平方
　　公尺以上者。

五、供第 12 條第五款第一目使用之建築物，總樓地板面積在 500 平方公尺以上，
　　且其中甲類場所樓地板面積合計在 300 平方公尺以上者。

六、供第 12 條第一款及第五款第三目所列場所使用，總樓地板面積在 300 平方公
　　尺以上者。

七、供第 12 條第一款第六目榮譽國民之家所定長期照顧服務機構（限機構住宿式、
　　社區式之建築物使用類組非屬 H-2 之日間照顧、團體家屋及小規模多機能）、
　　老人福利機構（限長期照護型、養護型、失智照顧型之長期照顧機構、安養機
　　構）、護理機構（限一般護理之家、精神護理之家）、身心障礙福利機構（限
　　照顧植物人、失智症、重癱、長期臥床或身心功能退化者）使用之場所。

前項應設火警自動警報設備之場所，除供甲類場所、地下建築物、高層建築物或應
設置偵煙式探測器之場所外，如已依本標準設置自動撒水、水霧或泡沫滅火設備
（限使用標示 75℃ 以下，動作時間 60 秒以內之密閉型撒水頭）者，在該有效範圍
內，得免設火警自動警報設備。

【解說】

　　因建築物使用，會有碳氫化合物之可燃物品，如電氣石化產品外殼、傢俱、寢具
等，並有用火用電之起火源，一旦二者結合，在空氣中氧助燃下，火勢形成發展，其
中火煙之生成物對人類產生相當威脅。因此，火警自動警報設備扮演重要角色，其能
讓建築物使用人早期發現火勢已發生，儘早發現火災，無論就滅火或避難逃生都有絕
對優勢。尤其是人類處於休息或睡眠時段，無人為活動時只能藉由機械設備來及時發
現火警並發出警報。

　　火警自動警報設備為所有消防設備之火車頭，由其最先自動感知火災發生，進而帶
動一切後續消防設備，如連動防火捲門、排煙設備、受信總機等。因此，火災發生，
首重偵知並進行通報建築物使用人周知，而採取火災應變行動：如同自衛消防編組之
通報、滅火及避難引導活動一樣。

應設火警自動警報設備場所

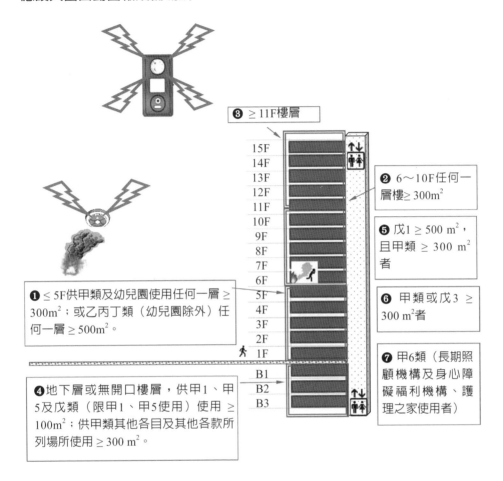

❸ ≥ 11F樓層

15F
14F
13F
12F
11F
10F
9F
8F
7F
6F
5F
4F
3F
2F
1F
B1
B2
B3

❷ 6～10F任何一層樓≥ 300m²

❺ 戊1 ≥ 500 m²，且甲類 ≥ 300 m² 者

❻ 甲類或戊3 ≥ 300 m²者

❼ 甲6類（長期照顧機構及身心障礙福利機構、護理之家使用者）

❶ ≤ 5F供甲類及幼兒園使用任何一層 ≥ 300m²；或乙丙丁類（幼兒園除外）任何一層 ≥ 500m²。

❹ 地下層或無開口樓層，供甲1、甲5及戊類（限甲1、甲5使用）使用 ≥ 100m²；供甲類其他各目及其他各款所列場所使用 ≥ 300 m²。

如已設自動撒水、水霧或泡沫滅火設備（限 ≤ 75℃，≤ 60秒密閉型撒水頭）者免設火警自動警報設備。
（甲類、地下建築物、高層建築物或應設偵煙式場所除外）

應設火警自動警報設備場所

類別	目別	應設火警自動警報設備場所	全部(總)	≤五層	地下層或無開口	六～十層	≥十一層
				任一層	任一層	任一層	任一層
甲	1	電影片映演場所（戲院、電影院）、歌廳、舞廳、夜總會、俱樂部、理容院（觀光理髮、視聽理容等）、指壓按摩場所、錄影節目帶播映場所（MTV等）、視聽歌唱場所（KTV等）、酒家、酒吧、酒店（廊）	左列劃底線場所（0 m²）皆應設，其餘300 m²	300 m²	100 m²	300 m²	0 m²
	2	保齡球館、撞球場、集會堂、健身休閒中心（含提供指壓、三溫暖等設施之美容瘦身場所）、室內螢幕式高爾夫練習場、遊藝場所、電子遊戲場、資訊休閒場所。			300 m²		
	3	觀光旅館、飯店、旅館、招待所（限有寢室客房者）					
	4	商場、市場、百貨商場、超級市場、零售市場、展覽場					
	5	餐廳、飲食店、咖啡廳、茶藝館			100 m²		
	6	醫院、療養院、長期照顧服務機構（限機構住宅式、社區式之建築物使用類組非屬 H-2 之日間照顧、團體家屋及小規模多機能）、老人福利機構（限長期照護型、養護型、失智照顧型長期照顧機構、安養機構）、兒童及少年福利機構（限托嬰中心、早期療育機構、有收容未滿二歲兒童之安置及教養機構）、護理機構（限一般護理之家、精神護理之家、產後護理機構）、身心障礙福利機構（限供住宿養護、日間服務、臨時及短期照顧者、限照顧植物人、失智症、重癱、長期臥床或身心功能退化者）、身心障礙者職業訓練機構（限提供住宿或使用特殊機具者）、啟明、啟智、啟聰等特殊學校					
	7	三溫暖、公共浴室			300 m²		
乙	1	車站、飛機場大廈、候船室	—				
	2	期貨經紀業、證券交易所、金融機構					
	3	學校教室、兒童課後照顧服務中心、補習班、訓練班、K 書中心、前款第六目以外兒童及少年福利機構（限安置及教養機構）及身心障礙者職業訓練機構					
	4	圖書館、博物館、美術館、陳列館、史蹟資料館、紀念館及其他類似場所					
	5	寺廟、宗祠、教堂、供存放骨灰（骸）之納骨堂（塔）及其他類似場所					

類別	目別	應設火警自動警報設備場所	樓地板面積以上				
			全部（總）	任一層			
				≤五層	地下層或無開口	六～十層	≥十一層
	6	辦公室、靶場、診所、長期照顧服務機構（限社區式建築物使用類組屬 H-2 之日間照顧、團體家屋及小規模多機能）、日間型精神復健機構、兒童及少年心理輔導或家庭諮詢機構、身心障礙者就業服務機構、老人文康機構、前款第六目以外之老人福利機構及身心障礙福利機構	—	500 m²	300 m²	300 m²	0 m²
	7	集合住宅、寄宿舍、住宿型精神復健機構					
	8	體育館、活動中心					
	9	室內溜冰場、室內游泳池					
	10	電影攝影場、電視播送場					
	11	倉庫、傢俱展示販售場					
	12	幼兒園		300 m²			
丙	1	電信機器室	500 m²				
	2	汽車修護廠、飛機修理廠、飛機庫					
	3	室內停車場、建築物依法附設之室內停車空間					
丁	1	高度危險工作場所					
	2	中度危險工作場所					
	3	低度危險工作場所					
戊	1	複合用途建築物中，有供甲類用途者	500 m²（甲300）		甲 1 與甲 5為 100 m²		
	2	前目以外供乙至丁類用途之複合用途建築物	-	-			
	3	地下建築物	300 m²				
其他		經中央主管機關公告之場所					

設有火警自動警報建築物，應設置緊急廣播設備。
免設規定
應設火警自動警報設備之場所，除供甲類場所、地下建築物、高層建築物或應設置偵煙式探測器之場所外，如已依本標準設置自動撒水、水霧或泡沫滅火設備（限使用標示溫度≤ 75℃，動作時間≤ 60 sec 之密閉型撒水頭）者，在該有效範圍內，得免設火警自動警報設備。

2-24 應設置手動報警設備

第 20 條
下列場所應設置手動報警設備：
一、三層以上建築物，任何一層樓地板面積在 200 平方公尺以上者。
二、第 12 條第一款第三目之場所。

【解說】

　　手動報警設備扮演著火警探測器或感知撒水頭尚未感知火災發生，由個人發現火煙，能即時快速通報建築物多數使用人之重要功能，尤其是人類休息睡眠之寢室客房使用之場所，因通報比滅火還重要。

第 21 條
下列使用瓦斯之場所應設置瓦斯漏氣火警自動警報設備：
一、地下層供第 12 條第一款所列場所使用，樓地板面積合計 1000 平方公尺以上者。
二、供第 12 條第五款第一目使用之地下層，樓地板面積合計 1000 平方公尺以上，
　　且其中甲類場所樓地板面積合計 500 平方公尺以上者。
三、總樓地板面積在 1000 平方公尺以上之地下建築物。

【解說】

　　瓦斯漏氣火警自動警報設備，國內有天然及液化瓦斯二種，此二種性質迥異，一是僅空氣比重 0.5 倍（天然）、一是空氣比重 1.5 倍（液化）。因此，裝置檢知器之室內高低位置，就有區別。基本上，瓦斯漏氣會與空氣中氧氣進行混合，此時即處於很危險狀況，因二種瓦斯爆炸下限（5% 與 2.2%）皆很低，易因電氣、靜電或火花一即可引燃，而產生化學性爆炸火災。因此，瓦斯漏氣即會等同爆炸火災，所以檢知漏氣之火警自動警報，即顯得很重要。

第 22 條
依第 19 條或前條規定設有火警自動警報或瓦斯漏氣火警自動警報設備之建築物，應設置緊急廣播設備。

【解說】

　　火警自動警報無法告知建築物使用火警正確詳細位置，此時可由人語音告知火災燃燒物及正確避難逃生方向。依第 19 條第二項規定，於所定條件設有自動滅火設備之有效範圍內得免設火警自動警報設備，惟其緊急廣播設備仍不得減免。

應設手動報警及瓦斯漏氣火警自動警報場所

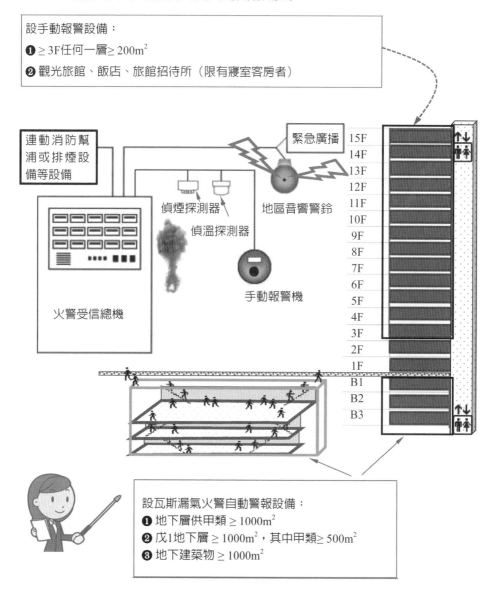

設手動報警設備：

❶ ≥ 3F任何一層≥ 200m²

❷ 觀光旅館、飯店、旅館招待所（限有寢室客房者）

連動消防幫浦或排煙設備等設備

緊急廣播

偵煙探測器

偵溫探測器

地區音響警鈴

火警受信總機

手動報警機

15F
14F
13F
12F
11F
10F
9F
8F
7F
6F
5F
4F
3F
2F
1F
B1
B2
B3

設瓦斯漏氣火警自動警報設備：

❶ 地下層供甲類 ≥ 1000m²

❷ 戊1地下層 ≥ 1000m²，其中甲類≥ 500m²

❸ 地下建築物 ≥ 1000m²

應設手動報警及瓦斯漏氣火警自動警報場所

類別	目別	應設手動報警及瓦斯漏氣火警自動警報場所	樓地板面積	
			地下層 全部（總）	任一層 ≥ 三層
甲	1	電影片映演場所（戲院、電影院）、歌廳、舞廳、夜總會、俱樂部、理容院（觀光理髮、視聽理容等）、指壓按摩場所、錄影節目帶播映場所（MTV 等）、視聽歌唱場所（KTV 等）、酒家、酒吧、酒店（廊）	≥ 1000 m² 瓦斯漏氣火警	≥ 200 m² 手動報警設備
	2	保齡球館、撞球場、集會堂、健身休閒中心（含提供指壓、三溫暖等設施之美容瘦身場所）、室內螢幕式高爾夫練習場、遊藝場所、電子遊戲場、資訊休閒場所。		
	3	觀光旅館、飯店、旅館、招待所（限有寢室客房者）		0 m² 手動報警設備
	4	商場、市場、百貨商場、超級市場、零售市場、展覽場		≥ 200 m² 手動報警設備
	5	餐廳、飲食店、咖啡廳、茶藝館		
	6	醫院、療養院、榮譽國民之家、長期照顧服務機構（限機構住宿式、社區式之建築物使用類組非屬 H-2 之日間照顧、團體家屋及小規模多機能）、老人福利機構（限長期照護型、養護型、失智照顧型長期照顧機構、安養機構）、兒童及少年福利機構（限托嬰中心、早期療育機構、有收容未滿二歲兒童之安置及教養機構）、護理機構（限一般護理之家、精神護理之家、產後護理機構）、身心障礙福利機構（限供住宿養護、日間服務、臨時及短期照顧者）、身心障礙者職業訓練機構（限提供住宿或使用特殊機具者）、啟明、啟智、啟聰等特殊學校		
	7	三溫暖、公共浴室		
乙	1	車站、飛機場大廈、候船室	—	
	2	期貨經紀業、證券交易所、金融機構		
	3	學校教室、兒童課後照顧服務中心、補習班、訓練班、K 書中心、前款第六目以外兒童及少年福利機構（限安置及教養機構）及身心障礙者職業訓練機構		
	4	圖書館、博物館、美術館、陳列館、史蹟資料館、紀念館及其他類似場所		
	5	寺廟、宗祠、教堂、供存放骨灰（骸）之納骨堂（塔）及其他類似場所		

類別	目別	應設手動報警及瓦斯漏氣火警自動警報場所	樓地板面積	
			地下層全部（總）	任一層≥三層
	6	辦公室、靶場、診所、長期照顧服務機構（限社區式建築物使用類組屬 H-2 之日間照顧）、日間型精神復健機構、兒童及少年心理輔導或家庭諮詢機構、身心障礙者就業服務機構、老人文康機構、前款第六目以外之老人福利機構及身心障礙福利機構	–	≥ 200 m² 手動報警設備
	7	集合住宅、寄宿舍、住宿型精神復健機構		
	8	體育館、活動中心		
	9	室內溜冰場、室內游泳池		
	10	電影攝影場、電視播送場		
	11	倉庫、傢俱展示販售場		
	12	幼兒園		
丙	1	電信機器室		
	2	汽車修護廠、飛機修理廠、飛機庫		
	3	室內停車場、建築物依法附設之室內停車空間		
丁	1	高度危險工作場所		
	2	中度危險工作場所		
	3	低度危險工作場所		
戊	1	複合用途建築物中，有供甲類用途者	≥ 1000 m²（甲500）瓦斯漏氣火警	–
	2	前目以外供乙至丁類用途之複合用途建築物	–	
	3	地下建築物	≥ 1000 m² 瓦斯漏氣火警	
其他		經中央主管機關公告之場所		

註：設有瓦斯漏氣火警自動警報設備之建築物，應設置緊急廣播設備。

2-25 應設置一一九火災通報裝置

第 22 條之 1

下列場所應設置一一九火災通報裝置：
一、供第 12 條第一款第六目所定醫院、療養院、榮譽國民之家、長期照顧服務機
    構（限機構住宿式、社區式之建築物使用類組非屬 H-2 之日間照顧、團體家
    屋及小規模多機能）、老人福利機構（限長期照護型、養護型、失智照顧型之
    長期照顧機構、安養機構）、護理機構（限一般護理之家、精神護理之家）、
    身心障礙福利機構（限照顧植物人、失智症、重癱、長期臥床或身心功能退化
    者）使用之場所。
二、其他經中央主管機關公告之供公眾使用之場所。

【解說】

　　一一九火災通報裝置係參酌日本消防法施行令第 23 條規定，明定醫院等場所應設
置一一九火災通報裝置，目的是為提升特定避難弱者場所（收容需維生器材、行動遲
緩或無法行動之患者或年長者之長照服務等），火災發生時之通報效率，將火災訊息
以迅速確實的通報方法通知消防機關，避免人員延誤報案，以利及時應變及降低火災
損害於最低限度。

　　一一九火災通報裝置為火災發生時，藉由操作手動啟動裝置（指火災通報專用之按
鈕、通話裝置及遠端啟動裝置等），透過公眾電話交換網路與消防機關連通，以蓄積
語音（指以預先錄製之語音傳達訊息）進行通報，並可執行通話之裝置。適用場所與
消防機關據點之距離在 0.5～10 公里。

1. 火災通報裝置應設於值日室等經常有人之處所。但設有防災中心時，應設於該
   中心。
2. 火災通報裝置之操作部（手動啟動裝置、監控部、發報顯示及緊急送收話器）
   與控制部分離者，應設在便於維護操作處所。
3. 設置遠端啟動裝置時，應設有可與設置火災通報裝置場所通話之設備。
4. 手動啟動裝置之操作開關距離樓地板面之高度，在 0.8 公尺以上 1.5 公尺以下。
5. 火災通報裝置附近，應設置送、收話器，並與其他內線電話明確區分。
6. 火災通報裝置應避免傾斜裝置，並採取有效防震措施。
7. 火災通報裝置之通信介面與電磁相容應符合交通部電信總局所訂「公眾交換電
   話網路終端設備技術規範」，並經審驗合格。

在日本一一九火災通報裝置，於 2009 年有些已發展為無線化相信國內未來幾年
內，火警探測器及通報裝置，也會追隨日本科技腳步發展為無線化。

非以通信連接器作為分界點

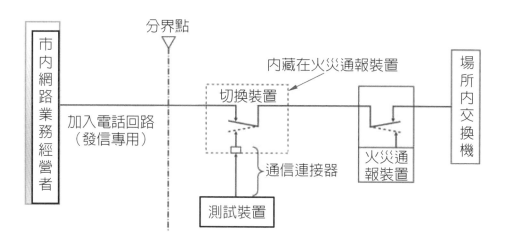

以通信連接器作為分界點

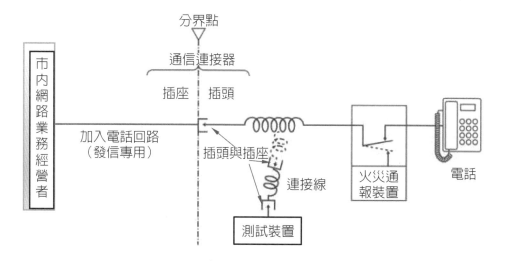

2-26 應設置標示設備

第 23 條
下列場所應設置標示設備：
一、供第 12 條第一款、第二款第十二目、第五款第一目、第三目使用之場所，或
　　地下層、無開口樓層、十一層以上之樓層供同條其他各款目所列場所使用，應
　　設置出口標示燈。
二、供第 12 條第一款、第二款第十二目、第五款第一目、第三目使用之場所，或
　　地下層、無開口樓層、十一層以上之樓層供同條其他各款目所列場所使用，應
　　設置避難方向指示燈。
三、戲院、電影院、歌廳、集會堂及類似場所，應設置觀眾席引導燈。
四、各類場所均應設置避難指標。但設有避難方向指示燈或出口標示燈時，在其有
　　效範圍內，得免設置避難指標。

【解說】
　　建築物使用一旦發生火災，在消防安全設備上有滅火設備（自動或人員手動滅
火）、有警報設備及避難逃生設備，一旦滅火失敗，建築物必須提供內部使用人員有
安全逃至相對安全區（屋頂避難平臺或另一防火區劃）或絕對安全區（避難層之戶外
處）之防火避難設施或消防安全設備。
　　於防火避難設施上，建置有直通樓梯或安全梯，能直接通達避難層。當然，建築物
發生火災，內部人員主要逃生路徑仍以建築物本身設施為主，如果逃生路徑受困，始
退而求其次，考慮消防之避難器具之使用。而標示設備正是引導內部使用人之正確避
難方向。
　　標示設備，可分發光性燈源如出口標示燈、觀眾席引導燈及避難方向指示燈，及
反光性非燈源如避難指標等二種，有燈源之標示當然在火場濃煙中有較遠人類可視距
離，惟其需仰賴電源，因此在每年至少一次檢修申報中，皆必須維護或維修換新，較
具有一定成本；而避難指標無需電源，因此設備使用可靠度高，且具低成本高效益，
於各類場所均應設置避難指標；惟其易受火場濃煙遮蔽，致人類可視距離短之憾，當
然目前也正在研發改善其較佳可視性，如螢光性或夜光性。
　　應設置標示設備之場所，其居室適用同標準第 146 條免設規定者，非居室部分（由
居室通往避難層之走廊及樓梯間除外）亦得免設該設備。但設有避難方向指示燈或出
口標示燈時，在其有效範圍內，得免設置避難指標，這是同等性能以上之替代。

應設置標示設備場所

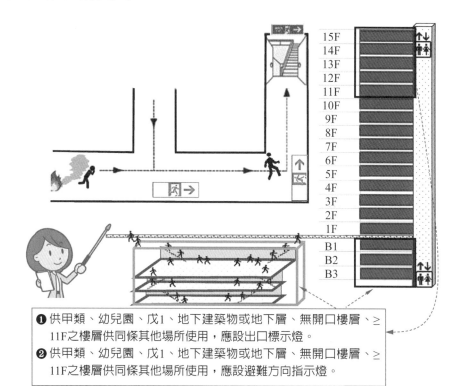

❶ 供甲類、幼兒園、戊1、地下建築物或地下層、無開口樓層、≥ 11F之樓層供同條其他場所使用，應設出口標示燈。
❷ 供甲類、幼兒園、戊1、地下建築物或地下層、無開口樓層、≥ 11F之樓層供同條其他場所使用，應設避難方向指示燈。

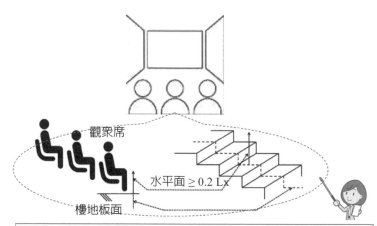

戲院、電影院、歌廳、集會堂及類似場所，應設置觀眾席引導燈
各類場所均應設置避難指標。
但設有避難方向指示燈或出口標示燈時，在其有效範圍內，得免
設置避難指標。

應設置標示設備場所

類別	目別	應設置標示設備設備場所	出口標示燈（A）	避難方向指示燈（B）	A＋B	觀眾席引導燈
甲	1	電影片映演場所（**戲院、電影院**）、歌廳、舞廳、夜總會、俱樂部、理容院（觀光理髮、視聽理容等）、指壓按摩場所、錄影節目帶播映場所（MTV等）、視聽歌唱場所（KTV等）、酒家、酒吧、酒店（廊）	應設	應設	左列場所之地下層、無開口樓層、十一層以上之樓層應設	左列場所劃有底線者
	2	保齡球館、撞球場、**集會堂**、健身休閒中心（含提供指壓、三溫暖等設施之美容瘦身場所）、室內螢幕式高爾夫練習場、遊藝場所、電子遊戲場、資訊休閒場所				
	3	觀光旅館、飯店、旅館、招待所（限有寢室客房者）				
	4	商場、市場、百貨商場、超級市場、零售市場、展覽場				
	5	餐廳、飲食店、咖啡廳、茶藝館				
	6	醫院、療養院、榮譽國民之家、長期照顧服務機構（限機構住宿式、社區式之建築物使用類組非屬H-2之日間照顧、團體家屋及小規模多機能）、老人福利機構（限長期照護型、養護型、失智照顧型長期照顧機構、安養機構）、兒童及少年福利機構（限托嬰中心、早期療育機構、有收容未滿二歲兒童之安置及教養機構）、護理機構（限一般護理之家、精神護理之家、產後護理機構）、身心障礙福利機構（限供住宿養護、日間服務、臨時及短期照顧者）、身心障礙者職業訓練機構（限提供住宿或使用特殊機具者）、啟明、啟智、啟聰等特殊學校				─
	7	三溫暖、公共浴室				
乙	1	車站、飛機場大廈、候船室	─	─		
	2	期貨經紀業、證券交易所、金融機構				
	3	學校教室、兒童課後照顧服務中心、補習班、訓練班、K書中心、前款第六目以外兒童及少年福利機構（限安置及教養機構）及身心障礙者職業訓練機構				
	4	圖書館、博物館、美術館、陳列館、史蹟資料館、紀念館及其他類似場所				
	5	寺廟、宗祠、教堂、供存放骨灰（骸）之納骨堂（塔）及其他類似場所				

類別	目別	應設置標示設備設備場所	出口標示燈（A）	避難方向指示燈（B）	A＋B	觀眾席引導燈
	6	辦公室、靶場、診所、長期照顧服務機構（限社區式建築物使用類組屬 H-2 之日間照顧、團體家屋及小規模多機能）、日間型精神復健機構、兒童及少年心理輔導或家庭諮詢機構、身心障礙者就業服務機構、老人文康機構、前款第六目以外之老人福利機構及身心障礙福利機構				
	7	集合住宅、寄宿舍、住宿型精神復健機構	－	－		
	8	體育館、活動中心				
	9	室內溜冰場、室內游泳池				
	10	電影攝影場、電視播送場				
	11	倉庫、傢俱展示販售場				
	12	幼兒園	應設	應設		
丙	1	電信機器室				
	2	汽車修護廠、飛機修理廠、飛機庫	－	－		
	3	室內停車場、建築物依法附設之室內停車空間				
丁	1	高度危險工作場所				
	2	中度危險工作場所	－	－		
	3	低度危險工作場所				
戊	1	複合用途建築物中，有供甲類用途者	應設	應設	－	－
	2	前目以外供乙至丁類用途之複合用途建築物	－	－		
	3	地下建築物	應設	應設		
其他		經中央主管機關公告之場所				

各類場所均應設置避難指標。但設有避難方向指示燈或出口標示燈時，在其有效範圍內，得免設置避難指標。

2-27 應設置緊急照明設備

第 24 條
下列場所應設置緊急照明設備：
一、供第 12 條第一款、第三款及第五款所列場所使用之居室。
二、供第 12 條第二款第一目、第二目、第三目（學校教室除外）、第四目至第六
　　目、第七目所定住宿型精神復健機構、第八目、第九目及第十二目所列場所使
　　用之居室。
三、總樓地板面積在 1000 平方公尺以上建築物之居室（學校教室除外）。
四、有效採光面積未達該居室樓地板面積 5% 者。
五、供前四款使用之場所，自居室通達避難層所需經過之走廊、樓梯間、通道及其
　　他平時依賴人工照明部分。
經中央主管機關認可為容易避難逃生或具有效採光之場所，得免設緊急照明設備。

【解說】

　　緊急照明設備在日本消防用設備，並無此項設備。因緊急照明一般係供停電使
用，而發生火災如火勢燒至電氣用品，造成停電，已有標示設備之出口標示燈及避難
方向指示燈，因此，依日本的邏輯是不需將緊急照明設備列入消防用設備，是有其道
理。

　　學校教室定有除外規定，其立法理由係學校教室危險度低，除上課時間外未收容人
員。基於同一理由，該場所無需依同條項第四款檢討該設備之設置。又內政部消防法
令函釋及公告規定指出，鑑於目前學校教室建築及使用型態之多樣化，為保障校園消
防安全，上開條文所稱學校教室，以具室外走廊者為限；意謂學校教室內仍需有緊急
照明燈之配置。事實上，教室內設置緊急照明燈其意義不大，因學校教室多為日間使
用，除非高中職以上學校設有夜間部。如果縱使停電，因教室寬敞且有二方向避難出
口，也多為特定人使用，熟悉空間環境，也不致引起恐慌。

　　緊急照明燈供人員使用，必須設在有人常駐場所，始有意義，因此，以居室為
主，而居室定義為供居住、工作、集會、娛樂、烹飪等使用之房間。而門廳、走廊、
樓梯間、衣帽間、廁所盥洗室、浴室、儲藏室、機械室、車庫等不視為居室。但旅
館、住宅、集合住宅、寄宿舍等建築物其衣帽間與儲藏室面積之合計，以不超過該
層樓地板面積 1/8 為原則。此外，其他平時依賴人工照明之避難路徑，應設置緊急照
明。

應設置緊急照明設備場所

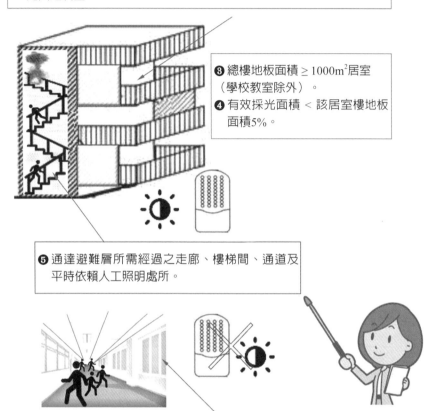

❶ 供甲類、丙類及戊類之居室。
❷ 供乙1~3（教室除外）、乙4～6、住宿型精神復健機構、乙8～9及幼兒園之居室。

❸ 總樓地板面積 ≥ 1000m² 居室（學校教室除外）。
❹ 有效採光面積 < 該居室樓地板面積5%。

❺ 通達避難層所需經過之走廊、樓梯間、通道及平時依賴人工照明處所。

經中央主管機關認可為容易避難逃生或具有效採光之場所，得免設緊急照明設備。

應設置緊急照明設備場所

類別	目別	應設置緊急照明設備場所	居室		
甲	1	電影片映演場所（戲院、電影院）、歌廳、舞廳、夜總會、俱樂部、理容院（觀光理髮、視聽理容等）、指壓按摩場所、錄影節目帶播映場所（MTV 等）、視聽歌唱場所（KTV 等）、酒家、酒吧、酒店（廊）	應設	總樓地板面積在 1000m² 者應設	自居室通達避難層所需經過走廊、樓梯間、通道及其他平時依賴人工照明部分者應設
	2	保齡球館、撞球場、集會堂、健身休閒中心（含提供指壓、三溫暖等設施之美容瘦身場所）、室內螢幕式高爾夫練習場、遊藝場所、電子遊戲場、資訊休閒場所。			
	3	觀光旅館、飯店、旅館、招待所（限有寢室客房者）			
	4	商場、市場、百貨商場、超級市場、零售市場、展覽場			
	5	餐廳、飲食店、咖啡廳、茶藝館			
	6	醫院、療養院、榮譽國民之家、長期照顧服務機構（限機構住宿式、社區之建築物使用類組非屬 H-2 之日間照顧、團體家屋及小規模多機能）、老人福利機構（限長期照護型、養護型、失智照顧型長期照顧機構、安養機構）、兒童及少年福利機構（限托嬰中心、早期療育機構、有收容未滿二歲兒童之安置及教養機構）、護理機構（限一般護理之家、精神護理之家、產後護理機構）、身心障礙福利機構（限供住宿養護、日間服務、臨時及短期照顧者）、身心障礙者職業訓練機構（限提供住宿或使用特殊機具者）、啟明、啟智、啟聰等特殊學校		有效採光面積未達該居室樓地板面積 5% 者應設	
	7	三溫暖、公共浴室			
乙	1	車站、飛機場大廈、候船室	應設，學校教室除外		
	2	期貨經紀業、證券交易所、金融機構			
	3	學校教室、兒童課後照顧服務中心、補習班、訓練班、K書中心、前款第六目以外兒童及少年福利機構（限安置及教養機構）及身心障礙者職業訓練機構			
	4	圖書館、博物館、美術館、陳列館、史蹟資料館、紀念館及其他類似場所			
	5	寺廟、宗祠、教堂、供存放骨灰（骸）之納骨堂（塔）及其他類似場所			
	6	辦公室、靶場、診所、長期照顧服務機構（限社區式建築物使用類組屬 H-2 之日間照顧、團體家屋及小規模多機能）、日間型精神復健機構、兒童及少年心理輔導或家庭諮詢機構、身心障礙者就業服務機構、老人文康機構、前款第六目以外之老人福利機構及身心障礙福利機構			
	7	集合住宅、寄宿舍、住宿型精神復健機構	左述劃底線應設		

類別	目別	應設置緊急照明設備場所	居室		
	8	體育館、活動中心	應設	有效採光面積未達該居室樓地板面積 5% 者應設	自居室通達避難層所需經過走廊、樓梯間、通道及其他平時依賴人工照明部分者應設
	9	室內溜冰場、室內游泳池			
	10	電影攝影場、電視播送場			
	11	倉庫、傢俱展示販售場			
	12	幼兒園			
丙	1	電信機器室	應設		
	2	汽車修護廠、飛機修理廠、飛機庫			
	3	室內停車場、建築物依法附設之室內停車空間			
丁	1	高度危險工作場所	-		
	2	中度危險工作場所			
	3	低度危險工作場所			
戊	1	複合用途建築物中，有供甲類用途者	應設		
	2	前目以外供乙至丁類用途之複合用途建築物			
	3	地下建築物			
其他		經中央主管機關公告之場所			

（註：「總樓地板面積在 1000m² 者應設」欄位）

＋ 知識補充站

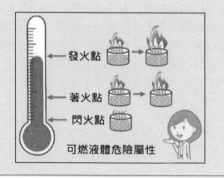

可燃液體危險屬性

2-28 應設避難器具及連結送水管場所

> **第 25 條**
> 建築物除十一層以上樓層及避難層外，各樓層應選設滑臺、避難梯、避難橋、救助袋、緩降機、避難繩索、滑杆或經中央主管機關認可具同等性能之避難器具。但建築物在構造及設施上，並無避難逃生障礙，經中央主管機關認可者，不在此限。

【解說】

　　避難器具係作為輔助用，火場逃生仍以建築物本身直通樓梯（室安梯）為主，因避難輔助器具皆以建築物外部大多採取重力方式為之，因此十一層以上有高樓風效效應及人員懼高等影響，使用有其一定風險。

　　避難器具以「各樓層」為設置單位，如以整個樓層為單位檢討設置尚無不可。經中央主管機關認可具同等性能之避難器具，目前有高運量自走避難梯，其規定依內政部消防法令函釋及公告：

（一）新建建築物設置之高運量自走式避難梯，其水平投影面積應計入計算建蔽率之建築面積，其樓地板面積得不計入計算容積率之總樓地板面積。

（二）舊有建築物增設高運量自走式避難梯應依法申請雜項執照，其水平投影面積與依舊有建築物防火避難設施及消防設備改善辦法增設之直通樓梯面積，合計未超過原有建築面積 1/10 部分，得不計入計算建蔽率之建築面積；其樓地板面積得不計入計算容積率之總樓地板面積。

> **第 26 條**
> 下列場所應設置連結送水管：
> 一、五層或六層建築物總樓地板面積在 6000 平方公尺以上者及七層以上建築物。
> 二、總樓地板面積在 1000 平方公尺以上之地下建築物。

【解說】

　　連結送水管在一定樓層的消防搶救上有其必要性，以提供本身消防車可控制之穩定水壓，減少水帶延伸之時效性及水壓摩擦損失。而地下建築物火災往往是濃煙瀰漫火場，入內搶救消防人員有其危險性，反而參照日本消防搶救必要設施在地下層所要求連結撒水設備，消防人員得不進入，從外部供給水源給撒水頭，對火源處可直接撒水滅火，冷卻地下空間燃燒溫度，方為安全有效，不知消防署為何將其遺漏。

應設避難器具及連結送水管場所

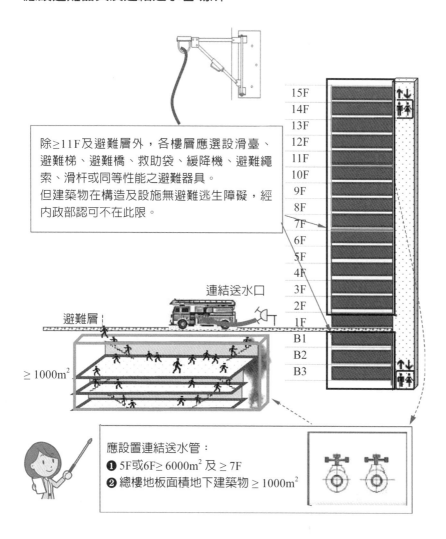

除≥11F及避難層外，各樓層應選設滑臺、避難梯、避難橋、救助袋、緩降機、避難繩索、滑杆或同等性能之避難器具。
但建築物在構造及設施無避難逃生障礙，經內政部認可不在此限。

15F
14F
13F
12F
11F
10F
9F
8F
7F
6F
5F
4F
3F
2F
1F
B1
B2
B3

連結送水口

避難層

≥ 1000m²

應設置連結送水管：
❶ 5F或6F≥ 6000m² 及 ≥ 7F
❷ 總樓地板面積地下建築物 ≥ 1000m²

2-29 應設置消防專用蓄水池及排煙設備場所

第 27 條
下列場所應設置消防專用蓄水池：
一、各類場所其建築基地面積在 20000 平方公尺以上，且任何一層樓地板面積在 1500 平方公尺以上者。
二、各類場所其高度超過 31 公尺，且總樓地板面積在 25000 平方公尺以上者。
三、同一建築基地內有二棟以上建築物時，建築物間外牆與中心線水平距離第一層在 3 公尺以下，第二層在 5 公尺以下，且合計各棟該第一層及第二層樓地板面積在 10000 平方公尺以上者。

【解說】
依內政部消防法令函釋及公告規定，應設消防專用蓄水池者，該蓄水池依同標準第 185 條第 1 項第 1 款第 1 目及同條同項第 2 款核算有效水量及檢討其至建築物各部分之水平距離，得就該新建、增建或改建之場所為之，不及於該建築基地內其他建築物。

第 28 條
下列場所應設置排煙設備：
一、供第 12 條第一款及第五款第三目所列場所使用，樓地板面積合計在 500 平方公尺以上。
二、樓地板面積在 100 平方公尺以上之居室，其天花板下方 80 公分範圍內之有效通風面積未達該居室樓地板面積 2% 者。
三、樓地板面積在 1000 平方公尺以上之無開口樓層。
四、供第 12 條第一款第一目所列場所及第二目之集會堂使用，舞臺部分之樓地板面積在 500 平方公尺以上者。
五、依建築技術規則應設置之特別安全梯或緊急昇降機間。
前項場所之樓地板面積，在建築物以具有 1 小時以上防火時效之牆壁、平時保持關閉之防火門窗等防火設備及各該樓層防火構造之樓地板區劃，且防火設備具一小時以上之阻熱性者，增建、改建或變更用途部分得分別計算。

【解說】
排煙可分居室排煙及梯道排煙，各有其目的及動作時間要求，前者是有人使用之居室，於初期火災生成物即予大量快速排出，不致對內部使用人造成濃煙與能見度之避難上困難，以及從外部來消防人員對滅火工作能更加順遂。（續）

應設消防專用蓄水池場所

❷ 高度 ≥ 31m且總樓地板面積 ≥ 25000m²

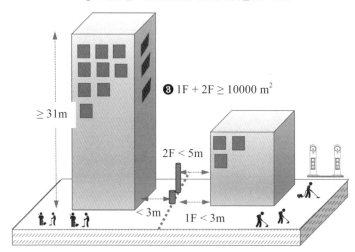

❸ 1F + 2F ≥ 10000 m²

❶ 建築基地面積 ≥ 20000m²且任何一層 ≥ 1500m²

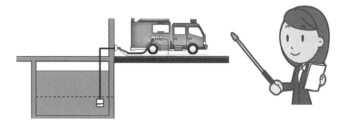

項目	場所規模	有效水量
面積	建築基地面積 ≥ 20000m²，且任何一層樓地板面積 ≥ 1500m²	有效水量於 1F 及 2F 合計 < 7500m²，≥ 20m³
高度	建築物高度 ≥ 31m，且總樓地板面積 ≥ 25000m²	有效水量於總樓地板面積 < 12500m²，≥ 20m³
兩棟	同一建築基地 ≥ 兩棟時，建築物間外牆與中心線水平距離 1F < 3m、2F < 5m，且合計各棟該 1F 及 2F 樓地板面積在 ≥ 10000m²	有效水量於 1F 及 2F 合計 < 7500m²，≥ 20m³

應設排煙設備場所

類別	目別	應設排煙設備場所	總樓地板面積（m²）	居室	無開口樓層	舞臺	排煙室
甲	1	電影片映演場所（戲院、電影院）、歌廳、舞廳、夜總會、俱樂部、理容院（觀光理髮、視聽理容等）、指壓按摩場所、錄影節目帶播映場所（MTV等）、視聽歌唱場所（KTV等）、酒家、酒吧、酒店（廊）	≥500應設	≥100 m² 居室，天花板下方≤80 cm 通風面積未達該面積2%者	≥1000	≥500應設	依建築技術規則應設置特別安全梯或緊急昇降機間
	2	保齡球館、撞球場、集會堂、健身休閒中心（含提供指壓、三溫暖等設施之美容瘦身場所）、室內螢幕式高爾夫練習場、遊藝場所、電子遊戲場、資訊休閒場所				集會堂舞臺≥500應設	
	3	觀光旅館、飯店、旅館、招待所（限有寢室客房者）					
	4	商場、市場、百貨商場、超級市場、零售市場、展覽場					
	5	餐廳、飲食店、咖啡廳、茶藝館					
	6	醫院、療養院、榮譽國民之家、長期照顧服務機構（限機構住宿式、社區式之建築物使用類組非屬H-2之日間照顧、團體家屋及小規模多機能）、老人福利機構（限長期照護型、養護型、失智照顧型長期照顧機構、安養機構）、兒童及少年福利機構（限托嬰中心、早期療育機構、有收容未滿二歲兒童之安置及教養機構）、護理機構（限一般護理之家、精神護理之家、產後護理機構）、身心障礙福利機構（限供住宿養護、日間服務、臨時及短期照顧者）、身心障礙者職業訓練機構（限提供住宿或使用特殊機具者）、啟明、啟智、啟聰等特殊學校				-	
	7	三溫暖、公共浴室					
乙	1	車站、飛機場大廈、候船室	-				
	2	期貨經紀業、證券交易所、金融機構					
	3	學校教室、兒童課後照顧服務中心、補習班、訓練班、K書中心、前款第六目以外兒童及少年福利機構（限安置及教養機構）及身心障礙者職業訓練機構					
	4	圖書館、博物館、美術館、陳列館、史蹟資料館、紀念館及其他類似場所					
	5	寺廟、宗祠、教堂、供存放骨灰（骸）之納骨堂（塔）及其他類似場所					

類別	目別	應設排煙設備場所	總樓地板面積（m²）	樓地板面積（m²）居室	樓地板面積（m²）無開口樓層	樓地板面積（m²）舞臺	排煙室
	6	辦公室、靶場、診所、長期照顧服務機構（限社區式建築物使用類組屬 H-2 之日間照顧、團體家屋及小規模多機能）、日間型精神復健機構、兒童及少年心理輔導或家庭諮詢機構、身心障礙者就業服務機構、老人文康機構、前款第六目以外之老人福利機構及身心障礙福利機構	—	≥100 m² 居室，天花板下方 ≤80 cm 通風面積未達該面積 2% 者	≥1000	—	依建築技術規則應設置特別安全梯或緊急昇降機間
	7	集合住宅、寄宿舍、住宿型精神復健機構					
	8	體育館、活動中心					
	9	室內溜冰場、室內游泳池					
	10	電影攝影場、電視播送場					
	11	倉庫、傢俱展示販售場					
	12	幼兒園					
丙	1	電信機器室					
	2	汽車修護廠、飛機修理廠、飛機庫					
	3	室內停車場、建築物依法附設之室內停車空間					
丁	1	高度危險工作場所					
	2	中度危險工作場所					
	3	低度危險工作場所					
戊	1	複合用途建築物中，有供甲類用途者					
	2	前目以外供乙至丁類用途之複合用途建築物					
	3	地下建築物	≥500m² 應設				
其他		經中央主管機關公告之場所					

前項以具有 ≥1 小時防火時效之牆壁、平時保持關閉之防火門窗等防火設備及各該樓層防火構造之樓地板區劃，且防火設備具 ≥1 小時之阻熱性者，增建、改建或變更用途部分得分別計算面積。

第 28 條（續）

【解說】

於梯道排煙即是設在特別安全梯或緊急昇降機間排煙室，設排煙口（室內高度 1/2 以上位置）與進風口（室內高度 1/2 以下位置），自成一獨立區劃空間，以防止該樓層火災煙竄入梯間或機間管道，確保該使用人（消防人員與建築物內部人員）安全性。而居室排煙設備，在國內是在一定防煙區劃空間內產生負壓，利用強制對流的原理，使火災受熱浮升煙流加以排出。而防煙壁區劃作用則是增加排煙有效性，所進行一定面積之區劃。戲院等建築物天花板高度達 5 公尺以上，會有較大蓄煙量空間，假使牆面也是不燃材質者，則不受此限。

在地下通道因開口有限，燃燒供氧問題致火災時會形成大量不完全燃燒，及濃煙瀰漫問題；因此，防煙區劃縮小以能使排煙較有效率之快速排煙。而排煙口有其排煙能力之限制，距離過遠勢必難以有效排出；因此，需在天花板或其下方80公分範圍內。基本上，天花板面設置排煙口，排煙效率是最好的，比天花板下方任何處，皆更有效果。假使設在距天花板面下方過大，需待火災規模已相當大，方能將煙流排出，屆時對人命安全而言，已沒有多大意義。

以室內火災熱煙層煙流皆含有大量碳粒子，碳粒子及電磁波能造成輻射能回饋效應；因此，與煙接觸部分應使用不燃材料，以絕對避免其熱裂解變形或熔融問題，造成結構失敗情況。而防火閘門（Fire Dampers）作用係設置在排煙設備風管上，火災時風管內氣體溫度達到設定點（121°C～177°C）時閘門自動關閉。因此，貫穿防火區劃處設防火閘門，以確保另一防火區劃之完整性，一旦熱煙流超過上述額定溫度時，應即關閉使高溫熱煙流不經過該區劃，避免高溫失敗或高溫風管壁造成熱傳導可燃物質之起火。

居室係指以不燃材料所區隔之最小空間單位，尚非以整個樓層為一居室之範圍。該空間單位固應以不燃材料建造，惟其牆上之門窗不在此限。又居室與非居室以常開式開口連通或未予實體分隔者，應視為一居室，據以檢討排煙設備之設置。又居室與非居室之間以常開式防火門區劃分隔者，認定為具有實體分隔，無視為一居室之適用；惟該常開式防火門依內政部消防法令函釋及公告（以下同），是不得為防火捲門。因此，門廳、走廊、樓梯間、衣帽間、廁所盥洗室、浴室、儲藏室、機械室、車庫等不視為居室，設置排煙是在保護內部使用人，假使該空間無常駐人員，設置排煙則失其意義，當然無第 28 條第一項第二款規定之適用。

供第 12 條第一款及第五款第三目所列場所使用，樓地板面積合計在 500 平方公尺以上之場所，應設置排煙設備，此係甲類及地下建築物場所，前者是不特定多數人使用易生火災喪命可能，後者僅要一起火，火災生成物難以釋出，勢必迅速充滿地下空間環境，使內部人員很快陷入一氧化碳等毒煙危機；而該條款所定樓地板面積合計，係指當層樓地板面積合計，而非跨層合計。

有關「有效通風開口」採用徒手直接開啟操作方式時，其通風窗口下緣距樓地

板面之高度並無限制之規定，唯其有效通風面積之計算，需以天花板下方 80 公分範圍爲限，而「有效通風面積」，係指經簡易操作、自動啟動或開放式之窗戶或開口，煙量得以流通之實際斷面積；以氣窗設計之方式，應扣除其隔板及木條等構造，僅計算實際流通之斷面積。對斜屋建築物，其天花板下方 80 公分範圍，係指斜屋簷與牆壁連接處起算 80 公分之範圍，非指鋼樑下起算 80 公分範圍。另如鋼樑跨距較大、主樑超過 80 公分等樓層高度較高之建築物，有效通風面積仍以天花板下方 80 公分爲範圍。

　　基本上，按開口設置位置愈高，排煙效果愈佳，最好是屋頂位置，而斜屋頂與牆壁交接處上方之開口，屬天花板之開口，符合第 28 條第一項第二款「天花板下方 80 公分範圍內」之規定，得計入有效通風面積核算範圍。有效通風窗與排煙設備之功能不同，尚非屬消防安全設備，無緊急電源之設置規範。

　　在檢討有效通風面積係在於居室內有人時，簡易操作後開啟有效通風，增加避難時間，確保安全，基於避難逃生應於火災初期進行，爰採自動啟動、電動推桿方式等開啟有效通風面積時，不需連接緊急電源。

　　此外，「建築物在第十層以下之各樓層，供集合住宅使用，其住戶樓地板面積在 200 平方公尺以下者，得免設排煙設備。」之規定。至依第 188 條第二款第一目「樓地板面積每 100 平方公尺內，以防火牆、防火樓板及甲、乙種防火門窗區劃間隔，且天花板及室內牆面，以不燃材料或耐燃材料裝修者。」規定檢討免設排煙設備時，並未要求其區劃內之隔間門窗應使用甲、乙種防火門窗。

　　而地下建築物之排煙設備與空氣調節及通風設備，二者功能及特性均有不同，且現行建築及消防法規並無設置排煙設備可免設空氣調節及通風設備之規定，依消防署法令解釋，不宜准予免依建築技術規則建築設計施工篇第十一章第五節設空氣調節及通風設備。

2-30 應設置緊急電源插座及無線電通信輔助設備

第 29 條

下列場所應設置緊急電源插座：

一、十一層以上建築物之各樓層。

二、總樓地板面積在 1000 平方公尺以上之地下建築物。

三、依建築技術規則應設置之緊急昇降機間。

【解說】

　　緊急電源插座構成組件，係由緊急電源插座、紅色標示燈、保護箱及緊急供電系統組成。緊急電源插座設置目的，係在高樓層或地下建築物火災時，消防人員可能使用圓盤切割器或撐開器等插電式救災機具時，由於此等場所係屬搶救不易之場所，為利於搶救之目的，於消防人員可能搭乘緊急升降機之機間或地下空間位置，提供必要電源，來進行破壞或其他用途，為消防人員搶救必要設備之一種。此設備與無線電通信輔助設備皆與日本消防搶救上必要設備一樣。

　　緊急電源插座需設有保護箱，為方便尋找插座位置，其上方設紅色表示燈，且箱內為消防人員救災活動，防止插頭脫落之適當裝置（L 型或 C 型護鉤），而消防射水時易產生水源四濺，插座專用迴路不得設漏電斷路器，而產生斷電之虞；設備為安全起見，各插座設 15 安培以上之無熔絲斷路器。

第 30 條

下列場所應設置無線電通信輔助設備：

一、樓高在一百公尺以上建築物之地下層。

二、總樓地板面積在一千平方公尺以上之地下建築物。

三、地下層在四層以上，且地下層樓地板面積合計在三千平方公尺以上建築物之地下層。

【解說】

　　民 110 年 6 月 25 日新增第三款，係建築物之地下層使用空間隨著人口分配狀態而有深層化、大規模化之趨勢。而無線電通信輔助設備，是使用建築物之地下層、地下建築物或隧道等空間場所，旨在增強無線電訊號。通信連絡在災害現場活動中，是一項重要戰術活動。而無線電通信輔助設備是因應地下空間環境，造成通訊不良，而以增幅器強化無線電信號，使消防人員在進行消防活動之指揮連絡，及入內人員時間管制之安全事宜，所設置消防搶救上必要設備之一種。

　　為方便尋找無線電通信輔助之無線電接頭，其設於消防人員便於取用處及值日室等

平時有人之處所，而設置高度因消防人員穿著全套式消防衣及穿載空氣吸吸面罩，行動及視線較差，因此其設於地面高度 0.8~1.5 公尺，箱內設長度 2 公尺以上之射頻電纜，保護箱應構造堅固，有防水及防塵措施並標明消防隊專用無線電接頭字樣。

應設緊急電源插座與無線電通信輔助設備場所

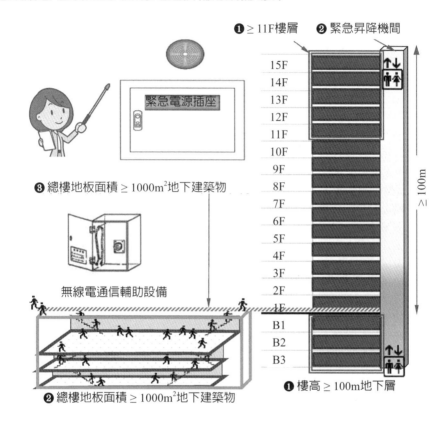

❶ ≥ 11F樓層　❷ 緊急昇降機間

緊急電源插座

❸ 總樓地板面積 ≥ 1000m²地下建築物

無線電通信輔助設備

❷ 總樓地板面積 ≥ 1000m²地下建築物

❶ 樓高 ≥ 100m地下層

≥ 100m

無線電通信輔助設備

項目	內容
設置目的	一般在難以救災且通信不良之場所，如隧道、地下車站或地下建築（街）進行消防活動，因這些場所往往火災濃煙大及通信困難問題，且需深入災害現場，救災人員能攜帶無線電通訊輔助行動臺等搶救設備進入，確保救災與指揮人員間能進行有效通信連絡，為一種消防救災活動之必要設備。
構成組件	由洩波同軸電纜、分配器、混合器、分波器、增輻器、無線電之接頭及洩波同軸電纜所連接之天線所組成。

第 30 條之 1
下列場所應設置防災監控系統綜合操作裝置：
一、高層建築物。
二、總樓地板面積在五萬平方公尺以上之建築物。
三、總樓地板面積在一千平方公尺以上之地下建築物。
四、其他經中央主管機關公告之供公眾使用之場所。

【解說】

　民 110 年 6 月 25 日新增本條，參考日本為因應建築物之複雜化及大規模化，實務上針對消防安全設備之監控或操作介面有整合於防災監控系統綜合操作裝置之需求，以利即時監控、操作及蒐集救災資訊。依民 108 年 12 月發布「防災監控系統綜合操作裝置認定基準」之綜合試驗：

（一）將綜合操作裝置與其試驗用軟體或設備組合成一台。

（二）輸入火災訊號6點及排煙端末訊號1點、滅火設備訊號1點，依下列程序進行，並將檢查結果記入型式認定試驗紀錄表。

　　1. 輸入火災訊號第 1 點來開啟畫面，確認火災以閃滅表示動作。

　　2. 繼續輸入火災訊號第2點（同一層）、第3點（起火層直上層）、第4點（直上二層）、第 5 點（起火層直下層）、第 6 點以降（地下層各層），使用滑鼠等，於畫面中確認火災資訊狀況。

　　3. 使用滑鼠等，切換畫面至起火層、直上層、直上二層、直下層、地下層各層，確認依火災訊號表示火災區域。

　　4. 輸入排煙端末訊號 1 點，確認亮燈表示。

　　5. 輸入自動撒水設備等滅火設備動作訊號，確認於畫面上表示。

　　6. 使所有訊號復歸，確認畫面回到平常狀態。

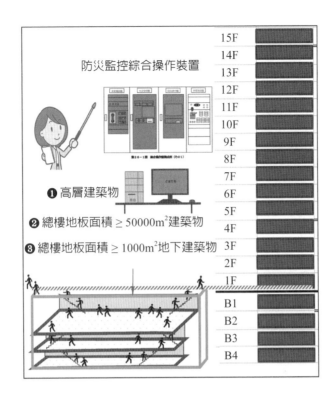

防災監控綜合操作裝置

❶ 高層建築物

❷ 總樓地板面積 ≥ 50000m² 建築物

❸ 總樓地板面積 ≥ 1000m² 地下建築物

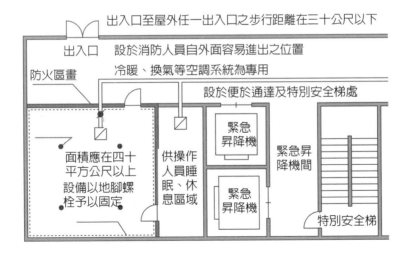

出入口至屋外任一出入口之步行距離在三十公尺以下

出入口　設於消防人員自外面容易進出之位置

防火區畫　冷暖、換氣等空調系統為專用

設於便於通達及特別安全梯處

緊急昇降機

緊急昇降機間

特別安全梯

面積應在四十平方公尺以上設備以地腳螺栓予以固定

供操作人員睡眠、休息區域

緊急昇降機

Note

第3章
消防安全設計（第31條～第192條）

3-1 滅火器設置規定

第 31 條

滅火器應依下列規定設置：

一、視各類場所潛在火災性質設置，並依下列規定核算其最低滅火效能值：

（一）供第 12 條第一款及第五款使用之場所，各層樓地板面積每 100 平方公尺（含未滿）有一滅火效能值。

（二）供第 12 條第二款至第四款使用之場所，各層樓地板面積每 200 平方公尺（含未滿）有一滅火效能值。

（三）鍋爐房、廚房等大量使用火源之處所，以樓地板面積每 25 平方公尺（含未滿）有一滅火效能值。

二、電影片映演場所放映室及電氣設備使用之處所，每 100 平方公尺（含未滿）另設一滅火器。

三、設有滅火器之樓層，自樓面居室任一點至滅火器之步行距離在 20 公尺以下。

四、固定放置於取用方便之明顯處所，並設有長邊 24 公分以上，短邊 8 公分以上，以紅底白字標明滅火器字樣之標識，其每字應在二十平方公分以上。但與室內消防栓箱等設備併設於箱體內並於箱面標明滅火器字樣者，其標識顏色不在此限。

五、懸掛於牆上或放置滅火器箱中之滅火器，其上端與樓地板面之距離，18 公斤以上者在 1 公尺以下，未滿 18 公斤者在 1.5 公尺以下。

【解說】

　　設置之滅火器並未規定滅火器不得放置於地板面上，其採分散制配置，意即建築物內部任一位置發生火災，可在步行距離 20 公尺內取得，就近距離進行撲滅火勢。而監獄、看守所、戒治所及類似之限制個人活動並有專人值勤戒護之場所，其收容人員及用途屬性特殊，依內政部消防法令函釋及公告，滅火器得集中設置管理，不受步行距離之限制；惟其滅火效能值應符合第 31 條第一款之規定。考量有關應設置消防安全設備之各類場所範圍，乃係指定著於土地上或地面下具有頂蓋、樑柱或牆壁，供個人或公眾使用之建築物或構造物而言，並不及於巷道牆外處所。如將滅火器設置於鐵箱內並予上鎖之方式，並不符合滅火器設置之規定。

滅火器適用之火災類別

適用滅火器\\火災分類	水	機械泡沫	二氧化碳	強化液	乾粉		
					ABC 類	BC 類	D 類
A 類火災	○	○	×	○	○	×	×
B 類火災	×	○	○	○	○	○	×
C 類火災	×	×	○	×	○	○	×
D 類火災	×	×	×	×	×	×	○

滅火器設置規定

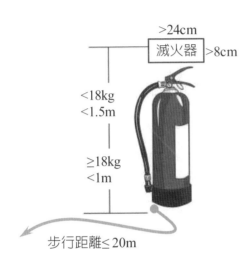

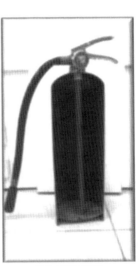

（滅火器剖開）

＋知識補充站

大型滅火器定義

乾粉滅火器：18kg以上

機械泡沫滅火器：20ℓ以上

二氧化碳滅火器：45kg以上

強化液滅火器：60ℓ以上

大型滅火器定義

水或化學泡沫滅火器：80ℓ以上

應設置滅火器場所

類別	目別	應設置滅火器場所	樓地板面積	地下層或無開口	有一滅火效能值
甲	1	電影片映演場所（戲院、電影院）、歌廳、舞廳、夜總會、俱樂部、理容院（觀光理髮、視聽理容等）、指壓按摩場所、錄影節目帶播映場所（MTV 等）、視聽歌唱場所（KTV 等）、酒家、酒吧、酒店（廊）	≧ 0m²		≦ 100m²
	2	保齡球館、撞球場、集會堂、健身休閒中心（含提供指壓、三溫暖等設施之美容瘦身場所）、室內螢幕式高爾夫練習場、遊藝場所、電子遊戲場、資訊休閒場所			
	3	觀光旅館、飯店、旅館、招待所（限有寢室客房者）			
	4	商場、市場、百貨商場、超級市場、零售市場、展覽場			
	5	餐廳、飲食店、咖啡廳、茶藝館			
	6	醫院、療養院、榮譽國民之家、長期照顧服務機構（限機構住宿式、社區式之建築物使用類組非屬 H-2 之日間照顧、團體家屋及小規模多機能）、老人福利機構（限長期照護型、養護型、失智照顧型長期照顧機構、安養機構）、兒童及少年福利機構（限托嬰中心、早期療育機構、有收容未滿二歲兒童之安置及教養機構）、護理機構（限一般護理之家、精神護理之家、產後護理機構）、身心障礙福利機構（限供住宿養護、日間服務、臨時及短期照顧者）、身心障礙者職業訓練機構（限提供住宿或使用特殊機具者）、啟明、啟智、啟聰等特殊學校		≧ 50m²	
	7	三溫暖、公共浴室			
乙	1	車站、飛機場大廈、候船室	≧ 150m²		≦ 200m²
	2	期貨經紀業、證券交易所、金融機構			
	3	學校教室、兒童課後照顧服務中心、補習班、訓練班、K 書中心、前款第六目以外兒童及少年福利機構（限安置及教養機構）及身心障礙者職業訓練機構			
	4	圖書館、博物館、美術館、陳列館、史蹟資料館、紀念館及其他類似場所			
	5	寺廟、宗祠、教堂、供存放骨灰（骸）之納骨堂（塔）及其他類似場所			

類別	目別	應設置滅火器場所	樓地板面積	地下層或無開口	有一滅火效能值
	6	辦公室、靶場、診所、長期照顧服務機構（限社區式建築物使用類組屬 H-2 之日間照顧、團體家屋及小規模多機能）、日間型精神復健機構、兒童及少年心理輔導或家庭諮詢機構、身心障礙者就業服務機構、老人文康機構、前款第六目以外之老人福利機構及身心障礙福利機構	≧ 150m²	≧ 50m²	≦ 200m²
	7	集合住宅、寄宿舍、住宿型精神復健機構			
	8	體育館、活動中心			
	9	室內溜冰場、室內游泳池			
	10	電影攝影場、電視播送場			
	11	倉庫、傢俱展示販售場			
	12	幼兒園	≧ 0m²		
丙	1	電信機器室			
	2	汽車修護廠、飛機修理廠、飛機庫			
	3	室內停車場、建築物依法附設之室內停車空間	≧ 150m²		
丁	1	高度危險工作場所			
	2	中度危險工作場所			
	3	低度危險工作場所			
戊	1	複合用途建築物中，有供甲類用途者			≦ 100m²
	2	前目以外供乙至丁類用途之複合用途建築物			
	3	地下建築物			
其他		放映室或變壓器、配電盤及類似電氣設備場所	≦ 100m² 設一具滅火器		
		公共危險物品電氣設備場所	≦ 100m² 設一具第五種滅火器		
		鍋爐房、廚房等大量使用火源場所	≦ 25m² 有一滅火效能值		

3-2 室內消防栓配管及水箱

第 32 條

室內消防栓設備之配管、配件及屋頂水箱,依下列規定設置:

一、配管部分:

(一) 應為專用。但與室外消防栓、自動撒水設備及連結送水管等滅火系統共用,無礙其功能者,不在此限。

(二) 符合下列規定之一:

1. 國家標準(以下簡稱 CNS)六四四五配管用碳鋼鋼管、四六二六壓力配管用碳鋼鋼管、六三三一配管用不銹鋼鋼管或具同等以上強度、耐腐蝕性及耐熱性者。

2. 經中央主管機關認可具氣密性、強度、耐腐蝕性、耐候性及耐熱性等性能之合成樹脂管。

(三) 管徑,依水力計算配置。但立管與連結送水管共用,其管徑在 100 毫米以上。

(四) 立管管徑,第一種消防栓在 63 毫米以上;第二種消防栓在 50 毫米以上。

(五) 立管裝置於不受外來損傷及火災不易殃及之位置。

(六) 立管連接屋頂水箱、重力水箱或壓力水箱,使配管平時充滿水。

(七) 採取有效之防震措施。

二、止水閥以明顯之方式標示開關之狀態,逆止閥標示水流之方向,並符合 CNS 規定。

三、屋頂水箱部分:

(一) 水箱之水量,第一種消防栓有 0.5 立方公尺以上;第二種消防栓有 0.3 立方公尺以上。但與其他滅火設備並用時,水量應取其最大值。

(二) 採取有效之防震措施。

(三) 斜屋頂建築物得免設。

【解說】

室外消防栓並無屋頂水箱;而屋頂水箱是輔助用,旨在使立管內隨時保持充滿水之蓄壓狀態,正如同呼水槽之作用一樣,也避免管內存有空氣。一旦末端出水,管內失壓幫浦還未啟動前,屋頂水箱也可先輔助給水。於系統來源端及末端皆設逆止閥,以能保持管內蓄壓狀態。另設計止水閥一般是為了檢查用或更換組件等。在配管部分,ASTMA 53/A53M(配管用黑化、熱浸鍍鋅、焊接及無縫鋼管)規範之配管如 Grade B,得視為「具同等以上強度、耐腐蝕性及耐熱性」。至黑化及熱浸鍍鋅鋼管應比照配管用碳鋼鋼管(符合 CNS 6445 者),焊接及無縫鋼管應比照壓力配管用碳鋼鋼管(符合 CNS 4626 者)。配管額定全揚程,配管壓力逾每平方公分 10 公斤者,應使用符合 CNS 4626 管號 Sch 40 以上。

室內消防栓系統升位圖

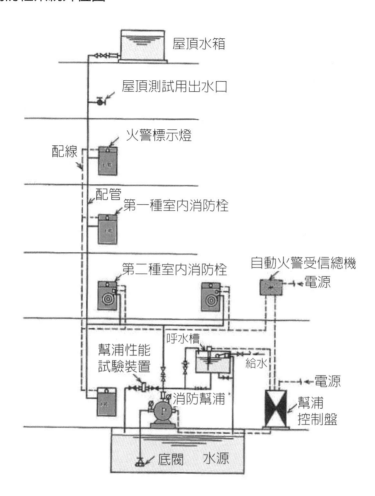

開關水流標示

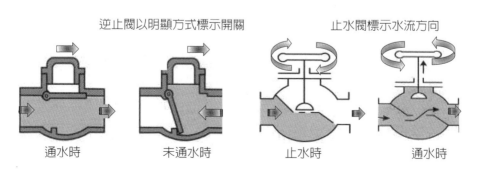

3-3 室內消防栓加壓試驗及選擇設置

第 33 條
室內消防栓設備之消防立管竣工時，應做加壓試驗，壓力不得小於加壓送水裝置全閉揚程 1.5 倍以上水壓。試驗壓力以維持 2 小時無漏水現象為合格。

【解說】

立管竣工時加壓試驗一點五倍以上水壓，因管內會有水鎚作用等現象。

第 34 條
除第 12 條第二款第十一目或第四款之場所，應設置第一種消防栓外，其他場所應就下列二種消防栓選擇設置之：
一、第一種消防栓，依下列規定設置：
　（一）各層任一點至消防栓接頭之水平距離在 25 公尺以下。
　（二）任一樓層內，全部消防栓同時使用時，各消防栓瞄子放水壓力在每平方公分 1.7 公斤以上或 0.17MPa 以上，放水量在每分鐘 130 公升以上。但全部消防栓數量超過二支時，以同時使用二支計算之。
　（三）消防栓箱內，配置口徑 38 毫米或 50 毫米之消防栓一個，口徑 38 毫米或 50 毫米、長 15 公尺並附快式接頭之水帶二條，水帶架一組及口徑 13 毫米以上之直線水霧兩用瞄子一具。但消防栓接頭至建築物任一點之水平距離在 15 公尺以下時，水帶部分得設 10 公尺水帶二條。
二、第二種消防栓，依下列規定設置：
　（一）各層任一點至消防栓接頭之水平距離在 25 公尺以下。
　（二）任一樓層內，全部消防栓同時使用時，各消防栓瞄子放水壓力在每平方公分 1.7 公斤以上或 0.17MPa 以上，放水量在每分鐘 80 公升以上。但全部消防栓數量超過二支時，以同時使用二支計算之。
　（三）消防栓箱內，配置口徑 25 毫米消防栓連同管盤長 30 公尺之皮管或消防用保形水帶及直線水霧兩用瞄子一具，且瞄子設有容易開關之裝置。
前項消防栓，應符合下列規定：
一、消防栓開關距離樓地板之高度，在 0.3 公尺以上 1.5 公尺以下。
二、設在走廊或防火構造樓梯間附近便於取用處。
三、供集會或娛樂處所，設於舞臺二側、觀眾席後二側、包廂後側之位置。
四、在屋頂上適當位置至少設置一個測試用出水口，並標明測試出水口字樣。但斜屋頂設置測試用出水口有困難時，得免設。

【解說】

倉庫與工廠應設第一種，因其火載量大，一旦火災時須有大量水來壓抑卻火勢。而水帶之出水壓力（P）、出水口徑（d）、出水量（Q）皆可由 $Q = 0.653d^2\sqrt{P}$ 作計算。現國內已修法使用保形水帶，相信日後使用也較容易親和性。屋頂上設測試用出水口，之前法規稱屋頂消防栓，但屋頂不可能發生火災，顯然設置用途不是消防滅火，而是測試檢修用，因其是系統管路之最高末端點，能確保管路上任何位置皆足夠法定壓力。

第一種及第二種室內消防栓設置規定

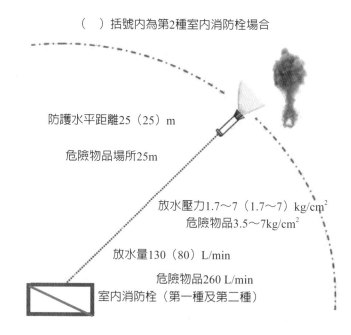

（　）括號內為第2種室內消防栓場合

防護水平距離25（25）m

危險物品場所25m

放水壓力1.7～7（1.7～7）kg/cm²
危險物品3.5～7kg/cm²

放水量130（80）L/min

危險物品260 L/min
室內消防栓（第一種及第二種）

室內消防栓設於便於取用處及消防幫浦內部水設計

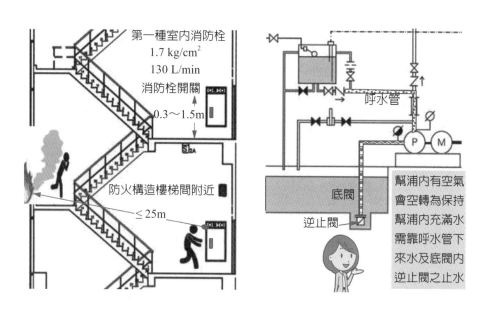

第一種室內消防栓
1.7 kg/cm²
130 L/min
消防栓開關
0.3～1.5m

防火構造樓梯間附近
≦ 25m

呼水管

底閥

逆止閥

幫浦內有空氣
會空轉為保持
幫浦內充滿水
需靠呼水管下
來水及底閥內
逆止閥之止水

3-4 室內消防栓箱與水源容量

第 35 條
室內消防栓箱，應符合下列規定：
一、箱身為厚度在 1.6 毫米以上之鋼板或具同等性能以上之不燃材料者。
二、具有足夠裝設消防栓、水帶及瞄子等裝備之深度，其箱面表面積在 0.7 平方公尺以上。
三、箱面有明顯而不易脫落之消防栓字樣，每字在 20 平方公分以上。

【解說】

　　室內消防栓箱是建築物火災內部使用人最佳自衛消防利器，其具有源源不斷水源供應，每分鐘依法規要求達到 130 公升，且防護半徑可達 25 公尺之遠；事實上，依二條水帶（每條 15 公尺）長度即達 30 公尺加上瞄子具有 $1.7kg/cm^2$ 壓力水，甚可達更遠距離，但實際上依現場環境步行可能轉彎或上下樓梯或坡道曲折，故水平防護距離半徑需考量環境因素。

　　因室內消防栓為系統式設備，火災應變分秒必爭，為使人員一打開即可射水，所以在國內大多使用密閉溼式，於各出口末端以逆止閥保持管內蓄壓狀態，所以打開後為保有一定水源，首先從屋頂水箱（0.5 立方公尺）先供應重力水下來，而打開後管內水壓降低，於加壓送水裝置附近壓力水槽感應到水壓不足，即會啟動消防幫浦，從地下室（在國內大多位於地下層空間）從水池打水上來。

　　而室內消防栓箱從未規定顏色，為配合室內裝潢，可使用不同顏色搭配，使用什麼樣顏色，並不影響其性能，故法規也大可不必加以干預。而室內消防栓往往設置於走廊通道上便於取用處，所以不設突出把手，以免勾住行走人員褲裙，因此把手是內嵌式。

第 36 條
室內消防栓設備之水源容量，應在裝置室內消防栓最多樓層之全部消防栓繼續放水 20 分鐘之水量以上。但該樓層內，全部消防栓數量超過二支時，以二支計算之。
消防用水與普通用水合併使用者，應採取必要措施，確保前項水源容量在有效水量範圍內。
第一項水源得與本章所列其他滅火設備水源併設。但其總容量應在各滅火設備應設水量之合計以上。

【解說】

　　室內消防栓設備之水源容量：第一種為 $130L/min \times 20min \times 2$ 支 $=5.2m^3$；第二種為 $80L/min \times 20min \times 2$ 支 $=3.2m^3$。室內消防栓設備容量，供應自衛消防 20 分鐘之水源；消防隊欲繼續使用，如沒送水口，僅能由消防車佈署消防水帶延伸進入。當消防用水與普通用水合併使用者，應採取必要措施，確保前項水源容量在有效水量範圍內，確保方法依有效水量①底閥水位高低差；②控制水位電極棒方法。

第一種室內消防栓

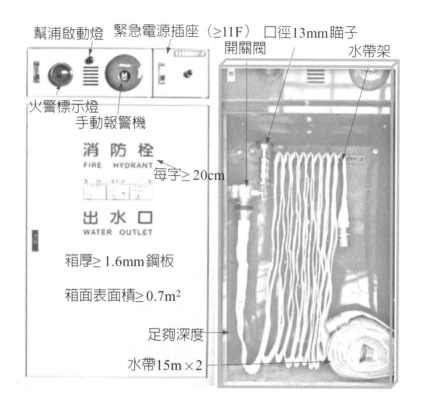

確保水源容量在有效水量範圍內必要措施

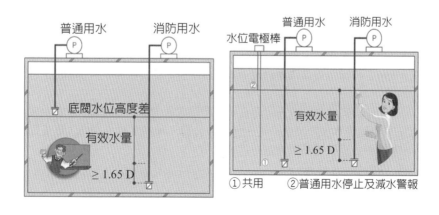

3-5 室內消防栓加壓送水裝置（一）

第 37 條
依前條設置之水源，應連結加壓送水裝置，並依下列各款擇一設置：
一、重力水箱，應符合下列規定：
    （一）有水位計、排水管、溢水用排水管、補給水管及人孔之裝置。
    （二）消防栓水箱必要落差在下列計算值以上：
        必要落差 = 消防水帶摩擦損失水頭＋配管摩擦損失水頭 + 17（計算單位：公尺）

$$H = h1 + h2 + 17 \text{ 公尺}$$

二、壓力水箱，應符合下列規定：
    （一）有壓力表、水位計、排水管、補給水管、給氣管、空氣壓縮機及人孔之裝置。
    （二）水箱內空氣占水箱容積之 1/3 以上，壓力在使用建築物最遠處之消防栓維持規定放水水壓所需壓力以上。當水箱內壓力及液面減低時，能自動補充加壓。空氣壓縮機及加壓幫浦與緊急電源相連接。
    （三）消防栓水箱必要壓力在下列計算值以上：
        必要壓力 = 消防水帶摩擦損失水頭 + 配管摩擦損失水頭 + 落差 + 1.7（計算單位：公斤 / 平方公分）

$$P = P1 + P2 + P3 + 1.7 \text{kgf/cm}^2$$

（續）

【解說】
    重力水箱在實際設置上，有其窒礙難行之問題，因法令規定 1.7kg/cm^2，需有 17 公尺落差高度，再加上摩擦損失，因此在屋頂上水箱至其直下層至少需具有 20 公尺落差高度；所以現今實務上國內仍少見之。

    壓力水箱內空氣占水箱容積 ≥ 1/3，因液體難以壓縮，所以需存一定比例空氣作壓縮源，並產生一定壓力水，是其空氣壓縮機及加壓幫浦與緊急電源相連接，來產生法規要求之水壓。但壓力水箱持續放水，水壓會降低，此時需靠空氣壓縮機來即時補充所需壓力。

    第二種消防栓防護半徑、放水壓力及消防用保形水帶等設置規範，業經民國 106 年 10 月修正，如同日本實際設置一樣，俾以提升第二種消防栓之功能，單人即可操作且方便，並符合實際設置場所之選擇需求。

消防用水與普通用水合併使用

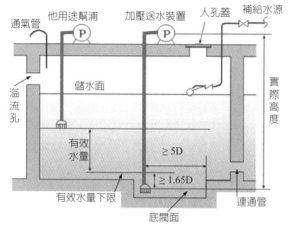

（福岡市消防局，平成 26 年）

有效減壓措施

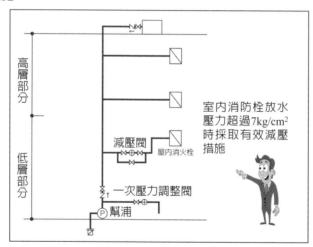

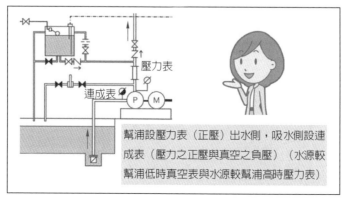

3-6 室內消防栓加壓送水裝置（二）

第 37 條（續）

三、消防幫浦，應符合下列規定：

（一）幫浦出水量，第一種消防栓每支每分鐘之水量在 150 公升以上；第二種消防栓每支每分鐘之水量在 90 公升以上。但全部消防栓數量超過二支時，以二支計算之。

（二）消防栓幫浦全揚程在下列計算值以上：
幫浦全揚程 = 消防水帶摩擦損失水頭 + 配管摩擦損失水頭 + 落差 + 17（計算單位：公尺）

$$H = h1 + h2 + h3 + 17 \text{ 公尺}$$

（三）應為專用。但與其他滅火設備並用，無妨礙各設備之性能時，不在此限。

（四）連接緊急電源。

前項加壓送水裝置除重力水箱外，依下列規定設置：

一、設在便於檢修，且無受火災等災害損害之處所。

二、使用消防幫浦之加壓送水裝置，以具 1 小時以上防火時效之牆壁、樓地板及防火門窗等防火設備區劃分隔。但設於屋頂或屋外時，設有不受積水及雨水侵襲之防水措施者，不在此限。

三、設自動或手動啟動裝置，其停止僅限於手動操作。手動啟動裝置應設於每一室內消防栓箱內，室內消防栓箱上方有紅色啟動表示燈。

四、室內消防栓瞄子放水壓力超過每平方公分 7 公斤時，應採取有效之減壓措施。

五、採取有效之防震措施。

【解說】

消防幫浦在國內是普遍使用之一種加壓送水裝置，其出水口徑不得小於立管口徑，且其出水口徑以開關閥口徑視為消防幫浦出水口徑。至消防幫浦室應採用甲、乙種防火門，不得使用防火鐵捲門代替；其為一完整防火區劃空間，如此作用是雙重的，避免受外來火勢波及，第二是幫浦室內存第四類公共危險物品油類（大多為柴油）如發生火災，避免失控向外延燒出來。

室內消防栓瞄子放水壓力超過每平方公分 7 公斤時，應採取有效之減壓措施，這是反作用力之人員手持問題，依反作用力 $F = 1.5d^2P = 1.5 \times 1.3^2 \times 7 = 17.7\text{kg}$。因此，需有二人來操作使用。

加壓送水裝置組成與減壓措施

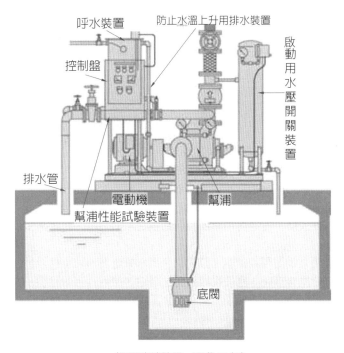

呼水裝置
防止水溫上升用排水裝置
啟動用水壓開關裝置
控制盤
排水管
電動機
幫浦
幫浦性能試驗裝置
底閥

（福岡市消防局，平成 26 年）

啟動動作壓力值（動作壓力值 + 設計餘裕值）

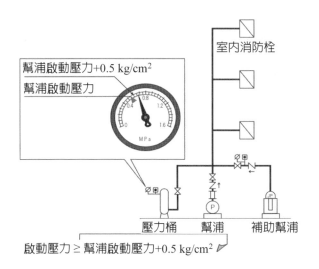

室內消防栓

幫浦啟動壓力+0.5 kg/cm²
幫浦啟動壓力

MPa

壓力桶　　幫浦　　補助幫浦

啟動壓力 ≥ 幫浦啟動壓力+0.5 kg/cm²

3-7 室內消防栓緊急電源

第 38 條
室內消防栓設備之緊急電源，應使用發電機設備或蓄電池設備，其供電容量應供其
有效動作 30 分鐘以上。
前項緊急電源在供第 12 條第四款使用場所，得使用具有相同效果引擎動力系統。

【解說】

緊急電源應使用蓄電池、全自動發電機或具有相同效果之設備。而「具有相同效果之引擎動力系統」依內政部消防法令函釋及公告（以下同），係指柴油引擎消防幫浦，該設備係應經審核認可始准使用之消防安全設備品目；至所增設水池、幫浦及柴油動力引擎之系統設計個案，毋需送內政部消防技術審議委員會審核認可。另依消防法第 7 條規定，其設計、監造應由消防設備師為之；其裝置、檢修應由消防設備師或消防設備士為之。

各場所現場設置之消防幫浦機組，其揚程、出水量應在消防圖說設計之揚程、出水量以上，於消防會勘檢查時，應按現場設置之機組，檢附其出廠證明及審核認可書。消防會勘檢查，實施消防幫浦性能測試時，係以現場消防幫浦組標示之揚程、出水量為額定揚程及額定出水量，而非以消防圖說設計之揚程、出水量為額定揚程、出水量，例如：消防圖說設計需求為揚程 55 公尺、出水量 150 公升 / 分鐘，而現場選設揚程 60 公尺、出水量 300 公升 / 分鐘之幫浦，於消防測試時，應以 300 公升 / 分鐘為額定出水量測試，其揚程如為 X 公尺時，X 應在 60 公尺之 100% 至 110%（即 60 至 66 公尺）間，而於額定出水量之 150%（即 450 公升 / 分鐘）時，其全揚程應在 X 公尺之 65% 以上，而其全閉揚程應在 X 公尺之 140% 以下，如此方為檢查合格。惟此時消防檢查人員應一併查核此型機組（揚程 60 公尺、出水量 300 公升 / 分鐘）是否登載在認可書內，及檢附此型機組之出廠證明。

由於消防系統大都為高壓重負荷容量設計，故於幫浦操作運轉時，其啟動扭力、軸向推力、徑向推力所承受負荷相當大，於運轉過程中，幫浦軸心會產生變形及偏心，造成連接馬達之軸心影響電樞之運轉而產生燒毀，故因而需於幫浦及馬達之間連接一個聯結器，此聯結器具有可撓性、緩衝性，才不會因幫浦軸之變形而影響馬達之軸心轉子。而同軸式幫浦與馬達之主軸同軸，故其運轉所產生之推力及扭力會直接傳達至馬達電樞內部，造成故障，故同軸式並不適用於高壓重負荷之消防機組。

加壓送水裝置組件

項目	構件	圖示	構件	圖示
加壓送水裝置	消防幫浦	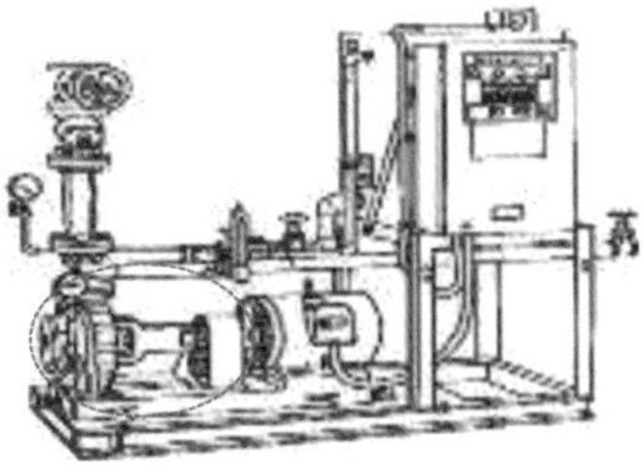	電動機（馬達）	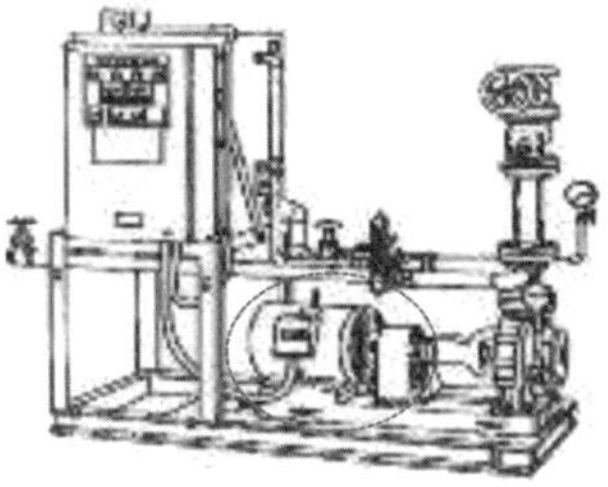
附屬裝置	控制盤	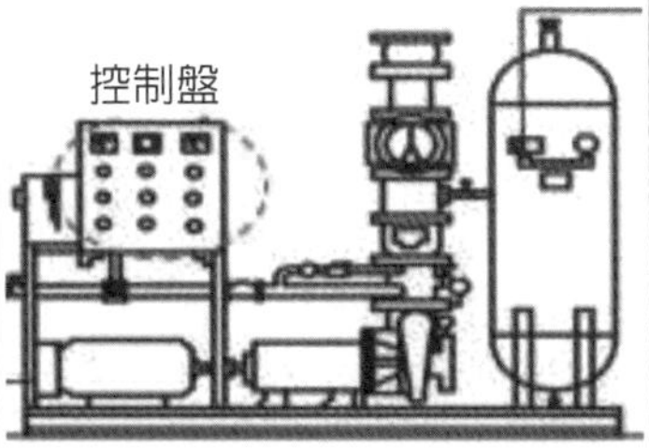 控制盤 	呼水裝置	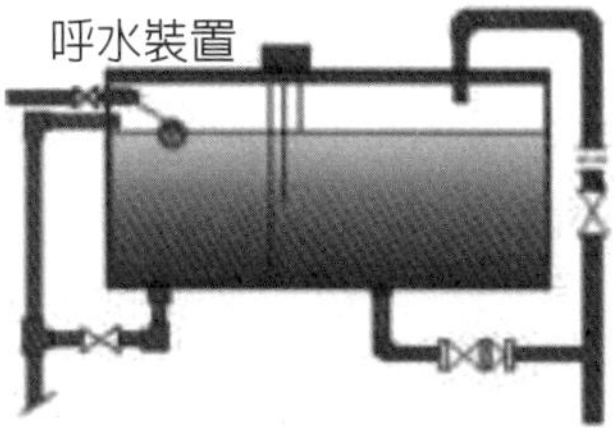 呼水裝置
	防止水溫上升用排放裝置	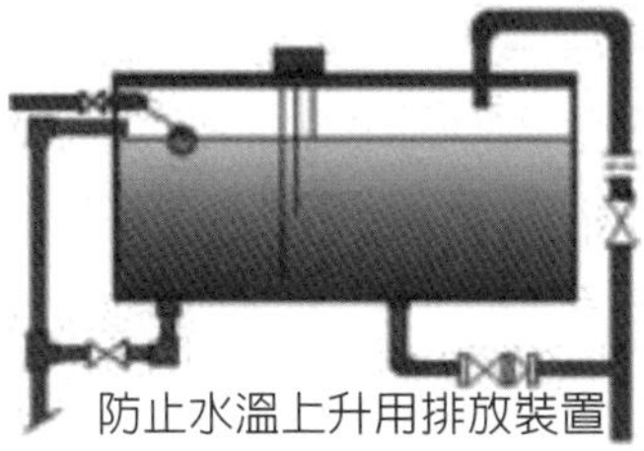 防止水溫上升用排放裝置	幫浦性能試驗裝置	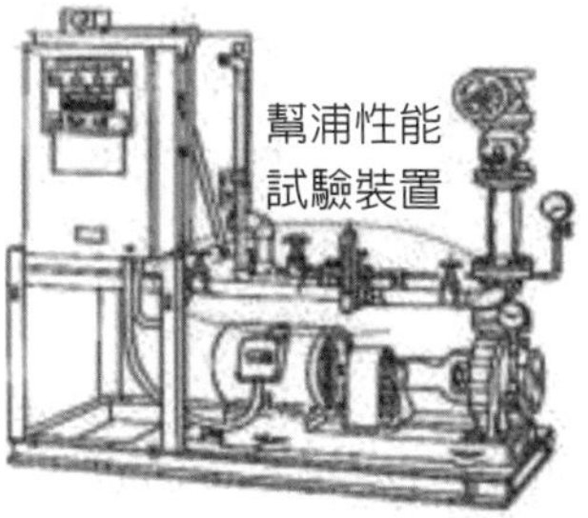 幫浦性能試驗裝置
	啟動用水壓開關裝置	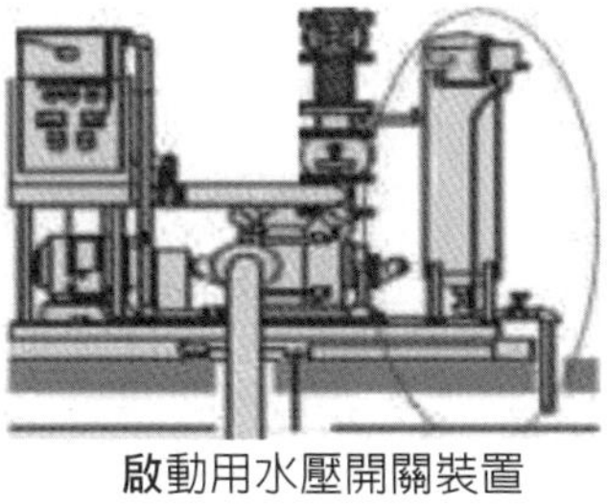 啟動用水壓開關裝置	底閥	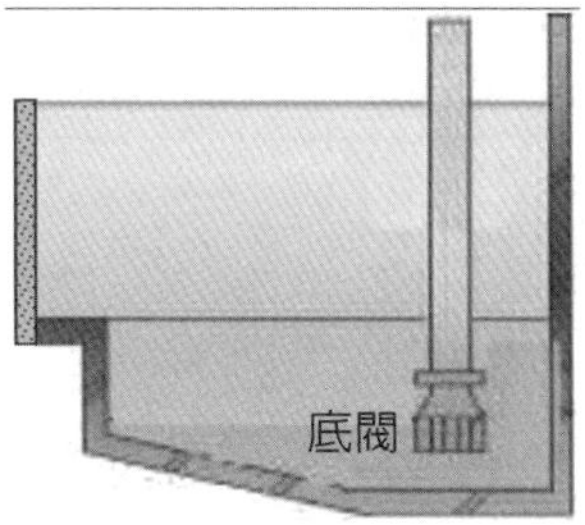 底閥

3-8 室外消防栓設備配管、試壓及設置規定

第 39 條

室外消防栓設備之配管、試壓及緊急電源，準用第 32 條第一款第一目至第五目、第七目、第二款、第 33 條及第 38 條規定設置。

配管除符合前項規定外，水平主幹管外露部分，應於每 20 公尺內，以明顯方式標示水流方向及配管名稱。

【解說】

　　場所會設室外消防栓，一般都會與其他滅火設備並用，如室內消防栓等，所以立管是共用。水平主幹管外露每隔一段距離標示其水流及配管，方便日後查修維護之用。

第 40 條

室外消防栓，依下列規定設置：

一、口徑在 63 毫米以上，與建築物一樓外牆各部分之水平距離在 40 公尺以下。

二、瞄子出水壓力在每平方公分 2.5 公斤以上或 0.25MPa 以上，出水量在每分鐘 350 公升以上。

三、室外消防栓開關位置，不得高於地面 1.5 公尺，並不得低於地面 0.6 公尺。設於地面下者，其水帶接頭位置不得低於地面 0.3 公尺。

四、於其 5 公尺範圍內附設水帶箱，並符合下列規定：

　　（一）水帶箱具有足夠裝置水帶及瞄子之深度，箱底二側設排水孔，其箱面表面積在 0.8 平方公尺以上。

　　（二）箱面有明顯而不易脫落之水帶箱字樣，每字在 20 平方公分以上。

　　（三）箱內配置口徑 63 毫米及長 20 公尺水帶二條、口徑 19 毫米以上直線噴霧兩用型瞄子一具及消防栓閥型開關一把。

五、室外消防栓 3 公尺以內，保持空曠，不得堆放物品或種植花木，並在其附近明顯易見處，標明消防栓字樣。

【解說】

　　室外消防栓開關距離地面 0.6～1.5 公尺，這是配合東方人體位高度，不能太高，而太低需完全蹲下來，不便使用；而箱底排水孔為防積水生鏽。室外消防栓≦3 公尺保持空曠，以利人員接近轉動開關，不能有障礙體妨礙人員操作致能快速取用。水帶之出水壓力（P）、出水口徑（d）、出水量（Q）皆可由 $Q=0.653d^2\sqrt{P}$ 作計算。

室外消防栓

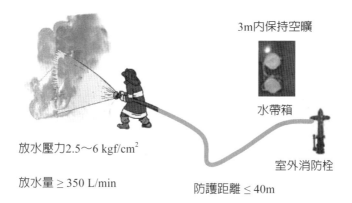

3m內保持空曠

水帶箱

室外消防栓

放水壓力2.5～6 kgf/cm^2

放水量 ≥ 350 L/min

防護距離 ≤ 40m

水系統配管口徑示意圖

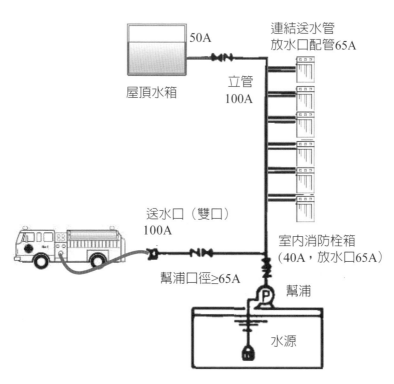

50A

連結送水管
放水口配管65A

屋頂水箱

立管
100A

送水口（雙口）
100A

室內消防栓箱
（40A，放水口65A）

幫浦口徑≥65A

幫浦

水源

（橫濱市消防局，平成 27 年）

3-9 室外消防栓水源容量

> **第 41 條**
> 室外消防栓設備之水源容量，應在二具室外消防栓同時放水 30 分鐘之水量以上。
> 消防用水與普通用水合併使用者，應採取必要措施，確保前項水源容量，在有效水量範圍內。
> 第一項水源得與其他滅火設備併設。但其總容量應在各滅火設備應設水量之合計以上。

【解說】

　　室外消防栓供應初期滅火 30 分鐘水量，30 分鐘公設消防隊一定會到達現場，並進行接管掌控現場。於室外消防栓幫浦原則應為專用，若與室內消防栓設備共用時，應符合規定；而共用時，其幫浦出水量及全揚程，應為兩者最大出水量及最大全揚程之合計。

　　而消防幫浦加壓送水裝置之設置應符合「消防幫浦加壓送水裝置等及配管摩擦損失計算基準」之相關規定，而呼水裝置：「水源之水位低於幫浦位置時，常時充水於幫浦及配管之裝置。」同一基地各幢建築物，其加壓送水裝置在性能符合各類場所消防安全設備設置標準之規定下，得就其設備與他棟建築物分別共用之。

　　依內政部消防法令函釋及公告，消防幫浦、發電機設置處所應依各類場所消防安全設備設置標準第 37 條、第 237 條規定辦理，意旨係該設置空間應與該樓層其他空間及其他樓層形成區劃分隔，避免火災時延燒而影響該設備功能，至設於地面以上各樓層，且出入口面向室外時，消防幫浦、發電機設置空間鄰接外牆設置者，該外牆及其設於外牆之門窗等防火性能，應依建築技術規則有關外牆及其門窗之防火時效相關規定檢討辦理。即消防幫浦應設在以具 1 小時以上防火時效之牆壁、樓地板及防火門窗等防火設備區劃分隔，無受火災等災害損害之處所。

　　基於維修觀點而言，負荷過大（電流大）馬達燒掉時，聯軸式幫浦機組可拆馬達之聯結器側，不需動到幫浦部分，拆換方便無需動到進出口之配管，而同軸式幫浦機組需全部拆除更換。

　　又基於消防幫浦之高壓力負荷、緊急運轉扭力、推力、維修及功能發揮等因素，「電動機應與幫浦軸心直結，及幫浦傳動部分由外側易被接觸位置應裝置應裝設安全保護蓋」，而消防幫浦與電動機連結方式應採聯軸式。所以，為確保各項消防水系統滅火設備平時能容易維修、緊急時能發揮良好功能，對於已取得內政部審核認可書之消防幫浦，應使用具有聯結器之聯軸式幫浦機組。

有效水源示圖及室外消防栓應用方式

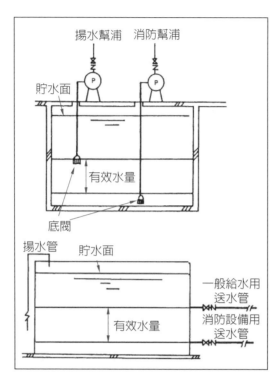

（橫濱市消防局，平成27年）

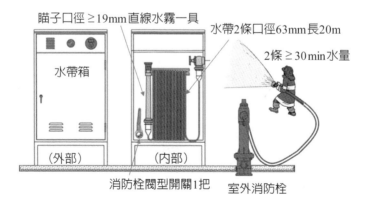

3-10 室外消防栓加壓送水裝置

第 42 條
依前條設置之水源，應連結加壓送水裝置，並依下列各款擇一設置：
一、重力水箱，應符合下列規定：
　　（一）有水位計、排水管、溢水用排水管、補給水管及人孔之裝置。
　　（二）水箱必要落差在下列計算值以上：
　　　　　必要落差 = 消防水帶摩擦損失水頭 + 配管摩擦損失水頭 + 25（計算單
　　　　　位：公尺）
$$H = h1 + h2 + 25 \text{ 公尺}$$
二、壓力水箱，應符合下列規定：
　　（一）有壓力表、水位計、排水管、補給水管、給氣管、空氣壓縮機及人孔之
　　　　　裝置。
　　（二）水箱內空氣占水箱容積之 1/3 以上，壓力在使用建築物最高處之消防栓
　　　　　維持規定放水水壓所需壓力以上。當水箱內壓力及液面減低時，能自動
　　　　　補充加壓。空氣壓縮機及加壓幫浦與緊急電源相連接。
　　（三）水箱必要壓力在下列計算值以上：
　　　　　必要壓力 = 消防水帶摩擦損失水頭 + 配管摩擦損失水頭 + 落差 + 2.5
　　　　　（計算單位：公斤／平方公分）
$$P = P1 + P2 + P3 + 2.5 \text{kgf/cm}^2$$
三、消防幫浦，應符合下列規定：
　　（一）幫浦出水量，一支消防栓在每分鐘 400 公升以上。但全部消防栓數量超
　　　　　過二支時，以二支計算之。
　　（二）幫浦全揚程在下列計算值以上：
　　　　　幫浦全揚程 = 消防水帶摩擦損失水頭 + 配管摩擦損失水頭 + 落差 + 25
　　　　　（計算單位：公尺）
$$H = h1 + h2 + h3 + 25 \text{ 公尺}$$
　　（三）應為專用。但與其他滅火設備並用，無妨礙各設備之性能時，不在此限。
　　（四）連接緊急電源。
前項加壓送水裝置除採重力水箱外，準用第 37 條第二項第一款至第三款、第五款
規定，室外消防栓瞄子放水壓力超過每平方公分 6 公斤或 0.6Mpa 時，應採取有效
之減壓措施。

【解說】
　　加壓送水裝置有三種，不含屋頂水箱（補助用）。重力水箱勢必要設在相當高點，
實務上很難實現。而壓力水箱情況要測其水壓在最高處（也可能是地面最高點）測試
是否足夠。為考量水帶及接頭等摩擦損失，會有安全係數約 1.2 倍，於室外栓出水量
350L/min×1.2 約為幫浦出水量 400L/min。

加壓送水裝置及室外消防栓瞄子反作用力減壓

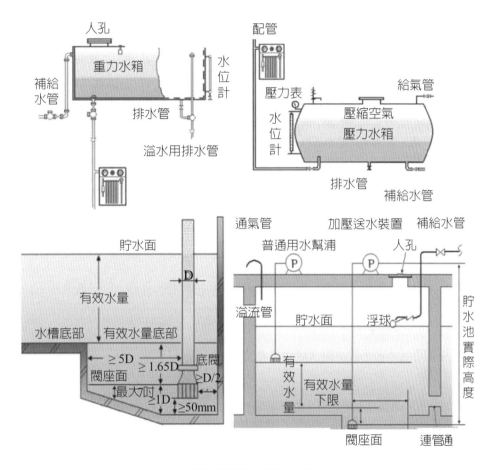

（福岡市消防局，平成 26 年）

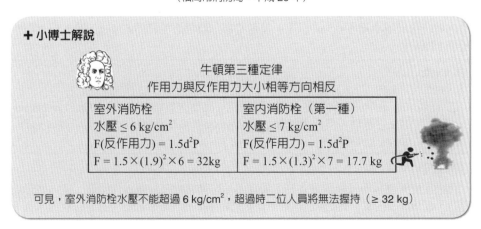

➕ 小博士解說

牛頓第三種定律
作用力與反作用力大小相等方向相反

室外消防栓	室內消防栓（第一種）
水壓 $\leq 6 \text{ kg/cm}^2$	水壓 $\leq 7 \text{ kg/cm}^2$
$F(反作用力) = 1.5d^2P$	$F(反作用力) = 1.5d^2P$
$F = 1.5 \times (1.9)^2 \times 6 = 32\text{kg}$	$F = 1.5 \times (1.3)^2 \times 7 = 17.7 \text{ kg}$

可見，室外消防栓水壓不能超過 6 kg/cm²，超過時二位人員將無法握持（ ≥ 32 kg）

3-11 自動撒水設備型式及加壓試驗

第 43 條

自動撒水設備，得依實際情況需要就下列各款擇一設置。但供第 12 條第一款第一目所列場所及第二目之集會堂使用之舞臺，應設開放式：

一、密閉溼式：平時管內貯滿高壓水，撒水頭動作時即撒水。

二、密閉乾式：平時管內貯滿高壓空氣，撒水頭動作時先排空氣，繼而撒水。

三、開放式：平時管內無水，啟動一齊開放閥，使水流入管系撒水。

四、預動式：平時管內貯滿低壓空氣，以感知裝置啟動流水檢知裝置，且撒水頭動作時即撒水。

五、其他經中央主管機關認可者。

【解說】

　　第一、二及四款皆爲密閉式，而開放式用於一起火即可能火勢成長快勢或規模大之處所，如舞台布幕之垂直燃燒型態、室內停車空間等。

第 44 條

自動撒水設備之配管、配件及屋頂水箱，除準用第 32 條第一款、第二款規定外，依下列規定設置：

一、密閉乾式或預動式之流水檢知裝置二次側配管，施予鍍鋅等防腐蝕處理。一齊開放閥二次側配管，亦同。

二、密閉乾式或預動式之流水檢知裝置二次側配管，爲有效排水，依下列規定裝置：

　　（一）支管每 10 公尺傾斜 4 公分，主管每 10 公尺傾斜 2 公分。

　　（二）於明顯易見處設排水閥，並標明排水閥字樣。

三、立管連接屋頂水箱時，屋頂水箱之容量在 1 立方公尺以上。

【解說】

　　二次側配管，因平時管內無水暴露於空氣中氧化作用，須施予鍍鋅處理。立管連接屋頂水箱容量在 $1m^3$ 以上，一般撒水設備有連結送水管之要求，管徑在 100mm；而室內消防栓屋頂水箱僅 $0.5m^3$ 以上，這是其第一種消防栓管徑 63mm；第二種消防栓管徑 50mm。

第 45 條

自動撒水設備竣工時，應做加壓試驗，其測試方法準用第 33 條規定。

但密閉乾式管系應併行空氣壓試驗，試驗時，應使空氣壓力達到每平方公分 2.8 公斤或 0.28MPa 之標準，其壓力持續 24 小時，漏氣減壓量應在每平方公分 0.1 公斤以下或 0.01MPa 以下爲合格。

【解說】

　　而撒水配管應以明管設置方式施工爲宜，使用暗管會有檢測維修困難、室內格局變更時，配管修改困難；而設備之維修檢查必須定期實施，暗管設計方式無法有效檢查。

　　密閉乾式管系應併行空氣壓試驗，亦即水壓加氣壓二種皆要。而水壓不得小於加壓送水裝置全閉揚程一點五倍以上水壓。試驗壓力以維持二小時無漏水現象爲合格。

自動撒水系統分類

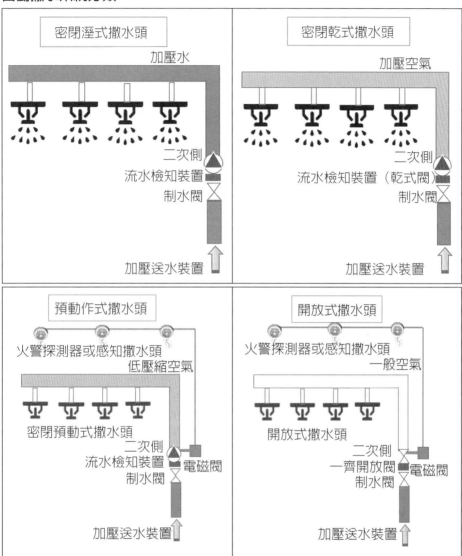

種類	密閉濕式	密閉乾式	預動式	開放式
管內	高壓水	高壓空氣	常壓空氣	常壓空氣
屋頂水箱	✓	✓	✓	✓
送水口	✓	✓	✓	✓
使用區域	非結凍區域	結凍區域	水損敏感	火勢延燒快
末端查驗管	✓	✓	✓	-
二次側試驗用裝置	-	-	-	✓
竣工試驗	水壓試驗	水壓併行氣壓試驗	水壓試驗	水壓試驗

3-12 撒水頭配置（一）

第 46 條

撒水頭，依下列規定配置：

一、戲院、舞廳、夜總會、歌廳、集會堂等表演場所之舞臺及道具室、電影院之放映室或儲存易燃物品之倉庫，任一點至撒水頭之水平距離，在 1.7 公尺以下。

二、前款以外之建築物依下列規定配置：

（一）一般反應型撒水頭（第二種感度），各層任一點至撒水頭之水平距離在 2.1 公尺以下。但防火構造建築物，其水平距離，得增加為 2.3 公尺以下。

（二）快速反應型撒水頭（第一種感度），各層任一點至撒水頭之水平距離在 2.3 公尺以下。但設於防火構造建築物，其水平距離，得增加為 2.6 公尺以下；撒水頭有效撒水半徑經中央主管機關認可者，其水平距離，得超過 2.6 公尺。

三、第 12 條第一款第三目、第六目、第二款第七目、第五款第一目等場所之住宿居室、病房及其他類似處所，得採用小區劃型撒水頭（以第一種感度為限），任一點至撒水頭之水平距離在 2.6 公尺以下，撒水頭間距在 3 公尺以上，且任一撒水頭之防護面積在 13 平方公尺以下。

四、前款所列場所之住宿居室等及其走廊、通道與其類似場所，得採用側壁型撒水頭（以第一種感度為限），牆面二側至撒水頭之水平距離在 1.8 公尺以下，牆壁前方至撒水頭之水平距離在 3.6 公尺以下。

五、中央主管機關認定儲存大量可燃物之場所天花板高度超過 6 公尺，或其他場所天花板高度超過 10 公尺者，應採用放水型撒水頭。

六、地下建築物天花板與樓板間之高度，在 50 公分以上時，天花板與樓板均應配置撒水頭，且任一點至撒水頭之水平距離在 2.1 公尺以下。但天花板以不燃性材料裝修者，其樓板得免設撒水頭。

（續）

【解說】

　　各層任一點至撒水頭之水平距離，這並非撒水頭之間距，旨在使撒水防護區域不存有任何死角。小區劃型撒水頭間距在 3 公尺以上，是為了避免距離太近，受鄰近撒水冷卻到撒水頭，使其無法動作。

　　舞臺布幕為垂直燃燒型態，一旦起火時火勢成長快速，為即時壓抑採用一舉數顆撒水頭一齊開放撒水，以優勢撒水面積來控制火勢發展。因此，不論舞臺天花板高度，皆應設開放式；而其他場所天花板 > 10 公尺，應採用大水滴之放水型撒水頭。

　　因天花板高，撒水頭水滴太小，當其從上方落至地面火勢，可能早已被火羽流熱浮力給蒸發掉，而無法落至火勢根基處。因此，採用較大水滴，首先顆粒大重量也大，能比火羽流上升浮力大，致能完全落至火勢根基，且水滴大代表含水量多，遇熱所產生水蒸氣也大，具有實質之滅火效果。

密閉乾式或預動式配管排水

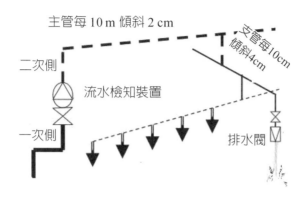

主管每 10 m 傾斜 2 cm

支管每10cm
傾斜4cm

二次側

流水檢知裝置

一次側

排水閥

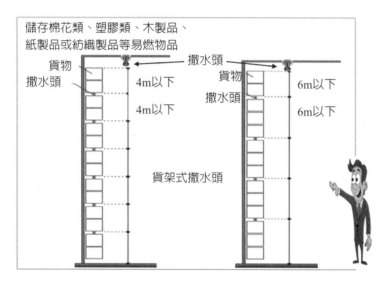

儲存棉花類、塑膠類、木製品、
紙製品或紡織製品等易燃物品

撒水頭

貨物
撒水頭

4m以下

4m以下

貨物
撒水頭

6m以下

6m以下

貨架式撒水頭

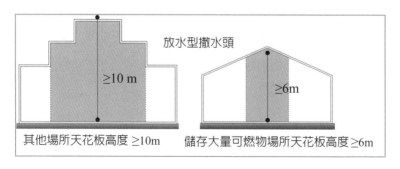

放水型撒水頭

≥10 m

≥6m

其他場所天花板高度 ≥10m

儲存大量可燃物場所天花板高度 ≥6m

3-13 撒水頭配置（二）

第 46 條（續）

第 17 條第一項第六款之高架儲存倉庫，其撒水頭依下列規定配置：

一、設在貨架之撒水頭，應符合下列規定：

    （一）任一點至撒水頭之水平距離，在 2.5 公尺以下，並以交錯方式設置。

    （二）儲存棉花類、塑膠類、木製品、紙製品或紡織製品等易燃物品時，每 4 公尺高度至少設置一個；儲存其他物品時，每 6 公尺高度至少設置一個。

    （三）儲存之物品會產生撒水障礙時，該物品下方亦應設置。

    （四）設置符合第 47 條第二項規定之防護板。但使用經中央主管機關認可之貨架撒水頭者，不在此限。

二、前款以外，設在天花板或樓板之撒水頭，任一點至撒水頭之水平距離在 2.1 公尺以下。

【解說】

高架儲存倉庫除非是儲存非可燃物，不然火災時勢必形成高聳立體火災型態，但因燃料表面與空氣中氧氣接觸面關係，也會形成深層火災型式（Deep-seated fires），這會造成火災搶救之問題，也會造成入內滅火人員受到高架燃燒物質燒陷倒塌受困之危險；所以法規特別予以另外做規範。

為避免形成立體火災與深層火災型態，法規要求易形成長時間悶燒之可燃物質，如棉花類、木製品、紙製品或紡織製品等多孔性纖維系物質，每 4 公尺高度至少設置一個並以交錯方式設置，形成撒水交叉網狀之水蒸氣空間環境，使火勢熱量受到環境溼氣之冷卻。

而儲存其他物品時，每 6 公尺高度至少設置一個；儲存之物品會產生撒水障礙時，該物品下方亦應設置，以消除可能深層燃料型態。而上下層皆有設撒水頭，避免上層撒水頭撒水，使下方撒水頭無法觸動開啟，故應設≧ 30 公分寬防護板，使下方撒水頭避免沾到上方水滴。又第 47 條撒水頭側面有樑，係考量撒水頭要符合設於裝置面下方 30 公分內，迴水板又要與樑底保持在一定距離以下，因可能無法兼顧二者之規定，故有得設防護板之規定；至其他處所應考量能及早動作，避免作動延遲造成無法滅火之疑慮，撒水頭之迴水板應設於裝置面下方，其間距在 30 公分以下。

戶外劇場舞臺頂蓋，屬開放式舞臺，四周無外牆遮蔽，非屬法規範之一般建築物型態，無庸檢討設置自動撒水設備。

消防安全設備配管壓力試驗
水壓試驗

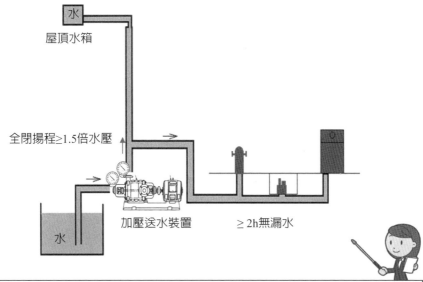

全閉揚程≥1.5倍水壓
屋頂水箱
加壓送水裝置　≥2h無漏水
水

消防管系竣工時，應做加壓試驗，試驗壓力不得小於加壓送水裝置全閉揚程一點五倍以上之水壓。試驗壓力以繼續維持二小時無漏水現象為合格。但送水管能承受送水設計壓力一點五倍以上之水壓，且持續三十分鐘。

氣壓試驗

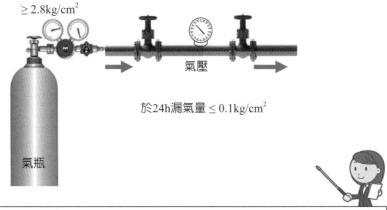

≥ 2.8kg/cm²
氣壓
於24h漏氣量 ≤ 0.1kg/cm²
氣瓶

消防管系竣工時，假使要空氣壓試驗，試驗時應使空氣壓力達到每平方公分二點八公斤或0.28 MPa之標準，其壓力持續二十四小時，漏氣減壓量應在每平方公分零點一公斤以下或0.01 MPa以下為合格。

3-14 撒水頭位置

第 47 條

撒水頭之位置，依下列規定裝置：

一、撒水頭軸心與裝置面成垂直裝置。

二、撒水頭迴水板下方 45 公分內及水平方向 30 公分內，應保持淨空間，不得有障礙物。

三、密閉式撒水頭之迴水板裝設於裝置面（指樓板或天花板）下方，其間距在 30 公分以下。

四、密閉式撒水頭裝置於樑下時，迴水板與樑底之間距在 10 公分以下，且與樓板或天花板之間距在 50 公分以下。

五、密閉式撒水頭裝置面，四周以淨高 40 公分以上之樑或類似構造體區劃包圍時，按各區劃裝置。但該樑或類似構造體之間距在 180 公分以下者，不在此限。

六、使用密閉式撒水頭，且風管等障礙物之寬度超過 120 公分時，該風管等障礙物下方，亦應設置。

七、側壁型撒水頭應符合下列規定：

（一）撒水頭與裝置面（牆壁）之間距，在 15 公分以下。

（二）撒水頭迴水板與天花板或樓板之間距，在 15 公分以下。

（三）撒水頭迴水板下方及水平方向 45 公分內，保持淨空間，不得有障礙物。

八、密閉式撒水頭側面有樑時，依下表裝置。

撒水頭與樑側面淨距離（公分）	74 以下	75 以上 99 公下	100 以上 149 以下	150 以上
迴水板高出樑底面尺寸（公分）	0	9 以下	14 以下	29 以下

前項第八款之撒水頭，其迴水板與天花板或樓板之距離超過 30 公分時，依下列規定設置防護板：

一、防護板應使用金屬材料，且直徑在 30 公分以上。

二、防護板與迴水板之距離，在 30 公分以下。

【解說】

撒水頭與裝置面成垂直裝置，考量其撒水投影正確面積；而側壁型是美觀問題，而其使用需在較小區劃空間。

原先條文之集熱板，已修正為防護板，避免一些挑高空間再錯誤設計，因撒水頭啟動為天花板噴流之對流機制，非集熱之熱傳導。而防護板之真正目的，係防護架（管槽等）上方及下方皆設有撒水頭，一般上方撒水頭因貼近樓板，會先受熱釋放撒水，一旦噴淋下方撒水頭，將使其無法動作，故設置防護板以防護上方水滴噴溼之意。

撒水頭裝置位置

D(m)	H(m)
< 0.75	0
0.75〜0.99	< 0.10
1.00〜1.49	< 0.15
≥ 1.50	< 0.30

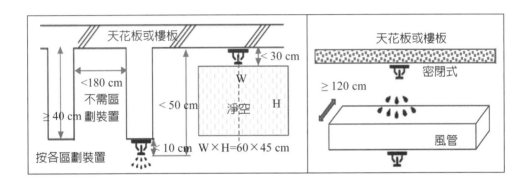

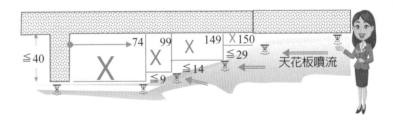

側面有樑時距離150cm以上，即無此限制之規定，如同第115條探測器裝設位置必須距出風口1.5m以上。

3-15 密閉式撒水頭標示溫度與免裝撒水頭處所

第 48 條

密閉式撒水頭,應就裝置場所平時最高周圍溫度,依下表選擇一定標示溫度之撒水頭。

最高周圍溫度	標示溫度
39℃未滿	75℃未滿
39℃以上 64℃未滿	75℃以上 121℃未滿
64℃以上 106℃未滿	121℃以上 162℃未滿
106℃以上	162℃以上

第 49 條

下列處所得免裝撒水頭:

一、洗手間、浴室或廁所。

二、室內安全梯間、特別安全梯間或緊急昇降機間之排煙室。

三、防火構造之昇降機昇降路或管道間。

四、昇降機機械室或通風換氣設備機械室。

五、電信機械室或電腦室。

六、發電機、變壓器等電氣設備室。

七、外氣流通無法有效探測火災之走廊。

八、手術室、產房、X 光(放射線)室、加護病房或麻醉室等其他類似處所。

九、第 12 條第一款第一目所列場所及第二目之集會堂使用之觀眾席,設有固定座椅部分,且撒水頭裝置面高度在 8 公尺以上者。

十、室內游泳池之水面或溜冰場之冰面上方。

十一、主要構造為防火構造,且開口設有具 1 小時以上防火時效之防火門之金庫。

十二、儲存鋁粉、碳化鈣、磷化鈣、鈉、生石灰、鎂粉、鉀、過氧化鈉等禁水性物質或其他遇水時將發生危險之化學品倉庫或房間。

(續)

【解說】

　　撒水頭之標示溫度是置於液體中(油或水等),進行熱傳(熱對流)測試所得之啟動溫度,因此在空氣中撒水頭,因空氣為不良傳熱體,實際啟動溫度會比標示溫度來得高很多。

外氣流通場所例

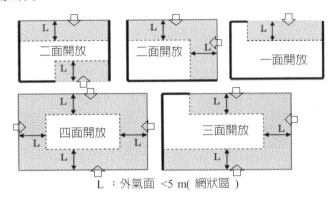

L ：外氣面 <5 m（網狀區）

撒水頭動作溫度測試

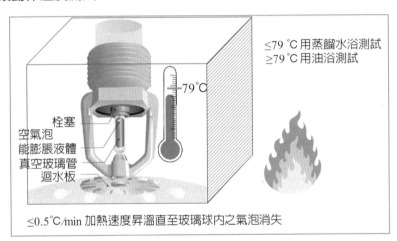

≤79 ℃用蒸餾水浴測試
≥79 ℃用油浴測試

-79℃

栓塞
空氣泡
能膨脹液體
真空玻璃管
迴水板

≤0.5℃/min 加熱速度昇溫直至玻璃球內之氣泡消失

複合用途供第 12 條第二～四款使用免裝撒水頭

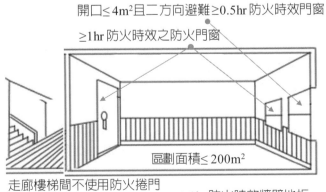

開口≤4m² 且二方向避難≥0.5hr 防火時效門窗

≥1hr 防火時效之防火門窗

區劃面積≤ 200m²

走廊樓梯間不使用防火捲門

≥1hr 防火時效牆壁地板

3-16 免裝撒水頭處所（一）

【解說】

免裝撒水頭因有些場所可能是禁水性物質、防火區劃空間、具一定防火時效防火構造開口小、不燃裝修、火載量少或無人處所或外氣流通無法感知之處所。依內政部消防法令函釋及公告指出，於捷運系統中運量高架車站乘降場（收票閘門以內）自動撒水設備之設置，原則設置防煙垂壁及防火區劃，其乘降場得免設自動撒水設備。而冰宮及戲雪區，如其主要構造為不燃材料建造，且該場所確無任何可燃性物質存在，得比照室內溜冰場用途，依第 49 條第一項第十款、第 116 條第一項第六款及第 190 條第一項第七款之規定，免設撒水頭、探測器及排煙設備。

惟室內消防栓設備需設置於該場所之鄰近入口處，該場所內任一點至消防栓接頭之水平距離如超過上開標準第 34 條第一項之規定，以加設水帶方式檢討，其消防幫浦出水量、消防栓瞄子放水量及放水壓力等並應符合該標準規定。另該場所溫控設備機械室及周邊場所，仍應依同標準之規定，檢討其消防安全設備之設置。

於高層建築物設置自動撒水設備，各層有電氣、電信或機械室時，此類場所免設撒水頭，惟需依第 18 條檢討乾粉、二氧化碳等滅火設備之設置。

撒水頭裝置高度計算方式，應以撒水頭裝置面之實際高度計算之。依消防署指出，參酌 NFPA13、日本東京消防廳預防事務審查、檢查基準 II 第 4 章第 2 節第 3 撒水設備之規範，撒水頭配置遇有風管、架子、格柵型天花板時，應符合下列規定：

一、風管、電纜線架等障礙物寬度超過 1.2 公尺以上時，應依上開設置標準第 47 條第一項第六款規定，於其下方設置撒水頭，當前述障礙物下以格柵型天花板裝飾時，設置於格柵天花板下方。

二、架子、格柵等（在安裝撒水頭的動作溫度以下熔融且對熱感知無障礙者除外）開放型裝飾天花板，其下方應另設置撒水頭。但格柵材料等的厚度、寬度及安裝狀態明顯對撒水無妨礙，開放部分面積合計為裝飾天花板面積之 70% 以上，且撒水頭之迴水板距離裝飾天花板等上方在 0.6 公尺以上時，該開放型裝飾天花板下方得不另設置撒水頭。

三、前兩項之情形中，風管、架子及開放型裝飾天花板等下方設有撒水頭時，該撒水頭的感熱會受到上方撒水頭撒水冷卻影響時，應設置符合下列之防護板：

（一）防護板應使用金屬材料，且直徑在 30 公分以上。

（二）防護板與迴水板之距離，在 30 公分以上。

此外，撒水頭啟動機制，一般熱對流扮演 80% 熱傳機制，但對挑高空間或倉庫，有時火載量不夠，火羽流無法浮升至天花板下撒水頭，所以考量使用用途，即發明集熱板，主要是收集火災成長期中之輻射熱，使其傳熱感知。如火載量夠，就不需集熱板。假使在上下方同時有撒水頭配置如風管、柵板等障礙時，上方撒水頭一旦先啟動，會使下方撒水頭受到水滴冷卻無法啟動，後又將其名稱改為防護板，於日本要求防護板直徑 40cm 或面積 1200cm^2 以上。

開放型裝飾天花板

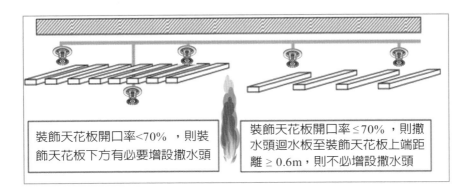

裝飾天花板開口率<70%，則裝飾天花板下方有必要增設撒水頭

裝飾天花板開口率≤70%，則撒水頭迴水板至裝飾天花板上端距離≥0.6m，則不必增設撒水頭

　依消防署函釋：架子、格柵等（在安裝撒水頭的動作溫度以下溶融且對熱感知無障礙者除外）開放型裝飾天花板，其下方應另設置撒水頭。但格柵材料等的厚度、寬度及安裝狀態明顯對撒水無妨礙，開放部分面積合計為裝飾天花板面積之百分之70以上，且撒水頭之迴水板距離裝飾天花板等上方在0.6公尺以上時，該開放型裝飾天花板下方得不另設撒水頭。

消防撒水頭防護板功用

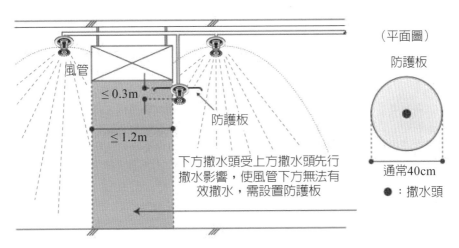

風管

≤ 0.3m

防護板

≤ 1.2m

下方撒水頭受上方撒水頭先行撒水影響，使風管下方無法有效撒水，需設置防護板

（平面圖）

防護板

通常40cm

● ：撒水頭

（埼玉市消防局，平成 28 年）

3-17 免裝撒水頭處所（二）

第 49 條（續）

十三、第 17 條第一項第五款之建築物（地下層、無開口樓層及第十一層以上之樓
　　層除外）中，供第 12 條第二款至第四款所列場所使用，與其他部分間以具
　　一小時以上防火時效之牆壁、樓地板區劃分隔，並符合下列規定者：
　　（一）區劃分隔之牆壁及樓地板開口面積合計在 8 平方公尺以下，且任一開
　　　　口面積在 4 平方公尺以下。
　　（二）前目開口部設具 1 小時以上防火時效之防火門窗等防火設備，且開口
　　　　部與走廊、樓梯間不得使用防火鐵捲門。但開口面積在 4 平方公尺以
　　　　下，且該區劃分隔部分能二方向避難者，得使用具半小時以上防火時
　　　　效之防火門窗等防火設備。

十四、第 17 條第一項第四款之建築物（地下層、無開口樓層及第十一層以上之樓
　　層除外）中，供第 12 條第二款至第四款所列場所使用，與其他部分間以具
　　1 小時以上防火時效之牆壁、樓地板區劃分隔，並符合下列規定者：
　　（一）區劃分隔部分，樓地板面積在 200 平方公尺以下。
　　（二）內部裝修符合建築技術規則建築設計施工編第 88 條規定。
　　（三）開口部設具 1 小時以上防火時效之防火門窗等防火設備，且開口部與
　　　　走廊、樓梯間不得使用防火鐵捲門。但開口面積在 4 平方公尺以下，
　　　　且該區劃分隔部分能二方向避難者，得使用具半小時以上防火時效之
　　　　防火門窗等防火設備。

十五、其他經中央主管機關指定之場所。

【解說】

　　其他經中央主管機關指定之場所，如百貨商場電扶梯四周雖已設置自動防火鐵捲門
而成為獨立之防火區劃範圍，仍應就建築物整體依規定檢討撒水頭之設置。而甲種防
火捲門依建築技術規則設計施工編第 76 條並無甲種防火捲門乙詞，有防火門係屬經
濟部公告為應施檢驗品目，故所提之防火捲門如經經濟部標準檢驗局檢驗合格，自得
適用。

免裝撒水頭之處所

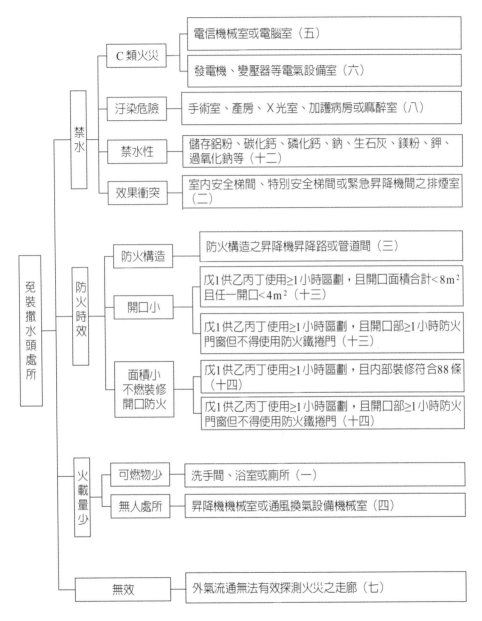

註：（ ）括符內數字代表第49條第幾款。

3-18 撒水頭放水量與流水檢知裝置

第 50 條

撒水頭之放水量,每分鐘應在 80 公升(設於高架倉庫者,應爲 114 公升)以上,且放水壓力應在每平方公分 1 公斤以上或 0.1Mpa 以上。但小區劃型撒水頭之放水量,每分鐘應在 50 公升以上。

放水型撒水頭之放水量,應達防護區域每平方公尺每分鐘 5 公升以上。但儲存可燃物場所,應達每平方公尺每分鐘 10 公升以上。

【解說】

高架倉庫火災成長快且易成深層火災,需大量水來進行壓制,始可奏效;而小區劃型面積少也代表火載量少,不宜過大水量,免造成水損(Water-Damage)。放水型用於高天花板場所,可分固定式與移動式,以射水柱方式攻擊火點;其在日本應用較多,國內目前仍較少見。在此,其放水量應達防護區域 $\geq 5L/m^2.min$,但儲存可燃物場所應達 $\geq 10L/m^2.min$,這是基於整體防護之考量,無可燃物處撒水冷卻室內輻射熱。

第 51 條

自動撒水設備應裝置適當之流水檢知裝置,該流水檢知裝置應符合流水檢知裝置認可基準,並符合下列規定:

一、各樓層之樓地板面積在 3000 平方公尺以下者,裝設一套,超過 3000 平方公尺者,裝設二套。但上下二層,各層撒水頭數量在十個以下,且設有火警自動警報設備者,得二層共用。

二、無隔間之樓層內,前款 3000 平方公尺得增爲 10000 平方公尺。

三、撒水頭或一齊開放閥開啟放水時,即發出警報。

四、附設制水閥,其高度距離樓地板面在 1.5 公尺以下 0.8 公尺以上,並於制水閥附近明顯易見處,設置標明制水閥字樣之標識。

【解說】

第一款之規定係與火警分區之作用類似,知其動作區域。自動警報逆止閥爲大區域放水(≤ 3000m² 一個);而一齊開放閥係小區域放水(50~100m² 一個)。而流水檢知裝置(濕式)係指一次側(流入側)和二次側(流出側)充滿加壓水狀態,當密閉式撒水頭、一齊開放閥等開啟時,因二次側壓力下降而開啟閥門,加壓水由二次側流出,並發出信號或警報之裝置,種類有自動警報逆止閥型、動作閥型與槳片型三種。至設置高度爲自動警報逆止閥一次側之制水閥,應設在距樓地板面 0.8~1.5 公尺,俾利操作、檢修;另維修孔之長寬大小均應在 ≥ 80 公分,以利人員可進出進行維修。

水系統自動啟動裝置

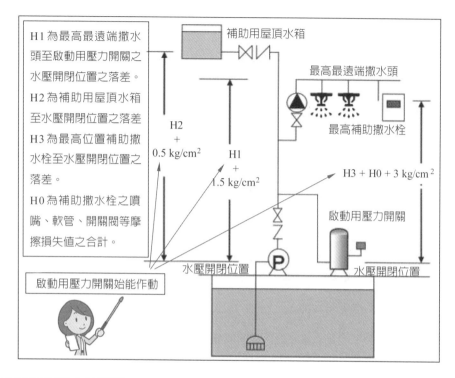

自動警報逆止閥構造

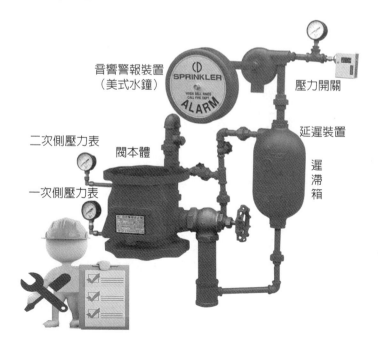

3-19 開放式自動及手動啟動裝置

第52條
開放式自動撒水設備之自動及手動啟動裝置，依下列規定設置。但受信總機設在平時有人處，且火災時，能立即操作啟動裝置者，得免設自動啟動裝置：
一、自動啟動裝置，應符合下列規定：
　（一）感知撒水頭或探測器動作後，能啟動一齊開放閥及加壓送水裝置。
　（二）感知撒水頭使用標示溫度在79℃以下者，且每20平方公尺設置一個；探測器使用定溫式一種或二種，並依第120條規定設置，每一放水區域至少一個。
　（三）感知撒水頭設在裝置面距樓地板面高度5公尺以下，且能有效探測火災處。
二、手動啟動裝置，應符合下列規定：
　（一）每一放水區域設置一個手動啟動開關，其高度距樓地板面在0.8公尺以上1.5公尺以下，並標明手動啟動開關字樣。
　（二）手動啟動開關動作後，能啟動一齊開放閥及加壓送水裝置。

【解說】
　消防安全設備具有自動智慧功能，目前僅靠探測器與感知撒水頭（僅偵溫式）二種裝置。而感知撒水頭係為感知火災而設置，因此裝置太高即失其保護人命之意義，因火流溫度無法升至其感知部分，第二熱煙升高至室內某一定高度後即會逐漸冷卻。
　消防設備具有自動即有手動，此具雙重意義。首先，機器尚未自動偵知火災，但人員已發現即可啟動；第二，假使自動故障，可手動啟動系統，使其發揮應有功能。而手動啟動裝置係為人員驅近使用，需配合我東方人體位高度。

第53條
開放式自動撒水設備之一齊開放閥應依下列規定設置：
一、每一放水區域設置一個。
二、一齊開放閥二次側配管裝設試驗用裝置，在該放水區域不放水情形下，能測試一齊開放閥之動作。
三、一齊開放閥所承受之壓力，在其最高使用壓力以下。

【解說】
　一齊開放閥是用於火勢一開始就快速成長，如舞臺垂直布幕或室內車輛火災。
　一般會與數個撒水頭、泡沫噴頭或水霧頭，構成一放射區域。於火災發生時，一起開放閥上之連通支管上感知撒水頭，因火災熱煙流使其高溫感應破裂，二次側壓力水流出，使一次側與二次側失衡，一齊開放閥急速開放放射區域之撒水頭、泡沫噴頭或水霧噴頭，區域數顆噴頭一起放出水流、泡沫藥劑或水霧流，即為一齊開放滅火劑進行滅火效果。

每區域設一個一齊開放閥

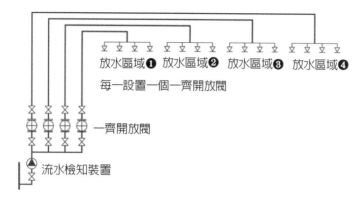

放水區域❶ 放水區域❷ 放水區域❸ 放水區域❹
每一設置一個一齊開放閥
一齊開放閥
流水檢知裝置

二次側試驗用裝置

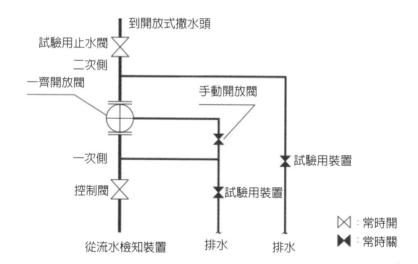

到開放式撒水頭
試驗用止水閥
二次側
一齊開放閥
手動開放閥
一次側
試驗用裝置
控制閥
試驗用裝置
從流水檢知裝置
排水
排水

⋈：常時開
◨：常時關

3-20 放水區域及密閉乾式或預動式撒水

> **第 54 條**
> 開放式自動撒水設備之放水區域，依下列規定：
> 一、每一舞臺之放水區域在四個以下。
> 二、放水區域在二個以上時，每一放水區域樓地板面積在 100 平方公尺以上，且鄰接之放水區域相互重疊，使有效滅火。

【解說】

　　舞臺放水區域劃分為四區時，每區單獨放水，免造成大區域水損問題。依內政部消防法令函釋及公告，其幫浦出水量在每分鐘 5000 公升以上者，該舞臺得劃分五個以上放水區域。在此法規特別挑出舞臺另做規範，主要舞臺場所一般多為大量不特定多數人聚集場所，而舞臺表演中用火用電不慎引起火災，除垂直性布幕雖列為防焰物品項目，但火勢足夠大，防焰物品仍是可燃物，會參與火勢燃燒，而舞臺道具大多為輕質燃料，且環境空間多為無開口屬性，火災生成煙恐會造成人群恐慌，故法規對此場所另作人命安全考量。

> **第 55 條**
> 密閉乾式或預動式自動撒水設備，依下列規定設置：
> 一、密閉乾式或預動式流水檢知裝置二次側之加壓空氣，其空氣壓縮機為專用，並能在 30 分鐘內，加壓達流水檢知裝置二次側配管之設定壓力值。
> 二、流水檢知裝置二次側之減壓警報設於平時有人處。
> 三、撒水頭動作後，流水檢知裝置應在 1 分鐘內，使撒水頭放水。
> 四、撒水頭使用向上型。但配管能採取有效措施者，不在此限。

【解說】

　　自動撒水設備是一種非常有效且具成本效益之消防設備；故於世界各地衍生多種型式，如密閉乾式或預動式自動撒水設備，其在國內設置微乎其微。密閉乾式或預動式之撒水頭應使用向上型之規定，其用意應是易懂，如同內政部消防法令函釋及公告，為避免乾式配管於空氣加壓壓縮過程所凝結之水及系統動作後殘留水，存積於撒水頭配管內有結凍、銹蝕之虞，致影響撒水系統放射性能，故配管如能採類似在回彎管上設置撒水頭等之有效措施且無結凍、鏽蝕之虞時，自有不在此限，得採用向下型撒水頭。

　　而撒水頭動作後，流水檢知裝置應在 1 分鐘內使撒水頭放水，這段期間不宜過久，以免火勢過大，但仍可利用這段時間進行人員確認是否為真實火災。

舞台放水區域工程設計

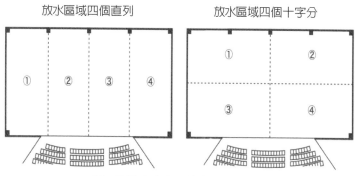

放水區域四個直列　　　　　放水區域四個十字分

每一舞臺之放水區域在四個以下

密閉乾式或預動式消防工程

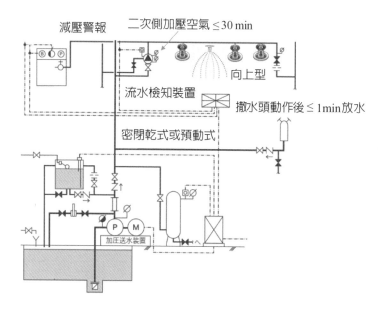

3-21 查驗閥及水源容量

第 56 條

使用密閉式撒水頭之自動撒水設備末端之查驗閥，依下列規定配置：

一、管徑在 25 毫米以上。

二、查驗閥依各流水檢知裝置配管系統配置，並接裝在建築物各層放水壓力最低之最遠支管末端。

三、查驗閥之一次側設壓力表，二次側設有與撒水頭同等放水性能之限流孔。

四、距離地板面之高度在 2.1 公尺以下，並附有排水管裝置，並標明末端查驗閥字樣。

【解說】

手動之末端查驗閥高度設在 2.1 公尺以下，違反了火災應變之手動啟動位置應在 ≤ 1.5 公尺，但這與火災無關，只是作為查驗維修之用途，且避免內部人員誤動作，使其無端啟動撒水，故可設至 2.1 公尺，且維修人員多帶有梯子。而查驗閥限流孔與撒水頭孔徑大小是一樣的。

第 57 條

自動撒水設備之水源容量，依下列規定設置：

一、使用密閉式一般反應型、快速反應型撒水頭時，應符合下表規定個數繼續放水 20 分鐘之水量。但各類場所實設撒水頭數，較應設水源容量之撒水頭數少時，其水源容量得依實際撒水頭數計算之。

各類場所		撒水頭個數	
		一般反應型	快速反應型
十一樓以上建築物、地下建築物		十二	十五
十樓以下建築物	供第 12 條第一款第四目使用及複合用途建築物中供第 12 條第一款第四目使用者	十二	十五
	地下層	十二	十五
	其他	八	十
高架儲存倉庫	儲存棉花、塑膠、木製品、紡織品等易燃物品	二十四	三十
	儲存其他物品	十六	二十

（續）

一齊開放閥種類

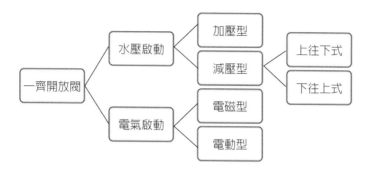

查驗閥與限流孔

在各層放水壓力最低支管末端

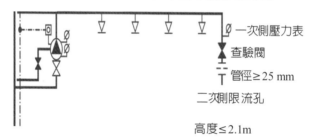

一次側壓力表

查驗閥

管徑 ≥ 25 mm

二次側限流孔

高度 ≤ 2.1m

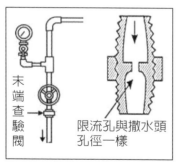

末端查驗閥

限流孔與撒水頭孔徑一樣

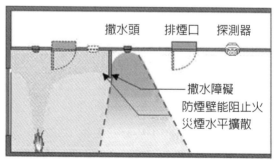

撒水頭　　排煙口　　探測器

撒水障礙

防煙壁能阻止火災煙水平擴散

3-22 撒水設備水源容量

第 57 條（續）

二、使用開放式撒水頭時，應符合下列規定：

（一）供第 12 條第一款第一目使用場所及第二目集會堂之舞臺，在十層以下建築物之樓層時，應在最大放水區域全部撒水頭，繼續放水 20 分鐘之水量以上。

（二）供第 12 條第一款第一目使用場所及第二目集會堂之舞臺，在十一層以上建築物之樓層，應在最大樓層全部撒水頭，繼續放水 20 分鐘之水量以上。

三、使用側壁型或小區劃型撒水頭時，十層以下樓層在八個撒水頭、十一層以上樓層在十二個撒水頭繼續放水 20 分鐘之水量以上。

四、使用放水型撒水頭時，應在實設撒水頭數繼續放射 20 分鐘之水量以上。

前項撒水頭數量之規定，在使用乾式或預動式流水檢知裝置時，應追加 50%。

免設撒水頭處所，除第 49 條第七款及第十二款外，得設置補助撒水栓，並應符合下列規定：

一、各層任一點至水帶接頭之水平距離在 15 公尺以下。但設有自動撒水設備撒水頭之部分，不在此限。

二、設有補助撒水栓之任一層，以同時使用該層所有補助撒水栓時，各瞄子放水壓力在每平方公分 2.5 公斤以上或 0.25MPa 以上，放水量在每分鐘 60 公升以上。但全部補助撒水栓數量超過二支時（鄰接補助撒水栓水帶接頭之水平距離超過 30 公尺時，為一個），以同時使用二支計算之。

三、補助撒水栓箱表面標示補助撒水栓字樣，箱體上方設置紅色標示燈。

四、瞄子具有容易開關之裝置。

五、開關閥設在距地板面 1.5 公尺以下。

六、水帶能便於操作延伸。

七、配管從各層流水檢知裝置二次側配置。

【解說】

　消防設備有效動作大多設定在 20 分鐘以上，這是考量建築物使用人初期滅火時間，如果滅不了火，火勢已成長 20 分鐘，空間已是相當煙量危險情境，這時未受過專業訓練，必須離開建築物。第二，20 分鐘消防部門大多能到達現場，由專業消防人員來接管，並使用消防車及消防栓或連結送水管供應水壓及水源，進行滅火工作。

消防補助撒水栓

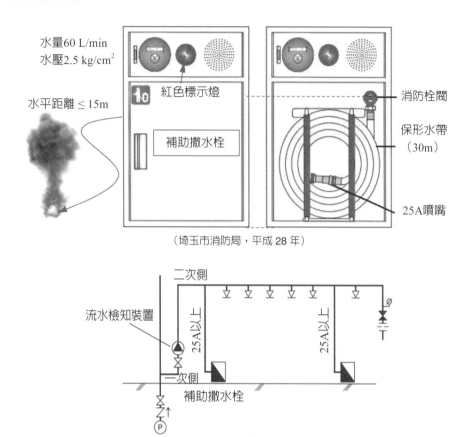

水量60 L/min
水壓2.5 kg/cm^2

水平距離 ≤ 15m

紅色標示燈

補助撒水栓

消防栓閥

保形水帶
（30m）

25A噴嘴

（埼玉市消防局，平成 28 年）

二次側

流水檢知裝置

25A以上

25A以上

一次側

補助撒水栓

【重點整合】 軟管滅火設備比較

	補助撒水栓	移動式泡沫	移動式二氧化碳	移動式乾粉	補助泡沫栓
設置條件	免設撒水頭處所	開口面積≥ 15%	開口面積≥15%	開口面積≥ 15%	儲槽設泡沫放出口時
每一水平距離	≤ 15m	≤ 15m			≤75m（步行）
放水壓力	2.5kg/cm^2	3.5kg/cm^2			3.5kg/cm^2
放水（射）量	60L/min	100L/min	60 kg/min	45/27/18 kg/min	400L/min
水源（藥劑）		≥ 15min ≥ 30min（危險物品）	90kg	50/30/20 kg	

3-23 撒水設備加壓送水裝置

第 58 條
依前條設置之水源應連結加壓送水裝置，並依下列各款擇一設置：
一、重力水箱，應符合下列規定：
（一）有水位計、排水管、溢水用排水管、補給水管及人孔之裝置。
（二）水箱必要落差在下列計算值以上：
必要落差＝配管摩擦損失水頭＋10（計算單位：公尺）
$$H = h1 + 10 公尺$$
二、壓力水箱，應符合下列規定：
（一）有壓力表、水位計、排水管、補給水管、給氣管、空氣壓縮機及人孔之裝置。
（二）水箱內空氣占水箱容積之 1/3 以上，壓力在使用建築物最高處之撒水頭維持規定放水水壓所需壓力以上。當水箱內壓力及液面減低時，能自動補充加壓。空氣壓縮機及加壓幫浦與緊急電源相連接。
（三）水箱必要壓力在下列計算值以上：
必要壓力＝配管摩擦損失水頭＋落差＋1（計算單位：公斤／平方公分）
$$P = P1 + P2 + 1kgf/cm^2$$
三、消防幫浦，應符合下列規定：
（一）幫浦出水量，依前條規定核算之撒水頭數量，乘以每分鐘 90 公升（設於高架儲存倉庫者，為 130 公升）。但使用小區劃型撒水頭者，應乘以每分鐘 60 公升。另放水型撒水頭依中央消防機關認可者計算之。
（二）幫浦全揚程在下列計算值以上：
幫浦全揚程＝配管摩擦損失水頭＋落差＋10（計算單位：公尺）
$$H = h1 + h2 + 10 公尺$$
（三）應為專用。但與其他滅火設備並用，無妨礙各設備之性能時，不在此限。
（四）連接緊急電源。
前項加壓送水裝置除應準用第 37 條第二項第一款、第二款及第五款規定外，撒水頭放水壓力應在每平方公分 10 公斤以下或 1MPa 以下。

【解說】
減壓措施僅規定撒水頭，補助撒水栓所採減壓措施應使其放水壓力≦ $10kgf/cm^2$。
使用壓力水箱，其箱內空氣占水箱容積 1/3 以上，這是藉由氣體能進行壓縮（固體與液體幾乎是不能壓縮），而預存其氣壓之壓力，但水壓計算是以使用建築物最高處之撒水頭，所維持規定放水水壓所需壓力以上。如果水箱內壓力及液面減低時，為補充壓力漸少，需能自動補充加壓。因此，空氣壓縮機及加壓幫浦與緊急電源必須相連接成一系統。

自動撒水設備升位圖

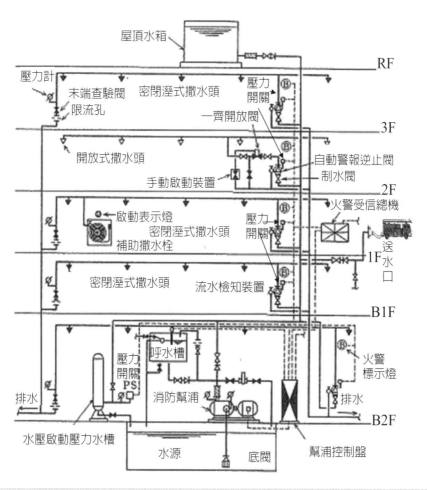

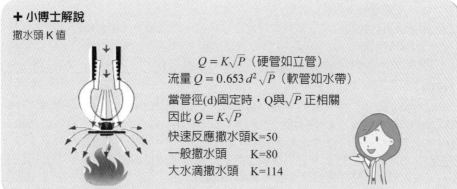

＋小博士解說

撒水頭 K 值

$Q = K\sqrt{P}$（硬管如立管）

流量 $Q = 0.653\,d^2\sqrt{P}$（軟管如水帶）

當管徑(d)固定時，Q與$\sqrt{P}$ 正相關

因此 $Q = K\sqrt{P}$

快速反應撒水頭K=50

一般撒水頭　　K=80

大水滴撒水頭　K=114

3-24 撒水送水口、電源及水霧噴頭

第 59 條
裝置自動撒水之建築物，應於地面層室外臨建築線，消防車容易接近處，設置口徑
63 毫米之送水口，並符合下列規定：
一、應為專用。
二、裝置自動撒水設備之樓層，樓地板面積在 3000 平方公尺以下，至少設置雙口
　　形送水口一個，並裝接陰式快速接頭，每超過 3000 平方公尺，增設一個。但
　　應設數量超過三個時，以三個計。
三、設在無送水障礙處，且其高度距基地地面在 1 公尺以下 0.5 公尺以上。
四、與立管管系連通，其管徑在立管管徑以上，並在其附近便於檢修確認處，裝置
　　逆止閥及止水閥。
五、送水口附近明顯易見處，標明自動撒水送水口字樣及送水壓力範圍。

【解說】
　　自動撒水設備有效水量，建築物僅提供 20 分鐘，後續必須仰賴消防部門之救災資
源。因此，需有送水口由到來之消防車進行加壓送水，繼續提供撒水頭之撒水量，如
此，消防人員也不必冒險進入火場，在火場外即可達到控制火勢之目的。而其「附近
明顯易見處標明送水口字樣等」，其意係為確保消防車能提供救災所需之水源供應無
虞外，並藉由「送水口」字樣之標示提醒民眾；依內政部消防法令函釋及公告，送水
口附近並無不得停放車輛之相關規定。但消防栓是禁止停放非救災車輛。有時大樓同
時有不同設備送水口，標明自動撒水送水口，方免送錯管路。

第 60 條
自動撒水設備之緊急電源，依第 38 條規定設置。

【解說】
　　與室內／外消防栓一樣，供電容量應供其有效動作三十分鐘以上。

第 61 條
水霧噴頭，依下列規定配置：
一、防護對象之總面積在各水霧噴頭放水之有效防護範圍內。
二、每一水霧噴頭之有效半徑在 2.1 公尺以下。
三、水霧噴頭之配置數量，依其裝設之放水角度、放水量及防護區域面積核算，其
　　每平方公尺放水量，供第 18 條附表第三項、第四項所列場所使用，在每分鐘
　　20 公升以上；供同條附表其他場所使用，在每分鐘 10 公升以上。

【解說】
　　水霧噴頭是採用一放水區域一齊開放方式，以形成空間水霧流場動態效應，以大
量冷卻燃燒火勢，並抑制輻射熱回饋效應。而供第 18 條附表第三項（汽車修理廠、
室內停車空間在第一層樓地板面積 500 平方公尺以上者；在地下層或第二層以上樓地
板面積在 200 平方公尺以上者；在屋頂設有停車場樓地板面積在 300 平方公尺以上
者）。第四項（升降機械式停車場可容納 10 輛以上者）所列場所使用，在每分鐘 20
公升以上；這是考量上述場所存在大量 B 類（油類）火災，燃燒強度高需大量水霧
進行壓制。

自動撒水送水口

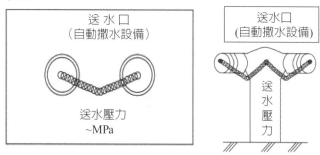

壓力開關之位置與功能

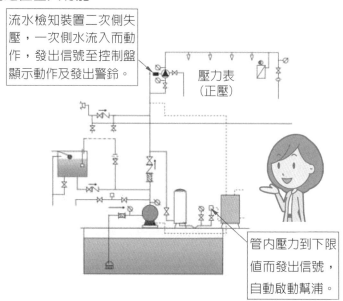

流水檢知裝置二次側失壓，一次側水流入而動作，發出信號至控制盤顯示動作及發出警鈴。

壓力表（正壓）

管內壓力到下限值而發出信號，自動啟動幫浦。

（琦玉市消防局，平成 28 年）

自動撒水設備種類應用與裝置

項目	密閉型			開放型	放水型	
	溼式	乾式	預動式		固定式	移動式
應用場所	非結凍場所	結凍場所	水損敏感	火勢面積大或快速	火勢面積大或高天花板	
末端查驗閥	○	○	○	×	×	
二次側試驗用裝置	×	×	×	○	○	
流水檢知裝置	溼式	乾式	預動式	溼式	×	
一齊開放閥	×	×	×	○	○	

註：○表示有；× 表示沒有

3-25 水霧放射區域及水源容量

> **第 62 條**
> 水霧滅火設備之緊急電源、配管、配件、屋頂水箱、竣工時之加壓送水試驗、流水檢知裝置、啟動裝置及一齊開放閥準用第 38 條、第 44 條、第 45 條、第 51 條至第 53 條規定設置。

【解說】

　　水霧依日本定義水霧粒徑為 400 微米，其滅火上有其優勢，如一般撒水易造成水損問題，而水霧水量如與密閉溼式撒水頭而言是難以撲滅火勢，因水霧粒子未進入火勢燃燒處，即被火羽流（Fire Plume）蒸發掉；因此，水霧自動滅火勢必與泡沫一樣，以一齊開放之放射方式，始足以勝任熄滅火勢，且其為了噴出細小水粒子，需有較高水壓，如此有時能應用於 C 類火災場所。依消防法令函釋，室內、外消防栓及水霧滅火等設備配管採連通設計時，滅火設備如採共用消防幫浦，在無妨礙各設備之性能時，其消防幫浦至防護對象間相互連通之配管得共用之。惟共用消防幫浦之出水量應為三者最大出水量之合計，全揚程應為三者之最大者，而水源容量應依各設備規定容量合併計算之。水霧滅火設備在性能檢查時，只要選取任一放水區域放射即可，不像泡沫滅火設備必須選擇全部放射區域之 20% 以上之放水區域。

> **第 63 條**
> 放射區域，指一只一齊開放閥啟動放射之區域，每一區域以 50 平方公尺為原則。
> 前項放射區域有二區域以上者，其主管管徑應在 100 毫米以上。

【解說】

　　單顆水霧撒水量相當有限，以一防護區域內可燃物起火，採取一齊放射壓制火勢。

> **第 64 條**
> 水霧滅火設備之水源容量，應保持 20 立方公尺以上。但放射區域在二區域以上者，應保持 40 立方公尺以上。

【解說】

　　水霧滅火設備水源至少有 20 立方公尺，以供應初期火勢之用，後續由消防部門接管，以送水口繼續進行供水救災。

水霧噴頭與撒水頭

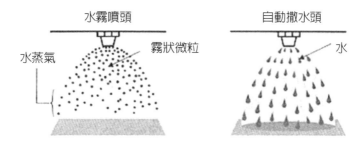

水霧配管

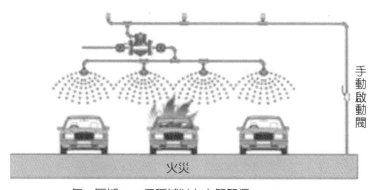

每一區域50m² 二區域以上主管管徑 ≥100mm

水霧水源容量

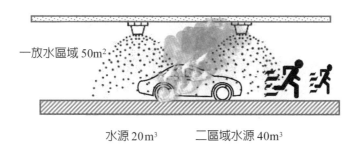

水源 20m³　　二區域水源 40m³

3-26 水霧加壓送水裝置

第 65 條
依前條設置之水源，應連結加壓送水裝置。
加壓送水裝置使用消防幫浦時，其出水量及出水壓力，依下列規定並連接緊急電源：
一、出水量：每分鐘 1200 公升以上，其放射區域二個以上時為每分鐘 2000 公升以上。
二、出水壓力：核算管系最末端一個放射區域全部水霧噴頭放水壓力均能達每平方公分 2.7 公斤以上或 0.27MPa 以上。但用於防護電氣設備者，應達每平方公分 3.5 公斤以上或 0.35MPa 以上。

【解說】

　　為了噴出細小水粒子，必須比撒水頭水壓（1kg/cm^2）還要高，如果噴出水粒子夠細小，就能不侷限於 A 類火災，而擴大應用於 C 類火災場所，水霧一放射區域之水量最低為 20 L/m^2.min×50m^2 = 1000L/min，因此在幫浦出水量安全係數 1.2 倍，即 1000 L/min × 1.2 = 1200 L/min。

第 66 條
水霧噴頭及配管與高壓電器設備應保持之距離，依下表規定：

離開距離（mm）		電壓（KV）
最低	標準	
150	250	7 以下
200	300	10 以下
300	400	20 以下
400	500	30 以下
700	1000	60 以下
800	1100	70 以下
1100	1500	100 以下
1500	1900	140 以下
2100	2600	200 以下
2600	3300	345 以下

【解說】

　　為了防護 C 類火災場所，本條所稱「距離」係指電氣絕緣距離，是水霧噴頭及配管與高壓電器設備之帶電導體（不含具有效絕緣保護者）應保持之距離。最低距離間隔是 15 公分，最大間隔是 3.3 公尺。以變壓器室而言，該防護對象係指變壓器本體，該總面積係指變壓器總面積。

水霧自動滅火系統升位圖

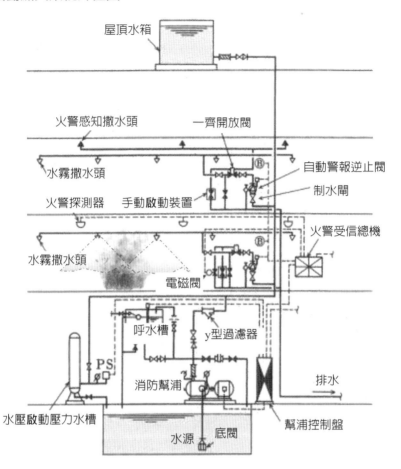

滅火設備最低放射壓力

滅火設備	方式	壓力（kg/cm^2）
室內消防栓	第一種	1.7
	第二種	1.7
室外消防栓		2.5
撒水頭	一般	1.0
	水道式	0.5
補助撒水栓		2.5
補助泡沫栓		3.5
水霧	一般	2.7
	電氣	3.5
泡沫	全區及局部	1.0
	移動式	3.5
二氧化碳	高壓式	14
	低壓式	9
乾粉		1.0

3-27 水霧室內停車空間及泡沫放射方式

> **第 67 條**
> 水霧送水口,依第 59 條第一款至第四款規定設置,並標明水霧送水口字樣及送水壓力範圍。

【解說】

如火勢繼續維持,即需足夠水源進行供應,因此需仰賴消防部門從送水口供水,需管路構件有一定耐壓,避免前來消防車一時供應過大壓力所產生之問題。

> **第 68 條**
> 裝置水霧滅火設備之室內停車空間,其排水設備應符合下列規定:
> 一、車輛停駐場所地面作 2% 以上之坡度。
> 二、車輛停駐場所,除面臨車道部分外,應設高 10 公分以上之地區境界堤,或深 10 公分寬 10 公分以上之地區境界溝,並與排水溝連通。
> 三、滅火坑具備油水分離裝置,並設於火災不易殃及之處所。
> 四、車道之中央或二側設置排水溝,排水溝設置集水管,並與滅火坑相連接。
> 五、排水溝及集水管之大小及坡度,應具備能將加壓送水裝置之最大能力水量有效排出。

【解說】

車輛火災同時擁有 A 類與 B 類火災燃料,此種液體燃料即需坡度、圍堵燃料不使其擴散之境界堤(≥ 10 公分)、油水分離裝置、集中水面上油類匯集之滅火坑,並能防止其溢出向外擴散之加壓送水裝置最大能力水量,能有效順著排水溝排出,以免形成二次災害,對環境汙染及水面上油類造成回火延燒之問題。

> **第 69 條**
> 泡沫滅火設備之放射方式,依實際狀況需要,就下列各款擇一設置:
> 一、固定式:視防護對象之形狀、構造、數量及性質配置泡沫放出口,其設置數量、位置及放射量,應能有效滅火。
> 二、移動式:水帶接頭至防護對象任一點之水平距離在 15 公尺以下。

【解說

移動式防護水平距離 15 公尺法規用意係需靠人員驅近操作滅火,不希望水帶過長造成移動前進困難,且水帶來不及移動遭大火波及;另外,也顯示距離超過其數量需增加;但高架直升機機場之移動式泡沫滅火設備,其水帶接頭至防護對象之水平距離,得不受第 69 條第二款之限制,且水帶長度需能涵蓋防護對象任一點。

室內停車空間水霧滅火設備

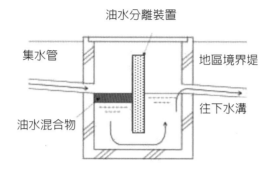

泡沫滅火原理

水霧噴頭種類及原理

種類	內容	圖示
紊流式	高壓水至噴頭內部擴大區劃空間垂直角大灣流時,形成紊流動態水粒流,高壓撞擊斜度限流孔,引流擴大水霧粒子流。	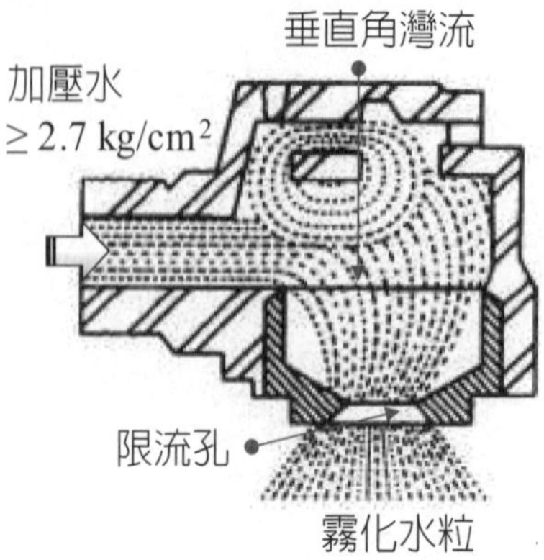
迴水板式	高壓水至噴頭內部直流,高速直接撞擊斜度外齒形迴水板,引流擴大水霧粒子流。	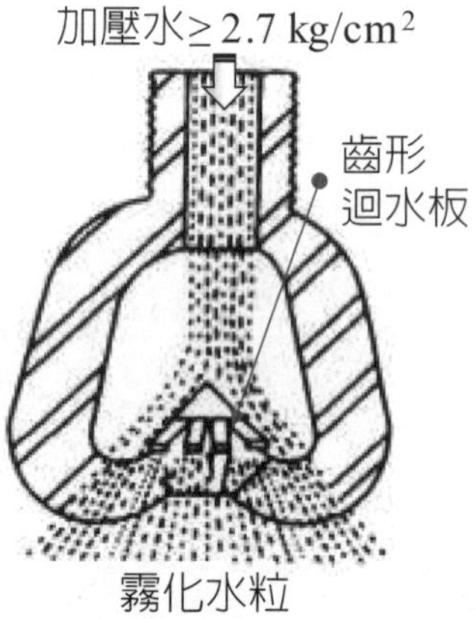
螺旋式	高壓水至噴頭內部螺旋室時,產生高速螺旋水流撞擊斜度限流孔,引流擴大水霧粒子流。	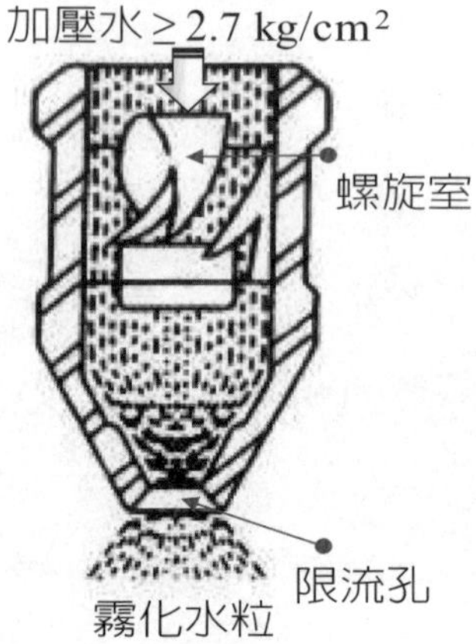

(危險物設施基準指南,平成 7 年)

泡消防幫浦防止水溫上升裝置

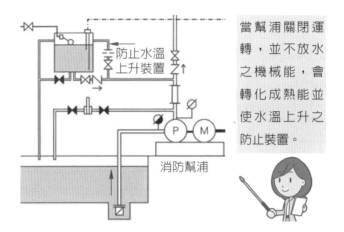

防止水溫
上升裝置

消防幫浦

當幫浦關閉運
轉，並不放水
之機械能，會
轉化成熱能並
使水溫上升之
防止裝置。

消防設備緊急電源

緊急電源	發電機	蓄電池	容量
室內消防栓			
室外消防栓			
自動撒水設備	○	○	30分
水霧滅火設備			
泡沫滅火設備			
二氧化碳滅火設備			
海龍替代滅火設備	○	○	60分
乾粉滅火設備			
火警自動警報設備	―	○	10分
瓦斯洩漏火警設備	○	○	10分
標示設備	○	○	20分
排煙設備	○	○	30分
緊急電源插座	○	○	30分
無線電通信輔助設備	―	○	30分
緊急照明設備	―	○	30分
冷卻撒水設備	○	―	240分
防災監控系統綜合操作裝置	○	○	120分

3-28 泡沫膨脹比

第 70 條

固定式泡沫滅火設備之泡沫放出口,依泡沫膨脹比,就下表選擇設置之:

膨脹比種類	泡沫放出口種類
膨脹比二十以下（低發泡）	泡沫噴頭或泡水噴頭
膨脹比八十以上一千以下（高發泡）	高發泡放出口

前項膨脹比,指泡沫發泡體積與發泡所需泡沫水溶液體積之比值。

【解說】

　　移動式使用低發泡,而全區或局部放射方式皆使用高發泡,以大量泡沫體快速淹蓋燃燒體,達到窒息火勢之目的。泡沫膨脹比在高發泡放出口之竣工查驗,在其綜合試驗之泡沫放射試驗項下之放射區域部分,得僅就水力計算上最遠端之放出口實施。並需測定其放射壓力（MPa）、泡沫水溶液放射量（l/min）及泡沫水溶液濃度,以確認該設備符合法定功能。

第 71 條

泡沫頭,依下列規定配置:

一、飛機庫等場所,使用泡水噴頭,並樓地板面積每 8 平方公尺設置一個,使防護對象在其有效防護範圍內。

二、室內停車空間或汽車修理廠等場所,使用泡沫噴頭,並樓地板面積每 9 平方公尺設置一個,使防護對象在其有效防護範圍內。

三、放射區域內任一點至泡沫噴頭之水平距離在 2.1 公尺以下。

四、泡沫噴頭側面有樑時,其裝置依第 47 條第一項第八款規定。

五、室內停車空間有複層式停車設施者,其最上層上方之裝置面設泡沫噴頭,並延伸配管至車輛間,使能對下層停車平臺放射泡沫。但感知撒水頭之設置,得免延伸配管。

六、前款複層式停車設施之泡沫噴頭,礙於構造,無法在最上層以外之停車平臺配置時,其配管之延伸應就停車構造成一單元部分,在其四周設置泡沫噴頭,使能對四周全體放射泡沫。

【解說】

　　複層式停車設施之泡沫噴頭延伸噴頭僅在初期滅火有意義,一旦火勢成長,即以停車構造成一單元成整體放射。而風管等增設泡沫頭形成上下兩層防護,但補強泡沫頭得不受裝置高度限制。

泡沫滅火設備種類

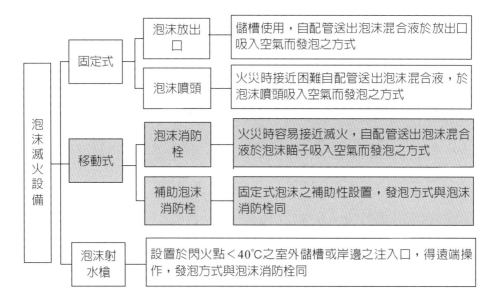

泡沫滅火設備	固定式	泡沫放出口	儲槽使用，自配管送出泡沫混合液於放出口吸入空氣而發泡之方式
		泡沫噴頭	火災時接近困難自配管送出泡沫混合液，於泡沫噴頭吸入空氣而發泡之方式
	移動式	泡沫消防栓	火災時容易接近滅火，自配管送出泡沫混合液於泡沫瞄子吸入空氣而發泡之方式
		補助泡沫消防栓	固定式泡沫之補助性設置，發泡方式與泡沫消防栓同
	泡沫射水槍		設置於閃火點＜40℃之室外儲槽或岸邊之注入口，得遠端操作，發泡方式與泡沫消防栓同

複層式停車設施

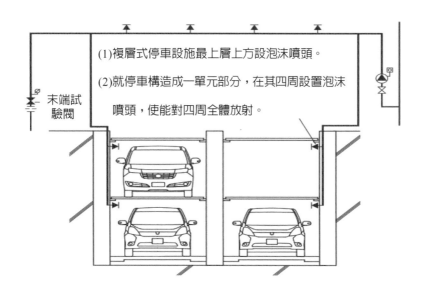

(1)複層式停車設施最上層上方設泡沫噴頭。

(2)就停車構造成一單元部分，在其四周設置泡沫噴頭，使能對四周全體放射。

末端試驗閥

3-29 泡沫頭放射量及高發泡

第 72 條

泡沫頭之放射量，依下列規定：

一、泡水噴頭放射量在每分鐘 75 公升以上。

二、泡沫噴頭放射量，依下表規定：

泡沫原液種類	樓地板面積每平方公尺之放射量（公升／分鐘）
蛋白質泡沫液	6.5 以上
合成界面活性泡沫液	8 以上
水成膜泡沫液	3.7 以上

【解說】

泡水噴頭具有開放式撒水頭與泡沫頭之功能，與撒水頭一樣外部具有迴水板，是適用於大規模防護體如飛機庫，法令要求較大放射量如 75 L/min，另使用泡沫原液量 1%、3% 或 6% 之泡沫噴頭，其無網狀，以噴頭長利於空氣吸入混合，再經迴水板（比撒水頭小），適用於汽車類或公共危險物品場所火災，泡沫噴頭比泡水噴頭有較佳之泡沫窒息效果。現泡沫噴頭皆為空氣泡，本條合成界面泡沫液因消泡性較快，故其放射量大。

第 73 條

高發泡放出口，依下列規定配置：

一、全區放射時，應符合下列規定，且其防護區域開口部能在泡沫水溶液放射前自動關閉。但能有效補充開口部洩漏者，得免設自動關閉裝置。

（一）高發泡放出口之泡沫水溶液放射量依下表核算：

防護對象	膨脹比種類	每分鐘每立方公尺冠泡體積之泡沫水溶液放射量（公升）
飛機庫	80 以上 250 未滿（以下簡稱第一種）	2
	250 以上 500 未滿（以下簡稱第二種）	0.5
	500 以上 1,000 未滿（以下簡稱第三種）	0.29
室內停車空間或汽車修護廠	第一種	1.11
	第二種	0.28
	第三種	0.16
第 18 條表第八項之場所	第一種	1.25
	第二種	0.31
	第三種	0.18

【解說】

因飛機航空燃料具閃火點低，燃燒快速，泡沫放射量相對大，始足以壓制火勢。

泡沫 y 型過濾器與泡水噴頭 / 泡沫噴頭

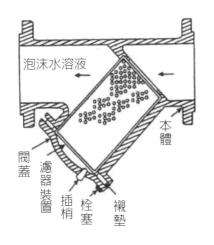

泡沫水溶液

本體

閥蓋

濾器裝置

插梢

栓塞

襯墊

空氣吸入口

泡水噴頭

泡沫噴頭

迴水板

泡沫滅火原理與泡沫放出口

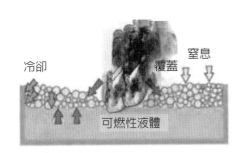

冷卻

覆蓋

窒息

可燃性液體

抑制液體蒸發

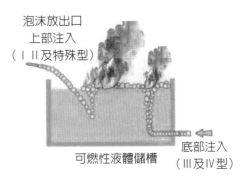

泡沫放出口
上部注入
（Ⅰ Ⅱ及特殊型）

可燃性液體儲槽

底部注入
（Ⅲ及Ⅳ型）

泡沫滅火設備種類與方式

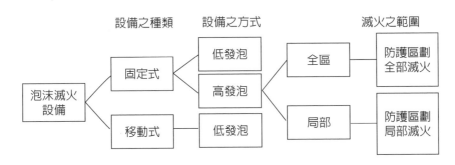

設備之種類　　設備之方式　　　　　滅火之範圍

固定式　　低發泡　　全區　　防護區劃全部滅火

泡沫滅火設備　　高發泡

移動式　　低發泡　　局部　　防護區劃局部滅火

3-30 高發泡放出口

第 73 條（續）

　（二）前目之冠泡體積，指防護區域自樓地板面至高出防護對象最高點 0.5 公
　　　尺所圍體積。

　（三）高發泡放出口在防護區域內，樓地板面積每 500 平方公尺至少設置一
　　　個，且能有效放射至該區域，並附設泡沫放出停止裝置。

　（四）高發泡放出口位置高於防護對象物最高點。

　（五）防護對象位置距離樓地板面高度，超過 5 公尺，且使用高發泡放出口
　　　時，應為全區放射方式。

二、局部放射時，應符合下列規定：

　（一）防護對象物相互鄰接，且鄰接處有延燒之虞時，防護對象與該有延燒之
　　　虞範圍內之對象，視為單一防護對象，設置高發泡放出口。但該鄰接處
　　　以具有 1 小時以上防火時效之牆壁區劃或相距 3 公尺以上者，得免視為
　　　單一防護對象。

　（二）高發泡放出口之泡沫水溶液放射量，防護面積每 1 平方公尺在每分鐘 2
　　　公升以上。

　（三）前目之防護面積，指防護對象外周線以高出防護對象物高度三倍數值所
　　　包圍之面積。但高出防護對象物高度三倍數值，小於 1 公尺時，以 1 公
　　　尺計。

【解說】

　　冠泡體積用語，是指高發泡沫體充滿防護區以淹蓋方式至防護體火舌，以其上方
50 公分高度，完全冠蓋住燃燒體達到窒息火勢之目的。局部放射之防護面積，指防
護對象外周線以高出防護對象物高度三倍數值所包圍之面積，意指大範圍優勢泡沫覆
蓋，高出防護對象物高度三倍數，意指免於火焰觸及泡沫頭，造成空氣泡破壞無效。
又防護對象位置超過 5 公尺，且使用高發泡放出口時，應為全區放射，這是考量泡沫
累積淹蓋之滅火效果。

第 74 條

泡沫滅火設備之緊急電源、配管、配件、屋頂水箱、竣工時之加壓試驗、流水檢知
裝置、啟動裝置及一齊開放閥準用第 38 條、第 44 條、第 45 條、第 51 條至第 53
條規定設置。

【解說】

　　依內政部消防法令函釋及公告，「有關泡沫滅火設備一齊開放閥二次側配管之試驗
用裝置，需配置導水之排水管，依一齊開放閥二次側配管應裝設試驗用裝置，在該放
水區域不放水情形下，能測試一齊開放閥之動作。」規定，並無一齊開放閥二次側配
管之試驗用裝置，應配置導水排水管之規定。

泡沫全區放射冠泡體積

冠泡體積（V）＝a×b×H

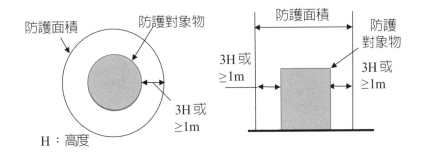

能自動關閉防火門

泡沫局部放射防護面積

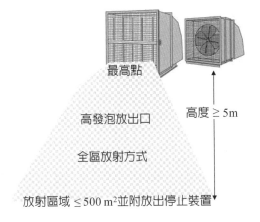

高發泡放出口

3-31 泡沫放射區域

第 75 條
泡沫滅火設備之放射區域,依下列規定:
一、使用泡沫噴頭時,每一放射區域在樓地板面積 50 平方公尺以上 100 平方公尺以下。
二、使用泡水噴頭時,放射區域占其樓地板面積 1/3 以上,且至少 200 平方公尺。但樓地板面積未達 200 平方公尺者,放射區域依其實際樓地板面積計。

【解說】
　　本條為低發泡應用型態,泡沫頭可分泡沫噴頭與泡水噴頭,前者滅火效果較佳,而泡水噴頭大多應用於飛機庫,每一防護放射區域較大且放射量較大,也可當作開放式撒水頭使用。

第 76 條
泡沫滅火設備之水源,依下列規定:
一、使用泡沫頭時,依第 72 條核算之最低放射量在最大一個泡沫放射區域,能繼續放射 20 分鐘以上。
二、使用高發泡放出口時,應符合下列規定:
　　(一)全區放射時,以最大樓地板面積之防護區域,除依下表核算外,防護區域開口部未設閉鎖裝置者,加算開口洩漏泡沫水溶液量。

膨脹比種類	冠泡體積每一立方公尺之泡沫水溶液量(立方公尺)
第一種	0.04
第二種	0.013
第三種	0.008

　　(二)局部放射時,依第 73 條核算之泡沫水溶液放射量,在樓地板面積最大區域,能繼續放射 20 分鐘以上。
三、移動式泡沫滅火設備水源容量,在二具泡沫瞄子同時放水 15 分鐘之水量以上。
前項各款計算之水溶液量,應加算充滿配管所需之泡沫水溶液量,且應加算總泡沫水溶液量之 20%。

【解說】
　　泡沫水源在全區與局部放射,能供應 20 分鐘水量,這與自動撒水設備是一樣,法規規範邏輯係建築物所有人僅負擔初期滅火應變 20 分鐘,後續由消防部門統籌接管,從消防車供應源與水壓,由專業消防人員進行現場消防活動;而移動式僅 15 分鐘,意味 15 分鐘消防部門差不多也到達,不希望未受訓練人員滅火太久而陷入危險。

泡沫滅火藥劑混合裝置方式

種類	內容（參考日本危險物設施基準指南，平成 7 年）
加壓比例式（加壓置換方式）	泡沫原液槽與比例混合器構成，利用加壓送水使水壓入與泡沫原液混合。由水直接流入藥劑槽內及流經送水管之吸入器。 由水流入原液槽並加壓於槽內之移動式隔膜，隔膜內側存放之原液槽內壓出至送液管。藥劑與水流入替換，水將藥劑壓入之方法，無需特別設加壓送液裝置。
差壓比例式（壓入式）	由加壓送液裝置將水壓入泡沫原液中混合。同時使用加壓送液裝置之幫浦，並設能利用流量變化檢知壓力之壓力調節閥。泡沫原液利用幫浦出水量改變時在容許範圍內，能自動調節混合比之一種裝置。幫浦之種類與特性同水系統滅火設備，但因藥劑具腐蝕性，故材質必須考量其耐蝕性。

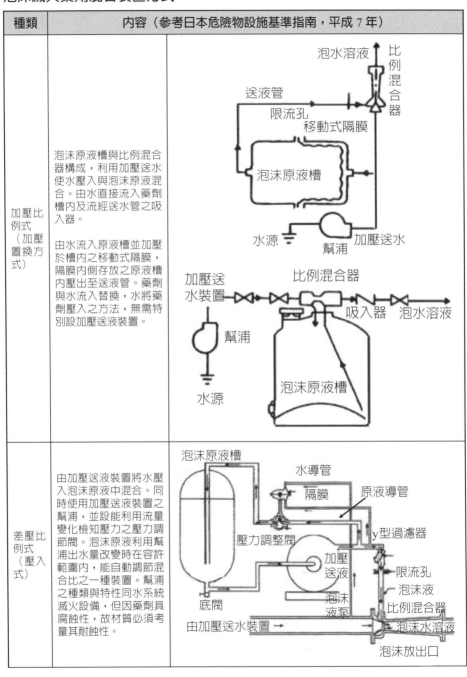

種類	內容（參考日本危險物設施基準指南，平成 7 年）
幫浦循環比例式	幫浦流出管與吸入管之間應設旁通管，該管中設比例混合器。幫浦運轉時，水向泡沫放出口方向輸送，同時水流經旁通管內、經由比例混合器、在流經幫浦吸入管。通過比例混合器時，吸入泡沫原液槽內泡沫並與水混合，同時幫浦循環吸入管與水依一定混合比例進行。
幫浦吸入比例式	幫浦吸入管附設旁通管，旁通管中設比例混合器。幫浦運轉時，將水源之水吸入同時於比例混合器處與負壓吸入之泡沫原液混合。同時規定與水之合流點處依一定比率進行混合。本方式泡沫原液藥劑流入必須為負壓。泡沫原液槽之底部位置必須高於幫浦本體。吸入管需考量不會產生空氣滯留之配管方式。
水力馬達比例式	水力馬達與泡沫原液，與幫浦結合成一體。設於加壓送水裝置和泡沫放出口之間，泡沫原液幫浦吸入管與泡沫原液槽連接，原液流出管與水力馬達之水流出管依一定比例混合。當泡水溶液流向泡沫放出口時，經水力馬達產生水動力迴轉，同軸使泡沫原液幫浦運轉，吸入泡沫原液流出。

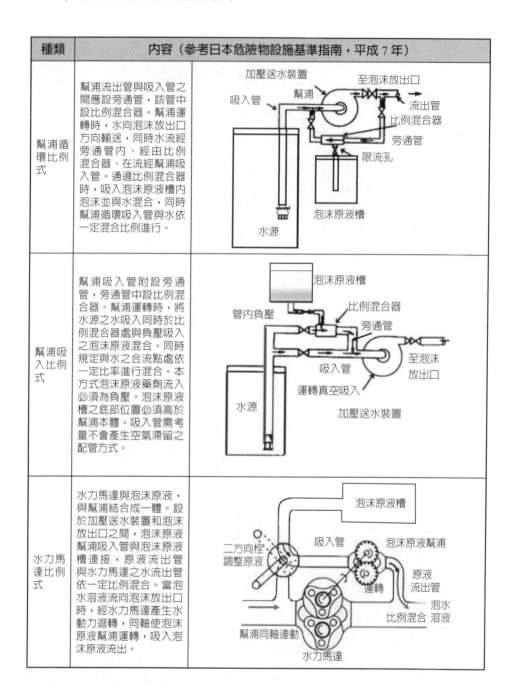

第 72 條規定泡沫原液種類泡沫性能比較方式

泡沫原液種類		性能比較	放射量
蛋白質系	蛋白	動物性蛋白質加水分解形成，比界面活性劑系耐火性較佳，常用於儲槽固定式泡沫滅火設備。	≥ 6.5（L/m².min）
	氟蛋白		
界面活性劑系	合成界面活性	因泡沫穩定性、耐熱性和耐油汙性等滅火性能皆比其他泡沫差，但其優點是能長時間儲存，變化性小，發泡效果也不會劣化，且流動性與展開性優異，多用於流動性油類場所、汽車修理廠、維修工廠或停車場等火災。	≥ 8.0（L/m².min）
	水成膜	為氟系界面活性劑，在油面上能形成水膜層，具有很高穩定性，而不易消泡，可以持久防止火勢復燃。	≥ 3.7（L/m².min）

（日本總務省消防廳，平成29年）

室內停車空氣日本使用較具環保性泡水噴頭

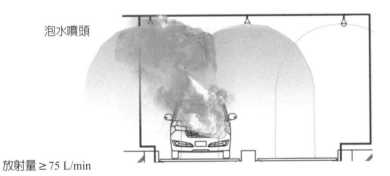

泡水噴頭

放射量 ≥ 75 L/min

移動式泡沫水溶液量

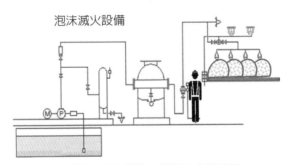

泡沫滅火設備

水溶液量+配管所需 = 總泡沫水溶液量+ 20%

3-32 泡沫加壓送水裝置與原液儲存量

第 77 條
依前條設置之水源，應連結加壓送水裝置。
前條第一項第一款及第二款之加壓送水裝置使用消防幫浦時，其出水量及出水壓力，依下列規定：
一、出水量：泡沫放射區域有二區域以上時，以最大一個泡沫放射區域之最低出水量加倍計算。
二、出水壓力：核算最末端一個泡沫放射區域全部泡沫噴頭放射壓力均能達每平方公分 1 公斤以上或 0.1MPa 以上。
三、連接緊急電源。
前條第一項第三款之加壓送水裝置使用消防幫浦時，其出水量及出水壓力，依下列規定：
一、出水量：同一樓層設一個泡沫消防栓箱時，應在每分鐘 130 公升以上；同一樓層設二個以上泡沫消防栓箱時，應在每分鐘 260 公升以上。
二、出水壓力：核算最末端一個泡沫消防栓放射壓力能達每平方公分 3.5 公斤以上或 0.35MPa 以上。
三、連接緊急電源。
同一棟建築物內，採用低發泡原液，分層配置固定式及移動式放射方式泡沫滅火設備時，得共用配管及消防幫浦，而幫浦之出水量、揚程與泡沫原液儲存量應採其放射方式中較大者。

【解說】
　一泡沫消防栓箱出水量在 130 L/min，如移動式泡沫出水量在 100 L/min，考量水帶長 20m，及可能水帶接頭漏水等，安全係數採 1.3 倍。而泡沫頭或高發泡放出口時泡沫出水壓力與自動撒水頭一樣為 ≥ 1 kg/cm²，泡沫水分子黏性，與撒水皆本身由上而下之重力，且全區及局部放射滅火機制是靠淹蓋窒息，其壓力足夠即可；但為達到放射量（35L/min），實務上泡沫頭壓力範圍在 2.5～6 kg/cm²，日本泡沫頭放射壓力也規定至少 2.5 kg/cm²，如此壓力使泡沫混合比例效果較佳，達到快速壓抑火勢之考量。移動式泡沫滅火設備，這是人員驅近火場操作，因大多引火性液體火災具有高輻射熱，無法靠近火點，故其水壓大一點，可以使瞄子射遠一點。

第 78 條
泡沫原液儲存量，依第 76 條規定核算之水量與使用之泡沫原液濃度比核算之。

【解說】
　泡沫原液儲存量＝規定水源（第 76 條）× 泡沫原液濃度比（第 79 條）

滅火泡沫種類

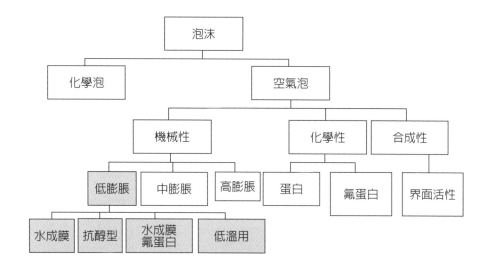

固定式低發泡滅火設備

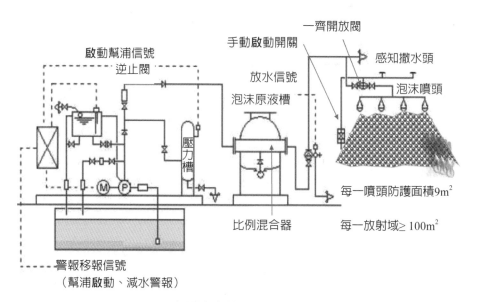

（福岡市消防局，平成 26 年）

3-33 泡沫濃度、移動式泡沫及原液儲槽

第 79 條

泡沫原液與水混合使用之濃度,依下列規定:

一、蛋白質泡沫液 3% 或 6%。

二、合成界面活性泡沫液 1% 或 3%。

三、水成膜泡沫液 3% 或 6%。

【解說】

　　合成界面活性泡沫液使用濃度較低,這是因其流動性與展開性優異,快速覆蓋油面層,使其難以形成蒸發燃燒,這是液體主要燃燒機制。

第 80 條

移動式泡沫滅火設備,依下列規定設置:

一、同一樓層各泡沫瞄子放射量,應在每分鐘 100 公升以上。但全部泡沫消防栓箱數量超過二個時,以同時使用二支泡沫瞄子計算之。

二、泡沫瞄子放射壓力應在每平方公分 3.5 公斤以上或 0.35MPa、以上。

三、移動式泡沫滅火設備之泡沫原液,應使用低發泡。

四、在水帶接頭 3 公尺範圍內,設置泡沫消防栓箱,箱內配置長 20 公尺以上水帶及泡沫瞄子乙具,其箱面表面積應在 0.8 平方公尺以上,且標明移動式泡沫滅火設備字樣,並在泡沫消防栓箱上方設置紅色幫浦啟動表示燈。

【解說】

　　移動式泡沫滅火設備,由滅火人員在現場操作,放射壓力大泡沫量大,滅火能力高,確保滅火人員有足夠消防力,不致陷入火勢圍困。而原液使用低發泡,這是高發泡體積膨脹,影響人員視線或人員跌倒溺困在發泡堆,有其危險考量。泡沫消防栓箱長 20 公尺以上水帶一條,此與室外消防栓是二條,因第 69 條移動式僅防護距離≤ 15 公尺,5 公尺加瞄子射水距離為餘裕量,因應接頭處水帶轉角幅度,左右移動掃射考量。

第 81 條

泡沫原液儲槽,依下列規定設置:

一、設有便於確認藥劑量之液面計或計量棒。

二、平時在加壓狀態者,應附設壓力表。

三、設置於溫度 40℃以下,且無日光曝曬之處。

四、採取有效防震措施。

【解說】

　　儲藏溫度以一般消防類以≤ 40℃,因溫度提高依理想氣體定律 $PV = nRT$,容器壓力也會上升,使物質分子間運動量加快;並改變物理性而產生質變。

泡沫原液與水混合百分比

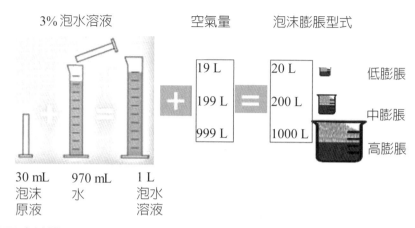

3% 泡水溶液　　　　　空氣量　　　泡沫膨脹型式

19 L　　　　20 L　　　　　低膨脹

199 L　　　200 L　　　　中膨脹

999 L　　　1000 L　　　　高膨脹

30 mL　　970 mL　　　1 L
泡沫　　　　水　　　　泡水
原液　　　　　　　　　溶液

泡沫原液儲槽

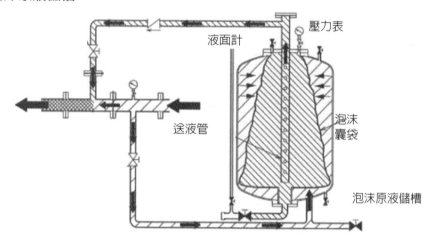

壓力表

液面計

送液管

泡沫囊袋

泡沫原液儲槽

移動式泡沫滅火設備

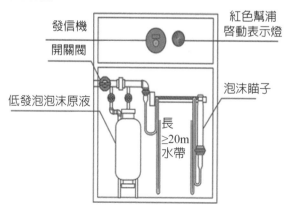

發信機

開關閥

低發泡泡沫原液

紅色幫浦
啓動表示燈

泡沫瞄子

長
≧20m
水帶

3-34 二氧化碳放射方式

第 82 條

二氧化碳滅火設備之放射方式依實際狀況需要就下列各款擇一裝置：

一、全區放射方式：用不燃材料建造之牆、柱、樓地板或天花板等區劃間隔，且開口部設有自動關閉裝置之區域，其噴頭設置數量、位置及放射量應視該部分容積及防護對象之性質作有效之滅火。但能有效補充開口部洩漏量者，得免設自動關閉裝置。

二、局部放射方式：視防護對象之形狀、構造、數量及性質，配置噴頭，其設置數量、位置及放射量，應能有效滅火。

三、移動放射方式：皮管接頭至防護對象任一部分之水平距離在 15 公尺以下。

【解說】

CO₂ 用於滅火已有很長的歷史，本身具有許多特性，使其成為一種理想的滅火劑。它不與大多數物質發生反應，且本身能提供壓力從儲存容器中直接釋放出。由於 CO₂ 是一種乾淨的氣體，密度為 1.96g/L（0℃, 1atm）[註1]，則 1 公斤 CO₂ 體積 0.510 立方公尺（0℃, 1atm），可滲透並蔓延至火勢區域所有部分。無論 CO₂ 為氣體或為固體之乾冰皆不導電；因此，可以在帶電電氣設備中使用，不會留下殘留物，為一種良好的滅火設備。

二氧化碳滅火設備在日本消防用設備種類稱之為不活性氣體滅火設備，因其與七氟丙烷、IG-541、IG-55、IG-01 等環保藥劑（符合 NFPA2001 規範）滅火系統，設計、動作及滅火原理與二氧化碳滅火系統相似，故主要構件與二氧化碳滅火系統雷同，包括五大元件：1. 探測器，2. 控制裝置，3. 藥劑鋼瓶，4. 管路之配件（含電磁閥、安全裝置、選擇閥、壓力開關、逆止閥等）及 5. 噴頭等。

依內政部消防法令函釋及公告，水霧、泡沫滅火設備係屬水系統滅火設備，其主要元件為 1. 探測器，2. 啟動裝置，3. 消防幫浦，4. 管路之配件（流水檢知裝置、一齊開放閥等）及 5. 噴頭（水霧噴頭、泡沫頭或高發泡放出口等），其中管路配件至少應含有電磁閥，其他安全裝置、選擇閥、壓力開關及逆止閥等配件，依個案設計方式選配。

局部放射方式，是僅針對火災發生危險性高之部分，進行直射放射滅火設備方式；另一考量是空間太大或是空間難以閉合，而採取局部放射。

在移動式方面，補助撒水栓、移動式泡沫或二氧化碳或乾粉滅火設備等，面臨 B 或 C 類火災，防護水平距離皆在 15m 以下，這是考量時效性、就近取用、防護密度，最主要是人員安全性。而室內消防栓（25m）純粹是 A 類火災。

[註1] CO₂ 密度於 0℃, 1atm 為 $\dfrac{44g}{22.1L}$，於 25℃, 1atm 為 $\dfrac{44g}{22.5L}$ = 1.80 g/L

CO₂ 移動式滅火設備

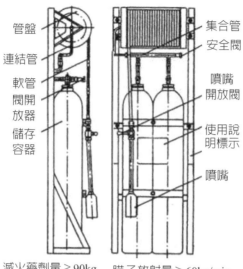

管盤
連結管
軟管
閥開
放器
儲存
容器

集合管
安全閥
噴嘴
開放閥
使用說
明標示
噴嘴

滅火藥劑量 ≥ 90kg　　瞄子放射量 ≥ 60kg/min

CO₂ 全區滅火設備

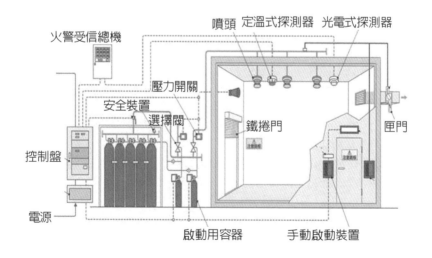

火警受信總機
噴頭　定溫式探測器　光電式探測器
壓力開關
安全裝置
選擇閥
控制盤
鐵捲門
匣門
電源
啟動用容器　　手動啟動裝置

3-35 二氧化碳滅火藥劑量

第 83 條

二氧化碳滅火藥劑量，依下列規定設置：

一、全區放射方式所需滅火藥劑量依下表計算：

設置場所	電信機械室、總機室	其他			
		50 立方公尺未滿	50 立方公尺以上 150 立方公尺未滿	150 立方公尺以上 1500 立方公尺未滿	1500 立方公尺以上
每立方公尺防護區域所需藥劑量（kg/m³）	1.2	1.0	0.9	0.8	0.75
每平方公尺開口部所需追加藥劑量（kg/m²）	10	5	5	5	5
滅火藥劑之基本需要量（kg）			50	135	1200

二、局部放射方式所需滅火藥劑量應符合下列規定：

（一）可燃性固體或易燃性液體存放於上方開放式容器，火災發生時，燃燒限於一面且可燃物無向外飛散之虞者，所需之滅火藥劑量，依該防護對象表面積每 1 平方公尺以 13 公斤比例核算，其表面積之核算，在防護對象邊長小於 0.6 公尺時，以 0.6 公尺計。但追加倍數，高壓式為 1.4，低壓式為 1.1。

（二）前目以外防護對象依下列公式計算假想防護空間（指距防護對象任一點 0.6 公尺範圍空間）單位體積滅火藥劑量，再乘以假想防護空間體積來計算所需滅火藥劑量：

$$Q = 8 - 6 \times a/A$$

Q：假想防護空間單位體積滅火藥劑量（公斤／立方公尺），所需追加倍數比照前目規定。

a：防護對象周圍實存牆壁面積之合計（平方公尺）。

A：假想防護空間牆壁面積之合計（平方公尺）。

三、移動放射方式每一具噴射瞄子所需滅火藥劑量在 90 公斤以上。

四、全區及局部放射方式在同一建築物內有二個以上防護區域或防護對象時，所需滅火藥劑量應取其最大量者。

【解說】

　　假想防護空間就是防護對象 +60 公分的火焰長度。但泡沫的冠泡體積是防護對象 +50 公分的火焰長度，因泡沫的水分可讓火焰長度立即縮減，而以 50 公分計。而防護對象周圍實存牆壁，依消防署函釋之算法，比日本消防用設備審查基準，算出藥劑量較多。

例題：

　某電信機械室其長、寬、高爲 40 m（長）×20 m（寬）×3 m（高），無法自動關閉之開口面積爲 15 平方公尺，有一防護對象物尺寸爲長 4 m，寬 3 m，高 1.5 m，置於室內，若以 CO_2 滅火設備作爲防護，請回答下列問題：

(1)若該防護對象物之長邊貼牆，寬邊距牆 3 m，採局部放射方式（高壓），則所需藥劑量爲多少？

(2)若採全區放射（高壓），則所需藥劑量爲多少？使用 68 公升，充塡比爲 1.5 之鋼瓶幾支？

解：

(1)採局部放射方式（體積法，高壓式）所需藥劑量

　$V = (4 + 0.6 + 0.6) \times (3 + 0.6 + 0.6) \times (1.5 + 0.6) = 45.9 \ m^3$

　$A = (4 + 0.6 + 0.6) \times (1.5 + 0.6) \times 2 + (3 + 0.6 + 0.6) \times (1.5 + 0.6) \times 2 = 39.48 \ m^2$

　$a = (4 + 0.6 + 0.6) \times (1.5 + 0.6) = 10.92 \ m^2$

　$Q = 8 - 6 \times \dfrac{a}{A} = 8 - 6 \times \dfrac{10.92}{39.48} = 6.34 \ (kg/m^3)$

　$W = Q \times V \times K = 6.34 \times 45.9 \times 1.4 = 407.4 \ kg$

(2)依照題意藥劑量計算如下

　$W = G \times V + g \times A$

　$W = 1.2 \times (40 \times 20 \times 3) + 10 \times 15 = 3030 \ kg$

(3)使用 68 公升，充塡比爲 1.5 之鋼瓶幾支

　使用容積爲 68 公升、充塡比爲 1.5 之鋼瓶數量

　$3030 \div \dfrac{68}{1.5} = 66.8$（67 支）

CO_2 啟動小鋼瓶

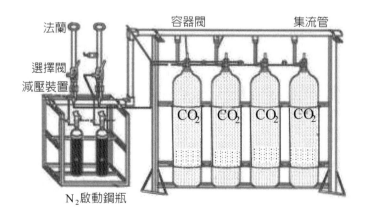

3-36 全區局部及通風換氣

第 84 條

全區及局部放射方式之噴頭，依下列規定設置：

一、全區放射方式所設之噴頭能使放射藥劑迅速均勻地擴散至整個防護區域。

二、二氧化碳噴頭之放射壓力，其滅火藥劑以常溫儲存者之高壓式為每平方公分
14 公斤以上或 1.4MPa 以上；其滅火藥劑儲存於溫度 –18℃度以下者之低壓式
為每平方公分 9 公斤以上或 0.9MPa 以上。

三、全區放射方式依前條第一款所核算之滅火藥劑量，依下表所列場所，於規定時
間內全部放射完畢。

設置場所	電信機械室、總機室	其他
時間（分）	3.5	1

四、局部放射方式所設噴頭之有效射程內，應涵蓋防護對象所有表面，且所設位置
不得因藥劑之放射使可燃物有飛散之虞。

五、局部放射方式依前條第二款所核算之滅火藥劑量應於 30 秒內全部放射完畢。

【解說】

　　由於二氧化碳比空氣重 1.5 倍，噴射後易下沉造成濃度不均勻狀，如此僅能以如此
高放射壓力（≧ 1.4MPa 或 ≧ 0.9MPa）來解決其凝重不流動問題，且較大放射壓力能
滲入深層燃料內部，迅速達到窒息及冷卻效果。

　　電信機械室、總機室場所擁有相當多層電纜線，會形成深層火災型態；因此，為達
到完全窒息及真正冷卻目的，放射時間需延長，也意謂空間內二氧化碳濃度增加，確
保火勢不會有復燃現象。

　　而局部放射僅 30 秒放射，這是人命安全考量，而以高放射量（防護對象表面積
13kg/m² 比例核算）快速快決方式撲滅火勢，但如是開放液體面可能使其飛散，如此
就需考慮噴頭位置與角度。

第 85 條

全區或局部放射方式防護區域內之通風換氣裝置，應在滅火藥劑放射前停止運轉。

【解說】

　　二氧化碳滅火方式是以窒息，因此，必須放射出一定濃度，且通風換氣裝置需停
止。又對於深層火災由於較厚燃料質量體能提供一層隔熱，以致減緩熱損失速率，而
難以熄滅，釋放時間需長，始能防止其再燃之可能。

二氧化碳滅火設備動作流程

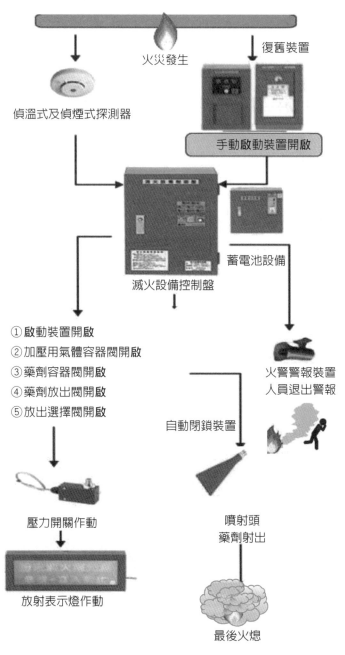

火災發生

復舊裝置

偵溫式及偵煙式探測器

手動啟動裝置開啟

滅火設備控制盤

蓄電池設備

① 啟動裝置開啟
② 加壓用氣體容器閥開啟
③ 藥劑容器閥開啟
④ 藥劑放出閥開啟
⑤ 放出選擇閥開啟

火警警報裝置
人員退出警報

自動閉鎖裝置

壓力開關作動

噴射頭
藥劑射出

放射表示燈作動

最後火熄

（東京防災設備保守協會，平成 28 年）

3-37 全區開口部

第 86 條

全區放射方式防護區域之開口部，依下列規定設置：

一、不得設於面對安全梯間、特別安全梯間、緊急昇降機間或其他類似場所。

二、開口部位於距樓地板面高度 2/3 以下部分，應在滅火藥劑放射前自動關閉。

三、不設自動關閉裝置之開口部總面積，供電信機械室使用時，應在圍壁面積 1% 以下，其他處所則應在防護區域體積值或圍壁面積值二者中之較小數值 10% 以下。

前項第三款圍壁面積，指防護區域內牆壁、樓地板及天花板等面積之合計。

【解說】

　　CO_2 滅火設備是集氣體及安全裝置之一種滅火系統。當火災發生時，由噴頭放射出不活性氣體（即 CO_2）滅火藥劑，遮斷空氣供給，稀釋氧氣濃度達到窒息效果，使區域內燃燒停止目的之設備。於相同溫度下 CO_2 氣體是空氣密度 1.5 倍。冷的 CO_2 有較大的密度，這就是能覆著燃燒表面，保持窒息性原因。因任何 CO_2 和空氣混合物都比空氣重，所以含 CO_2 濃度最高的氣層沉在最下部位。

　　在安全上，空氣中最小 CO_2 滅火濃度遠超過 9%，每一 CO_2 滅火系統必須設計到足夠的安全預防措施。在釋放過程所產生乾冰能讓人體凍傷。由於極低的溫度，工作人員應被警告不要釋放後處理殘留的乾冰；必須隔一段相當長時間方能進入。因此，於全區放射 CO_2 必須確保在 CO_2 釋放前人員安全疏散；且其低能見度 CO_2 釋放開始所產生噪音、氣霧大幅降低能見度以及 CO_2 濃度可能使人員生理效應，產生混淆使人員逃生困難。此外，難以察覺漏入或流入地下或坑洞等空間，人員往往覺察不到窒息性氣體存在。所以，其不得設於面對安全梯間、特別安全梯間、緊急昇降機間或其他類似場所。

　　因其比空氣重，開口部位於距樓地板面高度 2/3 以上部分，對滅火藥劑放射較無影響。而供電信機械室使用時，因其為深層火災悶燒型態，不設自動關閉裝置之開口部總面積會被限制在圍壁面積 1% 以下，以維持全區放射方式防護區域之滅火濃度；另外開口部問題，是提供外來空氣中氧，使燃燒再度活性化。

　　而圍壁面積有六面，計牆壁四面加上下二面。此外，開口部玻璃，消防署指出，有關二氧化碳滅火設備防護區劃間隔材料是否使用帷幕玻璃乙節，仍以使用鑲嵌鐵絲網玻璃為限，或檢具具同等以上強度之證明文件。

例題：

　已知某儲存乙醚之場所，其長、寬、高分別爲 6m、5m、3m，且牆壁有一無法自動關閉之開口，其長、寬分別爲 1m、0.8m，如欲在此區域設置全區放射之二氧化碳滅火設備時，至少需要多少滅火藥劑？

解：

　開口檢討：

　不設自動關閉裝置之開口部總面積，供電信機械室使用時，應在圍壁面積百分之一以下，其他處所則應在防護區域體積值或圍壁面積值二者中之較小數值百分之十以下。

　圍牆面積 $= [(6 \times 5) + (3 \times 5) + (6 \times 3)] \times 2 = 126 \ m^2$

　防護體積 $V = 6 \times 3 \times 5 = 90 \ m^3$

　二者中之較小數值 90，其百分之十爲 9，開口部面積爲 0.8 平方公尺 < 9，故可免自動關閉。

　因此，依照題意之藥劑量計算

　$W = G \times V + g \times A$

　$W = 0.9 \times 90 + 5 \times 0.8 = 85 \ kg > 50kg$

二氧化碳全區放射區域圖

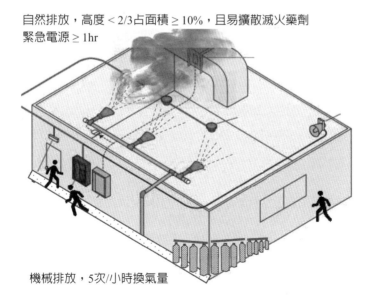

自然排放，高度 $< 2/3$ 占面積 $\geq 10\%$，且易擴散滅火藥劑
緊急電源 $\geq 1hr$

機械排放，5次/小時換氣量

3-38 滅火藥劑儲存容器

第 87 條

滅火藥劑儲存容器，依下列規定設置：

一、充填比在高壓式為 1.5 以上 1.9 以下；低壓式為 1.1 以上 1.4 以下。

二、儲存場所應符合下列規定：

（一）置於防護區域外。

（二）置於溫度 40℃以下，溫度變化較少處。

（三）不得置於有日光曝曬或雨水淋溼之處。

三、儲存容器之安全裝置符合 CNS 11176 之規定。

四、高壓式儲存容器之容器閥符合 CNS 10848 及 10849 之規定。

五、低壓式儲存容器，應設有液面計、壓力表及壓力警報裝置，壓力在每平方公分 23 公斤以上或 2.3MPa 以上或每平方公分 19 公斤以下或 1.9MPa 以下時發出警報。

六、低壓式儲存容器應設置使容器內部溫度維持於 –20℃以上，–18℃以下之自動冷凍機。

七、儲存容器之容器閥開放裝置，依下列規定：

（一）容器閥之開放裝置，具有以手動方式可開啟之構造。

（二）容器閥使用電磁閥直接開啟時，同時開啟之儲存容器數在七支以上者，該儲存容器應設二個以上之電磁閥。

八、採取有效防震措施。

前項第一款充填比，指容器內容積（公升）與液化氣體重量（公斤）之比值。

【解說】

充填比係指容器內容積（公升）與液化氣體重量（公斤）之比值（$\frac{L}{kg}$）且充填比須大於 1；如充填比 1.5 鋼瓶容積 68L 可充填液態則為 45.3kg，而二氧化碳液態密度 0.79g/cm^3（$= 0.75$kg/L），則 $V = \frac{M}{D} = \frac{45.3kg}{\frac{0.79kg}{L}} = 57.3L$，則液態佔鋼瓶容積 $\frac{57.3L}{68L} =$ 84.2%，而氣態部份則為 1 – 84.2% = 15.8%。主要考量是密閉式容器內，物質量會受溫度變化而影響，即受熱膨脹之問題，因氣體分子間較大，可予以壓縮分子間距離，當氣體膨脹後自然會圍於容器壁給壓縮掉，但液體可就不是這一回事，液體膨脹後難以被壓縮，如繼續膨脹會推壓容器壁，最後導致從容器較弱部位裂開釋放出。

在氣體重量，二氧化碳標稱工作壓力 150kg /cm^2，以鋼瓶 68L 而言，則依波以耳定律，氣體總體積 68L $\times \frac{150kg/cm^2}{1.033kg/cm^2（一大氣壓力 25℃）} = 9872L$，氣體莫耳數 $\frac{9872L}{24.5L/mole（25℃）} = 403mole$，則氣體重量為 403mol $\times$ 44g/mol = 17732g = 17.732kg。

日本氣體滅火設備種類及方式

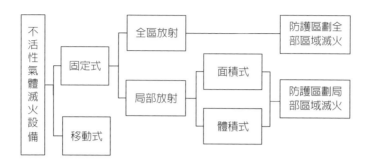

CO$_2$ 儲存容器分類與儲存方法

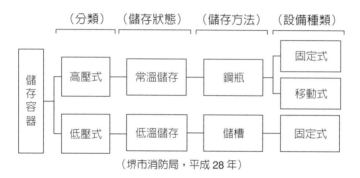

（堺市消防局，平成 28 年）

低壓式儲存容器

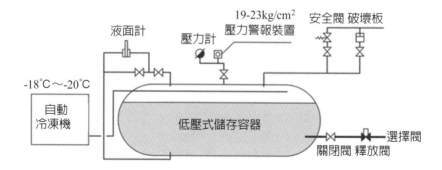

3-39 氣體啟動及配管

第 88 條
二氧化碳滅火設備使用氣體啟動者，依下列規定設置：
一、啟動用氣體容器能耐每平方公分 250 公斤或 25MPa 壓力。
二、啟動用氣體容器之內容積應有 1 公升以上，其所儲存之二氧化碳重量在 0.6 公
　　斤以上，且其充填比在 1.5 以上。
三、啟動用氣體容器之安全裝置及容器閥符合 CNS 11176 規定。
四、啟動用氣體容器不得兼供防護區域之自動關閉裝置使用。

【解說】

　　啟動用氣體容器俗稱小鋼瓶，以小鋼瓶來啟動二氧化碳之大鋼瓶。小鋼瓶欲啟動大
鋼瓶必須以高氣壓，來打開大鋼瓶；因此，小鋼瓶必須能耐高壓（25MPa），如此高
壓鋼瓶是無縫，而瓶身具相當厚度的。為避免太高壓使小鋼瓶產生危險，規定充填比
需為 ≥ 1.5，充填比越大代表瓶內氣體空間越多，就能承受無論是高溫或高壓，因氣
體是可壓縮性，而充填比越小，代表液體越多，但液體壓縮性微乎其微，一旦高溫高
壓（依理想氣體定律，壓力與溫度成正相關，二者是相對的）膨脹勢必加諸於瓶身，
而產生危害。而啟動用氣體容器不得兼供防護區域之自動關閉裝置使用，所以自動關
閉裝置使用必須為專用之啟動用氣體容器，以確保將開口能關閉，以達氣體滅火濃
度。

第 89 條
二氧化碳滅火設備配管，依下列規定設置：
一、應為專用，其管徑依噴頭流量計算配置。
二、使用符合 CNS 4626 規定無縫鋼管，其中高壓式為管號 Sch80 以上，低壓式為
　　管號 Sch40 以上厚度或具有同等以上強度，且施予鍍鋅等防蝕處理。
三、採用銅管配管時，應使用符合 CNS 5127 規定之銅及銅合金無縫管或具有同等
　　以上強度者，其中高壓式能耐壓每平方公分 165 公斤以上或 16.5MPa 以上，
　　低壓式能耐壓每平方公分 37.5 公斤以上或 3.75MPa 以上。
四、配管接頭及閥類之耐壓，高壓式為每平方公分 165 公斤以上或 16.5MPa 以上，
　　低壓式為每平方公分 37.5 公斤以上或 3.75MPa 以上，並予適當之防蝕處理。
五、最低配管與最高配管間，落差在 50 公尺以下。

【解說】

　　有關二氧化碳滅火設備閥類耐壓之規定，不適用該設備所設之選擇閥。而最低配
管與最高配管間，因 CO_2 分子量 44，分子重，其高低配管落差，不超過 50 公尺。
管號 Sch 80 與 Sch 40 差別主要是管壁厚度。容器閥為鋼瓶頭開啟閥門，連接（連結
管）至集合管（銅管，比鋼管易於彎曲施工），經選擇閥至防護區域之噴頭釋出（鋼
管）；而低壓式是不須這些裝置。

容器閥開放裝置種類

電磁式	儲存容器之開放裝置，使用容器閥螺型管（電磁開放裝置）時，容器設置七支以上且同時開放之設備時，應有二個以上之容器裝置螺型管（安全閥）。 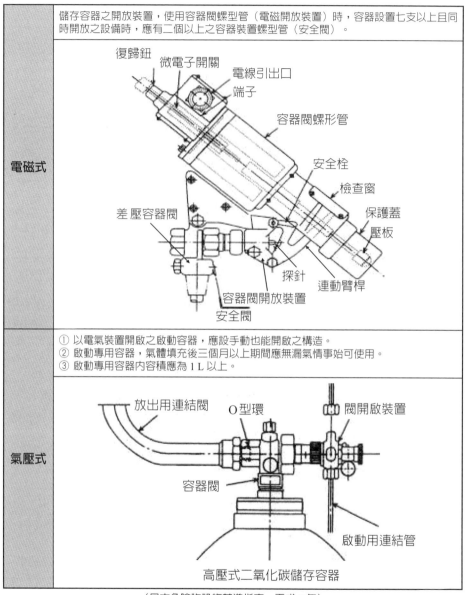
氣壓式	① 以電氣裝置開啟之啟動容器，應設手動也能開啟之構造。 ② 啟動專用容器，氣體填充後三個月以上期間應無漏氣情事始可使用。 ③ 啟動專用容器內容積應為 1 L 以上。

（日本危險物設施基準指南，平成 7 年）

3-40 選擇閥及啟動裝置

第 90 條
選擇閥，依下列規定設置：
一、同一建築物內有二個以上防護區域或防護對象，共用儲存容器時，每一防護區域或防護對象均應設置。
二、設於防護區域外。
三、標明選擇閥字樣及所屬防護區域或防護對象。
四、儲存容器與噴頭設有選擇閥時，儲存容器與選擇閥間之配管依 CNS 11176 之規定設置安全裝置或破壞板。

【解說】
選擇閥分氣壓式及電氣式，為人員驅近手動操作，需在防護區域外安全位置。

第 91 條
啟動裝置，依下列規定，設置手動及自動啟動裝置：
一、手動啟動裝置應符合下列規定：
（一）設於能看清區域內部且操作後能容易退避之防護區域外。
（二）每一防護區域或防護對象裝設一套。
（三）其操作部設在距樓地板面高度 0.8 公尺以上 1.5 公尺以下。
（四）其外殼漆紅色。
（五）以電力啟動者，裝置電源表示燈。
（六）操作開關或拉桿，操作時同時發出警報音響，且設有透明塑膠製之有效保護裝置。
（七）在其近旁標示所防護區域名稱、操作方法及安全上應注意事項。
二、自動啟動裝置與火警探測器感應連動啟動。
前項啟動裝置，依下列規定設置自動及手動切換裝置：
一、設於易於操作之處所。
二、設自動及手動之表示燈。
三、自動、手動切換必須以鑰匙或拉桿操作，始能切換。
四、切換裝置近旁標明操作方法。

【解說】
手動啟動需人員驅近操作，在防護區域外，且每一區均設一套，以便緊急時就近啟動，高度 0.8～1.5 公尺是東方人體位。為方便尋找辨別用紅色，一打開就能通報建築物使用人。

全區二氧化碳滅火設備

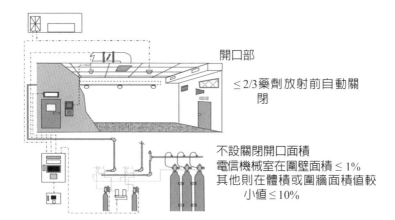

開口部

≤2/3藥劑放射前自動關閉

不設關閉開口面積
電信機械室在圍壁面積≤1%
其他則在體積或圍牆面積值較小值≤10%

手動啟動裝置

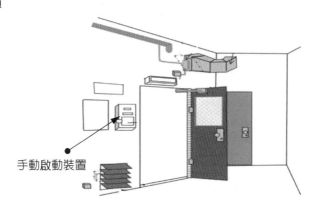

手動啟動裝置

鋼瓶容器閥

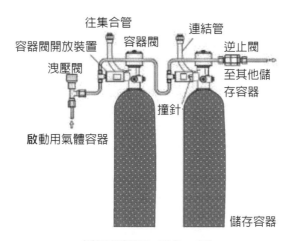

往集合管

連結管

容器閥開放裝置　　容器閥

逆止閥

洩壓閥

至其他儲存容器

撞針

啟動用氣體容器

儲存容器

（埼玉市消防局，平成 28 年）

3-41 音響警報、安全裝置及排放裝置

第 92 條
音響警報裝置，依下列規定設置：
一、手動或自動裝置動作後，應自動發出警報，且藥劑未全部放射前不得中斷。
二、音響警報應有效報知防護區域或防護對象內所有人員。
三、設於全區放射方式之音響警報裝置採用人語發音。但平時無人駐守者不在此限。

【解說】
　　有關設置二氧化碳滅火設備採全區放射之場所，在其防護區域內，平時無人工作，僅特定時間有人進入巡查或檢點時，應屬「平時無人駐守」之場所。

第 93 條
全區放射方式之安全裝置，依下列規定設置：
一、啟動裝置開關或拉桿開始動作至儲存容器之容器閥開啟，設有 20 秒以上之遲延裝置。
二、於防護區域出入口等易於辨認處所設置放射表示燈。

【解說】
　　儲存容器之容器閥一開啟，高濃度窒息性二氧化碳即釋放，因此有 ≥ 20 秒遲延裝置，以再確認或緊急停止。而開始動作除音響警報外，對於耳聾人士也可看到放射表示燈，意知危險。

第 94 條
全區放射或局部放射方式防護區域，對放射之滅火藥劑，依下列規定將其排放至安全地方：
一、排放方式應就下列方式擇一設置，並於 1 小時內將藥劑排出：
　　（一）採機械排放時，排風機為專用，且具有每小時五次之換氣量。但與其他設備之排氣裝置共用，無排放障礙者，得共用之。
　　（二）採自然排放時，設有能開啟之開口部，其面向外氣部分（限防護區域自樓地板面起高度 2/3 以下部分）之大小，占防護區域樓地板面積 10% 以上，且容易擴散滅火藥劑。
二、排放裝置之操作開關需設於防護區域外便於操作處，且在其附近設有標示。
三、排放至室外之滅火藥劑不得有局部滯留之現象。

【解說】
　　二氧化碳釋放後，火勢已熄，人員可能會進入空間巡查，但高濃度二氧化碳且比空氣重，不易吹散或飄走，對進入人員構成危險性，因此有必要排放掉。而排放之位置會比空氣重而囤積不易稀釋；因此，需講求安全地方。

例題：

　某防護區域長 13 公尺、寬 10 公尺、高 5 公尺，其無法自動關閉之開口部面積為
6 平方公尺，如欲在此區域設置二氧化碳高壓式全區域放射滅火設備防護時，請問
需要多少滅火藥劑？若使用容積為 68 公升、充填比為 1.5 之鋼瓶時，需要多少鋼
瓶？全區域放射後，對放射之滅火藥劑，需將其排放至安全地方，若採機械排放，
且排風機為專用時，每小時需具有幾次換氣量？

解：

(1)開口檢討：不設自動關閉裝置之開口部總面積，供電信機械室使用時，應在
圍壁面積百分之一以下，其他處所則應在防護區域體積值或圍壁面積值二者
中之較小數值百分之十以下。

圍牆面積 = $[(13\times10) + (10\times5) + (5\times13)]\times2 = 490$ m^2

防護體積 V = $13\times10\times5 = 650$ m^3

二者中之較小數值 490，其百分之十為 49，開口部面積為 6 平方公尺 < 49，
故可免自動關閉。

本題藥劑量依照題意

W = G$\times$V + g$\times$A

W = $0.8\times650 + 5\times6 = 550$ kg > 135 kg

(2)使用容積為 68 公升、充填比為 1.5 之鋼瓶

鋼瓶數量 =550　68/1.5=12.13（13 支）

(3)每小時所需換氣量

排氣量 = $\dfrac{5\text{次}}{60\text{min}}\times(13\times10\times5)$m^3 = 54.2 m^3/min

二氧化碳全區放射方式

手動**啟**動裝置

表示燈

開口部位於 < 2/3
不設自動關閉之開口
電信室，圍壁面積 < 1/100
其他體積或面積值 < 1/10

0.8～1.5

設於能看清區域內部之防護區域外

3-42 緊急電源及移動式放射

> **第 95 條**
> 全區及局部放射方式之緊急電源，應採用自用發電設備或蓄電池設備，其容量應能使該設備有效動作 1 小時以上。

【解說】

二氧化碳放射時間非常短，此用意以短時間大量噴入高濃度不活性氣體，使火勢熄滅，為何緊急電源需 1 小時以上，這是滅火後空間能再使用，也怕二氧化碳滯留或移至另一使用空間，因此必設排放裝置，且考量機械排放有效動作；因此，法規要求消防設備中緊急電源時間最久。

> **第 96 條**
> 移動式放射方式，除依第 87 條第一項第一款、第二款第二目、第三目、第三款及第四款規定辦理外，並依下列規定設置：
> 一、儲存容器之容器閥能在皮管出口處以手動開關者。
> 二、儲存容器分設於各皮管設置處。
> 三、儲存容器近旁設紅色標示燈及標明移動式二氧化碳滅火設備字樣。
> 四、設於火災時濃煙不易籠罩之處所。
> 五、每一具瞄子之藥劑放射量在溫度 20℃時，應在每分鐘 60 公斤以上。
> 六、移動式二氧化碳滅火設備之皮管、噴嘴及管盤符合 CNS 11177 之規定。

【解說】

儲存容器之容器閥能在皮管出口處以手動開關者，避免來回奔跑，且可隨時停止，避免危險。為方便緊急時尋找，儲存容器近旁設紅色標示燈。移動式由操作人員驅近使用，需設於火災時濃煙不易籠罩之處所，不然設備設置會失去意義。移動式往往使用在非密閉空間，每一具瞄子之藥劑放射量必須具備一定二氧化碳濃度，始有可能將火勢在如此開放空間熄滅掉。

> **第 97 條**
> 二氧化碳滅火設備使用之各種標示規格，由中央消防機關另定之。

【解說】

二氧化碳配管依法規有二種金屬材質，一為鋼管，用於儲存容器集氣管至噴頭之長配管。一為銅管，用於啟動管路及操作管路用，即開放裝置之配管，為短配管。二氧化碳滅火藥劑不像水系統或乾粉，較具人員危險性，且配管組件皆具相當高壓力，因此其規格標準，由消防署予以訂定。另設備之設置完成後，於辦理消防局會勘時，現場實際測試其各項裝置及性能是否符合相關規定。

CO₂滅火設備安全裝置

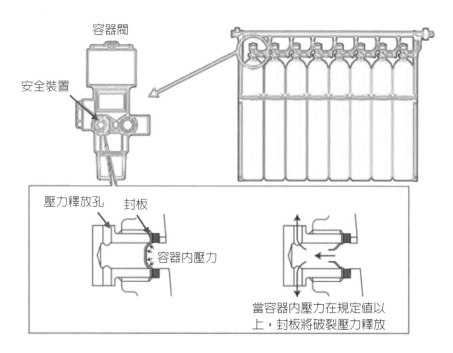

CO₂鋼瓶釋放選擇閥與安全裝置

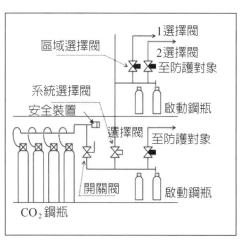

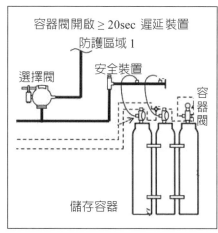

（埼玉市消防局，平成28年）

3-43 乾粉滅火準用二氧化碳及藥劑量

第 98 條
乾粉滅火設備之放射方式、通風換氣裝置、防護區域開口部、選擇閥、啟動裝置、音響警報裝置、安全裝置、緊急電源及標示規格,準用第 82 條、第 85 條、第 86 條、第 90 條至第 93 條、第 95 條及第 97 條規定設置。

【解說】
　　乾粉滅火設備防護區域二氧化碳構造具有相似性,因此比照其設置。

第 99 條
乾粉滅火藥劑量,依下列規定設置:
一、全區放射方式所需滅火藥劑量,依下表計算:

乾粉滅火藥劑種類	第一種	第二種	第三種	第四種
滅火藥劑主成分	碳酸氫鈉	碳酸氫鉀	磷酸二氫銨	碳酸氫鉀及尿素
每立方公尺防護區域所需藥劑量(kg/m^2)	0.6	0.36	0.36	0.24
每平方公尺開口部所需追加藥劑量(kg/m^2)	4.5	2.7	2.7	1.8

二、局部放射方式所需滅火藥劑量應符合下列規定:
　　(一) 可燃性固體或易燃性液體存放於上方開放式容器,火災發生時,燃燒限於一面且可燃物無向外飛散之虞者,所需之滅火藥劑量,依下表計算:

滅火藥劑種類	第一種乾粉	第二種乾粉或第三種乾粉	第四種乾粉
防護對象每平方公尺表面積所需滅火藥劑量	$8.8kg/m^2$	$5.2kg/m^2$	$3.6kg/m^2$
追加倍數	1.1	1.1	1.1
備考	防護對象物之邊長在 0.6 公尺以下時,以 0.6 公尺計。		

乾粉滅火設備儲存容器內容積與氣體量

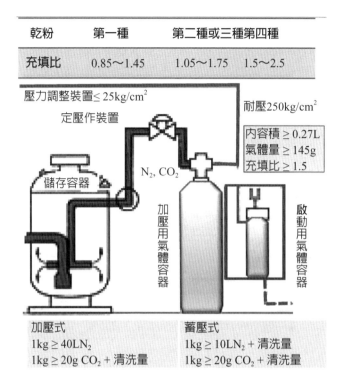

乾粉	第一種	第二種或三種	第四種
充填比	0.85～1.45	1.05～1.75	1.5～2.5

壓力調整裝置 ≤ 25kg/cm²
定壓作裝置
耐壓250kg/cm²
內容積 ≥ 0.27L
氣體量 ≥ 145g
充填比 ≥ 1.5
儲存容器
N₂, CO₂
加壓用氣體容器
啟動用氣體容器

加壓式
1kg ≥ 40LN₂
1kg ≥ 20g CO₂ + 清洗量

蓄壓式
1kg ≥ 10LN₂ + 清洗量
1kg ≥ 20g CO₂ + 清洗量

例題：

　　某儲油槽直徑為 12m、高 9m，若採用加壓式乾粉滅火設備及第一種乾粉，所需乾粉藥劑量為 1000kg，加壓氣體為氮氣時，其體積為何（35℃，表壓力 150kg/cm²）？依法令規定，加壓用氣體使用氮氣時，在溫度 35℃，大氣壓力（表壓力）0kg/cm² 或 0MPa 狀態下，每 1kg 乾粉藥劑需氮氣 40L。

解：

$W = 40$（L/kg）$\times 1000KG = 40000L$

依波以耳定律 $\dfrac{P_1 \times V_1}{T_1} = \dfrac{P_2 \times V_2}{T_2}$

P1：絕對壓力 = 表壓力（0）+ 1.033kgf/cm²
P2：絕對壓力 = 表壓力（150）+1.033kgf/cm²

$\dfrac{1.033 \times 40000}{(35+273)} = \dfrac{(150+1.033) \times V_2}{(35+273)}$

（表壓力之零點為 1 大氣壓力）　$V_2 = 273.5L$

3-44 乾粉藥劑量

（續）
　（二）前目以外設置場所，依下列公式計算假想防護空間單位體積滅火藥劑量，再乘假想防護空間體積來計算所需滅火藥劑量。但供電信機器室使用者，所核算出之滅火藥劑量，需乘以 0.7。

$$Q = X - Y \times a/A$$

Q：假想防護空間單位體積滅火藥劑量（公斤／立方公尺）所需追加倍數比照前目規定。
a：防護對象周圍實存牆壁面積之合計（平方公尺）。
A：假想防護空間牆壁面積之合計（平方公尺）。
X 及 Y 值，依下表規定為準：

滅火藥劑種類	第一種乾粉	第二種乾粉或第三種乾粉	第四種乾粉
X 值	5.2	3.2	2.0
Y 值	3.9	2.4	1.5

三、移動放射方式每一具噴射瞄子所需滅火藥劑量在下表之規定以上：

滅火藥劑種類	第一種乾粉	第二種乾粉或第三種乾粉	第四種乾粉
滅火藥劑量	50 公斤	30 公斤	20 公斤

四、全區及局部放射方式在同一建築物內有二個以上防護區域或防護對象時，所需滅火藥劑量取其最大量者。

【解說】
　乾粉滅火能力以第四種最佳，而第一種較低；因此，顯現在其所需藥劑量，滅火能力高者，藥劑量少。第四種藥劑量 ×1.5 倍 = 第二種及第三種藥劑量；第四種藥劑量 ×2.5 倍 = 第一種藥劑量。

第 100 條
全區及局部放射方式之噴頭，依下列規定設置：
一、全區放射方式所設之噴頭能使放射藥劑迅速均勻地擴散至整個防護區域。
二、乾粉噴頭之放射壓力在每平方公分 1 公斤以上或 0.1MPa 以上。
三、依前條第一款或第二款所核算之滅火藥劑量需於 30 秒內全部放射完畢。
四、局部放射方式所設噴頭之有效射程內，應涵蓋防護對象所有表面，且所設位置不得因藥劑之放射使可燃物有飛散之虞。

【解說】
　乾粉噴頭之放射壓力僅需 1 kg/cm^2 以上，此不像二氧化碳噴頭於高壓式需達 14 kg/cm^2、低壓式 9 kg/cm^2 之高壓，此理由係二氧化碳需靠窒息滅火，及以高氣流噴入燃燒區，快速噴走可燃之分解氣體或蒸發氣體之滅火作用，並滲入至內部。而乾粉滅火係靠抑制連鎖反應，假使高壓噴出，如是防護液體類會使其產生噴濺現象。

乾粉滅火設備全區防護概念圖

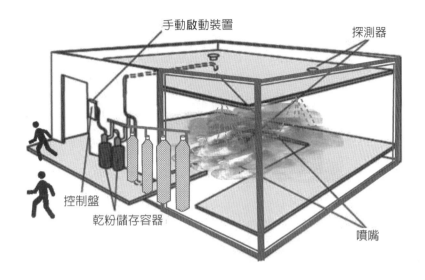

手動啟動裝置

探測器

控制盤

乾粉儲存容器

噴嘴

乾粉滅火設備儲存容器照片

3-45 滅火藥劑儲存容器

第 101 條
供室內停車空間使用之滅火藥劑,以第三種乾粉為限。

【解說】
　因第一、二及四種皆為 BC 乾粉,僅第三種為磷酸二氫銨之 ABC 類乾粉,而車輛火災有 A 類與 B 類火災綜合物。本種乾粉受熱後形成磷酸與 NH_3,後形成焦磷酸與水、偏磷酸,最後五氧化二磷與較多水分,其產生吸熱與冷卻效果比其他乾粉佳。

第 102 條
滅火藥劑儲存容器,依下列規定設置:
一、充填比應符合下列規定:

滅火藥劑種類	第一種乾粉	第二種乾粉或 第三種乾粉	第四種乾粉
充填比	0.85 以上、1.45 以下	1.05 以上、1.75 以下	1.5 以上、2.5 以下

二、儲存場所應符合下列規定:
　　(一)置於防護區域外。
　　(二)置於溫度 40℃以下,溫度變化較少處。
　　(三)不得置於有日光曝曬或雨水淋溼之處。
三、儲存容器於明顯處所標示:充填藥劑量、滅火藥劑種類、最高使用壓力(限於加壓式)、製造年限及製造廠商等。
四、儲存容器設置符合 CNS 11176 規定之安全裝置。
五、蓄壓式儲存容器,內壓在每平方公分 10 公斤以上或 1MPa 以上者,設符合 CNS 10848 及 10849 規定之容器閥。
六、為排除儲存容器之殘留氣體應設置排出裝置,為處理配管之殘留藥劑則應設置清洗裝置。
七、採取有效之防震措施。

【解說】
　容器置於溫度 40℃以下,因溫度增加容器內壓力也會相對增加。

第 103 條
加壓用氣體容器應設於儲存容器近旁,且需確實接連,並應設置符合 CNS 11176 規定之容器閥及安全裝置。

【解說】
　加壓用氣體容器應設於儲存容器近旁,這是考量二者連接管避免過長,且考量臺灣有地震發生,需確實接連無誤。此外,避免因高壓狀態使其接連產生脫落。

乾粉滅火藥劑種類

項	目	內容	化學式
第一種乾粉	碳酸氫鈉（NaHCO₃）	碳酸氫鈉即小蘇打粉，適用 BC 類火災，為白色粉末，為增加其流動性與防溼性，會加入一些添加劑。碳酸氫鈉易受熱分解為碳酸鈉、CO_2 和水。	$2NaHCO_3 \rightarrow Na_2CO_3 + H_2O + CO_2$ $Na_2CO_3 \rightarrow Na_2O + CO_2$ $Na_2O + H_2O \rightarrow 2NaOH$ $NaOH + H^+ \rightarrow Na + H_2O$ $NaOH + OH^- \rightarrow NaO + H_2O$
第二種乾粉	碳酸氫鉀（KHCO₃）	適用 BC 類火災，效果會比第一種乾粉佳，為紫色乾粉，受熱分解為碳酸鉀、CO_2 與水。本身吸溼性較高，儲藏時應注意防溼。	$2KHCO_3 \rightarrow K_2CO_3 + H_2O + CO_2$ $2KHCO_3 \rightarrow K_2O + H_2O + 2CO_2$ $K_2O + H_2O \rightarrow 2KOH$ $KOH + OH^- \rightarrow KO + H_2O$ $KOH + K^- \rightarrow K_2O + H^+$
第三種乾粉	磷酸二氫銨（NH₄H₂PO₄）	適用 ABC 類火災，為淺粉紅粉末。磷酸二氫銨受熱後形成磷酸與 NH_3，後形成焦磷酸與水，偏磷酸，最後五氧化二磷與較多水分。與燃燒面產生玻璃薄膜，覆蓋隔絕效果。	$NH_4H_2PO_4 \rightarrow NH_3 + H_3PO_4$ $2H_3PO_4 \rightarrow H_4P_2O_7 + H_2O$ $H_4P_2O_7 \rightarrow 2HPO_3 + H_2O$ $2HPO_3 \rightarrow P_2O_5 + H_2O$
第四種乾粉	碳酸氫鉀及尿素（KHCO₃ + H₂NCONH₂）	適用 BC 類火災，為偏灰色，美國 ICI 產品，又稱錳鈉克斯（Monnex）乾粉。在滅火上，除抑制連鎖外，在熱固體燃料面熔化形成隔絕層，達到物理窒息。	$KHCO_3 + H_2NCONH_2 \rightarrow KC_2N_2H_3O_3 + H_2O$

例題：

　　某一室內停車場，其防護區域長 35 公尺、寬 15 公尺、高 4 公尺，無法自動關閉之開口部面積為 10 平方公尺，擬設置全區域放射式乾粉滅火設備，需要多少乾粉滅火藥劑量？

解：

　　圍牆面積 = $[(35 \times 15) + (15 \times 4) + (4 \times 35)] \times 2 = 1450 \ m^2$

　　防護體積 V $= 35 \times 15 \times 4 = 2100 \ m^3$

　　二者中之較小數值 1450，其百分之十為 145，開口部面積為 10 平方公尺 < 145，故可免自動關閉。

　　W $= G \times V + g \times A = 0.36 \times 2100 + 2.7 \times 10 = 783 \ kg$

3-46 加壓蓄壓用氣體容器

第 104 條
加壓或蓄壓用氣體容器，依下列規定設置：
一、加壓或蓄壓用氣體應使用氮氣或二氧化碳。
二、加壓用氣體使用氮氣時，在溫度 35℃，大氣壓力（表壓力）每平方公分 0 公
　　斤或 0MPa 狀態下，每 1 公斤乾粉藥劑需氮氣 40 公升以上；使用二氧化碳時，
　　每 1 公斤乾粉藥劑需二氧化碳 20 公克並加算清洗配管所需要量以上。
三、蓄壓用氣體使用氮氣時，在溫度 35℃，大氣壓力（表壓力）每平方公分零公
　　斤或 0MPa 狀態下，每 1 公斤乾粉藥劑需氮氣 10 公升並加算清洗配管所需要
　　量以上；使用二氧化碳時，每 1 公斤乾粉藥劑需二氧化碳 20 公克並加算清洗
　　配管所需要量以上。
四、清洗配管用氣體，另以容器儲存。
五、採取有效之防震措施。

【解說】

　　一般液化氣體容器，當其蒸氣壓氣態增加時，會使其液態面降低，但使用氮氣
時，其容器內蒸氣壓是不會產生變化的。但容器內為固體時不會有些問題的。但使用
蓄壓式比加壓式對容器內乾粉平時進行壓縮，較易有結塊之可能。而乾粉不像二氧化
碳或其他氣體滅火設備，本身具有高壓動力來源，所以乾粉需藉額外動力使其噴出；
而滅火後管內殘餘乾粉因本身重量會存留積在管內，久而硬化結塊，所以必須每次使
用完畢予以高壓氣體導出。

　　乾粉滅火設備主要元件為 1. 探測器，2. 控制裝置，3. 啟動裝置及啟動用氣體容器
（使用氣體啟動者），4. 乾粉儲槽，5. 管路之配件（選擇閥、安全裝置等）及 6. 噴
頭。在其應用時以手提式滅火器、移動式軟管系統或固定式硬管系統等方式，作為
場所火災防護之目的。儘管乾粉滅火器早在二次大戰前即已使用多年，直到 1957
年 NFPA17《乾粉滅火系統標準》才正式通過。而乾粉粒子從 10μm 到 75μm，每一
種乾粉具有獨特大小，低於可能完全分解和氣化，高於則呈現不完全分解或氣化。
最佳粒徑結果是 20～25μm，進行多相地混合得到，且粒徑大小也會影響流動性。
粗粒乾粉導致過度澎湃，低流動率，並且需要更大氣動量。粒徑也受氣動阻力現象
（Aerodynamic Drag Phenomenon, ADP）影響。粗粒乾粉取得動量將運輸小顆粒穿透
火焰上升氣流；而小顆粒在穿透之前會先分解或蒸發。

　　依警大教授陳火炎老師指出，第 102 條第一種乾粉充填比 0.85～1.45，依每公升而
言，$\frac{1L}{xkg} = 0.85$，則 x=1.18kg，而乾粉密度約 1.8kg/L（19℃），因此第一種乾粉之體
積為 $\frac{1.18kg}{1.8kg/L} = 0.66L$。於蓄壓用氣體使用氮氣時，在溫度攝氏三十五度，每一公斤乾
粉藥劑需氮氣十公升。從波以耳定律 $P_1V_1 = P_2V_2$, $1×10 = P_2×0.66$，$P_2 = 15.2$ atm $=$
$15.2×1.033 = 15.65$ kg/cm^2。

乾粉儲存容器與定壓動作裝置

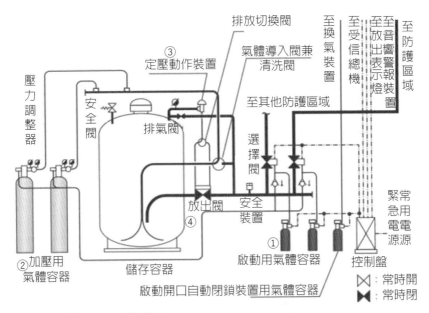

符號①②③④為乾粉動作順序

（埼玉市消防局，平成 28 年）

乾粉局部放射應用方式

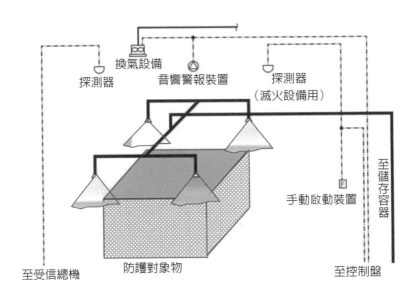

3-47 乾粉配管及閥類

第 105 條

乾粉滅火設備配管及閥類，依下列規定設置：

一、配管部分：

（一）應為專用，其管徑依噴頭流量計算配置。

（二）使用符合 CNS 6445 規定，並施予鍍鋅等防蝕處理或具同等以上強度及耐蝕性之鋼管。但蓄壓式中，壓力在每平方公分 25 公斤以上或 2.5MPa 以上，每平方公分 42 公斤以下或 4.2MPa 以下時，應使用符合 CNS 4626 之無縫鋼管管號 Sch40 以上厚度並施予防蝕處理，或具有同等以上強度及耐蝕性之鋼管。

（三）採用銅管配管時，應使用符合 CNS 5127 規定或具有同等以上強度及耐蝕性者，並能承受調整壓力或最高使用壓力的 1.5 倍以上之壓力。

（四）最低配管與最高配管間，落差在 50 公尺以下。

（五）配管採均分為原則，使噴頭同時放射時，放射壓力為均等。

（六）採取有效之防震措施。

二、閥類部分：

（一）使用符合 CNS 之規定且施予防蝕處理或具有同等以上強度、耐蝕性及耐熱性者。

（二）標示開閉位置及方向。

（三）放出閥及加壓用氣體容器閥之手動操作部分設於火災時易於接近且安全之處。

【解說】

　　操作管是連接啟動用容器（小鋼瓶）、儲存容器（大鋼瓶）或與選擇閥間之配管，其材質為方便彎取，大多使用銅管。又為避免滅火藥劑流向其他選擇閥或容器開放裝置，造成誤開啟，必須設置逆止閥裝置，使其為單向流狀態。最低與最高配管間落差在 50 公尺以下，因其乾粉本身重量會產生噴出不順問題，但如此大落差實務上難有可能如此場所。標示開閉位置及方向，以利日後檢修，而放出閥及加壓用氣體容器閥之手動操作部分，應設於火災時濃煙不易籠罩之處。

第 106 條

乾粉滅火設備自儲存容器起，其配管任一部分與彎曲部分之距離應為管徑 20 倍以上。但能採取乾粉藥劑與加壓或蓄壓用氣體不會分離措施者，不在此限。

【解說】

　　避免急彎使其不致出現高壓氣體與較重乾粉，因離心力產生氣粉分離現象。

乾粉配管與彎曲部距離

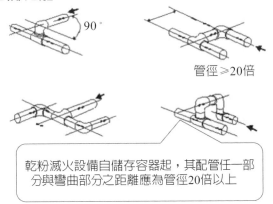

乾粉滅火設備自儲存容器起，其配管任一部分與彎曲部分之距離應為管徑20倍以上

乾粉滅火設備啟動方式

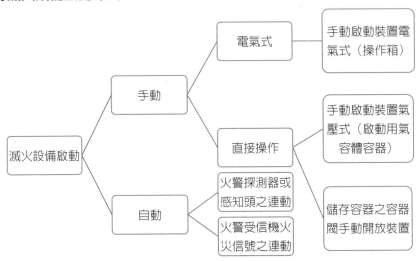

最低與最高配管落差

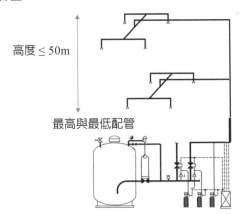

3-48 壓力調整、定壓動作及氣體啟動

> **第 107 條**
> 加壓式乾粉滅火設備應設壓力調整裝置，可調整壓力至每平方公分 25 公斤以下或 2.5Mpa 以下。

【解說】

　　加壓式乾粉滅火設備壓力爲防過大，因焊接容器耐壓有限，需進行降壓，避免物理壓力危險現象。

> **第 108 條**
> 加壓式乾粉滅火設備，依下列規定設置定壓動作裝置：
> 一、啟動裝置動作後，儲存容器壓力達設定壓力時，應使放出閥開啟。
> 二、定壓動作裝置設於各儲存容器。

【解說】

　　一般而言，啟動用氣體容器動作後，會經由加壓用氣體容器及壓力調整器，再經由定壓動作裝置至儲存容器內乾粉，經放出閥、選擇閥至防護區域。而每一儲存容器皆有定壓動作裝置，以防氣體過大，致氣粉不均勻等事件。而定壓動作裝置可分封板式、彈簧式、壓力開關式、機械連動式、定時開關式等（如下圖之定壓動作裝置種類與內容。）

> **第 109 條**
> 蓄壓式乾粉滅火設備應設置以綠色表示使用壓力範圍之指示壓力表。

【解說】

　　蓄壓式容器因時間久了，其產生壓降現象，因此可顯示出內部壓力狀態。

> **第 110 條**
> 若使用氣體啟動者，依下列規定設置：
> 一、啟動用氣體容器能耐每平方公分 250 公斤或 25MPa 之壓力。
> 二、啟動用氣體容器之內容積有 0.27 公升以上，其所儲存之氣體量在 145 公克以上，且其充填比在 1.5 以上。
> 三、啟動用氣體容器之安全裝置及容器閥符合 CNS 11176 之規定。
> 四、啟動用氣體容器不得兼供防護區域之自動關閉裝置使用。

【解說】

　　啟動用氣體容器僅能用於啓動大鋼瓶及選擇閥，不能兼供空調或防火匣門或開口自動關閉裝置使用，以防氣壓分流損失。滅火設備啟動可分手動及自動之二種方式，同其他消防設備一樣，這是防自動故障其備用替代方式，且另一目的是，尚未由探測器或感知頭或受信總機自動移報至機械裝置，但內部人員已發現火勢，即可不待自動感知而即時啟動。在人員手動方式可分氣壓與電氣式二種。

防護區域與乾粉配管均分原則

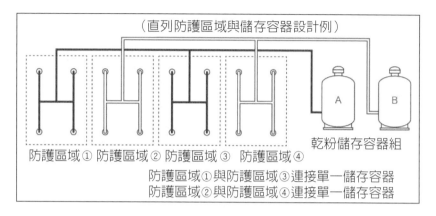

（直列防護區域與儲存容器設計例）

防護區域①　防護區域②　防護區域③　防護區域④

乾粉儲存容器組

防護區域①與防護區域③連接單一儲存容器
防護區域②與防護區域④連接單一儲存容器

壓力調整與定壓動作

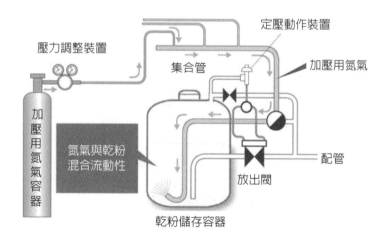

加壓用氮氣容器

壓力調整裝置

集合管

定壓動作裝置

加壓用氮氣

配管

放出閥

氮氣與乾粉混合流動性

乾粉儲存容器

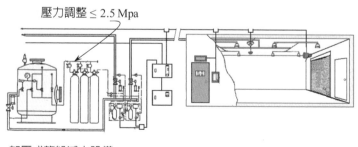

壓力調整 ≤ 2.5 Mpa

加壓式乾粉滅火設備

定壓動作裝置種類與內容

封板式	由儲槽之內壓力將封板破壞之設置，當注入儲存容器的壓力達一定壓力時，藉由壓力將封板破壞，通過氣體以打開放出閥送出之方式。	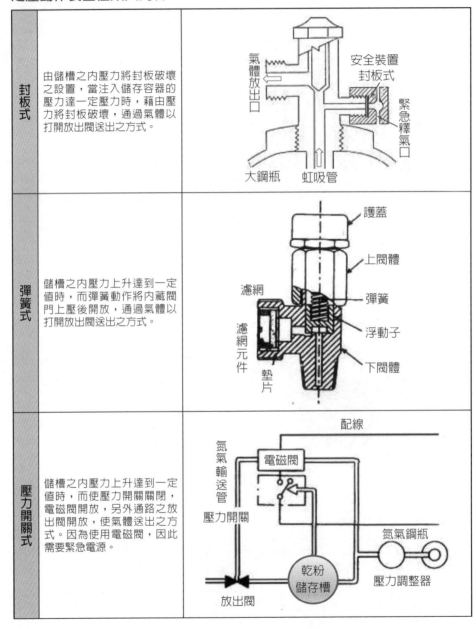
彈簧式	儲槽之內壓力上升達到一定值時，而彈簧動作將內藏閥門上壓後開放，通過氣體以打開放出閥送出之方式。	
壓力開關式	儲槽之內壓力上升達到一定值時，而使壓力開關關閉，電磁閥開放，另外通路之放出閥開放，使氣體送出之方式。因為使用電磁閥，因此需要緊急電源。	

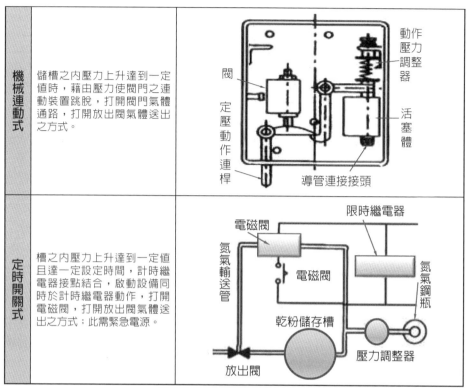

機械連動式	儲槽之內壓力上升達到一定值時，藉由壓力使閥門之連動裝置跳脫，打開閥門氣體通路，打開放出閥氣體送出之方式。	
定時開關式	槽之內壓力上升達到一定值且達一定設定時間，計時繼電器接點結合，啟動設備同時於計時繼電器動作，打開電磁閥，打開放出閥氣體送出之方式；此需緊急電源。	

（危險物設施基準指南，平成 7 年）

移動式乾粉滅火設備

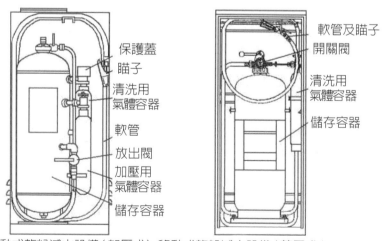

移動式乾粉滅火設備（加壓式）移動式乾粉滅火設備（蓄壓式）

（埼玉市消防局，平成 28 年）

3-49 移動式放射及簡易自動滅火設備

第 111 條
移動式放射方式，除依第 102 條第一款、第二款第二目、第三目、第三款、第四款規定辦理外，並依下列規定設置：
一、儲存容器之容器閥能在皮管出口處以手動開關者。
二、儲存容器分設於各皮管設置處。
三、儲存容器近旁設紅色標示燈及標明移動式乾粉滅火設備字樣。
四、設於火災時濃煙不易籠罩之場所。
五、每一具噴射瞄子之每分鐘藥劑放射量符合下表規定。

滅火藥劑種類	第一種乾粉	第二種乾粉或第三種乾粉	第四種乾粉
每分鐘放射量（kg/min）	45	27	18

六、移動式乾粉滅火設備之皮管、噴嘴及管盤符合 CNS 11177 之規定。

【解說】
　　此移動式與二氧化碳設備一樣，僅放射量不同於二氧化碳要求每分鐘放射量（kg／min）須有 60 以上，這是因為二氧化碳滅火是採取稀釋氧氣之物理滅火原理，其所需藥劑自然較多；而乾粉滅火原理是以抑制連鎖反應之化學滅火原理，所需劑量自然較少；而四種法定乾粉中滅火能力以第四種最佳，第一種最低，其放射量自然依其滅火能力進行要求。

第 111-1 條
簡易自動滅火設備，應依下列規定設置：
一、視排油煙管之斷面積、警戒長度及風速，配置感知元件及噴頭，其設置數量、位置及放射量，應能有效滅火。
二、排油煙管內風速超過每秒 5 公尺，應在警戒長度外側設置放出藥劑之啟動裝置及連動閉鎖閘門。但不設置閘門能有效滅火時，不在此限。
三、噴頭之有效射程內，應涵蓋煙罩及排油煙管，且所設位置不得因藥劑之放射使可燃物有飛散之虞。
四、防護範圍內之噴頭，應一齊放射。
五、儲存鋼瓶及加壓氣體鋼瓶設置於 40℃以下之位置。
前項第二款之警戒長度，指煙罩與排油煙管接合處往內 5 公尺。

【解說】
　　三百平方公尺餐廳或長期照顧服務機構等場所五百平方公尺者，應設簡易自動滅火設備；其排油煙管內風速超過每秒五公尺，應在警戒長度外側設置放出藥劑之啟動裝置及連動閉鎖閘門；這是因風速超過每秒五公尺會造成噴出藥劑飛散，而無法有效滅火。以往曾發生數起餐廳等場所廚房之排油煙管火災，主因煙管內壁積存大量油垢，且受時間氧化發熱，易受瓦斯爐火之火舌引燃，成為火災失控之垂直管內燃燒型態，而無法進行任何有效初期滅火。因此，法規要求一定規模類似場所有此滅火設備。

移動式乾粉滅火設備

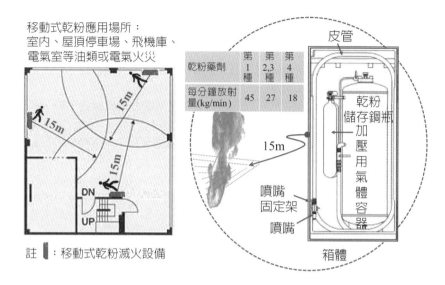

移動式乾粉應用場所：
室內、屋頂停車場、飛機庫、
電氣室等油類或電氣火災

乾粉藥劑	第1種	第2,3種	第4種
每分鐘放射量(kg/min)	45	27	18

註 ▌：移動式乾粉滅火設備

簡易自動滅火設備

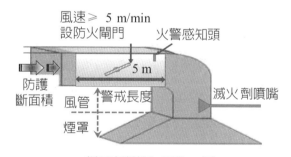

（埼玉市消防局，平成28年）

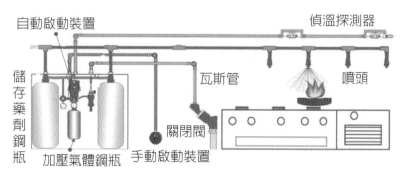

3-50 火警分區

第 112 條
裝設火警自動警報設備之建築物，依下列規定劃定火警分區：
一、每一火警分區不得超過一樓層，並在樓地板面積 600 平方公尺以下。但上下二
　　層樓地板面積之和在 500 平方公尺以下者，得二層共用一分區。
二、每一分區之任一邊長在 50 公尺以下。但裝設光電式分離型探測器時，其邊長
　　得在 100 公尺以下。
三、如由主要出入口或直通樓梯出入口能直接觀察該樓層任一角落時，第一款規定
　　之 600 平方公尺得增爲 1000 平方公尺。
四、樓梯、斜坡通道、昇降機之昇降路及管道間等場所，在水平距離 50 公尺範圍
　　內，且其頂層相差在二層以下時，得爲一火警分區。但應與建築物各層之走
　　廊、通道及居室等場所分別設置火警分區。
五、樓梯或斜坡通道，垂直距離每 45 公尺以下爲一火警分區。但其地下層部分應
　　爲另一火警分區。

【解說】
　　劃定火警分區旨在能顯示火警發生之區域，以一迴路爲一區域，並作爲日後檢修查
知。因此，如同防火（煙）區劃一樣，將建築物內部使用劃分爲若干區域，以作爲火
災在建築物一區域位置發生時可以區劃。
　　每一分區之任一邊長在 50 公尺以下，而面積在 600 平方公尺以下，避免過大難以
即時查知火警在哪一位置，假使能直接即時觀察到，則面積得增爲 1000 平方公尺。
在樓梯、斜坡通道、昇降機之昇降路及管道間等場所，在建築物區劃上爲管道間區
劃，係火煙垂直上升煙流型態，而走廊、通道及居室爲水平區劃空間，火煙流係爲水
平擴展型態，有其差異性，探測器感知也顯有不同，故分別設火警分區。
　　地下層部分應爲另一火警分區，這也是因應火災行爲不同，而火警分區各別回
路，地下層火災特色爲無開口空間，煙流難以釋出，加之外來氧氣供應困難，使得火
災室燃燒行爲會相對較快陷入通風控制燃燒型態，也就是氧氣控制所有燃燒行爲，因
此氧氣提供有限，形成不完全生成物充滿地下空間，使內部使用人面臨煙流威脅之空
間環境，所以地下層或地下建築物或無開口樓層部分，在法規上無論是消防設備設置
或防火（煙）區劃火警分區，皆特別作考量。

火警分區設定

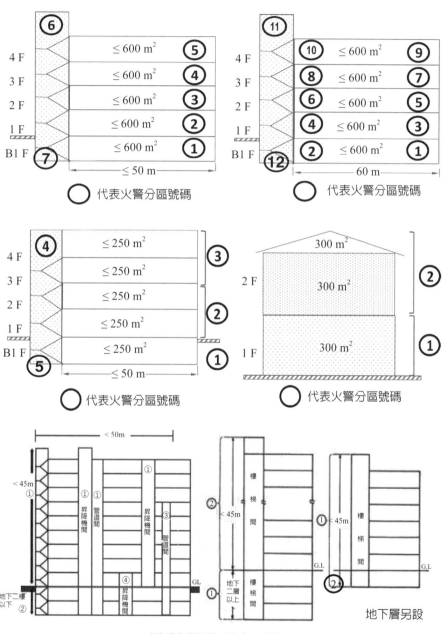

（神戶市消防局，平成 25 年）

3-51 鳴動方式及探測器高度

第113條
火警自動警報設備之鳴動方式,建築物在五樓以上,且總樓地板面積在3000平方公尺以上者,依下列規定:
一、起火層為地上二層以上時,限該樓層與其直上二層及其直下層鳴動。
二、起火層為地面層時,限該樓層與其直上層及地下層各層鳴動。
三、起火層為地下層時,限地面層及地下層各層鳴動。
四、前三款之鳴動於十分鐘內或受信總機再接受火災信號時,應立即全區鳴動。

【解說】
　　第四款係民110年6月25日新增,因總機內部修改,生效日延至110年7月1日起實施。建築物在5樓以上且總樓地板面積在3000平方公尺以上者,此顯示內部收容人員勢必有一定規模數量,且在一定樓層以上,此時使用人群在避難逃生問題上如何來有效疏散及避免恐慌,這是法規上所需重要考量。假使火警發生,一開始即全部樓層一齊鳴動,大樓內部人員同一時間湧入安全梯間,會造成擁擠不堪混亂環境,或人員踐踏場面;而大樓內部火警對每一樓層使用人產生威脅,會有時間順序差異,因此,火災層及其直上層是首先面臨直接,有必要先予以疏散,如此火警有分層鳴動之必要。

　　分層鳴動在國內與日本有其差異,起火層為地上二層以上時,國內是限該樓層與其直上二層及其直下層鳴動;而日本是限該樓層與其直上層鳴動(見右圖)。事實上,火災層以下是不具危險的,因火煙是往上的,為何國內規定火災直下層也要鳴動,實令人費解。

第114條
探測器應依裝置場所高度,就下表選擇探測器種類裝設。但同一室內之天花板或屋頂板高度不同時,以平均高度計。

裝置場所高度	未滿4公尺	4公尺以上未滿8公尺	8公尺以上未滿15公尺	15公尺以上未滿20公尺
探測器種類	差動式侷限型、差動式分布型、補償式侷限型、離子式侷限型、光電式侷限型、光電式分離型、定溫式、火焰式。	差動式侷限型、差動式分布型、補償式侷限型、定溫式特種或一種、離子式侷限型一種或二種、光電式侷限型一種或二種、光電式分離型、火焰式。	差動式分布型、離子式侷限型一種或二種、光電式侷限型一種或二種、火焰式、光電式分離型。	離子式侷限型一種、光電式侷限型一種、光電式分離型一種、火焰式。

【解說】
　　探測器是依火災生成物之煙、溫度、紅外線或紫外線來感知。而火災煙上升是靠熱膨脹,假使裝置面過高,火災煙逐漸冷卻會產生上升至某一高度,再也上不去;因此法規依其探測原理,而予以區分。此外依內政部消防法令函釋及公告,於柴電客車檢修棚高度超過15公尺,現場因維修客車等常時有電焊施作,易生火焰、煙霧致裝設偵煙式探測器及火焰式探測器易生誤報時,得設置差動式分布型或火焰式等探測器。

探測器依所場所高度裝置

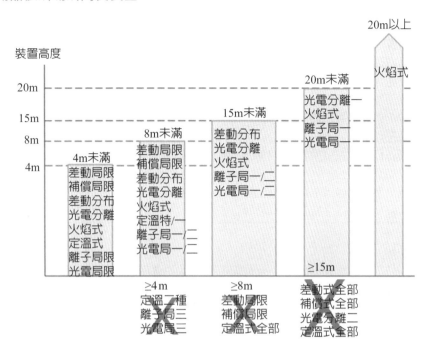

補償式侷限型探測器構造

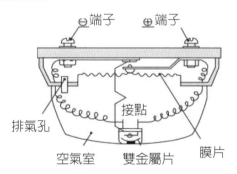

定溫式線型火警探測器構造

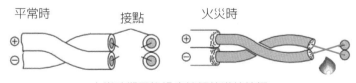

火災時塑膠絕緣皮熔解使導線接觸

3-52 探測器裝置規定

第 115 條
探測器之裝置位置，依下列規定：
一、天花板上設有出風口時，除火焰式、差動式分布型及光電式分離型探測器外，應距離該出風口 1.5 公尺以上。
二、牆上設有出風口時，應距離該出風口 1.5 公尺以上。但該出風口距天花板在 1 公尺以上時，不在此限。
三、天花板設排氣口或回風口時，偵煙式探測器應裝置於排氣口或回風口周圍 1 公尺範圍內。
四、侷限型探測器以裝置在探測區域中心附近為原則。
五、侷限型探測器之裝置，不得傾斜 45 度以上。但火焰式探測器，不在此限。

【解說】
　　天花板或牆上設有出風口，出風是正壓空氣，會使火災煙可能無法靠近此一區域，所以法規有必要規範避開此一區域。天花板設排氣口或回風口時，是負壓空氣而產生吸引空氣游離粒子，如有火災煙形成，必定很快會被吸引進來，所以偵煙式裝置此一負壓區域，能較快速來感知火災發生。而侷限型探測器之裝置，不得傾斜 45 度以上，這是與撒水頭規定是一樣的，因這會減小其探測範圍。

　　此外，消防署規定觀光旅館、飯店、旅館、招待所（限有寢室客房者）等場所，採膠囊式經營時，應符合下列規定：
（一）依設置標準需設置火警自動警報設備者，應符合下列規定：
　　　1.旅館內走道每步行距離 15 公尺至少設置一個偵煙式探測器，且距離盡頭牆壁或出口在 7.5 公尺以下。
　　　2.地區音響裝置之音壓於膠囊型之休眠空間內需達 60 分貝（dB）以上。
　　　3.每一個膠囊型之休眠空間內均需設置探測器（進出部分為常時開放者不在此限）。
（二）依設置標準需設置自動撒水設備者，膠囊型之休眠空間應設置撒水頭。
（三）膠囊艙體內有消防法第 11 條規定之窗簾、布幕時，應使用防焰物品。另建議寢具使用具防焰性能之製品。
（四）依消防法第 13 條實施防火管理時，為迅速疏散住宿之旅客，其避難引導至少兩人以上。

侷限型探測器裝置

侷限型裝置在探測區域中心

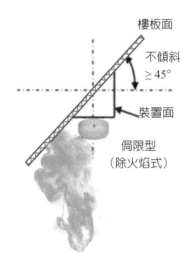

樓板面

不傾斜
≧ 45°

裝置面

侷限型
（除火焰式）

探測器裝置位置

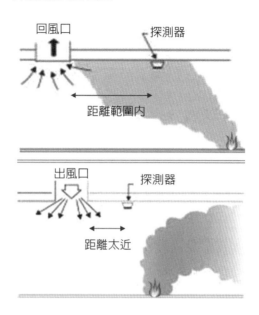

回風口　　　　　探測器

距離範圍內

出風口　　　探測器

距離太近

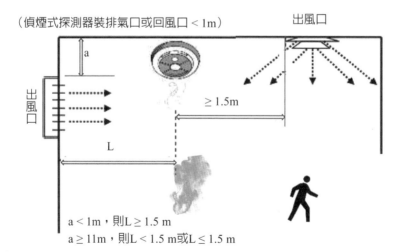

（偵煙式探測器裝排氣口或回風口 < 1m）　　　　出風口

a

出
風
口

≧ 1.5m

L

a < 1m，則L ≧ 1.5 m
a ≧ 11m，則L < 1.5 m或L ≦ 1.5 m

（火焰式、差動式分布型、光電式分離型探測器除外）

3-53 免設探測器處所

第 116 條

下列處所得免設探測器：

一、探測器除火焰式外，裝置面高度超過 20 尺者。

二、外氣流通無法有效探測火災之場所。

三、洗手間、廁所或浴室。

四、冷藏庫等設有能早期發現火災之溫度自動調整裝置者。

五、主要構造爲防火構造，且開口設有具 1 小時以上防火時效防火門之金庫。

六、室內游泳池之水面或溜冰場之冰面上方。

七、不燃性石材或金屬等加工場，未儲存或未處理可燃性物品處。

八、其他經中央主管機關指定之場所。

【解說】

　　免設探測器處所，是因爲設置探測器也無效或同等性能替代或防火構造等因素。本條法規內容於前七款爲列舉式，而最後一款則爲概括式之規定，前面列舉，最後一款爲概括式爲法規規範基本法條格式。

　　依內政部消防法令函釋及公告，於機場捷運線高架站月臺層屬無外牆之開放式構造建築物，探測器建置於通風良好之月臺層頂棚處，離地面層各站體約 18 至 20 公尺，月臺層上方構造體約 8 公尺，考量開放性月臺煙層會逸散至大氣中不易有效偵測，設置探測器易因水氣結霧、汽車粉塵及沿海鹽害等影響時常誤動作，且月臺層天花板、牆面及地坪之裝修材質爲耐燃一級，並採設置 CCTV 監看、保全及捷運警察巡檢及設置滅火器及室內消防栓防護等措施，車站月臺及車站站體下方適用第 116 條第二款規定，屬外氣流通無法有效探測火災之場所，免設探測器。

　　不燃性石材或金屬等加工場未儲存或未處理可燃性物品處得免設探測器，係屬針對火災風險較低場所之放寬規定，惟該等場所尚非全無火災可能，是仍應檢討其手動報警設備及緊急廣播設備之設置。

　　設置海龍替代品設備場所之火警探測器符合各類場所消防安全設備設置標準有關火警自動警報設備之規定，且將火警信號移報至火警受信總機時，該火警自動警報設備部分得免重複設置火警探測器。有關火警探測器迴路間配線配管之設置，現行各類場所消防安全設備設置標準及屋內線路裝置規則等相關規定，並無限制不得採用 PVC 塑膠導線管。

日本外氣流通無法有效探測火災處所

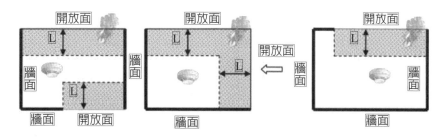

L：< 5m無法有效探測範圍

差動式分布型空氣管式與熱電偶式

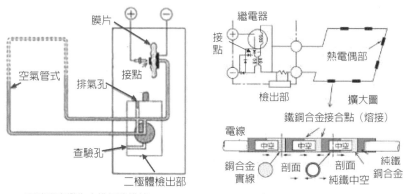

平時溫度變化由排氣孔排掉，
火災時空氣管內膜片熱膨脹至接點。

平時緩慢溫度上升電力彼此抵消，
火災時大量熱起電力至繼電器使接點閉合。

免設探測器處所

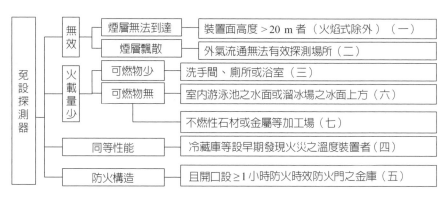

註：（ ）括符內數字代表該條文第幾款。

3-54 偵煙式、熱煙複合式侷限型不得設置處所

第 117 條

偵煙式或熱煙複合式侷限型探測器不得設於下列處所：

一、塵埃、粉末或水蒸氣會大量滯留之場所。

二、會散發腐蝕性氣體之場所。

三、廚房及其他平時煙會滯留之場所。

四、顯著高溫之場所。

五、排放廢氣會大量滯留之場所。

六、煙會大量流入之場所。

七、會結露之場所。

八、設有用火設備其火焰外露之場所。

九、其他對探測器機能會造成障礙之場所。

火焰式探測器不得設於下列處所：

一、前項第二款至第四款、第六款、第七款所列之處所。

二、水蒸氣會大量滯留之處所。

三、其他對探測器機能會造成障礙之處所。

前二項所列場所，依右表狀況，選擇適當探測器設置：

【解說】

　火警探測器啟動機制係火災時火羽流上升至天花板後，受到天花板火煙噴流為主要受熱機制。因此，探測器安裝上，應考量場所之火載量、火災猛烈度以及通風程度，依此所形成之潛在火災大小，以及可能上升煙流高度及環境空氣之影響。而不同種類探測器有其天花板高度距離之影響關係。

　依 NFPA 72 所示，火災時探測器之安裝高度與火勢規模成正相關。假使火載量小，形成火焰高度低，此在高天花板面探測器勢必偵測困難，裝置面越高探測器是無法使用偵煙式作為探測器型式，在安裝探測器時探測器與火勢頂端之高度距離，應在一定區域始為有效安裝。

　在內政部消防法令函釋及公告，鑄造工廠製程之「熔漿區」及「砂模澆注區」等高溫鐵水熔漿外露區域，遇水即有氣爆危險；其作業環境裝設探測器導致誤報頻繁；又鐵水熔漿及砂模周邊，除電氣設備外，無其他可燃物。考量如此用途屬性特殊，適用室內消防栓設備及探測器設置規定確有困難，該等區域得免設室內消防栓設備及探測器，惟其周邊電氣設備需增設滅火器及手動報警設備作為替代性防護措施。

感知原理	場所		1 灰塵、粉末會大量滯留場所	2 水蒸氣會大量滯留之場所	3 會散發腐蝕性氣體之場所	4 平時煙會滯留之場所	5 顯著高溫之場所	6 排放廢氣會大量滯留之場所	7 煙會大量流入之場所	8 會結露之場所	9 用火設備火焰外露之場所
空氣膨脹	差動式局限型	一種	○					○	○		
		二種	○					○	○		
	差動式分布型	一種	○		○			○	○	○	
		二種	○	○	○			○	○	○	
金屬片＋空氣膨脹	補償式局限型	一種	○		○			○	○	○	
		二種	○	○	○			○	○	○	
金屬片彎曲	定溫式	特種	○	○	○	○	○	○	○	○	○
		一種		○	○	○	○	○	○	○	○
光電壓	火焰式		○					○			

註：
（一）○表可選擇設置。
（二）場所 1 所使用之差動式局限型或補償式局限型探測器或差動式分布型之檢出器，應具有灰塵、粉末不易入侵之構造。
（三）場所 1、2、4、8 所使用之定溫式或補償式探測器，應具有防水性能。
（四）場所 3 所使用之定溫式或補償式探測器，應依腐蝕性氣體別，使用具耐酸或耐鹼性能者；使用差動式分布型時，其空氣管及檢出器應採有效措施，防範腐蝕性氣體侵蝕。

差動式侷限型火警探測器構造

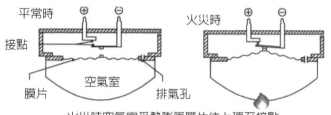

火災時空氣室受熱膨脹膜片往上頂至接點

定溫式侷限型火警探測器構造

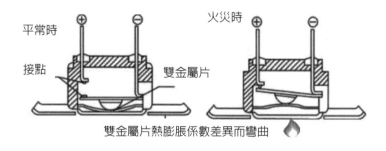

雙金屬片熱膨脹係數差異而彎曲

3-55 偵煙式、熱煙複合式或火焰式選設及探測區域

第 118 條
下表所列場所應就偵煙式、熱煙複合式或火焰式探測器選擇設置：

設置場所	樓梯或斜坡通道	走廊或通道（限供第 12 條第一款、）第二款第二目、第六目至第十目、第四款及第五款使用者）	昇降機之升降坑道或配管配線管道間	天花板高度在 15 以上，未滿 20 公尺之場所	天花板等高度超過 20 公尺之場所	地下層、無開口樓層及十一層以上之各層（前揭所列樓層限供第 12 條第一款、第二款第二目、第六目、第八目至第十目及第五款使用者）
偵煙式	○	○	○	○		○
熱煙複合式		○				○
火焰式				○	○	○
註：○表可選擇設置。						

【解說】

按火警探測器之檢討設置，應以適材適所為原則。樓梯或斜坡通道空間是火煙流易上升垂直環境，但火焰式無法裝置係火點易受到樓梯轉折所遮到。而天花板等高度超過 20 公尺之場所，是一般火災煙流到達較有困難之位置，當然這要視場所火載量與其堆積高度及火災猛烈度，來決定火災煙是否能到達如此高之上方位置，所以裝置偵煙式或熱煙複合式，是較不會納入考量設置的。因此，高天花板場所首要考量仍是以火焰式探測器為宜。依內政部消防法令函釋及公告，挑空高度超過 20 公尺之機械工廠廠房，廠內布滿機器，依各類場所消防安全設備設置標準第 118 條規定檢討設置火焰式探測器顯有探測障礙時，改設偵煙式探測器以為因應。

第 119 條
探測器之探測區域，指探測器裝置面之四周以淨高 40 公分以上之樑或類似構造體區劃包圍者。但差動式分布型及偵煙式探測器，其裝置面之四周淨高應為 60 公分以上。

【解說】

偵溫式以天花板面熱對流為啟動機制，在此規範其下方 40 公分內為範圍。偵煙式為煙流相對較熱層易以累積擴展，可至 60 公分，如超過，火災發展已相當大始為偵知，這對建築物內人命安全，已不具意義。

探測器探測區域

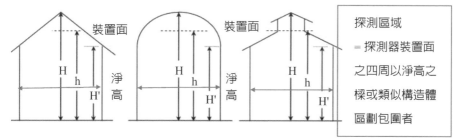

$$探測區域\ h = \frac{H+H'}{2} \geq 40\ cm$$

$$差動式分布型及偵煙式\ h = \frac{H+H'}{2} \geq 60\ cm$$

差動式侷限型、補償式侷限型及定溫式侷限型探測器裝設

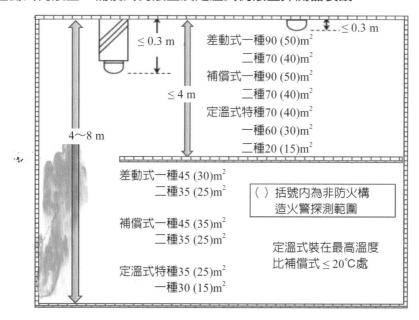

探測區域

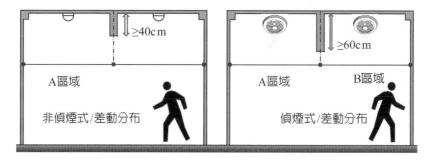

3-56 差動式、補償式及定溫式侷限型探測器 設置規定

第 120 條

差動式侷限型、補償式侷限型及定溫式侷限型探測器，依下列規定設置：

一、探測器下端，裝設在裝置面下方 30 公分範圍內。

二、各探測區域應設探測器數，依下表之探測器種類及裝置面高度，在每一有效探 測範圍，至少設置一個。

裝置面高度			未滿 4 公尺		4 公尺以上未滿 8 公尺	
建築物構造			防火構造建築物	其他建築物	防火構造建築物	其他建築物
探測器種類及有效探測範圍（平方公尺）	差動式侷限型	一種	90	50	45	30
		二種	70	40	35	25
	補償式侷限型	一種	90	50	45	30
		二種	70	40	35	25
	定溫式侷限型	特種	70	40	35	25
		一種	60	30	30	15
		二種	20	15	-	-

三、具有定溫式性能之探測器，應裝設在平時之最高周圍溫度，比補償式侷限型探 測器之標稱定溫點或其他具有定溫式性能探測器之標稱動作溫度低 20℃以上 處。但具二種以上標稱動作溫度者，應設在平時之最高周圍溫度比最低標稱動 作溫度低 20℃以上處。

【解說】

　　差動式啟動是靠環境熱空氣之溫度上升，達一定速率以上時始能動作。而定溫式 啟動則是靠環境熱空氣之溫度上升至一定溫度以上時始能動作。而補償式是環境空氣 皆達到上述二者所設定值者。因此，是靠火災熱量，而非煙流，且在天花板面下方至 30 公分範圍內，假使超過其範圍，已較不具人命安全意義，因火災已發展至相當規 模。而應裝設在平時之最高周圍溫度，比其標稱動作溫度低 20℃以上處，這是考量 探測器誤報問題。

　　依內政部消防法令函釋及公告，設置排煙設備場所，採用 R 型受信總機及偵煙式 探測器，於分別符合各類場所消防安全設備設置標準排煙設備及火警自動警報設備之 性能時，其火警自動警報設備得與排煙設備共用探測器。

火警探測器種類結構圖（日本）

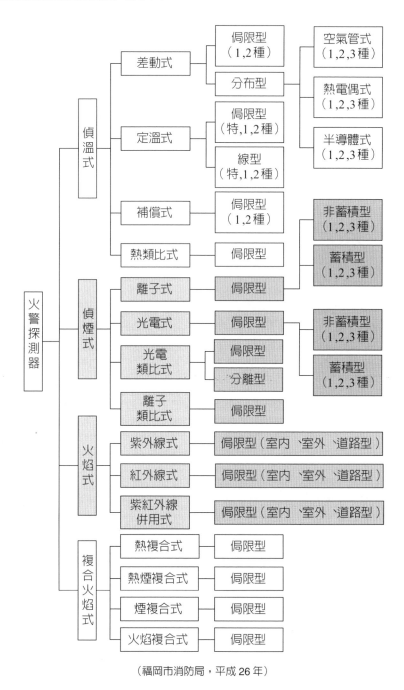

（福岡市消防局，平成 26 年）

3-57 差動式分布型設置規定（一）

第 121 條
差動式分布型探測器，依下列規定設置：
一、差動式分布型探測器爲空氣管式時，應符合下列規定：
　　（一）每一探測區域內之空氣管長度，露出部分在 20 公尺以上。
　　（二）裝接於一個檢出器之空氣管長度，在 100 公尺以下。
　　（三）空氣管裝置在裝置面下方 30 公分範圍內。
　　（四）空氣管裝置在自裝置面任一邊起 1.5 公尺以內之位置，其間距，在防火
　　　　　構造建築物，在 9 公尺以下，其他建築物在 6 公尺以下。但依探測區域
　　　　　規模及形狀能有效探測火災發生者，不在此限。
二、差動式分布型探測器爲熱電偶式時，應符合下列規定：
　　（一）熱電偶應裝置在裝置面下方 30 公分範圍內。
　　（二）各探測區域應設探測器數，依下表之規定：

建築物構造	探測區域樓地板面積	應設探測器數
防火構造建築物	88 平方公尺以下	至少四個
	超過 88 平方公尺	應設四個，每增加 22 平方公尺（包含未滿），增設一個。
其他建築物	72 平方公尺以下	至少四個
	超過 72 平方公尺	應設四個，每增加 18 平方公尺（包含未滿），增設一個。

　　（三）裝接於一個檢出器之熱電偶數，在二十個以下。
（續）

【解說】
　　差動式分布型探測器，常用於高天花板且樓地板面積廣大之場所，如倉庫、工廠、體育館等；依法規種類有空氣管式、熱電偶式及熱半導體式等三種。基本上，侷限型顧名思義其探測範圍是侷限於某一相對較小一定溫度以上熱空氣區域；而分布型是分布於相對較廣之一定溫度以上熱空氣區域。
　　空氣管式感知原理是火災發生時，天花板下方高溫熱空氣使空氣管內部空氣受外在熱而膨脹，相對使檢出器內之空氣膜片受熱擴展至其設置之信號接點相接觸產生閉合，送出火災信號。一個檢出器，有時可達到 100 公尺長度，假使熱量少許，是無法
（續）

差動式分布型探測器裝設規定

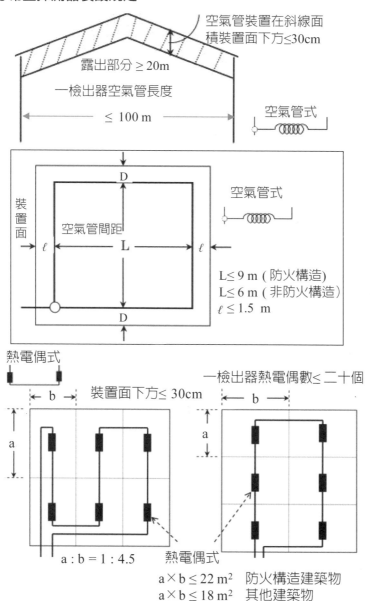

空氣管裝置在斜線面
積裝置面下方≤30cm

露出部分 ≥ 20m

一檢出器空氣管長度

≤ 100 m

空氣管式

裝
置
面

空氣管間距

D

L

D

ℓ

ℓ

空氣管式

L≤ 9 m (防火構造)
L≤ 6 m (非防火構造)
ℓ ≤ 1.5　m

熱電偶式

一檢出器熱電偶數≤ 二十個

裝置面下方≤ 30cm

b

a

b

a

a : b = 1 : 4.5

熱電偶式

$a \times b \leq 22 \ m^2$　防火構造建築物
$a \times b \leq 18 \ m^2$　其他建築物

差動式分布型探測器

差動式分布型探測器（檢出器與裝置面不得傾斜 5 度以上）	
空氣管式	裝接於一個檢出器之空氣管長度，在 20（露出）～100 m。
熱電偶式	裝接於一個檢出器之熱電偶數，在 4～20 個。
熱半導體式	裝接於一個檢出器之感熱器數量，在 2～15 個。

3-58 差動式分布型設置規定（二）

第 121 條（續）

三、差動式分布型探測器為熱半導體式時，應符合下列規定：

（一）探測器下端，裝設在裝置面下方 30 公分範圍內。

（二）各探測區域應設探測器數，依下表之探測器種類及裝置面高度，在每一有效探測範圍，至少設置二個。但裝置面高度未滿 8 公尺時，在每一有效探測範圍，至少設置一個。

裝置面高度	建築物之構造	探測器種類及有效探測範圍（平方公尺）	
		一種	二種
未滿 8 公尺	防火構造建築物	65	36
	其他建築物	40	23
8 公尺以上未滿 15 公尺	防火構造建築物	50	-
	其他建築物	30	-

（三）裝接於一個檢出器之感熱器數量，在二個以上十五個以下。

前項之檢出器應設於便於檢修處，且與裝置面不得傾斜 5 度以上。

定溫式線型探測器，依下列規定設置：

一、探測器設在裝置面下方 30 公分範圍內。

二、探測器在各探測區域，使用第一種探測器時，裝置在自裝置面任一點起水平距離 3 公尺（防火構造建築物為 4.5 公尺）以內；使用第二種探測器時，裝在自裝置面任一點起水平距離 1 公尺（防火構造建築物為 3 公尺）以內。

【解說】

（續上頁）使其信號接點相接觸，且檢出器空氣管越長越能防止局部熱效果之誤報。所以，空氣管露出部分 ≥ 20 公尺。在防火構造建築物係指建築技術規則建築設計施工編第 70 條，其主要構造之柱、樑、承重牆壁、樓地板及屋頂應具有至少半小時至三小時不等之防火時效。

熱電偶是一種被廣泛應用的溫度傳感器，也被用來將熱勢差轉換為電勢差，因任何導體（金屬）被施加熱梯度時都會產生電壓。現在這種現象被稱為熱電效應或「Seebeck 效應」。在電路中使用不同的金屬會產生不同的電壓，在本探測器利用鐵與銅產生溫度差，並轉換為電勢差之電力，使檢出部計量繼器動作接點閉合。而熱半導體也是將熱能轉為電能，由於沒有雙金屬片或膜片之可動部分，因此可靠度高。

差動式分布型探測器裝設規定

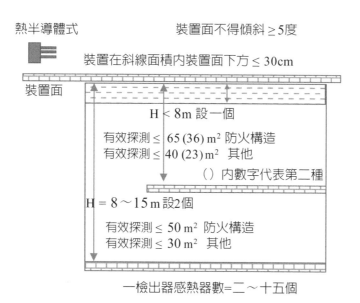

熱半導體式　　　　　　　　裝置面不得傾斜 ≥ 5度

裝置在斜線面積內裝置面下方 ≤ 30cm

裝置面

H < 8m 設一個

有效探測 ≤ 65 (36) m² 防火構造
有效探測 ≤ 40 (23) m² 其他

（ ）內數字代表第二種

H = 8～15 m 設2個

有效探測 ≤ 50 m² 防火構造
有效探測 ≤ 30 m² 其他

一檢出器感熱器數=二～十五個

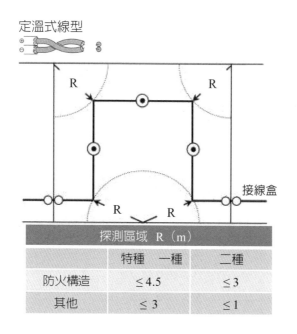

定溫式線型

接線盒

探測區域　R（m）		
	特種　一種	二種
防火構造	≤ 4.5	≤ 3
其他	≤ 3	≤ 1

3-59 偵煙式探測器裝置規定

第 122 條

偵煙式探測器除光電式分離型外，依下列規定裝置：

一、居室天花板距樓地板面高度在 2.3 公尺以下或樓地板面積在 40 平方公尺以下時，應設在其出入口附近。

二、探測器下端，裝設在裝置面下方 60 公分範圍內。

三、探測器裝設於距離牆壁或樑 60 公分以上之位置。

四、探測器除走廊、通道、樓梯及傾斜路面外，各探測區域應設探測器數，依下表之探測器種類及裝置面高度，在每一有效探測範圍，至少設置一個。

裝置面高度	探測器種類及有效探測範圍（平方公尺）	
	一種或二種	三種
未滿 4 公尺	150	50
4 公尺以上未滿 20 公尺	75	-

五、探測器在走廊及通道，步行距離每 30 公尺至少設置一個；使用第三種探測器時，每 20 公尺至少設置一個；且距盡頭之牆壁在 15 公尺以下，使用第三種探測器應在 10 公尺以下。但走廊或通道至樓梯之步行距離在 10 公尺以下，且樓梯設有平時開放式防火門或居室有面向該處之出入口時，得免設。

六、在樓梯、斜坡通道及電扶梯，垂直距離每 15 公尺至少設置一個；使用第三種探測器時，其垂直距離每 10 公尺至少設置一個。

七、在昇降機坑道及管道間（管道截面積在 1 平方公尺以上者），應設在最頂部。但昇降路頂部有昇降機機械室，且昇降路與機械室間有開口時，應設於機械室，昇降路頂部得免設。

【解說】

居室天花板距樓地板面高度在二點三公尺以下或樓地板面積在四十平方公尺以下時，應設在其出入口附近；這是因小區劃空間火災時，室內火羽流膨脹快速擠壓原來空間，很快會往出入口外大空間流出。探測器下端裝設在裝置面下方六十公分範圍內，這與第 119 條偵煙探測區域四周淨高 60cm 以上作呼應。而火羽流受熱空氣膨脹，原來空氣會往牆壁或樑方向擠壓，空間壓縮至一定程度時火羽流熱空氣再也無法進入，這也就是探測器要求裝設於距離牆壁或樑六十公分以上之位置。在探測器在走廊及通道，步行距離每三十公尺至少設置一個；使用第三種探測器時，每二十公尺至少設置一個；且距盡頭之牆壁在十五公尺以下，使用第三種探測器應在十公尺以下。但走廊或通道至樓梯之步行距離在十公尺以下，且樓梯設有平時開放式防火門或是居室有出入口直接通往樓梯，得免設。

偵煙式探測器裝設（光電式分離型除外）

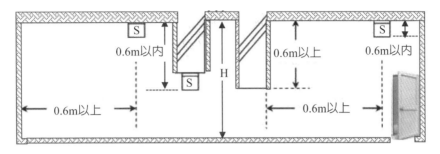

H ≤ 2.3m或樓地板 ≤ 40 m² 探測器設在出入口附近

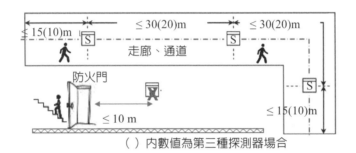

（ ）內數值為第三種探測器場合

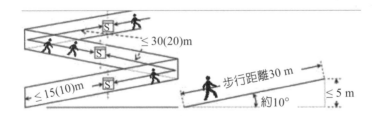

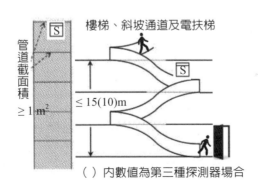

（ ）內數值為第三種探測器場合

3-60 光電式分離型及火焰式設置規定

第 123 條
光電式分離型探測器,依下列規定設置:
一、探測器之受光面設在無日光照射之處。
二、設在與探測器光軸平行牆壁距離 60 公分以上之位置。
三、探測器之受光器及送光器,設在距其背部牆壁 1 公尺範圍內。
四、設在天花板等高度 20 公尺以下之場所。
五、探測器之光軸高度,在天花板等高度 80% 以上之位置。
六、探測器之光軸長度,在該探測器之標稱監視距離以下。
七、探測器之光軸與警戒區任一點之水平距離,在 7 公尺以下。
前項探測器之光軸,指探測器受光面中心點與送光面中心點之連結線。

【解說】
　　光電式分離型探測器於送光部與受光部間,以長距離光路對空間火災進行廣範圍之擴散煙霧進行綜合性之檢知。於大空間環境火災初期時所產生低濃度、全面擴散煙霧,不像小區劃空間火災生成高濃度且局部性煙霧,易於檢知。因此,分離式主要為大面積煙霧檢知,能比侷限型更易發現火災。最大監視使用距離可達 100 公尺、寬 14 公尺,因此最適於大空間區域。而受光器及送光器設在距其背部牆壁≤ 1 公尺範圍,這是減少偵測盲點及死角。為了能及早發現火勢,其光軸高度在天花板等高度≥ 80% 位置。

第 124 條
火焰式探測器,依下列規定設置:
一、裝設於天花板、樓板或牆壁。
二、距樓地板面 1.2 公尺範圍內之空間,應在探測器標稱監視距離範圍內。
三、探測器不得設在有障礙物妨礙探測火災發生處。
四、探測器設在無日光照射之處。但設有遮光功能可避免探測障礙者,不在此限。

【解說】
　　紅外線式火焰探測器是以捕捉物體燃燒時所產生的放射能量如紫或紅外線,進而探測火警狀況。一般使用的偵溫或是偵煙式,由於需待熱或煙到達設置位置後才會感應,對於挑高的場所會有熱或煙稀釋位移或是費時較久等問題。如果採用直接探測放射能量的火警探測方式,則不會有時間差,進而確實地探測火警。特別適合設置於挑高的空間。因此,火焰式探測器主要用於挑高場所如中庭、劇院、倉庫或有換氣流或外氣流的場所如玄關、大廳、懸空式建築。所以,火焰式探測器感知不是煙及溫度,因此不受限於裝置高度 20m 之限制;距樓地板面一點二公尺範圍內之空間,應在探測器標稱監視距離範圍內,這是火災通常起火燃燒之位置範圍。

光電式分離型探測器裝設

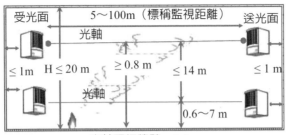

火焰式探測器裝設

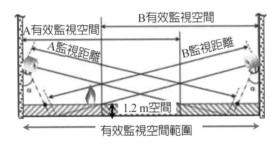

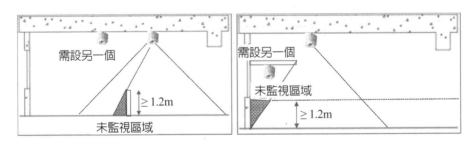

（福岡市消防局，平成 26 年）

差動式分布型熱電偶式探測器

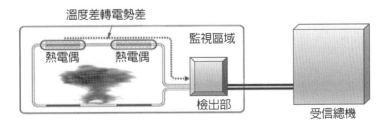

3-61 火警受信總機裝置

第 125 條

火警受信總機應依下列規定裝置：

一、具有火警區域表示裝置，指示火警發生之分區。

二、火警發生時，能發出促使警戒人員注意之音響。

三、附設與火警發信機通話之裝置。

四、一棟建築物內設有二臺以上火警受信總機時，設受信總機處，設有能相互同時通話連絡之設備。

五、受信總機附近備有識別火警分區之圖面資料。

六、裝置蓄積式探測器或中繼器之火警分區，該分區在受信總機，不得有雙信號功能。

七、受信總機、中繼器及偵煙式探測器，有設定蓄積時間時，其蓄積時間之合計，每一火警分區在 60 秒以下，使用其他探測器時，在 20 秒以下。

八、歌廳、舞廳、夜總會、俱樂部、錄影節目帶播映場所（MTV 等）、視聽歌唱場所（KTV 等）、酒家、酒吧、酒店（廊）或其他類似場所，因營業時音量或封閉式隔間等特性，致難以聽到火警警鈴聲響或辨識緊急廣播語音，於火災發生時，應連動停止相關娛樂用影音設備。

九、受信總機應具有於接受火災信號後一定時間內或再接受火災信號時，強制地區警報音響裝置鳴動之功能。

總樓地板面積未達三百五十平方公尺之建築物，得設置單回路火警受信總機，其裝置不受前項第一款及第三款至第五款之限制；符合第十九條第一項第四款所定之樓層及場所用途分類，且該層樓地板面積未達三百五十平方公尺者，亦同。

【解說】

　　本條第 8、9 款係民 110 年新增，因封閉式隔間等特性，易對火警警鈴或廣播聲響造成干擾，致消費者不易聽到緊急廣播或警鈴聲響，火災發生時應能連動關閉娛樂用之影音設備。再接受火災信號係指受信總機再次接受火災信號（如來自其他火警分區之火災信號）或接受由火警發信機發出之火災信號，應立即使地區警報音響裝置切換為鳴動狀態。為使地區音響警報裝置經操作停止後，火警受信總機於一定時間內或再接受新的火災信號時，應強制開啟地區音響警報裝置之鳴動功能。但一定時間可設定者，得為十分鐘以內，並應具有五分鐘以下之設定值；接受新的火災信號係指受信總機再次接受火災信號或接受由火警發信機發出之火災信號。

得設單回路總機，不受前項之火警區域表示、附設通話、相互同時通話、識別分區圖面之限制		
適用範圍	樓地板面積	場所
❶ 建築物	總 $< 350m^2$	整棟
❷ 該樓層	100~350 m²	地下層或無開口樓層供甲₁、甲₅、戊（甲₁、甲₅）
❸ 該樓層	300~350 m²	地下層或無開口樓層供 ❷ 以外之場所

　　所謂動作時間為加熱（煙）器接觸到探測器動作開始起算之時間；探測器動作是探測器本體上動作確認燈亮起；蓄積時間指探測器動作之後到總機發出警報時間；而蓄積時間是不含動作時間；蓄積功能之目的是回路偵測必須經過一定時間之確定，才進行警報動作，除避免誤報外，也減低一般線路之干擾誤報情形，以提高主機之信賴度。因此，探測器也分蓄積型與非蓄積型；在總機發出警報之時間，於蓄積型總時間有三項，為動作時間＋蓄積時間＋5 秒（訊號傳輸遲滯時間）之合計，而非蓄積型則僅為動作時間一項。此外，在受信總機與火警發信機之插孔，以攜帶用受話器插入，應能相互間進行通話聯絡。事實上，現科技資訊發達，此項目前大多由手機或手提對講機進行測試聯絡。

火警受信總機規定

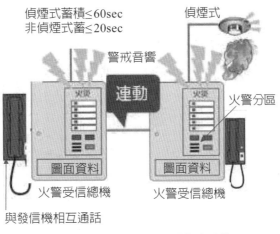

≥二臺受信總機相互同時通話聯絡之設備

3-62 火警受信總機位置配線及電源

第 126 條
火警受信總機之位置，依下列規定裝置：
一、裝置於值日室等經常有人之處所。但設有防災中心時，設於該中心。
二、裝置於日光不直接照射之位置。
三、避免傾斜裝置，其外殼應接地。
四、壁掛型總機操作開關距離樓地板面之高度，在 0.8 公尺（座式操作者，爲 0.6 公尺）以上 1.5 公尺以下。

【解說】

　　雙信號分探測器送出第一信號至總機時僅鳴動主音響與亮起地區表示燈，再傳入總機第二信號時則鳴動地區音響，這是避免一有信號就響起地區音響，因其有可能是誤報。所以探測器或是中繼器如爲蓄積型，而受信總機就不可爲雙信號式，因會遲報火警。而消防設備由人員站立之手動操作，原則高度以 0.8～1.5 公尺爲之。

第 127 條
火警自動警報設備之配線，除依屋內線路裝置規則外，依下列規定設置：
一、常開式之探測器信號迴路，其配線採用串接式，並加設終端電阻，以便藉由火警受信總機作迴路斷線自動檢出用。
二、P 型受信總機採用數個分區共用一公用線方式配線時，該公用線供應之分區數，不得超過七個。
三、P 型受信總機之探測器迴路電阻，在 50Ω 以下。
四、電源迴路導線間及導線與大地間之絕緣電阻值，以直流 250 伏特額定之絕緣電阻計測定，對地電壓在 150 伏特以下者，在 0.1MΩ 以上，對地電壓超過 150 伏特者，在 0.2MΩ 以上。探測器迴路導線間及導線與大地間之絕緣電阻值，以直流 250 伏特額定之絕緣電阻計測定，每一火警分區在 0.1MΩ 以上。
五、埋設於屋外或有浸水之虞之配線，採用電纜並穿於金屬管或塑膠導線管，與電力線保持 30 公分以上之間距。

【解說】

　　線路採串接式，將探測器底盤分離時，接點中有一端會呈現開路，爲斷線現象，一端量測到 24 伏特，另一端量測爲 10KΩ（終端電阻值），其作爲迴路斷線能自動發出警報。常開式之探測器是平常不接通信號，迴路電阻 50Ω 以下，是能有效接地問題。

火警自動警報設備配線規定

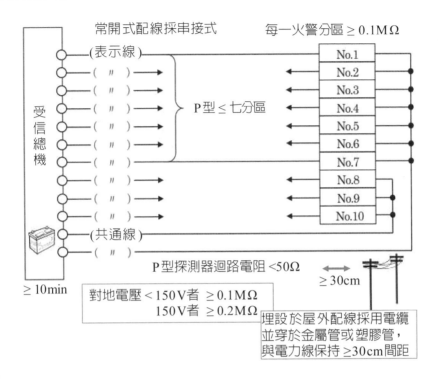

串接式與終端電阻

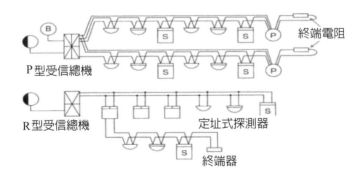

3-63 緊急電源、火警發信機及火警警鈴

> **第 128 條**
> 火警自動警報設備之緊急電源,應使用蓄電池設備,其容量能使其有效動作 10 分鐘以上。

【解說】

　　火警自動警報設備之緊急電源,有效動作僅需 10 分鐘即可,因其係偵知及發出火警信號及接收移報至消防設備如排煙、滅火設備等,這些火災初期之信號接收及移報傳送工作,即完成火警自動警報設備之階段性工作,接下來由其他消防設備執行;因此火警設備是帶動一切設備之火車頭。

> **第 129 條**
> 每一火警分區,依下列規定設置火警發信機:
> 一、按鈕按下時,能即刻發出火警音響。
> 二、按鈕前有防止隨意撥弄之保護板。
> 三、附設緊急電話插座。
> 四、裝置於屋外之火警發信機,具防水之性能。
> 二樓層共用一火警分區者,火警發信機應分別設置。但樓梯或管道間之火警分區,得免設。

【解說】

　　火警發生可由探測器自動偵知,也可由人員察覺出火警,一旦察知火災發生,首重火災通報工作,再者才是滅火工作及避難逃生工作,有其時間性之優先順序。因此,火災如何通報呢?緊急廣播或由火警發信機也就是手動報警機,按鈕按下時,能即刻發出火警音響,建築物使用人即可警覺有火災之緊急事件發生了,停止一切工作,開始進行火災應變。

　　當然,這需要事前演練之團隊合作,所以消防法施行細則規定,一定規模以上供公眾使用建築物,每半年至少應舉辦自衛消防編組訓練一次,每次不得少於 4 小時,並應事先通報當地消防機關。緊急事件發生時,人員一接收到火警信號,即應立刻作出有效反應,然而這緊急反應,來自於平時訓練工作印象,假使平時不訓練,此時自然就難以反應出有效應變,更遑論能滅火、避難引導等工作之團隊合作。

　　此外,發信機之構造及功能應符合 CNS 8876 之規定,火警發信機啟動開關時即能送出火警信號,CNS 8876 亦有明定。火警發信機於接裝 R 型受信總機迴路時,自動作至火警音響發報之時間間隔,目前尚無法定秒數之明確規範。

P型（左）與R型（右）受信總機配線

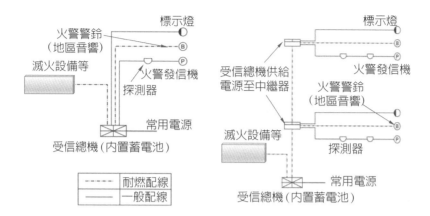

動作時間與蓄積時間

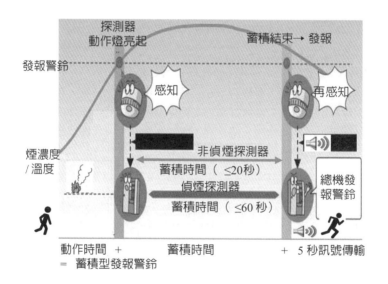

3-64 火警發信機及火警警鈴

> **第 130 條**
> 設有火警發信機之處所，其標示燈應平時保持明亮，標示燈與裝置面成 15 度角，在 10 公尺距離內需無遮視物且明顯易見。

【解說】

　　火警發信機係利用手動對火警受信總機或中繼器等發出信號之設備。火警發信機依操作方式區分「強壓型」及「扳動型」，依設置場所區分「屋內型」及「屋外型」。而標示燈由火警受信總機或中繼器等操作，於火災發生時發出閃亮燈光之表示設備。標示燈之燈罩應為紅色透明之玻璃材料或耐燃性材料；而燈座及座臺應為不燃或耐燃材料。

　　標示燈在周圍照度 300Lux 以上之狀態下，沿著與裝設面成為 15 度以上角度之方向距離 10 公尺處，可以目視確認其亮燈。且施以額定電壓之 130% 電壓連續 20 小時後，不得有斷線、黑化或發生電流降低達到初期量測值之 20% 以上。

> **第 131 條**
> 設有火警發信機之處所，其火警警鈴，依下列規定設置：
> 一、電壓到達規定電壓之 80% 時，能即刻發出音響。
> 二、在規定電壓下，離開火警警鈴 100 公分處，所測得之音壓，在 90 分貝以上。
> 三、電鈴絕緣電阻以直流 250 伏特額定之絕緣電阻計測定，在 20 MΩ 以上。
> 四、警鈴音響應有別於建築物其他音響，並除報警外不得兼作他用。
> 依本章第三節設有緊急廣播設備時，得免設前項火警警鈴。

【解說】

　　火警警鈴由火警受信總機或中繼器等操作，於火災發生時發出警報音響之設備。火警警鈴係使用鈴殼及打鈴振動臂者應有防腐蝕處理，且鈴殼需為紅色；使用電源需為 DC 24V 且應標明消耗電流。

　　P 型 1 級與 P 型 2 級發信機差異性，係前者有電話插孔及確認燈，而後者沒有。將火警警鈴裝置於無響室內，施以額定電壓之 80% 電壓時，在距離火警警鈴正面 1 公尺處所測得之音壓須在 65 分貝以上，以預防電壓不足以發出音響；施以額定電壓時，在距離火警警鈴正面 1 公尺處所測得之音壓需在 90 分貝以上，以確保建築物使用人員能聽到警告。

　　絕緣電阻 ≥ 20MΩ，是能抵抗問題避免破壞而誤報。而設有緊急廣播設備，得免設火警警鈴，緊急廣播可由人語音告知火警或由人員確認明確告知位置及狀況，而警鈴只能提供警告，並不得知火災狀況。

火警發信機與標示燈

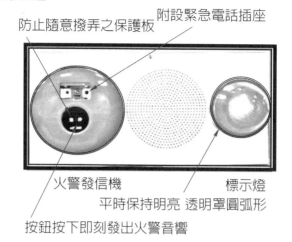

防止隨意撥弄之保護板　　附設緊急電話插座

火警發信機

標示燈
平時保持明亮 透明罩圓弧形

按鈕按下即刻發出火警音響

中繼器與終端電阻

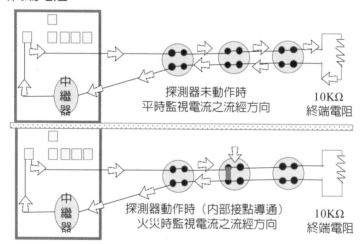

中繼器

探測器未動作時
平時監視電流之流經方向

10KΩ
終端電阻

中繼器

探測器動作時（內部接點導通）
火災時監視電流之流經方向

10KΩ
終端電阻

警報系統主要構件

檢修項目 ＼ 設備項目	火警自動警報設備	瓦斯漏氣火警自動警報設備	緊急廣播設備
1 緊急電源	○	○	○
2 受信總機或廣播主機	○	○	○
3 探測器、檢知器或揚聲器	○	○	○
4 手動報警機或啓動裝置	○	×	○
5 標示燈	○	○	○
6 火警警鈴或警報音響	○	○	×

3-65 火警發信機、標示燈及火警警鈴裝置

【解說】

　　火警發信機係手動報警機，不能代表整個手動報警設備。發信機適合設置於避難通
道或火警分區之明顯處，可由人員快速尋找接近操作，一般與標示燈、火警警鈴共同
裝置於消防立管之室內消防栓箱上方。

　　考量手動報警設備設置位置符合第 132 條第一款至第三款規定，而設置在消防栓箱
側方者，實質具有設置在該箱上方之同等效能，手動報警設備得不受第 132 條第四款
規定之限制。

　　火警發信機離地板面之高度在 1.2 公尺以上 1.5 公尺以下，此與一般消防設備手動
操作部分，高度原則於 0.8~1.5 公尺，略有差異，此當人員已發現火警，需速進行通
報，為免被他物影響，有略為高一點且較明顯。

　　而標示燈及火警警鈴距離地板面之高度，在 2 公尺以上 2.5 公尺以下，因此不需人
員接觸操作，此提供視覺與聽覺之緊急信號，高一點有較明顯效果且易引起人員注
意。

　　設有緊急廣播設備時，「得」免設前項火警警鈴，係指緊急廣播設備確實具有火警
警鈴之音響或警報功能。另緊急廣播設備之火警音響與火警警鈴併設是否影響廣播效
果，需視該設備之功能而定。

　　原有合法建築物設置之火警自動警報設備及緊急廣播設備，依內政部消防法令函釋
及公告，為確保緊急廣播內容不受火警警鈴、自動語音廣播干擾，且改善不破壞原有
結構之安全，考量各直轄市、縣市宣達及改善緩衝時程，如不符規定應於 106 年 12
月 31 日前改善完畢。

　　管理權人於改善完竣後，併同消防法第 9 條消防安全設備定期委託消防設備師
（士）進行檢修申報之規定，依限報請當地消防機關備查，其並視需要派人進行複查。

火警自動警報設備受信總機

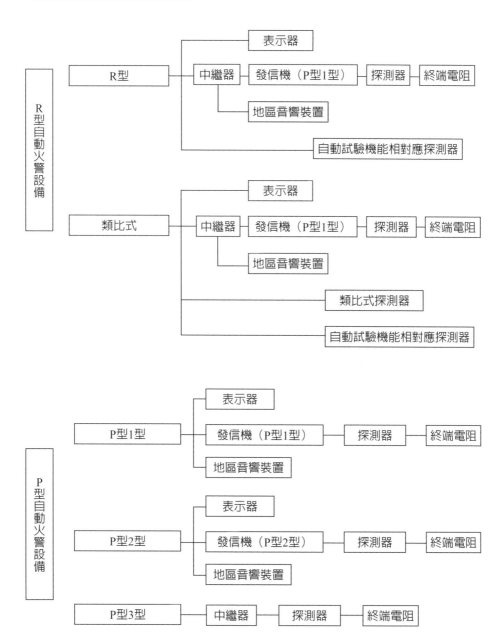

3-66 緊急廣播設備裝置（一）

第 133 條
緊急廣播設備，依下列規定裝置：
一、距揚聲器 1 公尺處所測得之音壓應符合下表規定：

揚聲器種類	音壓
L 級	92 分貝以上
M 級	87 分貝以上 92 分貝未滿
S 級	84 分貝以上 87 分貝未滿

二、揚聲器，依下列規定裝設：
（一）廣播區域超過 100 平方公尺時，設 L 級揚聲器。
（二）廣播區域超過 50 平方公尺，100 平方公尺以下時，設 L 級或 M 級揚聲器。
（三）廣播區域在 50 平方公尺以下時，設 L 級、M 級或 S 級揚聲器。
（四）從各廣播區域內任一點至揚聲器之水平距離在 10 公尺以下。但居室樓地板面積在 6 平方公尺或由居室通往地面之主要走廊及通道樓地板面積在 6 平方公尺以下，其他非居室部分樓地板面積在 30 平方公尺以下，且該區域與相鄰接區域揚聲器之水平距離相距 8 公尺以下時，得免設。
（五）設於樓梯或斜坡通道時，至少垂直距離每 15 公尺設一個 L 級揚聲器。
（續）

【解說】
　　設有火警自動警報設備或瓦斯漏氣火警自動警報設備之建築物，應設緊急廣播設備。緊急廣播設備可藉由火警探測器動作後連動啟動，亦可經由人員手動啟動。火警自動警報設備與緊急廣播設備最大的差異在於緊急廣播設備可於火災發生時，能利用擴音設備發布「火災語音訊息」通知防火對象內相關人員，確實知悉正確的火災訊息（例如：發生位置、避難指引等），而採行因應行動之消防安全設備。
　　由於聲波的傳播是從聲源處往四周散開，所以聲音的強度隨傳播距離的增加而減弱。固、液、氣：就同長的傳播距離而言，以在空氣中傳播的聲音強度衰減最大，其次為液體，在固體中則最小。例如伏在鐵軌上，可以清楚地聽到遠處火車在鐵軌上滾動的聲響，但站起來時就聽不清楚，這就是因為聲波在鐵軌中傳播時，其衰減程度遠較在空氣中為小的緣故。因此，揚聲器因應區域大小在空氣中衰減很快分 L、M 與 S 級。
　　而分貝（decibel）是量度兩個相同單位之數量比例的單位，主要用於度量聲音強度或響度，也就是音量。零分貝的設定，是根據聽力正常的年輕人所能聽到的最小聲音所得到的。每增加 10 分貝等於強度增加 10 倍，增加 20 分貝增加 100 倍，30 分貝則增加 1000 倍。一般講話的聲音約為 50 分貝左右，而汽車喇叭約為 90~115 分貝，超過 130 分貝為超音波。

緊急廣播設備裝置規定

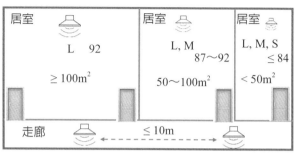

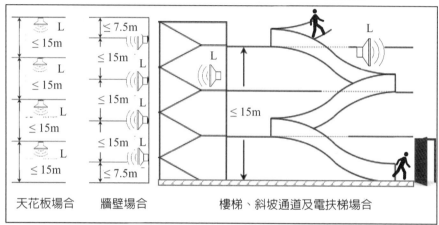

天花板場合　　牆壁場合　　　樓梯、斜坡通道及電扶梯場合

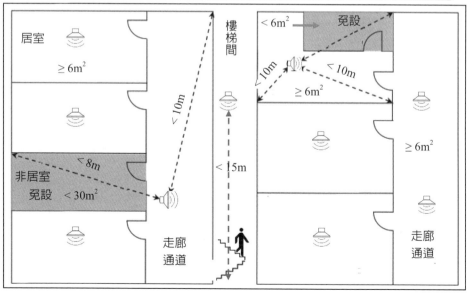

3-67 緊急廣播設備裝置（二）

第 133 條（續）

三、樓梯或斜坡通道以外之場所，揚聲器之音壓及裝設符合下列規定者，不受前款第四目之限制：

（一）廣播區域內距樓地板面 1 公尺處，依下列公式求得之音壓在 75 分貝以上者。

$$P = p + 10 \log_{10} \left(\frac{Q}{4\pi r^2} + \frac{4(1-\alpha)}{S\alpha} \right)$$

　P 值：音壓（單位：分貝）

　p 值：揚聲器音響功率（單位：分貝）

　Q 值：揚聲器指向係數

　r 值：受音點至揚聲器之距離（單位：公尺）

　α 值：廣播區域之平均吸音率

　S 值：廣播區域內牆壁、樓地板及天花板面積之合計（單位：平方公尺）

（二）廣播區域之殘響時間在 3 秒以上時，距樓地板面 1 公尺處至揚聲器之距離，在下列公式求得值以下者。

$$r = \frac{3}{4} \sqrt{\frac{QS\alpha}{\pi(1-\alpha)}}$$

　r 值：受音點至揚聲器之距離（單位：公尺）

　Q 值：揚聲器指向係數

　S 值：廣播區域內牆壁、樓地板及天花板面積之合計（單位：平方公尺）

　α 值：廣播區域之平均吸音率。

【解說】

　　dB 英文全名為 deci Bel，即 10^{-1} 分貝之意，而 1 分貝為以 1 瓦電力在離揚聲音器 1 公尺處所測得音壓。指向特性為揚聲器於正面軸上所測得之最高音壓位準，隨遠離正面軸而逐漸衰減，其極座標圖示（Polar diagram）之音壓位準曲線所顯示揚聲器之指向特徵。

　　指向係數為該點方向之音壓強度與全方向平均值之音壓強度比值。

　　揚聲器為由增幅器以及操作之作動，發出必要音量播報警報音或其他聲音之裝置。

　　廣播區域之平均吸音率，這是依實際狀況需求性能式法規計算：$\alpha = (\Sigma Snan)/\Sigma Sn$，其中，$\alpha$ 為平均吸音率，Sn 為建築材料之面積（平方公尺），an 為建築材料之吸音率。

揚聲器之音壓計算例

在一辦公室空間,圓錐型(W)揚聲器指向係數為 3、音響功率為 100 分貝、平均吸音率為 0.10(2KHz),求受音點至揚聲器距離及音壓為何?

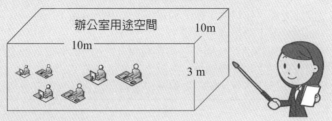

辦公室用途空間
10m
10m
3 m

解:

受音點至揚聲器距離(r)

$$r = 3/4 \sqrt{\frac{QS\alpha}{\pi(1-\alpha)}} = 3/4 \sqrt{\frac{3 \times 320 \times 0.10}{\pi(1-0.10)}} = 4.37m$$

音壓 P

$$P = p + 10\log_{10}\left(\sqrt{\frac{Q}{4\pi r^2} + \frac{4(1-\alpha)}{S\alpha}}\right) = 100 + 10\log_{10}\left(\sqrt{\frac{3}{4\pi(4.37)^2} + \frac{4(1-0.10)}{320 \times 0.10}}\right)$$

$$= 90.97(dB)$$

揚聲器音壓及音響警報規定

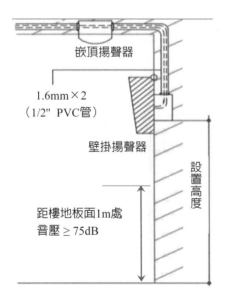

嵌頂揚聲器

1.6mm×2
(1/2" PVC管)

壁掛揚聲器

設置高度

距樓地板面1m處
音壓 ≧ 75dB

殘響時間(T)

$$T = 0.161\frac{V}{S\alpha}$$

式中
V:廣播區域之空間體積(m³)
S:廣播區域之空間牆、樓板或
  天花板合計面積(m²)
α:廣播區域之平均吸音率

3-68 廣播分區

第 134 條
裝設緊急廣播設備之建築物，依下列規定劃定廣播分區：
一、每一廣播分區不得超過一樓層。
二、室內安全梯或特別安全梯應垂直距離每 45 公尺單獨設定一廣播分區。安全梯
　　或特別安全梯之地下層部分，另設定一廣播分區。
三、建築物挑空構造部分，所設揚聲器音壓符合規定時，該部分得爲一廣播分區。

【解說】
　　廣播分區爲最小單元面積廣播範圍，而地下層部分在法規上皆視爲一特別予以考量
空間，因其人命危險度較高處所。建築物挑空構造部分，揚聲器音壓會因空間距離而
衰減，故得爲另一廣播分區單元。安全梯或特別安全梯之地下層部分，另設定一廣播
分區。此如同第 122 條『於樓梯等垂直距離每四十五公尺爲一火警分區。但其地下層
部分應爲另一火警分區』。

第 135 條
緊急廣播設備與火警自動警報設備連動時，其火警音響之鳴動準用第113條之規定。
緊急廣播設備之音響警報應以語音方式播放。
緊急廣播設備之緊急電源，準用第 128 條之規定。

【解說】
　　所設緊急廣播設備，基於火災時內部使用人員緊張情境，於具有警報、避難指導及
心理安撫等需求，宜具有語音合成方式之功能。緊急電源應使用直流蓄電池。

第 136 條
緊急廣播設備之啟動裝置應符合 CNS 10522 之規定，並依下列規定設置：
一、各樓層任一點至啟動裝置之步行距離在 50 公尺以下。
二、設在距樓地板高度 0.8 公尺以上 1.5 公尺以下範圍內。
三、各類場所第十一層以上之各樓層、地下第三層以下之各樓層或地下建築物，應
　　使用緊急電話方式啟動。

【解說】
　　室內消防栓之手動按下火警發信機爲 25m（水平距離），緊急廣播設備之手動啓動
與日本一樣爲 50m（步行距離）；火災發生爲緊急事件，爲求快速對內通報，爲何距
離拉至這麼遠，不知其理何在。內政部公告「火警受信總機」爲應施認可品目，緊急
廣播設備應依火警受信總機認可基準辦理認可。於地下建築物等場所，有避難上時間
長問題，人員再進入手動操作也有其危險，故應使用緊急電話方式啟動。而緊急廣播
設備與火警自動警報設備連動時，仍應各確保其獨立功能，所設緊急電話方式啟動，
不得免設；另手動報警機與緊急廣播備啟動裝置併設方式，自非法所不許，惟仍應各
別符合其相關規定。

緊急廣播設備劃設廣播分區

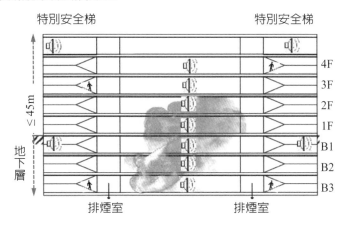

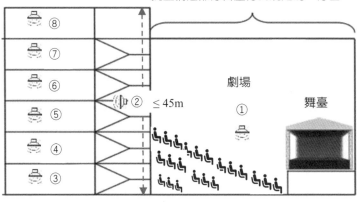

每一廣播分區不得超過一樓層，本例為八個分區

一般聲音分貝數

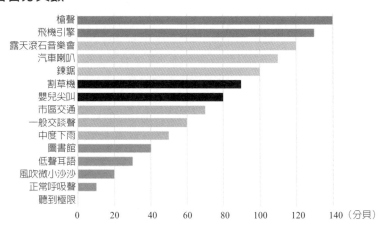

3-69 擴音機及操作裝置

第 137 條
緊急廣播設備與其他設備共用者，在火災時應能遮斷緊急廣播設備以外之廣播。

【解說】

「緊急廣播設備與其他設備共用者，在火災時應能遮斷緊急廣播設備以外之廣播。」爲使緊急廣播內容不受火警警鈴干擾，依內政部消防法令函釋及公告，日本平成 6 年 2 月 1 日消防予第 22 號與昭和 60 年 9 月 30 日消防予第 110 號規範，以麥克風開關啟動緊急廣播時，若火警自動警報設備地區音響鳴動中，應即停止地區音響；停止麥克風廣播（關麥克風開關）時，應即再鳴動地區音響，此設計之受信總機與緊急廣播設備間配線應爲耐熱保護。上述規範，請各地方消防機關於消防安全設備圖說審查時，要求消防專技人員納入消防安全設備圖說，以確保緊急廣播音聲之清晰。而麥克風開關啟動緊急廣播時，若火警自動警報設備地區音響鳴動中，應即停止地區音響；停止麥克風廣播（關麥克風開關）時，應即再鳴動地區音響之功能。

第 138 條
擴音機及操作裝置，應符合 CNS 10522 之規定，並依下列規定設置：
一、操作裝置與啟動裝置或火警自動警報設備動作連動，並標示該啟動裝置或火警
　　自動警報設備所動作之樓層或區域。
二、具有選擇必要樓層或區域廣播之性能。
三、各廣播分區配線有短路時，應有短路信號之標示。
四、操作裝置之操作開關距樓地板面之高度，在 0.8 公尺以上（座式操作者，爲 0.6
　　公尺）1.5 公尺以下。
五、操作裝置設於值日室等經常有人之處所。但設有防災中心時，設於該中心。

【解說】

緊急廣播設備組成元件爲電源供應器、廣播主機、操作裝置、功率擴大器、啟動裝置、揚聲器及相關連動界面等。其啟動裝置可由手動壓下或由緊急電話方式啟動，即 P 型一級之附緊急電話插孔，來啟動緊急廣播設備，並與火警自動警報設備動作連動。而標示火警動作之區域，此即爲火災發生樓層位置，人員應變首應了解資訊。

爲能各樓層鳴動，應具有選擇必要樓層或區域廣播之性能。爲能便於日後維修，應有短路信號之標示；而人員手動操作高度，所有消防設備皆以 0.8～1.5 公尺爲原則。有警報音與操作，當然需設在經常有人之處所，始有意義。

緊急廣播主機配線與語音播放

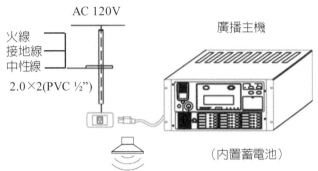

緊急廣播設備之音響警報應以語音方式播放

緊急廣播設備啟動及操作裝置

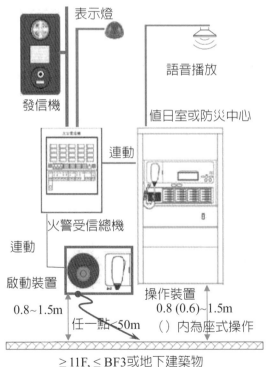

3-70 緊急廣播設備配線

第 139 條

緊急廣播設備之配線，除依屋內線路裝置規則外，依下列規定設置：

一、導線間及導線對大地間之絕緣電阻值，以直流 250 伏特額定之絕緣電阻計測定，對地電壓在 150 伏特以下者，在 0.1MΩ 以上，對地電壓超過 150 伏特者，在 0.2MΩ 以上。

二、不得與其他電線共用管槽。但電線管槽內之電線用於 60 伏特以下之弱電迴路者，不在此限。

三、任一層之揚聲器或配線有短路或斷線時，不得影響其他樓層之廣播。

四、設有音量調整器時，應爲三線式配線。

【解說】

由上所述，緊急廣播設備之啟動方式分爲手動和自動，自動即由火警設備（或瓦斯漏氣火警自動警報設備）之探測器等來連動。緊急廣播設備之擴音機及操作裝置與火警自動警報設備動作連動時，則可免設啟動裝置。

導線間及導線對大地間之絕緣電阻值，這是控制配線短路之問題。不得與其他電線共用管槽，是怕受到其他感應電流引起誤報之問題。而任一層之揚聲器或配線有短路或斷線時，應在各樓層有其獨立迴路之個別配線，即不會影響其他樓層之廣播。一般於線路間電流狀態於正常狀態 I = 24V/10kΩ= 2.4mA；斷線狀態 I = 24V/ 無限大 Ω < 0A；火警狀態 I =24V/ 0Ω > 2.4mA。

廣播區域內之配線，基本上只需二線式，而三線式配線是再加一條配線，這可做爲其他用途，此可經過音量調整器來調整音量大小，請見右圖所示。一旦緊急廣播時，揚聲器是不需經過音量調整器，即可進行人語音方式廣播火警訊息。而集合住宅依各類場所消防安全設備設置標準之規定，應設緊急廣播設備時，其居室部分得免設揚聲器，僅檢討其走廊、通道等部分即可，其揚聲器應以設置 L 級爲原則。

在消防安全設備測試報告書測試方法及判定要領，於緊急廣播設備性能測試之迴路短路測試，其測試方法規定：「在依額定輸出使音聲警報音之第二信號鳴動的狀態下，使任意輸出迴路短路時，確認不會對其他迴路產生性能障礙。」判定要領：「短路輸出迴路以外的輸出迴路廣播應正常，同時確認係哪一個輸出迴路發生短路。」假使是採每層（區）揚聲器以二條線配置至各樓層升位（幹線）交會處，經由二線式控制模組與二條主音源線（幹線）連接至廣播主機之設計，在任一層（區）平面或升位處，有短路情形時，音源輸出電壓恐降爲零，致全棟緊急廣播無法動作，這是違反設置標準之規定。

緊急廣播設備配線

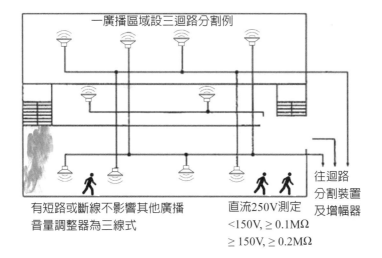

一廣播區域設三迴路分割例

往迴路
分割裝置
及增幅器

有短路或斷線不影響其他廣播
音量調整器為三線式

直流250V測定
<150V, ≥ 0.1MΩ
≥ 150V, ≥ 0.2MΩ

音量調整器三線式配線

音量調整器三線式配線

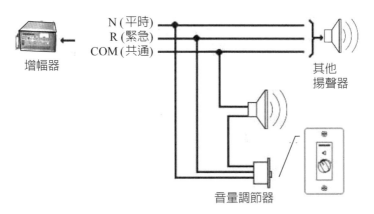

增幅器

N (平時)
R (緊急)
COM (共通)

其他
揚聲器

音量調節器

3-71 警報分區及瓦斯漏氣檢知器

第 140 條

瓦斯漏氣火警自動警報設備依第 112 條之規定劃定警報分區。

前項瓦斯，指下列氣體燃料：

一、天然氣。

二、液化石油氣。

三、其他經中央主管機關指定者。

【解說】

目前國內各場所使用瓦斯，大多為天然氣與液化石油氣，前者空氣比重僅 0.5 倍，而後者為空氣比重 1.5 倍，而瓦斯漏氣檢知器也相對依其位置來決定裝設。

第 141 條

瓦斯漏氣檢知器，依瓦斯特性裝設於天花板或牆面等便於檢修處，並符合下列規定：

一、瓦斯對空氣之比重未滿 1 時，依下列規定：

（一）設於距瓦斯燃燒器具或瓦斯導管貫穿牆壁處水平距離 8 公尺以內。但樓板有淨高 60 公分以上之樑或類似構造體時，設於近瓦斯燃燒器具或瓦斯導管貫穿牆壁處。

（二）瓦斯燃燒器具室內之天花板附近設有吸氣口時，設在距瓦斯燃燒器具或瓦斯導管貫穿牆壁處與天花板間，無淨高 60 公分以上之樑或類似構造體區隔之吸氣口 1.5 公尺範圍內。

（三）檢知器下端，裝設在天花板下方 30 公分範圍內。

二、瓦斯對空氣之比重大於 1 時，依下列規定：

（一）設於距瓦斯燃燒器具或瓦斯導管貫穿牆壁處水平距離 4 公尺以內。

（二）檢知器上端，裝設在距樓地板面 30 公分範圍內。

三、水平距離之起算，依下列規定：

（一）瓦斯燃燒器具為燃燒器中心點。

（二）瓦斯導管貫穿牆壁處為面向室內牆壁處之瓦斯配管中心處。

【解說】

火警感知裝置法定名詞，一般稱探測器，於差動式分布型稱檢出器，而瓦斯漏氣為檢知器。瓦斯漏氣火警自動警報設備並無像火警自動警報設備之手動報警裝置。因瓦斯漏氣是人眼看不到的，且瓦斯本身無色無味，一旦初期漏氣難以由人員察知。

瓦斯漏氣檢知器必須依天然瓦斯（以 CH_4 為主成）及液化瓦斯（以 C_3H_8 為主）之比重大小，其是相對於空氣莫耳質量（$0.21(mol\ O_2)/(mol) \times ((32g)/(mol\ O_2)) + 0.79(mol\ N_2)/(mol) \times ((28g)/(mol\ N_2)) = 28.84$）而言，所以天然瓦斯比重 $\frac{16}{28.84} = 0.55$，設置於天花板面；而液化瓦斯 $\frac{44}{28.84} = 1.52$ 之位置。

瓦斯漏氣檢知器裝設規定

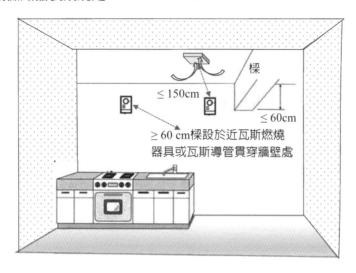

瓦斯燃燒器具為燃燒器中心點

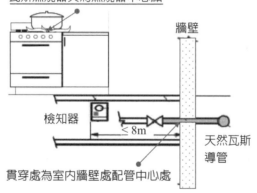

貫穿處為室內牆壁處配管中心處

液化瓦斯容器安全

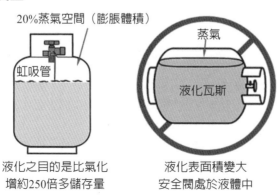

3-72 瓦斯漏氣受信總機及警報裝置

第 142 條
瓦斯漏氣受信總機，依下列規定：
一、裝置於值日室等平時有人之處所。但設有防災中心時，設於該中心。
二、具有標示瓦斯漏氣發生之警報分區。
三、設於瓦斯導管貫穿牆壁處之檢知器，其警報分區應個別標示。
四、操作開關距樓地板面之高度，需在 0.8 公尺以上（座式操作者為 0.6 公尺）1.5 公尺以下。
五、主音響裝置之音色及音壓應有別於其他警報音響。
六、一棟建築物內有二臺以上瓦斯漏氣受信總機時，該受信總機處，設有能相互同時通話連絡之設備。

【解說】
瓦斯漏氣檢知器一旦偵測瓦斯洩漏設定濃度時，向受信總機或中繼器發出信號，而信號可分警報聲及瓦斯洩漏警報顯示二種。

第 143 條
瓦斯漏氣之警報裝置，依下列規定：
一、瓦斯漏氣表示燈，依下列規定。但在一警報分區僅一室時，得免設之。
　（一）設有檢知器之居室面向通路時，設於該面向通路部分之出入口附近。
　（二）距樓地板面之高度，在 4.5 公尺以下。
　（三）其亮度在表示燈前方 3 公尺能明確識別，並於附近標明瓦斯漏氣表示燈字樣。
二、檢知器所能檢知瓦斯漏氣之區域內，該檢知器動作時，該區域內之檢知區域警報裝置能發出警報音響，其音壓在距 1 公尺處應有 70 分貝以上。但檢知器具有發出警報功能者，或設於機械室等常時無人場所及瓦斯導管貫穿牆壁處者，不在此限。

【解說】
警報裝置主要指檢知器與瓦斯漏氣表示燈，但一警報分區僅一室時，能即時察覺，即可免設表示燈。檢知方式可分為接觸燃燒式、半導體式、熱阻體式等。接觸燃燒式是將白金線周圍以氧化鋁等物燒結，再於其表面披覆白金或鈀等氧化觸媒發熱，可燃性氣體就在表面上接觸燃燒，而使白金線之溫度升高，並使電阻增加，利用此性質作瓦斯之偵知原理。而半導體瓦斯檢知器為利用半導體表面吸著瓦斯時導電率（電阻）會變化而做成，材質有 SnO_2、ZnO 及 Fe_2O_3。

熱阻體式利用熱阻體元件的熱傳導式，是可靠度極高的瓦斯感測器。以上三種，接觸燃燒式檢出可燃性瓦斯，輸出為線性，對溫度、濕度安定，但其觸媒有一定壽命限界。半導體式輸出大，檢知警報電路簡單，致安定性稍差，可靠性差。而熱阻體式元件具有較不劣化之特性。

瓦斯漏氣檢知器

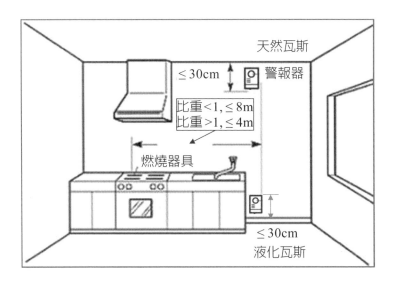

瓦斯漏氣受信總機與警報裝置

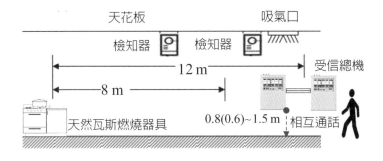

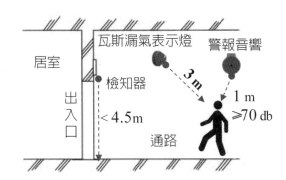

3-73 瓦斯漏氣警報設備配線及緊急電源

第 144 條
瓦斯漏氣火警自動警報設備之配線,除依屋內線路裝置規則外,依下列規定:
一、電源迴路導線間及導線對大地間之絕緣電阻值,以直流 500 伏特額定之絕緣
　　電阻計測定,對地電壓在 150 伏特以下者,應在 0.1MΩ 以上,對地電壓超過
　　150 伏特者,在 0.2MΩ 以上。檢知器迴路導線間及導線與大地間之絕緣電阻
　　值,以直流 500 伏特額定之絕緣電阻計測定,每一警報分區在 0.1MΩ 以上。
二、常開式檢知器信號迴路之配線採用串接式,並加設終端電阻,以便藉由瓦斯漏
　　氣受信總機作斷線自動檢出用。
三、檢知器迴路不得與瓦斯漏氣火警自動警報設備以外之設備迴路共用。

【解說】

　　瓦斯漏氣發出警報信號,如同火警探測器一樣可分即時警報型或警報延遲型等,此
同火警蓄積型一樣,一般從接受瓦斯漏氣信號開始至瓦斯漏氣標示為止所要之時間在
60 秒內,避免時間過久,造成人員緊急應變延遲,且造成易燃易爆瓦斯起爆之可能
增加,這也就失去設備存在之意義。

　　電源迴路導線間及導線對大地間之絕緣電阻值,是有關短路問題;而常開式檢知器
信號,係平時接點未接觸,一旦感應接觸時可發出信號;而加設終端電阻,以便藉由
瓦斯漏氣受信總機作斷線自動檢出用;而檢知器迴路不得與瓦斯漏氣火警自動警報設
備以外之設備回路共用,這是怕感應其他電流而造成誤報之問題。

第 145 條
瓦斯漏氣火警自動警報設備之緊急電源應使用蓄電池設備,其容量應能使二迴路有
效動作 10 分鐘以上,其他迴路能監視 10 分鐘以上。

【解說】

　　國內緊急電源不外乎直流 24 伏特之蓄電池與發電機供應電源方式。檢知器動作時
能發出警報音響,其音壓在距 1 公尺處應有 70 分貝以上,但火警警鈴音壓為 90 分
貝,為何警報音壓分貝僅 70 分貝,經查與日本規定一樣,實令人不解,可能只是洩
漏,不需像火警發生那麼緊急。此外,在火警自動警報設備緊急電源有效動作容量為
10 分鐘以上,而瓦斯漏氣檢知器,以接觸燃燒式、半導體式、熱阻體式等,必須給
以相當反應前置時間,始能達到設定啟動值,才能發出信號。

瓦斯漏氣火警自動警報設備配線

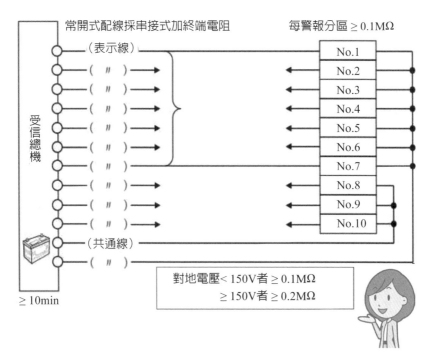

常開式配線採串接式加終端電阻　　　　　每警報分區 ≥ 0.1MΩ

（表示線）

（ 〃 ）

受信總機

（共通線）

≥ 10min

| No.1 |
| No.2 |
| No.3 |
| No.4 |
| No.5 |
| No.6 |
| No.7 |
| No.8 |
| No.9 |
| No.10 |

對地電壓< 150V者 ≥ 0.1MΩ
≥ 150V者 ≥ 0.2MΩ

緊急電源

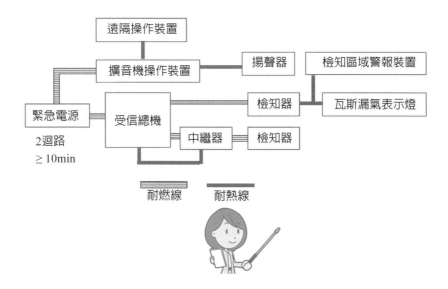

遠隔操作裝置

擴音機操作裝置　　揚聲器　　　檢知區域警報裝置

緊急電源　　受信總機　　　檢知器　　　瓦斯漏氣表示燈

2迴路
≥ 10min

中繼器　　檢知器

耐燃線　　耐熱線

3-74 瓦斯漏氣警報設備配線及緊急電源

第 145 條之 1
一一九火災通報裝置，應依下列規定設置：
一、應設於值日室等經常有人之處所。但設有防災中心時，應設於該中心。
二、應具手動及自動啟動功能。
三、操作部（手動啟動裝置、監控部、發報顯示及緊急送收話器）與控制部分離
　　者，應設在便於維護操作處所。
四、設置遠端啟動裝置時，應設有可與設置一一九火災通報裝置場所通話之設備。
五、手動啟動裝置之操作開關距離樓地板面之高度，在 0.8 公尺以上 1.5 公尺以下。
六、裝置附近，應設置送、收話器，並與其他內線電話明確區分。
七、應避免傾斜裝置，並採取有效防震措施。

【解說】
　　本條於民 106 年 10 月新增條文。基本上，條文內有之 1 或之 2，係新增插入條文，
僅能以之 1……方式作新增規定。
　　於本條消防署參酌日本消防法施行規則第 25 條及一一九火災通報裝置設置指導綱
領，明定一一九火災通報裝置之設置規範。自動啟動裝置係指接收到火警自動警報設
備訊號時，可自動對消防機關及設定電話發出通報；手動啟動裝置則以手動操作對消
防機關及設定電話發出通報。
　　一一九火災通報裝置設置場所，應以場所火警自動警報設備可連接自動報警功能者
優先設置，以發揮裝置之自動報警功能。若場所無法連接自動報警功能，考量一一九
火災通報裝置具有手動報警之功能，亦可設置，俾利聘用語言不通之外籍看護或人力
不足之場所，能透過本裝置手動報警功能通報消防機關，惟仍以可連接自動報警功能
場所優先設置。
　　為避免誤報，設置場所於進行消防安全設備測試前，應先將火災通報裝置關閉，測
試完畢後再復歸。火災通報裝置將火警訊號通報消防機關後，消防機關應主動聯繫設
置場所相關人員確認火災狀況，如經聯繫未回應者，視為授權消防機關現場指揮官進
行救助相關處置。

119 火災通報裝置主要構成（日本）

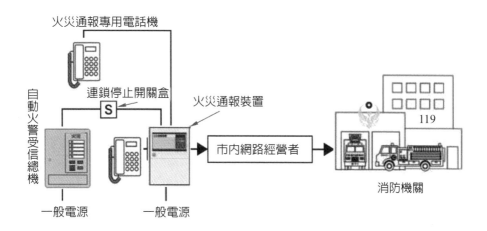

119 火災通報裝置至消防機關示意圖（日本）

3-75 免設標示設備處所

第 146 條

下列處所得免設出口標示燈、避難方向指示燈或避難指標：

一、自居室任一點易於觀察識別其主要出入口，且與主要出入口之步行距離符合下列規定者。但位於地下建築物、地下層或無開口樓層者不適用之：

　（一）該步行距離在避難層為 20 公尺以下，在避難層以外之樓層為 10 公尺以下者，得免設出口標示燈。

　（二）該步行距離在避難層為 40 公尺以下，在避難層以外之樓層為 30 公尺以下者，得免設避難方向指示燈。

　（三）該步行距離在 30 公尺以下者，得免設避難指標。

二、居室符合下列規定者：

　（一）自居室任一點易於觀察識別該居室出入口，且依用途別，其樓地板面積符合下表規定。

用途別	第 12 條第一款第一目至第三目	第 12 條第一款第四目、第五目、第七目、第二款第十目	第 12 條第一款第六目、第二款第一目至第九目、第十一目、第十二目、第三款、第四款
居室樓地板面積	100 平方公尺以下	200 平方公尺以下	400 平方公尺以下

　（二）供集合住宅使用之居室。

三、通往主要出入口之走廊或通道出入口，設有探測器連動自動關閉裝置之防火門，並設有避難指標及緊急照明設備確保該指標明顯易見者，得免設出口標示燈。

四、樓梯或坡道，設有緊急照明設備及供確認避難方向之樓層標示者，得免設避難方向指示燈。

前項第一款及第三款所定主要出入口，在避難層，指通往戶外之出入口，設有排煙室者，為該室之出入口：在避難層以外之樓層，指通往直通樓梯之出入口，設有排煙室者，為該室之出入口。

【解說】

　無設置出口標示燈，得檢討免避難方向指示燈之規定。惟出口標示燈得視為避難方向指示燈。而地下層類似場所有濃煙及通風等人命危險度高之特別考量問題。

　處所得免設出口標示燈、避難方向指示燈或避難指標，這三者免設距離最短為出口標示燈（20 公尺），依次為避難指標（30 公尺）、避難方向指示燈（40 公尺），這是出口標示燈是居於較重要之設備，因其是指示往絕對安全區（避難層外）或相對安全區（另一防火區劃、排煙室等）。而避難方向指示燈比避難指標，具較大指示效果，卻比避難指標更具法規鬆綁，這是考量成本效益（設置及日後檢修成本）問題，亦即二者比較效益比差異不顯著，但成本差異顯著，會以成本為導向來作法規要求。

免設標示設備之處所

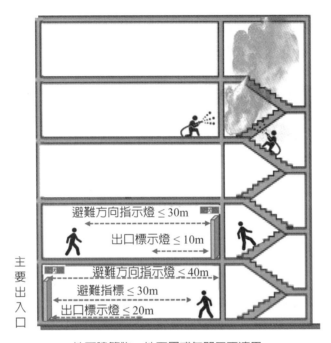

避難方向指示燈 ≤ 30m
出口標示燈 ≤ 10m
避難方向指示燈 ≤ 40m
避難指標 ≤ 30m
出口標示燈 ≤ 20m

主要出入口

地下建築物、地下層或無開口不適用

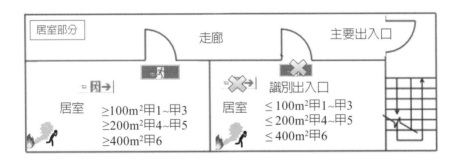

居室部分　走廊　主要出入口

居室
≥100m²甲1~甲3
≥200m²甲4~甲5
≥400m²甲6

識別出入口

居室
≤ 100m²甲1~甲3
≤ 200m²甲4~甲5
≤ 400m²甲6

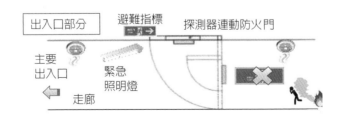

出入口部分　避難指標　探測器連動防火門

主要
出入口

緊急
照明燈

走廊

3-76 標示面等級及有效範圍

第 146-1 條

出口標示燈及非設於樓梯或坡道之避難方向指示燈，其標示面縱向尺度及光度依等級區分如下表。

區分		標示面縱向尺度（公尺）	標示面光度（cd）
出口標示燈	A 級	0.4 以上	50 以上
	B 級	0.2～0.4	10 以上
	C 級	0.1～0.2	1.5 以上
避難方向指示燈	A 級	0.4 以上	60 以上
	B 級	0.2～0.4	13 以上
	C 級	0.1～0.2	5 以上

【解說】

本條未規定橫向尺度，由標示面之光度來作決定。即縱向尺度係指橫式的出口標示燈或避難方向指示燈標示面的短邊長度（長邊為橫向，短邊為縱向）。

第 146-2 條

出口標示燈及避難方向指示燈之有效範圍，指至該燈之步行距離，在下列二款之一規定步行距離以下之範圍。但有不易看清或識別該燈情形者，該有效範圍為 10 公尺：

一、依右上表之規定：
二、依下列計算值：

$$D = k \times h$$

式中 D：步行距離（公尺）

h：出口標示燈或避難方向指示燈標示面之縱向尺度（公尺）

k：依右次上表左欄所列區分，採右欄對應之 k 值

【解說】

本條第一款為規格式法規（尺寸），第二款為性能式法規（依實際計算）；如題目上有縱向尺度，即應使用第二款法規。本條之有不易看清是指係指①該燈為防煙壁或四十公分以上樑所遮蔽、②該燈為一點五公尺以上高度之隔間或展示櫃等所遮蔽、③該燈為懸吊廣告或垂幕等所遮蔽者之情況。標示面光度的單位（cd）為燭光，如 1cd 為 1 個蠟燭之光度，為 1 燭光。標示面光度係指常用電源點燈時其標示面平均亮度（cd/m²）乘以標示面面積（平方公尺）所得之值（單位 cd）。

假使避難方向指示燈之縱向尺度為 0.4，則其有效範圍為 D = k×h = 50×0.4 = 20 公尺，又顯示避難方向符號者之出口標示燈，其縱向尺度為 0.5 則其有效範圍為 D = k×h = 100×0.5 = 50 公尺。

出口標示燈及避難方向指示燈裝置規定

區分			步行距離（公尺）
出口標示燈	A 級	未顯示避難方向符號者	60
		顯示避難方向符號者	40
	B 級	未顯示避難方向符號者	30
		顯示避難方向符號者	20
	C 級		15
避難方向指示燈	A 級		20
	B 級		15
	C 級		10

區分		k 值
出口標示燈	未顯示避難方向符號者	150
	顯示避難方向符號者	100
避難方向指示燈		50

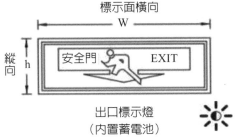

標示面橫向
W
縱向 h
安全門 EXIT
出口標示燈
（內置蓄電池）

標示面縱向尺寸（m）
A級：≧ 0.4
B級：0.2～0.4
C級：0.1～0.2

標示面亮度（cd）
A級：≧ 50
B級：≧ 10
C級：≧ 1.5

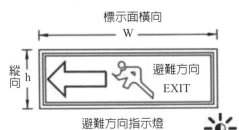

標示面橫向
W
縱向 h
避難方向 EXIT
避難方向指示燈
（內置蓄電池）

標示面縱向尺寸（m）
A級：≧ 0.4
B級：0.2～0.4
C級：0.1～0.2

標示面亮度（cd）
A級：≧ 60
B級：≧ 13
C級：≧ 5

3-77 出口標示燈裝設位置

【解說】

　　出口標示燈本質上也具有避難方向指示之效果，為引導內部使用人之正確引導，引導至相對安全區之排煙室或另一區劃之防火門上方，或是絕對安全區之室外出入口。基本上，避難引導的照明器具，分成出口標示燈、避難方向指示燈，平日以常用電源點燈，停電時自動切換成緊急電源點燈。依構造形式及動作功能區分如下：

　　A. 內置型：內藏蓄電池作為緊急電源之引導燈具。

　　B. 外置型：藉由燈具外的蓄電池設備作為緊急電源供電之引導燈具。

　　C. 具閃滅功能者：藉由動作信號使燈閃滅或連續閃光之引導燈具。

　　D. 具音聲引導功能者：設有音聲引導裝置之引導燈具。

　　E. 具閃滅及音聲引導功能者：設有音聲引導裝置及閃滅裝置之引導燈具。

　　F. 複合顯示型：引導燈具其標示板及其他標示板於同一器具同一面上區分並置者。

　　依內政部消防法令函釋及公告指出，各類場所消防安全設備設置標準規定設置之滅火器、室內消防栓設備、自動撒水設備、水霧滅火設備、二氧化碳滅火設備、乾粉滅火設備、避難器具、連結送水管、消防專用蓄水池及緊急電源插座設備等所需之中文標示（識）字樣，除滅火器、二氧化碳及乾粉滅火設備、出口標示燈及避難方向指示燈標示之顏色，應依相關規定辦理外，其他並無限制各項設備中文標示之顏色及是否應採直式書寫之規定。此外，安全門、安全梯、逃生門等之中英文標示等，屬建築法規範疇。

出口標示燈有效步行距離

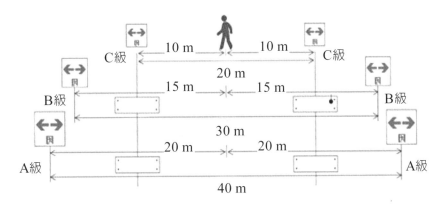

出口標示燈設於有效引導避難之出入口上方

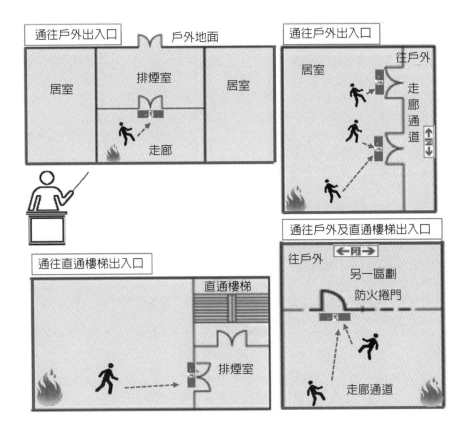

3-78 出口標示燈等裝設及音聲引導

> **第 146-4 條**
> 出口標示燈及避難方向指示燈之裝設，應符合下列規定：
> 一、設置位置應不妨礙通行。
> 二、周圍不得設有影響視線之裝潢及廣告招牌。
> 三、設於地板面之指示燈，應具不因荷重而破壞之強度。
> 四、設於可能遭受雨淋或溼氣滯留之處所者，應具防水構造。

【解說】

　裝設應不妨礙通行及周圍不得有影響視線之位置。此燈源應為保持不熄滅之燈具；惟在設置場所無人期間或設置位置可利用自然採光辨識出入口或避難方向期間，配合其設置場所使用型態，採取適當亮燈方式，得予減光或消燈。

> **第 146-5 條**
> 出口標示燈及非設於樓梯或坡道之避難方向指示燈，設於下列場所時，應使用 A 級或 B 級；出口標示燈標示面光度應在 20 燭光（cd）以上，或具閃滅功能；避難方向指示燈標示面光度應在 25 燭光（cd）以上。
> 但設於走廊，其有效範圍內各部分容易識別該燈者，不在此限：
> 一、供第 12 條第二款第一目、第三款第三目或第五款第三目使用者。
> 二、供第 12 條第一款第一目至第五目、第七目或第五款第一目使用，該層樓地板面積在 1000 平方公尺以上者。
> 三、供第 12 條第一款第六目使用者。其出口標示燈並應採具閃滅功能，或兼具音聲引導功能者。
> 前項出口標示燈具閃滅或音聲引導功能者，應符合下列規定：
> 一、設於主要出入口。
> 二、與火警自動警報設備連動。
> 三、由主要出入口往避難方向所設探測器動作時，該出入口之出口標示燈應停止閃滅及音聲引導。
> 避難方向指示燈設於樓梯或坡道者，在樓梯級面或坡道表面之照度，應在一勒克司（lx）以上。

【解說】

　避難弱者場所應採具閃滅功能。假使由主要出入口往避難方向所設探測器動作時，表示火煙已達一定濃度，應停止閃滅及音聲引導，避免吸引人員到此已有火煙的位置。

避難方向指示燈裝設於走廊、樓梯及通道

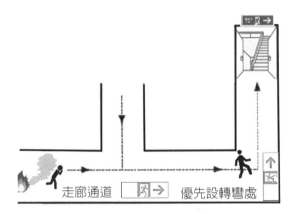

出口標示燈及避難方向指示燈之裝設

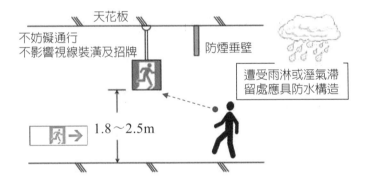

避難方向指示燈設於樓梯或坡道者在地面之照度

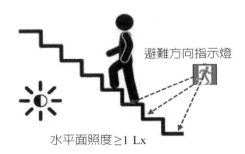

3-79 觀眾席引導燈及出口標示燈等減光消燈

第 146-6 條
觀眾席引導燈之照度，在觀眾席通道地面之水平面上測得之值，在 0.2 勒克司（Lx）
以上。

【解說】

　　於樓梯或坡道之避難方向指示燈，其光度重點照射位置係於地板面，考量人員至此
處所地面，容易踩空或滑倒，因此法規要求重點係落於地板面，額外照度需在 1 勒克
司（Lx）以上，而光度要求僅需 C 級以上即可。而表演場所為表演效果，得與火警
自動警報設備連動或三線式配線方式，予以減光或消燈。而額外在觀眾席引導燈之照
度，在觀眾席通道地面之水平面上測得之值，在 0.2 勒克司（Lx）以上，為影響表演
亮度，但重點仍為防人員腳步不穩而跌倒受傷，造成人群踐踏之可能。

第 146-7 條
出口標示燈及避難方向指示燈，應保持不熄滅。
出口標示燈及非設於樓梯或坡道之避難方向指示燈，與火警自動警報設備之探測器
連動亮燈，且配合其設置場所使用型態採取適當亮燈方式，並符合下列規定之一
者，得予減光或消燈。
一、設置場所無人期間。
二、設置位置可利用自然採光辨識出入口或避難方向期間。
三、設置在因其使用型態而特別需要較暗處所，於使用上較暗期間。
四、設置在主要供設置場所管理權人、其雇用之人或其他固定使用之人使用之處
　　所。
設於樓梯或坡道之避難方向指示燈，與火警自動警報設備之探測器連動亮燈，且配
合其設置場所使用型態採取適當亮燈方式，並符合前項第一款或第二款規定者，得
予減光或消燈。

【解說】

　　建築物發生火災時，其火煙生成物會遮蔽人員視線，在濃煙中易產生空間迷失
感，以燈源方式來提高能見度，引導至相對安全區或絕對安全區，進行避難逃生行
為。法規要求出口標示燈及避難方向指示燈，應保持不熄滅，這對節能及燈具壽命具
有影響，如此要求邏輯令人費解，或是設備確定能亮燈之可靠度問題？相信不久將來
這會改善，改成智慧型於火災時始亮燈或日本已研發具相當亮度之螢光型材質來取
代。而場所無人期間、自然採光、使用型態需要較暗或固定使用人等，得予減光或消
燈。而樓梯等處所同等性能自然採光，得予減光或消燈，其消燈開關位於值日室經常
有人處所。

觀眾席引導燈之照度

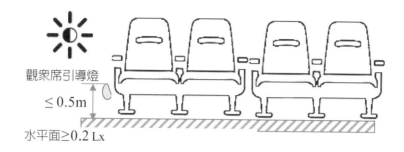

觀眾席引導燈
≤ 0.5m
水平面≥0.2 Lx

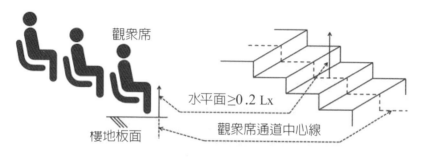

觀眾席

水平面≥0.2 Lx

觀眾席通道中心線

樓地板面

閃滅及音聲引導停止專用偵煙探測器

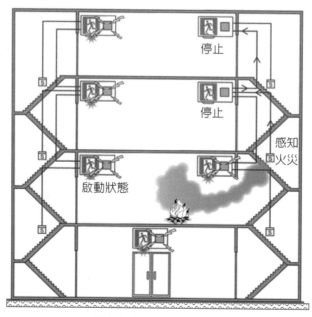

停止

停止

感知
火災

啟動狀態

（埼玉市消防局，平成 28 年）

3-80 避難指標等

第 147 條～第 152 條
（刪除）

第 153 條
避難指標，依下列規定設置：
一、設於出入口時，裝設高度距樓地板面 1.5 公尺以下。
二、設於走廊或通道時，自走廊或通道任一點至指標之步行距離在 7.5 公尺以下。
且優先設於走廊或通道之轉彎處。
三、周圍不得設有影響視線之裝潢及廣告招牌。
四、設於易見且採光良好處。

【解說】
　　避難指標設置位置主要有出入口及走廊通道等二種，前者有規定需設在一定高度以下，而後者並未規定，這種考量係火災室附近或上方出入口，必然成為大量煙流匯集之釋壓口，因釋壓口有限，於空間上方會有煙流累積並遮蔽視線，因此裝設高度距樓地板面 ≤ 1.5 公尺。

第 154 條
出口標示燈及避難方向指示燈，應符合出口標示燈及避難方向指示燈認可基準規定。
避難指標之構造，應符合 CNS 10208 之規定。

【解說】
　　出口標示燈為經濟部公告為應施檢驗品目，非經檢驗合格並領有合格標識者不得設置使用。而緊急照明燈雖亦屬標準檢驗局公告應施檢驗消防品目之一，惟對於採用構造符合設置標準規定之白熾燈、日光燈或水銀燈等型式者，雖非國家標準規範範圍，惟亦屬緊急照明設備種類範疇。故有關緊急照明燈、出口標示燈之設置標準現行商品檢驗法及消防法皆有相關規定，且緊急照明燈並無強制應使用符合國家標準並經標準檢驗局檢驗合格之產品為限。依內政部消防法令函釋及公告，現行消防法規申請辦理消防審查時，並無應於消防圖說上註記廠牌之規定，設計人僅需於消防圖說上檢討依法應設之設備種類即可，消防機關不得涉有指定廠牌之商業圖利行為。
　　標示面等透光性燈罩材料應為耐久性玻璃或合成樹脂，標示面為長方形之引導燈具，其最小輝度與平均亮度之比，應在 1/7 以上。亮度比 = Lmax/Lmin，式中 Lmax 為在白色部分或綠色部分之最大亮度，Lmin：在白色部分或綠色部分之最小亮度。

標示設備 —— 得減光或消燈

出口標示燈及非設於樓梯或坡道之避難方向指示燈	設於樓梯或坡道之避難方向指示燈
與火警自動警報設備之探測器連動亮燈，且配合其設置場所使用型態採取適當亮燈方式，並符合下列規定之一者，得予減光或消燈。	
1. 設置場所無人期間。 2. 設置位置可利用自然採光辨識出入口或避難方向期間。 3. 設置在因其使用型態而特別需要較暗處所，於使用上較暗期間。 4. 設置在主要供設置場所管理權人、其雇用之人或其他固定使用之人使用之處所。	1. 設置場所無人期間。 2. 設置位置可利用自然採光辨識出入口或避難方向期間。

```
                  ┌─────────────────┐
                  │   火警自動警報設備   │
                  └─────────────────┘
                           │
                  ┌─────────────────┐
                  │    出口標示燈或      │
                  │   避難方向指示燈     │
                  │     信號裝置        │
                  └─────────────────┘
            〔平時〕    〔火災時〕    〔停電時〕
        ┌ ─ ─ ─ ─ ─ ─ ─ ─ ─ ─ ─ ─ ─ ─ ─ ─ ─ ─ ─ ─ ┐
          消燈信號ON    消燈信號OFF
        │ ┌──────┐ ┌────┐ ┌──────┐ ┌──────┐ │
          │100%亮燈│→│ 消燈 │ │100%亮燈│ │ 緊急亮燈 │
        │ └──────┘ └────┘ └──────┘ └──────┘ │
          信號動作
        └ ─ ─ ─ ─ ─ ─ ─ ─ ─ ─ ─ ─ ─ ─ ─ ─ ─ ─ ─ ─ ┘
```

①無人
②自然採光

①無人
②自然採光

③需暗處所
④供特定人使用

避難指標設置規定

優先設於走廊或通道轉彎處
不設有影響視線裝潢招牌，
能易見採光良好處

避難指標

≤1.5m

有效範圍

7.5m　　7.5m　　7.5m　　7.5m

3-81 出口標示燈及避難方向指示燈緊急電源

第 155 條
出口標示燈及避難方向指示燈之緊急電源應使用蓄電池設備，其容量應能使其有效動作 20 分鐘以上。但設於下列場所之主要避難路徑者，該容量應在 60 分鐘以上，並得採蓄電池設備及緊急發電機併設方式：
一、總樓地板面積在 50000 平方公尺以上。
二、高層建築物，其總樓地板面積在 30000 平方公尺以上。
三、地下建築物，其總樓地板面積在 1000 平方公尺以上。
前項之主要避難路徑，指符合下列規定者：
一、通往戶外之出入口；設有排煙室者，為該室之出入口。
二、通往直通樓梯之出入口；設有排煙室者，為該室之出入口。
三、通往第一款出入口之走廊或通道。
四、直通樓梯。

【解說】
　緊急電源容量有效動作≥ 20 分鐘，這是一般建築物火災使用人必須最遲離開之避難時間，因火勢成長已 20 分鐘表示具某種程度。但在大規模場所各個空間可能無法在這段時間，完全離開，因此有必要延長至≥ 60 分鐘，這麼長時間是蓄電池無法辦到，而改以發電機來提供，但發電機接收啟動信號至發動，可能有其秒差或供應電壓不穩之現象，此問題可藉由直流 24V 蓄電池來解決，所以二者以併設方式。

第 156 條
出口標示燈及避難方向指示燈之配線，依屋內線路裝置規則外，並應符合下列規定：
一、蓄電池設備集中設置時，直接連接於分路配線，不得裝置插座或開關等。
二、電源迴路不得設開關。但以三線式配線使經常充電或燈具內置蓄電池設備者，不在此限。

【解說】
　蓄電池可分為鎳鎘蓄電池與鉛蓄電池二種。緊急電源迴路配線不可露出引導燈具外。而外置型引導燈具配線方式分為二線式配線或四線式配線及共用式三種，二線式配線指同一電線供應一般及緊急用電者；四線式配線指不同之電線分別供應一般及緊急用電者；共用式指二線式及四線式任一種方法皆可使用之方式。其中，外置型引導燈具供緊急用電之出線，應有耐燃保護。

出口標示燈及避難方向指示燈緊急電源容量

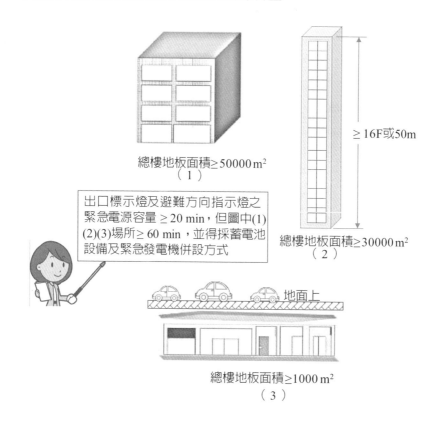

總樓地板面積≥50000 m²
（1）

出口標示燈及避難方向指示燈之緊急電源容量 ≥ 20 min，但圖中(1)(2)(3)場所≥ 60 min，並得採蓄電池設備及緊急發電機併設方式

≥ 16F或50m

總樓地板面積≥30000 m²
（2）

地面上

總樓地板面積≥1000 m²
（3）

出口標示燈及避難方向指示燈之配線

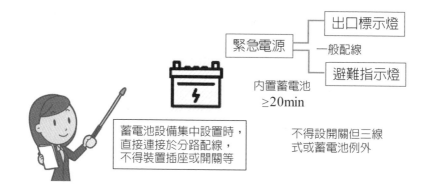

緊急電源　一般配線　出口標示燈／避難指示燈

內置蓄電池 ≥20min

蓄電池設備集中設置時，直接連接於分路配線，不得裝置插座或開關等

不得設開關但三線式或蓄電池例外

3-82 避難器具選擇設置

第 157 條

避難器具，依下表選擇設置之：

設置場所應設數量		地下層	第二層	第三層、第四層或第五層	第六層以上之樓層
1	第二層以上之樓層或地下層供第 12 條第一款第六目、第二款第十二目使用，其收容人員在二十人（其下面樓層供第 12 條第一款第一目至第五目、第七目、第二款第二目、第六目、第七目、第三款第三目或第四款所列場所使用，應為十人）以上一百人以下設一具，超過一百人每增加（含未滿）增設一具。	避難梯	避難梯、避難橋、緩降機、救助袋、滑臺	避難橋、救助袋、滑臺	避難橋、救助袋、滑臺
2	第二層以上之樓層或地下層供第 12 條第一款第三目、第二款第七目使用，其收容人員在三十人（其下面樓層供第 12 條第一款第一目、第二目、第四目、第五目、第七目之康復之家或第四款所列場所使用時，應為十人）以上一百人以下時，設置一具。超過一百人時，每增加（包含未滿）一百人增設一具。	避難梯	避難梯、避難橋、避難繩索、緩降機、救助袋、滑臺、滑杆	避難梯、避難橋、緩降機、救助袋、滑臺	避難梯、避難橋、緩降機、救助袋、滑臺
3	第二層以上之樓層或地下層供第 12 條第一款第一目、第二目、第四目、第五目、第七目或第二款第一目至第五目、第八目、第九目所列場所使用，其收容人員在五十人以上兩百人以下時，設一具；超過二百人時，每增加兩百人（包括未滿）增設一具。	避難梯	同上	同上	同上
4	第三層以上之樓層或地下層供第 12 條第二款第六目、第十目或第四款所列場所使用，其收容人員在一百人以上三百人以下時，設一具；超過三百人，每增加三百人（包括未滿）增設一具。	避難梯		同上	同上
5	第 12 條所列各類場所第三層（供第 12 條第一款第一目至第三目所列場所使用，或供同條第五款第一目使用之二樓有第一款第一目至第三目所列場所使用時，應為二樓）以上之樓層，其直通避難層或地面之樓梯僅一座，且收容人員在十人以上一百人以下時，應設一具，超過一百人時，每增加（包括未滿）一百人增設一具。			同上	同上

註：設置場所各樓層得選設之器具，除依本表規定外，亦得選設經中央消防主管機關認可之避難器具。

【解說】

設置場所各樓層得選設之器具，除依本表規定外，亦得選設經中央消防主管機關認可之避難器具，目前自走式避難梯業經內政部消防安全設備審核認可；又非屬建管法規應設之樓梯，且設置後不違反建管相關法規前提下，亦符合各類場所消防安全設備設置標準有關避難梯相關規定之鐵製樓梯，因其具有提供緊急避難逃生之功能，且符合相關法令之規定，故得替代「避難梯」。

設置避難器具，當然由建築物內部使用人數即收容人員多寡來決定，而設置數量就需考慮該避難器具所提供人數流量。再者，選設必須考慮距地面之樓層高度，不同避難器具畢竟非建築物本身設施，有其使用上人員傷亡風險。

避難器具設置在地面上以二樓至十樓各樓層，採取人員本身質量之重力方式下降，而地下層選設僅避難梯乙種，人員以反重力之腳踩梯桿方式至避難層。基本上，本條為避難輔助器具，人員從事避難時，仍應以安全梯逃生為主，意即其使用時機係建築物本身防火避難設施，已遭火煙大量侵入而無法使用時，始考慮避難器具。

在國內普遍選用之緩降機，必須考量二方向避難原則來決定之緩降機設置位置，有時建商為成本考量致各樓層未留設公共空間之設計，而將緩降機設於住戶專有部分，造成該住戶困擾之情形，考量集合住宅之住戶皆熟悉居住環境，且使用情形單純之集合住宅其火災危險性相對較低；緩降機係為輔助之避難器具，所以消防署放寬其應設避難器具之收容人數。針對旅館、集合住宅場所收容人數達三十人規定應設置一具，而下面樓層有供第157條括弧內場所用途時，檢討為複合用途建築物，危險性度較高，其下限為十人；然其樓下供集合住宅、停車場所使用者，危險度尚無增高之虞。

類別	目別	場所	收容人員	應設數量	應設樓層	編號
甲	1	電影片映演場所（戲院、電影院）、歌廳、舞廳、夜總會、俱樂部、理容院（觀光理髮、視聽理容等）、指壓按摩場所、錄影節目帶播映場所（MTV等）、視聽歌唱場所（KTV等）、酒家、酒吧、酒店（廊）	≧五十人	五十～二百人一具，每二百人加一具	2～10F BF	Ⅲ
甲	2	保齡球館、撞球場、集會堂、健身休閒中心（含提供指壓、三溫暖等設施之美容瘦身場所）、室內螢幕式高爾夫練習場、遊藝場所、電子遊戲場、資訊休閒場所				
甲	3	觀光旅館、飯店、旅館、招待所（限有寢室客房者）	≧三十人（其下層供甲1.甲2.甲4.甲5.甲7.康復之家或丁類為十人）	≦一百人一具，每一百人加一具	2～10F BF	Ⅱ

類別	目別	場所	收容人員	應設數量	應設樓層	編號
	4	商場、市場、百貨商場、超級市場、零售市場、展覽場	≥五十人	五十～二百人一具，每加二百人加一具	2～10F BF	III
	5	餐廳、飲食店、咖啡廳、茶藝館				
	6	醫院、療養院、長期照顧機構（長期照護型、養護型、失智照顧型）、安養機構、老人服務機構（限供日間照顧、臨時照顧、短期保護及安置者）、托嬰中心、早期療育機構、安置及教養機構（限收容未滿二歲兒童者）、護理之家機構、產後護理機構、身心障礙福利機構（限供住宿養護、日間服務、臨時及短期照顧者）、身心障礙者職業訓練機構（限提供住宿或使用特殊機具者）、啟明、啟智、啟聰等特殊學校	≥二十（其下層供甲1～甲5.甲7.乙2.乙6.乙7.丙3或丁類為十人）	≤一百人一具，每加一百人加一具	2～10F BF	I
	7	三溫暖、公共浴室				
乙	1	車站、飛機場大廈、候船室				
	2	期貨經紀業、證券交易所、金融機構				
	3	學校教室、兒童課後照顧服務中心、補習班、訓練班、K書中心、前款第六目以外之安置及教養機構及身心障礙者職業訓練機構	≥五十人	五十～二百人一具，每加二百人加一具	2～10F BF	III
	4	圖書館、博物館、美術館、陳列館、史蹟資料館、紀念館及其他類似場所				
	5	寺廟、宗祠、教堂、供存放骨灰（骸）之納骨堂（塔）及其他類似場所				
	6	辦公室、靶場、診所、日間型精神復健機構、兒童及少年心理輔導或家庭諮詢機構、身心障礙者就業服務機構、老人文康機構、前款第六目以外之老人服務機構及身心障礙福利機構	≥一百人	一百～三百人一具，每加三百人加一具	3～10F BF	IV
	7	集合住宅、寄宿舍、住宿型精神復健機構	≥三十（其下層供甲1.甲2.甲4.甲5.甲7康復之家或丁類為十人）	≤一百人一具，每加一百人加一具	2～10F BF	II
	8	體育館、活動中心	≥五十人	五十～二百人一具，每加二百人加一具	2～10F BF	III
	9	室內溜冰場、室內游泳池				

（編號說明請見本表最下方）

類別	目別	場所	收容人員	應設數量	應設樓層	編號
	10	電影攝影場、電視播送場	≥一百人	一百～二百人一具，每三百人加一具	3～10F BF	IV
	11	倉庫、傢俱展示販售場	-			
	12	幼兒園	≥二十人（其下層供甲1～甲5.甲7.乙2.乙6.乙7.丙3或丁類為十人）	≤一百人一具，每一百人加一具	2～10F BF	I
丙	1	電信機器室				
丙	2	汽車修護廠、飛機修理廠、飛機庫	-			
丙	3	室內停車場、建築物依法附設之室內停車空間				
丁	1	高度危險工作場所	≥一百人	十～一百人一具，每三百人加一具	BF	IV
丁	2	中度危險工作場所				
丁	3	低度危險工作場所				
戊	1	複合用途建築物中,有供甲類用途者	-			
戊	2	前目以外供乙至丁類用途之複合用途建築物				
戊	3	地下建築物				
供甲1～甲3與戊1（含甲1～甲3）≥2F直通避難層或地面之樓梯僅一座			≥十人	十～一百人一具，每十人加一具	2～10F	V
上述以外場所≥3F直通避難層或地面之樓梯僅一座					3～10F	

場所編號（依上表）	BF	2F	3F～5F	6F～10F
I	A	ABCDE	BCD	BCD
II	A	ABCDEFG	ABCDE	ABCDE
III	A	ABCDEFG	ABCDE	ABCDE
IV	A	-	ABCDE	ABCDE
V	-		ABCDE	ABCDE
A避難梯、B避難橋、C救助袋、D滑臺、E緩降機、F避難繩索、G滑杆				

3-83 避難器具減設

第 158 條

各類場所之各樓層，其應設避難器具得分別依下列規定減設之：

一、前條附表 1 至 5 所列場所，符合下列規定者，其設置場所應設數量欄所列收容人員一百人、二百人及三百人，得分別以其加倍數值，重新核算其應設避難器具數：

（一）建築物主要構造為防火構造者。

（二）設有二座以上不同避難方向之安全梯者。但剪刀式樓梯視為一座。

二、設有避難橋之屋頂平臺，其直下層設有二座以上安全梯可通達，且屋頂平臺合於下列規定時，其直下層每一座避難橋可減設二具：

（一）屋頂平臺淨空間面積在 100 平方公尺以上。

（二）臨屋頂平臺出入口設具半小時以上防火時效之防火門窗，且無避難逃生障礙。

（三）通往避難橋必須經過之出入口，具容易開關之構造。

三、設有架空走廊之樓層，其架空走廊合於下列規定者，該樓層每一座架空走廊可減設二具：

（一）為防火構造。

（二）架空走廊二側出入口設有能自動關閉之具 1 小時以上防火時效之防火門（不含防火鐵捲門）。

（三）不得供避難、通行及搬運以外之用途使用。

【解說】

　　如果建築物本身構造或設施，如具防火構造、二座以上不同避難方向之安全梯或連結二棟之間避難橋或架空走廊，是可減設避難輔助器具。但剪刀式樓梯視為一座，這是因為其為一種挑高斜坡式往上延伸空間，一旦有火煙侵入，勢必其上方空間會很快侵入濃煙環境，而無法供作上方人員之避難路徑使用。

　　建築物主要構造能提供半小時以上防火時效之防火構造，自然能耐火防止延燒，可提供內部人員有較安全之相當時間進行避難，而二棟以上建築物之間，以某種建築結構進行連接互通，在屋頂上稱作避難橋，在地面二層以上，稱作架空走廊，且其本身及物品不提供火載量（指其材質結構不具可燃性），並有阻隔延燒之防火門，當然也可減設避難輔助器具。

　　有關「殘障福利服務中心」，比照「醫院、療養院、養老院」，其設計地面層至第九層設計一處直通避難層之「殘障坡道」，依內政部消防法令函釋及公告得視同設有一具避難器具。

避難器具減設規定

主要構造：防火構造，二座以上不同避難方向安全梯

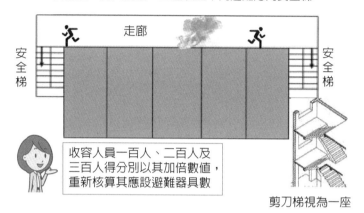

走廊

安全梯

安全梯

收容人員一百人、二百人及三百人得分別以其加倍數值，重新核算其應設避難器具數

剪刀梯視為一座

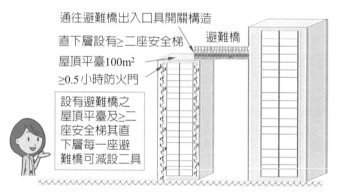

通往避難橋出入口具開關構造

直下層設有≥二座安全梯

屋頂平臺100m²

≥0.5小時防火門

避難橋

設有避難橋之屋頂平臺及≥二座安全梯其直下層每一座避難橋可減設二具

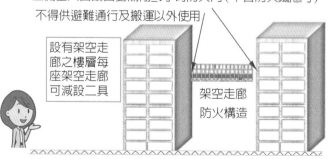

二側出入口設自動關閉≥1小時防火門（不含防火鐵捲門）

不得供避難通行及搬運以外使用

設有架空走廊之樓層每座架空走廊可減設二具

架空走廊防火構造

3-84 避難器具免設

第 159 條

各類場所之各樓層符合下列規定之一者,其應設之避難器具得免設:

一、主要構造為防火構造,居室面向戶外部分,設有陽臺等有效避難設施,且該陽臺等設施設有可通往地面之樓梯或通往他棟建築物之設施。

二、主要構造為防火構造,由居室或住戶可直接通往直通樓梯,且該居室或住戶所面向之直通樓梯,設有隨時可自動關閉之具一小時以上防火時效之甲種防火門(不含防火鐵捲門),且收容人員未滿三十人。

三、供第12條第二款第六目、第十目或第四款所列場所使用之樓層,符合下列規定者:

　(一)主要構造為防火構造。

　(二)設有二座以上安全梯,且該樓層各部分均有二個以上不同避難逃生路徑能通達安全梯。

四、供第 12 條第二款第一目、第二目、第五目、第八目或第九目所列場所使用之樓層,除符合前款規定外,且設有自動撒水設備或內部裝修符合建築技術規則建築設計施工篇第 88 條規定者。

五、供第十二條第一款第六目之榮譽國民之家、長期照顧服務機構(限機構住宿式、社區式之建築物使用類組非屬 H-2 之日間照顧、團體家屋及小規模多機能)、老人福利機構(限長期照護型、養護型、失智照顧型之長期照顧機構、安養機構)、兒童及少年福利機構(限托嬰中心、早期療育機構、有收容未滿二歲兒童之安置及教養機構)、護理機構(限一般護理之家、精神護理之家、產後護理機構)、身心障礙福利機構(限供住宿養護、日間服務、臨時及短期照顧者)場所使用之樓層,符合下列規定者:

　(一)各樓層以具一小時以上防火時效之牆壁及防火設備分隔為二個以上之區劃,各區劃均以走廊連接安全梯,或分別連接不同安全梯。

　(二)裝修材料以耐燃一級材料裝修。

　(三)設有火警自動警報設備及自動撒水設備(含同等以上效能之滅火設備)。

【解說】

　　本條是避難輔助器具得免設與上一條是得減設,二條可供相互比較,當然設計消防安全設備,是因應建築物火災而設置,假使設計脫離火災學原理,就失去其真正意義。

　　因此,二條之間皆從火災學原理,顯示出在防火及避難安全上有其程度上差別,本條建築物不但具防火構造,且設有陽臺可通達避難層或他棟建築物,或是通往直通避難層之樓梯且不會使避難人員產生擁擠,並有防火門阻隔火煙之安全避難路徑。

　　另外較單純且火載量不多使用人之辦公室、診所或老人服務機構等、電影攝影場或電視播送場、工廠等特定使用人之場所,知悉避難路徑,較不會有避難空間混淆問題,其主要構造為防火構造或是各樓層有二個以上不同避難逃生安全路徑者得免設。

　　又火載量有限之車站、金融機構、寺廟、體育館或室內游泳池等場所,除有防火構造或二座安全梯外,又設自動撒水或是內部裝修以不燃或耐燃材料者,得免設。事實上,自動撒水設備是所有消防設備中全球公認最具成本效益之設備,其使用迄今已超過一百多年歷史;在許多統計中,以密閉式撒水頭一般是不會破裂到三顆,就可控制住火勢發展。

避難器具免設規定

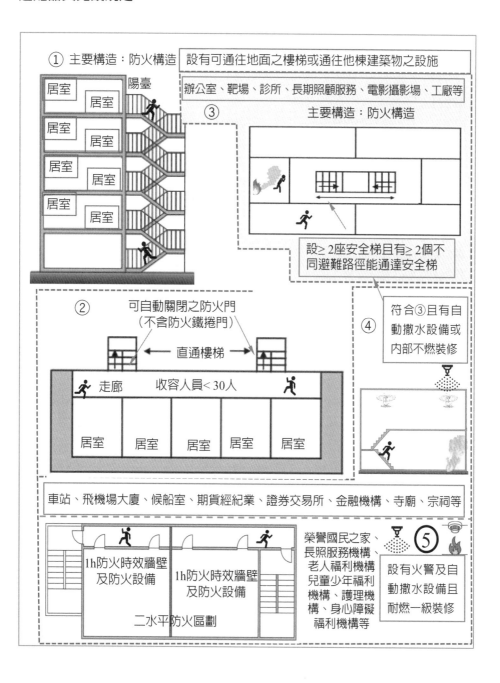

3-85 收容人員計算

> **第 160 條**
> 第 157 條表列收容人員之計算，依下表規定：

【解說】

避難器具是以樓層個別計算的，於集合住宅、寄宿舍：合計其居住人數，每戶以三人計算。依內政部消防法令函釋及公告，考量其意旨係以其實際居住人數爲認定，倘於消防安全設備設計階段無法確認其實際人數時，原則以每戶三人計算之。爰寄宿舍收容人數計算方式則由地方消防機關考量其實際使用情形個案實質認定。

建築物各層避難器具之核算涉「收容人數之計算應以樓層爲單位」，所稱「樓層」之認定，按所提建物如爲連棟式建築物，則「樓層」係指以無開口、具 1 小時以上防火時效之牆壁區劃部分。而從業員工數以平時在勤人數最多時計算之。

總樓地板面積在 500 平方公尺以上，且設有香客大樓或類似住宿、休息空間，收容人數在 100 人以上之寺廟、宗祠、教堂及其他類似場所。其指一定規模以上之寺廟、宗祠或教堂等場所，平時供香客、信徒、教友進行祭祀、拜拜、禮拜等宗教儀式，若建築物內設有香客大樓或類似住宿、休息空間，於節慶或大型活動時，大量進香、建醮等用火敬神行爲及不特定人員駐留，增加該建築物發生火災之人命危險程度，故有實施防火管理之必要。該場所態樣及收容人數計算如下：

A. 寺廟、宗祠或教堂等場所基地內設有香客大樓或類似住宿、休息空間，應合計其收容人數檢討實施防火管理。

B. 寺廟、宗祠或教堂等場所與香客大樓或類似住宿、休息空間，分屬於不同一基地內之不同建築物，應依各自用途檢討實施防火管理。

C. 該場所收容人數之計算，依本條規定辦理。

編號	各類場所	收容人員計算方式
1	電影片映演場所（戲院、電影院）、歌廳、集會堂、體育館、活動中心	其收容人員人數，為下列各款合計之數額： 一、從業員工數。 二、各觀眾席部分以下列數額合計之。 （一）設固定席位部分以該部分座椅數計之。如為連續式席位，$\dfrac{座椅正面寬度}{0.4m}$（<1 不計）。 （二）立位，$\dfrac{樓地板面積}{0.2m^2}$。 （三）其他，$\dfrac{樓地板面積}{0.5m^2}$。

編號	各類場所	收容人員計算方式
2	遊藝場所、電子遊戲場、資訊休閒場所	其收容人員人數，為下列各款合計之數額： 一、從業員工數。 二、遊樂用機械器具能供進行遊樂之人數。 三、供觀覽、飲食或休息使用設固定席位者，以該座椅數計之。如為連續式席位，$\dfrac{座椅正面寬度}{0.5m}$（< 1 不計）。
3	舞廳、舞場、夜總會、俱樂部、酒家、酒吧、酒店（廊）、理容院、指壓按摩場所、節目錄影帶播映場所、視聽歌唱場所、保齡球館、室內溜冰場、撞球場、健身休閒中心（含提供指壓、三溫暖等設施之美容瘦身場所）、室內螢幕式高爾夫練習場、餐廳、飲食店、咖啡廳、茶藝館及其他類似場所	其收容人員人數，為下列各款合計之數額： 一、從業員工數。 二、各客人座席部分以下列數額合計之： 　（一）設固定席位部分，以該部分座椅數計之。如為連續式席位，$\dfrac{座椅正面寬度}{0.5m}$（< 1 不計）。 　（二）其他，$\dfrac{樓地板面積}{3m^2}$。 三、保齡球館之球場以附屬於球道之座椅數為準。 四、視聽歌唱場所之包廂，以其固定座椅數及麥克風數之合計為準。
4	商場、市場、百貨商場、超級市場、零售市場、展覽場	其收容人員人數，為下列各款合計之數額： 一、從業員工數。 二、供從業人員以外者使用部分，以下列數額合計： 　（一）供飲食或休息用部分，$\dfrac{樓地板面積}{3m^2}$。 　（二）其他（含百貨商場之櫥窗部分），$\dfrac{樓地板面積}{4m^2}$。
5	觀光飯店、飯店、旅館、招待所（限有寢室客房者）	其收容人員人數，為下列各款合計之數額： 一、從業員工數。 二、各客房部分，以下列數額合計： 　（一）西式客房之床位數。 　（二）日式客房，$\dfrac{樓地板面積}{6m^2}$（團體，$\dfrac{樓地板面積}{3m^2}$）所得之數。 三、供集會、飲食或休息用部分，以下列數額合計： 　（一）設固定席位部分，以該座椅數計之。如為連續式席位，$\dfrac{座椅正面寬度}{0.5m}$（< 1 不計）。 　（二）其他，$\dfrac{樓地板面積}{3m^2}$。
6	集合住宅、寄宿舍	合計其居住人數，每戶以三人計算。
7	醫療機構（醫院、診所）、療養院	其收容人員人數，為下列各款合計之數額： 一、從業員工數。 二、病房內病床數。 三、各候診室，$\dfrac{樓地板面積}{3m^2}$。 四、醫院等場所育嬰室之嬰兒，應列為收容人員計算。

編號	各類場所	收容人員計算方式
8	長期照護機構、養護機構、安養機構、老人服務機構（限供日間照顧、臨時照顧、短期保護及安置使用者）、兒童福利設施、托兒所、育嬰中心、幼稚園、護理之家機構、產後護理機構	從業員工數與老人、幼兒、身體障礙者、精神耗弱者及其他需保護者之人數合計之。
9	學校、啟明、啟聰、啟智等特殊學校、補習班、訓練班、兒童與少年福利機構、K書中心、安親（才藝）班	教職員工數與學生數合計之。
10	圖書館、博物館、美術館、紀念館、史蹟資料館及其他類似場所	從業員工數與閱覽室、展示室、展覽室、會議室及休息室，$\dfrac{\text{樓地板面積}}{3m^2}$。
11	三溫暖、公共浴室	從業員工數與供浴室、更衣室、按摩室及休息室，$\dfrac{\text{樓地板面積}}{3m^2}$。
12	寺廟、宗祠、教堂、靈骨塔及其他類似場所	神職人員及其他從業員工數與供禮拜、集會或休息用部分之樓地板面積和除3平方公尺所得之數，合計之。
13	車站、候機室、室內停車場、室內停車空間、電影攝影場、電視播送場、倉庫、傢俱展示販售場等工作場所	從業員工數之合計。
14	其他場所	從業員工數與供從業員以外者所使用，$\dfrac{\text{樓地板面積}}{3m^2}$。

註：
一、收容人數之計算應以樓層為單位。
二、依「複合用途建築物判斷基準」判定該場所不同用途，在管理及使用型態上，構成從屬於主用途時，以主用途來核算其收容人數。
三、從業員工數之計算，依下列規定：
　（一）從業員工，不分正式或臨時，以平時最多服勤人數計算。但雇用人員屬短期、臨時性質者，得免計入。
　（二）勤務制度採輪班制時，以服勤人數最多時段之從業員工數計算。但交班時，不同時段從業員工重複在勤時，該重複時段之從業員工數不列入計算。
　（三）外勤員工有固定桌椅者，應計入從業員工數。
四、計算收容人員之樓地板面積，依下列規定：
　（一）樓地板面積除單位面積所得之數，未滿一之零數不計。
　（二）走廊、樓梯及廁所，原則上不列入計算收容人員之樓地板面積。
五、固定席位，指構造上固定，或設在一定場所固定使用且不易移動者。下列情形均應視為固定席位：
　（一）沙發等座椅。
　（二）座椅相互連接者。
　（三）平時在同一場所，固定使用，且不易移動之座椅。

【解說】
　　樓地板面積，如非特定使用者，收容人是計算方式，一般除以3平方公尺計算之。

編號	各類場所	收容人員計算方式（從業員工數簡寫從，樓地板面積簡寫樓）
1	電影、戲、集、體、活	從 + 連續席 $\dfrac{座椅寬度}{0.4m}$（<1 不計）+ 立位 $\dfrac{樓}{0.2m^2}$ + $\dfrac{樓}{0.5m^2}$
2	遊藝、電、資	從 + 遊樂機供遊樂人數 + 固定席 + 連續席位 $\dfrac{座椅寬度}{0.5m}$（<1 不計）
3	舞廳、酒、保、室、三、餐	從 + 固定席 + 連續席位 $\dfrac{座椅寬度}{0.5m}$（<1 不計）+ 麥克風數 + $\dfrac{樓}{3m^2}$
4	商場、市、百、超、展	從 + 供飲息休息 $\dfrac{樓}{3m^2}$ + $\dfrac{樓}{4m^2}$
5	觀光飯店、旅、招	從 + 西式床數 + 日式 $\dfrac{樓}{6m^2}$（團體 $\dfrac{樓}{3m^2}$）+ 固定席 + 連續席位 $\dfrac{座椅寬度}{0.5m}$（<1 不計）+ $\dfrac{樓}{3m^2}$
6	集合住宅、寄	每戶 3 人計
7	醫療機構、醫、療	從 + 病床數 + 育嬰床 + 候診室 $\dfrac{樓}{3m^2}$
8	長照機構、幼、護	從 + 其他需保護數合計
9	學校、訓、安	從 + 學生數合計之
10	圖書館、博、美	從 + $\dfrac{樓}{3m^2}$
11	三溫暖、公	從 + $\dfrac{樓}{3m^2}$
12	寺廟、教	從 + $\dfrac{樓}{3m^2}$
13	車站、室、倉	從
14	其他場所	從 + $\dfrac{樓}{3m^2}$

3-86 避難器具裝設及開口面積

第 161 條
避難器具,依下列規定裝設:
一、設在避難時易於接近處。
二、與安全梯等避難逃生設施保持適當距離。
三、供避難器具使用之開口部,具有安全之構造。
四、避難器具平時裝設於開口部或必要時能迅即裝設於該開口部。
五、設置避難器具(滑杆、避難繩索及避難橋除外)之開口部,上下層應交錯配
　　置,不得在同一垂直線上。但在避難上無障礙者不在此限。

【解說】

　　避難時易於接近處,且設有設置位置之標示,以引導人員及時使用。如就近有安全
梯,當然是人員避難首選,設在其附近避難器具是沒有意義的。而開口部因使用人需
抓取抬起上身重量,其需具有安全構造,不因施力而結構失效。避難器具能迅即裝設
於該開口部,因為火災應變有其時間上迫切性。

　　緩降機、避難梯、救助袋及滑臺之開口部,上下層應交錯配置,不得在同一垂直線
上。因其設在其下降之正上方或正下方空間應淨空,避免產生垂直空間重疊現象,避
免人員墜落直接落至地面層而傷亡。

第 162 條
避難器具,依下表規定,於開口部保有必要開口面積:

種類	開口面積
緩降機、避難梯、避難繩索及滑杆	高 80 公分以上,寬 50 公分以上或高 100 公分以上,寬 45 公分以上。
救助袋	高 60 公分以上,寬 60 公分以上。
滑臺	高 80 公分以上,寬為滑臺最大寬度以上。
避難橋	高 180 公分以上,寬為避難橋最大寬

【解說】

　　本條所規定緩降機、避難梯、避難繩索及滑杆之開口部保有必要開口面積,係高
80 公分以上、寬 50 公分以上或高 100 公分以上,寬 45 公分以上,其指開口部設於
壁面者。就開口部設於地面者,該必要開口面積為可內切直徑 50 公分以上圓之開口
面積,因其避難並非站立狀態,僅為半身抬起以上之空間;但其避難橋係以人員站立
狀態行進,故其開口尺寸高 180 公分以上。

避難器具裝設規定

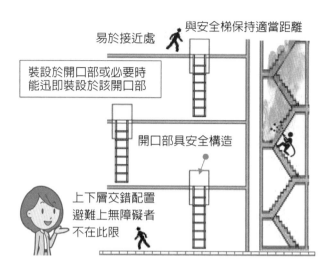

與安全梯保持適當距離

易於接近處

裝設於開口部或必要時
能迅即裝設於該開口部

開口部具安全構造

上下層交錯配置
避難上無障礙者
不在此限

避難器具必要開口面積

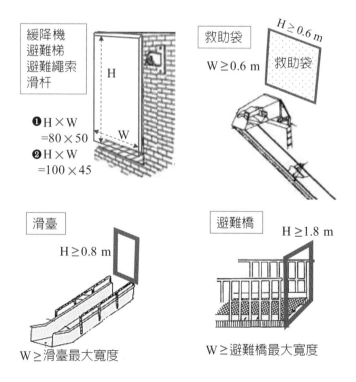

緩降機
避難梯
避難繩索
滑杆

❶H×W
=80×50
❷H×W
=100×45

救助袋

$H \geq 0.6\ m$

$W \geq 0.6\ m$

救助袋

滑臺

$H \geq 0.8\ m$

W≧滑臺最大寬度

避難橋

$H \geq 1.8\ m$

W≧避難橋最大寬度

3-87 避難器具操作面積

<table>
<tr><td colspan="2">第 163 條
避難器具，依下表規定，於設置周圍無操作障礙，並保有必要操作面積：</td></tr>
<tr><th>種類</th><th>操作面積</th></tr>
<tr><td>緩降機、避難梯、避難繩索及滑杆</td><td>0.5 平方公尺以上（不含避難器具所占面積）。但邊長應為 60 公分以上。</td></tr>
<tr><td>救助袋</td><td>寬 150 公分以上，長 150 公分以上（含器具所占面積）。但無操作障礙，且操作面積在 2.25 平方公尺以上時，不在此限。</td></tr>
<tr><td>滑臺、避難橋</td><td>依避難器具大小及形狀留置之。</td></tr>
</table>

【解說】

　本條避難梯操作面積 0.5 平方公尺以上（不含避難梯所占面積），但邊長應為 60 公分以上，至其必要操作面積核算，仍應就避難梯設置周圍是否有無操作障礙考量認定之，故避難梯之選設及操作面積設計，事屬個案地方消防機關之實質審查。

　在所有避難輔助器具中，救助袋之使用，會耗費較多時間，因其平時不會拿出懸掛，待火警發生時，始取出並進行固定，一般以二人操作為原則，故其操作面積是最大的（長寬各≥ 150 公分，並含器材本身體所占面積，使用時整個器材有一定質量，會往下放而延伸下去）。

　在對避難輔助器具進行性能試驗時，支固器具（需完全伸展並於架設完成之狀態）應依以下方法施加荷重，確認支固器具及固定部分的狀況。

　A. 對支固器具和避難器具的連結部分應以垂直方向施加荷重。但如為斜降式救助袋，則應對下降方向予以施加荷重。

　B. 關於載重之大小，如為救助袋，應為 300 公斤以上；如為緩降機（多人數用以外者），為 195 公斤以上；如為其他種類，則應有合適之載重。

　基本上，避難輔助器具是當建築物火災時本身防火避難設施，已難以靠近取用，才考量使用避難輔助器具，這是給來不及逃生的人員使用；事實上，在法定避難輔助器具上，如避難橋（架空走廊）、滑臺或救助袋之使用安全性較高，而緩降機、避難繩索及滑杆之使用安全性，顯然相對較低，當然也要考慮使用人員之狀況，此非避難弱者所能選取避難輔助器具。

避難器具必要操作面積

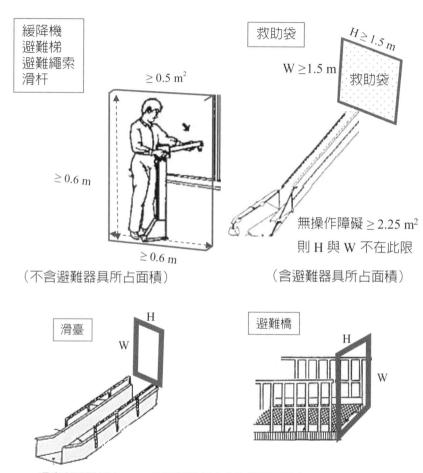

緩降機
避難梯
避難繩索
滑杆

$\geq 0.5 \text{ m}^2$

$\geq 0.6 \text{ m}$

$\geq 0.6 \text{ m}$

（不含避難器具所占面積）

救助袋

$H \geq 1.5 \text{ m}$

$W \geq 1.5 \text{ m}$

救助袋

無操作障礙 $\geq 2.25 \text{ m}^2$

則 H 與 W 不在此限

（含避難器具所占面積）

滑臺

H

W

避難橋

H

W

滑臺與避難橋之H、W依避難器具大小及形狀留置之

3-88 避難器具下降空間

第 164 條
避難器具，依下表規定，於開口部與地面之間保有必要下降空間：

種類	下降空間
緩降機	以器具中心半徑 0.5 公尺圓柱形範圍內。但突出物在 10 公分以內，且無避難障礙者，或超過 10 公分時，能採取不損繩索措施者，該突出物得在下降空間範圍內。
避難梯	自避難梯二側豎桿中心線向外 20 公分以上及其前方 65 公分以上之範圍內。
避難繩索及滑杆	應無避難障礙之空間。
救助袋（斜降式）	救助袋下方及側面，在上端 25 度，下端 35 度方向依右圖所圍範圍內。但沿牆面使用時，牆面側不在此限。
救助袋（直降式）	一、救助袋與牆壁之間隔為 30 公分以上。但外牆有突出物，且突出物距救助袋支固器具裝設處在 3 公尺以上時，應距突出物前端 50 公分以上。 二、以救助袋中心，半徑 1 公尺圓柱形範圍內。
滑臺	滑面上方 1 公尺以上及滑臺兩端向外 20 公分以上所圍範圍內。
避難橋	避難橋之寬度以上及橋面上方 2 公尺以上所圍範圍內。

【解說】
　　上揭救助袋可分斜降式與直降式，於直降式救助袋除了斜降式的下部支持裝置及固定環之項目外，關於操作展開、下降、拉上及收藏，應比照斜降式。而直降式之下部出口距基地面之高度，應依救助袋之種類，確認個別必要適當之距離。而斜降式要下降時，下降者需先與地上檢查者打信號，然後再下降。下降者先把腳放在階梯上，使腳先進入救助袋安裝框，調整好姿勢再下降。下降姿勢應依照使用方法下降；因為下降時的初速愈快，下降速度會愈大而危險，因此絕對不可以加反作用而下降。
　　而緩降機固定在該繩索最長使用限度之高處（如繩索長度超過 15 公尺者則以 15 公尺之高度為準），有關其下降時試驗，依緩降機認可基準所示如次：
　　（一）常溫下降試驗
　　施予最大使用人數分別乘以 250nt 及 650nt 之載重及以相當於最大使用載重之負載等三種載重，左右交互加載且左右連續各下降一次時，其速度應在 16cm/sec 以上150cm/sec 以下之範圍內。
　　（二）20 次連續下降試驗
　　施予相當於最大使用人數乘以 650nt 之載重，左右交互加載且左右連續各下降 10次之下降速度，任一次均應在 20 次之平均下降速度值之 80% 以上 120% 以下，且不得發生性能及構造上之異常現象。

避難器具必要下降空間

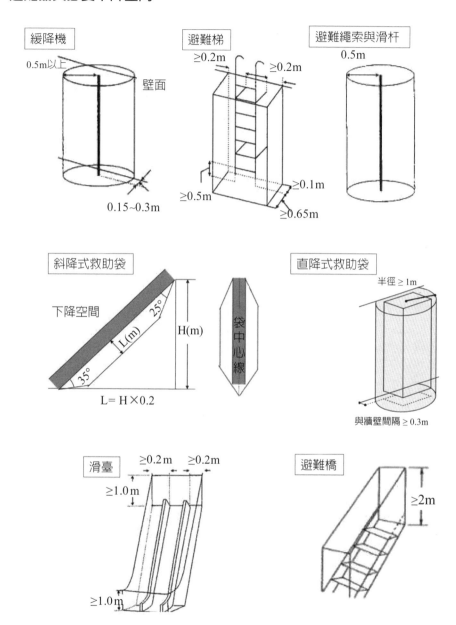

3-89 避難器具下降空間及標示

第 165 條
避難器具依下表規定，於下降空間下方保有必要下降空地：

種類	下降空地
緩降機	下降空間之投影面積。
避難梯	下降空間之投影面積。
避難繩索及滑杆	應無避難障礙之空地。
救助袋（斜降式）	救助袋最下端起 2.5 公尺及其中心線左右 1 公尺以上所圍範圍。
救助袋（直降式）	下降空間之投影面積。
滑臺	滑臺前端起 1.5 公尺及其中心線左右 0.5 公尺所圍範圍。
避難橋	無避難障礙空地。

【解說】
　若為垂直式下降，則下降空地取其下降空間之投影面積。

第 166 條
設置避難器具時，依下表標示其設置位置、使用方法並設置指標：

避難器具標示種類	設置處所	尺寸	顏色	標示方法
設置位置	避難器具或其附近明顯易見處。	長 36 公分以上、寬 12 公分以上。	白底黑字	字樣為「避難器具」，每字 5 平方公分以上。但避難梯等較普及之用語，得直接使用其名稱為字樣。
使用方法		長 60 公分以上、寬 30 公分以上。		標示易懂之使用方法，每字 1 平方公分以上。
避難器具指標	通往設置位置之走廊、通道及居室之入口。	長 36 公分以上、寬 12 公分以上。		字樣為「避難器具」，每字 5 平方公分以上。

【解說】
　避難器具標示等不能援引「出口標示燈及避難方向指示燈認可基準」之適用。
　因上述二者，有其細節上之不同。基本上，避難行為特性分為心理特性與生理特性，火災時人類心理產生恐慌狀態，使得避難行動多樣；而生理部分，人在避難逃生的移動過程中會因為空間規模、性質、性別、年齡、身體機能等生理，會受到心理特性變化，而造成逃生行為差異性。而標示即「方向」和「位置」二者的總稱，於「方位性標示」即為提供逃生需求的資訊來源，使用者經由其內容對空間「概念化」，並依「識別性標示」確認位置，進行避難安全行為。

避難器具必要下降空地

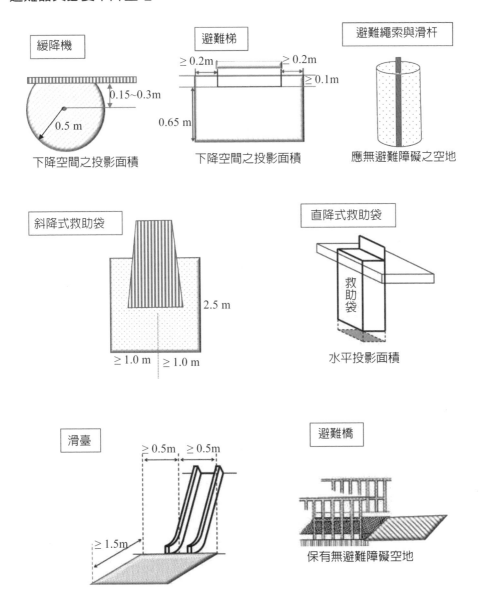

緩降機

0.15~0.3m

0.5 m

下降空間之投影面積

避難梯

≥ 0.2m　　≥ 0.2m

≥ 0.1m

0.65 m

下降空間之投影面積

避難繩索與滑杆

應無避難障礙之空地

斜降式救助袋

2.5 m

≥ 1.0 m　≥ 1.0 m

直降式救助袋

救助袋

水平投影面積

滑臺

≥ 0.5m　≥ 0.5m

≥ 1.5m

避難橋

保有無避難障礙空地

3-90 緩降機、滑臺及避難橋設置

第 167 條

緩降機應依下列規定設置：

一、緩降機之設置，在下降時，所使用繩子應避免與使用場所牆面或突出物接觸。

二、緩降機所使用繩子之長度，以其裝置位置至地面或其他下降地點之等距離長度為準。

三、緩降機支固器具之裝置，依下列規定：

（一）設在使用場所之柱、地板、樑或其他構造上較堅固及容易裝設場所。

（二）以螺栓、熔接或其他堅固方法裝置。

【解說】

內政部於90年公告「緩降機」為應實施認可品目，並依緩降機認可基準辦理認可。有關既設合法集合住宅每戶專有部分設置壁掛式緩降機，因設於住戶專有位置，難進入確認是否妥善，且日曬雨淋有年久失修，造成人員傷亡之虞，得依現行設置標準規定，重新檢討避難器具之設置。而收容之精神病患具暴力傾向如醫院場所，為維護其安全，得將緩降機集中放置於各層護理站。

第 168 條

滑臺，依下列規定設置：

一、安裝在使用場所之柱、地板、樑或其他構造上較堅固或加強部分。

二、以螺栓、埋入、熔接或其他堅固方法裝置。

三、設計上無使用障礙，且下降時保持一定之安全速度。

四、有防止掉落之適當措施。

五、滑臺之構造、材質、強度及標示符合 CNS 13231 之規定。

【解說】

滑臺材質為鐵製或鋼筋混凝土，並具一定厚度以負荷每公尺 130 公斤之載量。

第 169 條

避難橋，依下列規定設置：

一、裝置在使用場所之柱、地板或其他構造上較堅固或加強部分。

二、一邊以螺栓、熔接或其他堅固方法裝置。

三、避難橋之構造、材質、強度及標示符合 CNS 13231 之規定。

【解說】

二棟大樓之間，平時為防盜考量，有時避難橋並非固定式而沒有架設，一旦有狀況發生，始以移動式延伸出去。

避難橋寬度應為 60 公分以上，地板應有防滑功能，依日本規定，坡度應小於 1/5（階梯形除外）。扶手高度應為 1.1 公尺以上，載荷重 3.3 kN/m²，可撓度不應超過支點間隔 1/300 以上。

避難器具標示設置位置、使用方法

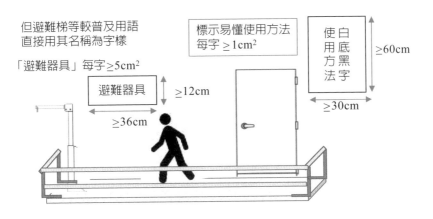

但避難梯等較普及用語
直接用其名稱為字樣

「避難器具」每字≥5cm²

標示易懂使用方法
每字 ≥1cm²

使用方法
白底黑字

≥60cm

避難器具

≥12cm

≥36cm

≥30cm

緩降機設置及螺栓、熔接堅固方法裝置

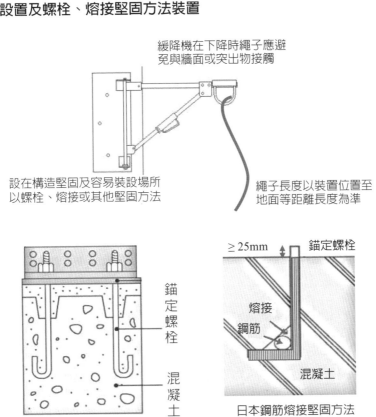

緩降機在下降時繩子應避
免與牆面或突出物接觸

設在構造堅固及容易裝設場所
以螺栓、熔接或其他堅固方法

繩子長度以裝置位置至
地面等距離長度為準

錨定螺栓

混凝土

≥ 25mm

錨定螺栓

熔接

鋼筋

混凝土

日本鋼筋熔接堅固方法

3-91 救助袋及避難梯設置

第 170 條

救助袋依下列規定設置：

一、救助袋之長度應無避難上之障礙，且保持一定之安全下滑速度。

二、裝置在使用場所之柱、地板、樑或其他構造上堅固或加強部分。

三、救助袋支固器具以螺栓、熔接或其他堅固方法裝置。

【解說】

　　救助袋使用人員安全性高，但在國內較少見，主因為其設備價位昂貴。反而，建商普遍設置風險較高但經濟便宜之緩降機。

第 171 條

避難梯依下列規定設置：

一、固定梯及固定式不銹鋼爬梯（直接嵌於建築物牆、柱等構造，不可移動或收納者）應符合下列規定：

　　（一）裝置在使用場所之柱、地板、樑或其他構造上較堅固或加強部分。

　　（二）以螺栓、埋入、熔接或其他堅固方法裝置。

　　（三）橫桿與使用場所牆面保持 10 公分以上之距離。

二、第四層以上之樓層設避難梯時，應設固定梯，並合於下列規定：

　　（一）設於陽臺等具安全且容易避難逃生構造處，其樓地板面積至少 2 平方公尺，並附設能內接直徑 60 公分以上之逃生孔。

　　（二）固定梯之逃生孔應上下層交錯配置，不得在同一直線上。

三、懸吊型梯應符合下列規定：

　　（一）懸吊型梯固定架設在使用場所之柱、地板、樑或其他構造上較堅固及容易裝設處所。但懸吊型固定梯能直接懸掛於堅固之窗臺等處所時，得免設固定架。

　　（二）懸吊型梯橫桿在使用時，與使用場所牆面保持 10 公分以上之距離。

【解說】

　　避難梯係指「固定梯、倚靠型梯、懸吊型梯及舷梯」，固定梯係指經常固定在防火對象物，呈隨時可使用狀態之梯，包含收納式梯（將橫桿收藏在梯柱內於使用時拉出使呈可使用狀態者及將梯下部折疊或可作伸縮之梯）」，但未明文規定上、下方皆應予固定。但能直接懸掛於堅固之窗臺等處所時，得免設固定架等規定。

　　又不銹鋼製爬梯具有金屬製避難梯認可品同等效能，與「金屬製避難梯認可基準」將避難梯分固定型梯、倚靠型梯及懸吊型梯等，為明定二者不同。第四層以上之樓層設避難梯時，應設固定梯，這是考量較高樓層可能有高樓風壓及距地面一定之高度固定，較安全使用。

避難梯設置規定

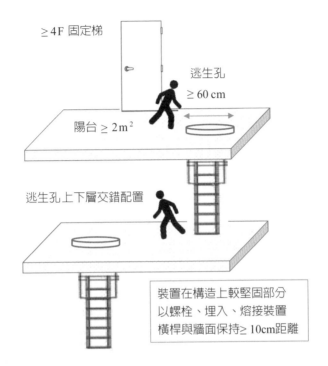

≥4F 固定梯

逃生孔
≥ 60 cm

陽台 ≥ 2 m²

逃生孔上下層交錯配置

裝置在構造上較堅固部分
以螺栓、埋入、熔接裝置
橫桿與牆面保持≥ 10cm距離

懸吊型梯設置規定

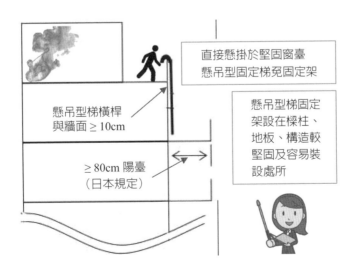

直接懸掛於堅固窗臺
懸吊型固定梯免固定架

懸吊型梯橫桿
與牆面 ≥ 10cm

懸吊型梯固定
架設在樑柱、
地板、構造較
堅固及容易裝
設處所

≥ 80cm 陽臺
（日本規定）

3-92 滑杆、避難繩索、固定架及螺栓

第 172 條
滑杆及避難繩索,依下列規定設置:
一、長度以其裝置位置至地面或其他下降地點之等距離長度為準。
二、滑杆上端與下端應能固定。
三、固定架,依前條第三款第一目之規定設置。

【解說】
　滑杆需由鋼材或同等以上耐久性材料製成,能耐 390 公斤荷重之強度;而避難繩索由耐久性纖維質製成,能耐 650 公斤抗拉荷重之強度。

第 173 條
供緩降機或救助袋使用之支固器具及供懸吊型梯、滑杆或避難繩索使用之固定架,應使用符合 CNS 2473、4435 規定或具有同等以上強度及耐久性之材料,並應施予耐腐蝕加工處理。

【解說】
　支固器具及固定架,應使用符合 CNS 同等以上強度及耐久性之材料,以因應平時之人群訓練,及建築物使用年限之耐久性。因避難輔助器具為戶外使用,因應臺灣海島型大氣鹽溼環境,應施予耐腐蝕處理,避免材質劣變。

第 174 條
固定架或支固器具使用螺栓固定時,依下列規定:
一、使用錨定螺栓。
二、螺栓埋入混凝土內不含灰漿部分之深度及轉矩值,依右表規定。

【解說】
　M10×1.5,其中 M 表示普通螺紋、尺寸代號:公稱直徑 × 螺距;「M10」表示:公稱直徑為 10 mm、螺距 1.5 mm 的普通螺紋。支固器具之固定方式如下:一、直接裝置在建築物的主要構造部(限樑、柱、樓板等):(一)鋼骨或鋼筋上焊接螺栓或掛接施工方法。(二)金屬膨脹錨定螺栓施工方法(限採套管打入法)。二、裝置在固定基座上。三、裝置在採有補強措施時。
　如使用扭力扳手作為測定拉拔荷重之器具時,鎖緊扭力和設計拉拔荷重(試驗荷重)之關係如下:
　$T = 0.24D\,N$
　T:鎖緊扭力(kgf·cm)
　D:螺栓直徑(cm)
　N:試驗荷重(設計拉拔荷重)(kgf)

螺栓埋入混凝土深度及轉矩值

螺紋標稱	埋入深度 D（mm）（不含灰漿）	轉矩值 F（kgf-cm）
M10×1.5	45 以上	150 至 250
M12×1.75	60 以上	300 至 450
M16×2	70 以上	600 至 850

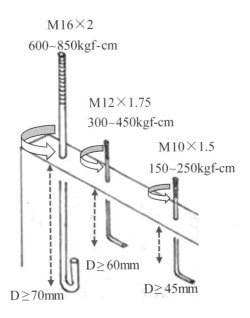

避難器具裝置／固定方法

	緩降機	滑台	避難橋	避難梯	救助袋	滑杆	避難繩索
螺栓	✓	✓	✓	✓	✓		
熔接	✓	✓	✓	✓	✓		
埋入		✓		✓			
固定架						✓	✓

3-93 緊急照明燈構造及配線

第 175 條

緊急照明燈之構造，依下列規定設置：

一、白熾燈為雙重繞燈絲燈泡，其燈座為瓷製或與瓷質同等以上之耐熱絕緣材料製成者。

二、日光燈為瞬時起動型，其燈座為耐熱絕緣樹脂製成者。

三、水銀燈為高壓瞬時點燈型，其燈座為瓷製或與瓷質同等以上之耐熱絕緣材料製成者。

四、其他光源具有與前三款同等耐熱絕緣性及瞬時點燈之特性，經中央主管機關核准者。

五、放電燈之安定器，裝設於耐熱性外箱。

【解說】

在日本緊急照明燈並沒有列入消防安全設備；因已有出口標示燈及避難方向指示燈之引導燈源效果。基本上，緊急照明燈依其認可基準，指裝設於各類場所中避難所需經過之走廊、樓梯間、通道等路徑及其他平時依賴人工照明之照明燈具，內具備交直流自動切換裝置，平時以常用電源對蓄電池進行充電，停電後切換至蓄電池供電，或切換至緊急電源（指發電機）供電，作為緊急照明之用。

燈具有白熾燈、日光燈或水銀燈，現今已大量使用 LED 燈。

依其構造形式及動作功能區分如下：

1. 內置電池型緊急照明燈：內藏緊急電源（指蓄電池）的照明燈具。

2. 外置電源型緊急照明燈：由燈具外的緊急電源（指集中型蓄電池或發電機等）供電之照明燈具。

（在日本消防設備認可緊急電源還有燃料電池、專用受電設備）

第 176 條

緊急照明設備除內置蓄電池式外，其配線依下列規定：

一、照明器具直接連接於分路配線，不得裝置插座或開關等。

二、緊急照明燈之電源迴路，其配線依第 235 條規定施予耐燃保護。但天花板及其底材使用不燃材料時，得施予耐熱保護。

【解說】

連接於分路配線至集中型蓄電池或發電機之緊急電源，不得裝置插座或開關等。緊急照明設備依規定，電源變壓器一次側之兩根引接線導體截面積每根不得小於 0.75 平方公釐。電源電壓二次側之電壓應在 50 伏特以下（含燈座、電路）。

緊急照明燈構造

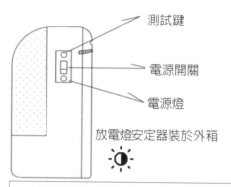

測試鍵

電源開關

電源燈

放電燈安定器裝於外箱

1. 白熾燈為雙重繞燈絲燈泡（燈座瓷製）
2. 日光燈為瞬時起動型（燈座樹脂製）
3. 水銀燈為高壓瞬時點燈型（燈座瓷製）

緊急照明燈配線

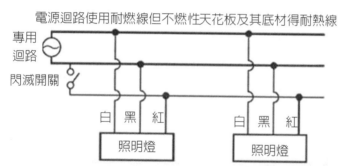

電源迴路使用耐燃線但不燃性天花板及其底材得耐熱線

專用迴路

閃滅開關

白　黑　紅　　　　白　黑　紅

照明燈　　　　照明燈

照明器具（白色線與黑色線）直接連接於分路配線，不得裝置插座或開關

緊急電源

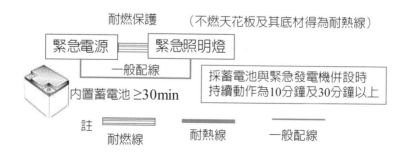

耐燃保護　　（不燃天花板及其底材得為耐熱線）

緊急電源　　緊急照明燈

一般配線

內置蓄電池 ≥30min

採蓄電池與緊急發電機併設時
持續動作為10分鐘及30分鐘以上

註　耐燃線　　耐熱線　　一般配線

3-94 緊急照明燈電源、照度及冤設

第 177 條

緊急照明設備應連接緊急電源。

前項緊急電源應使用蓄電池設備，其容量應能使其持續動作 30 分鐘以上。但採蓄
電池設備與緊急發電機併設方式時，其容量應能使其持續動作分別為 10 分鐘及 30
分鐘以上。

【解說】

　　蓄電池分鉛酸電池及鎳鎘或鎳氫電池（在日本有認可之燃料電池）。蓄電池使用 4
年後其容量會顯著衰減，如需仍維持 30 分鐘勢必會有困難，如與發電機併設其容量
只需 10 分鐘即可。這 10 分鐘用意是在發電機發動時需要時間始能持續供電，使電源
供應無中斷。

第 178 條

緊急照明燈在地面之水平面照度，使用低照度測定用光電管照度計測得之值，在地
下建築物之地下通道，其地板面應在 10 勒克司（Lx）以上，其他場所應在 2 勒克
司（Lx）以上。但在走廊曲折點處，應增設緊急照明燈。

【解說】

　　地下建築物之地下通道難有自然採光，一旦發生火災，火災生成之濃煙難以消
散，勢必很快使地下空間成為煙霧瀰漫環境，因此地下通道之照度有必要提高，另一
目的避免人群恐慌。而緊急照明燈設置之照度計算方式並不設限，蓋該設備之照度符
合本條規定即達法規範之目的。

第 179 條

下列處所得冤設緊急照明設備：

一、在避難層，由居室任一點至通往屋外出口之步行距離在 30 公尺以下之居室。

二、具有效採光，且直接面向室外之通道或走廊。

三、集合住宅之居室。

四、保齡球館球道以防煙區劃之部分。

五、工作場所中，設有固定機械或裝置之部分。

六、洗手間、浴室、盥洗室、儲藏室或機械室。

【解說】

　　各類場所內有些處所係屬容易避難或特定人使用之熟悉環境、可燃物少或是根本是
無人處所非避難動線（引導人員至此，反而適得其反）或是有同等性之自然採光，是
可冤設緊急照明設備，避免浪費投資；因建築物設置消防安全設備，首重經濟、安全
及有效之目的。

緊急照明燈照度

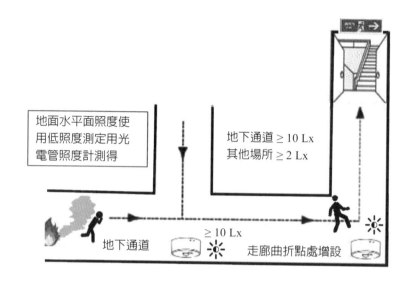

- 地面水平面照度使用低照度測定用光電管照度計測得
- 地下通道 ≥ 10 Lx　其他場所 ≥ 2 Lx
- 地下通道
- ≥ 10 Lx
- 走廊曲折點處增設

免設緊急照明設備場所

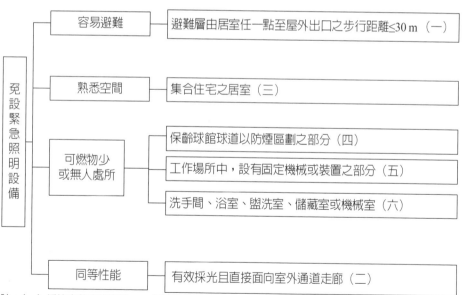

- 免設緊急照明設備
  - 容易避難 ── 避難層由居室任一點至屋外出口之步行距離≤30 m（一）
  - 熟悉空間 ── 集合住宅之居室（三）
  - 可燃物少或無人處所
    - 保齡球館球道以防煙區劃之部分（四）
    - 工作場所中，設有固定機械或裝置之部分（五）
    - 洗手間、浴室、盥洗室、儲藏室或機械室（六）
  - 同等性能 ── 有效採光且直接面向室外通道走廊（二）

註：（　）括符內數字代表第 179 條第幾款。

3-95 出水口及送水口

第 180 條

出水口及送水口，依下列規定設置：

一、出水口設於地下建築物各層或建築物第三層以上各層樓梯間或緊急昇降機間等
　　（含該處 5 公尺以內之處所）消防人員易於施行救火之位置，且各層任一點至
　　出水口之水平距離在 50 公尺以下。

二、出水口爲雙口形，接裝口徑 63 毫米快速接頭，距樓地板面之高度在 0.5 公尺
　　以上 1.5 公尺以下，並設於厚度在 1.6 毫米以上之鋼板或同等性能以上之不燃
　　材料製箱內，其箱面短邊在 40 公分以上，長邊在 50 公分以上，並標明出水口
　　字樣，每字在 20 平方公分以上。但設於第十層以下之樓層，得用單口形。

三、在屋頂上適當位置至少設置一個測試用出水口。

四、送水口設於消防車易於接近，且無送水障礙處，其數量在立管數以上。

五、送水口爲雙口形，接裝口徑 63 毫米陰式快速接頭，距基地地面之高度在一公
　　尺以下 0.5 公尺以上，且標明連結送水管送水口字樣。

六、送水口在其附近便於檢查確認處，裝設逆止閥及止水閥。

【解說】

　　建築物第一、二層火災，消防人員布置水帶沿著樓梯間，應是沒有問題的，且也
可在室外朝內射水；所以本條緊急昇降機間，係指在第三層以上之緊急昇降機間。各
層任一點至出水口之水平距離在 50 公尺以下，消防人員 2.5 吋水帶（俗稱大水帶，
每條 20 公尺長）接三條，尙不成問題。而接裝口徑 63 毫米快速接頭，這是配合消防
隊之水帶大小。爲了穿著消防衣消防人員不完全蹲下去之不便，應距樓地板面高度在
0.5～1.5 公尺之間。而送水口 63 毫米陰式快速接頭，距基地地面高度在 1～1.5 公尺，
這是配合消防車進水管之高度，避免高低差而彎曲造成摩擦損失之問題。送水口止水
閥是能停水，方便維修更換，而裝設逆止閥是保持管內溼式系統，一打開即有水，因
火場應變分秒必爭，設備使用不應作任何時間等待。

　　此外，一棟十層建築物第七層原辦公室辦理變更爲茶室兼視聽歌唱用途場所使
用，連結送水管設備之檢討設置，依內政部消防法令函釋及公告，得採用與原室內消
防栓設備共用立管之消防專用出水口及送水口系統。

連結送水管

設置目的	當火災發生時，消防隊使用消防車從送水口進行送水至高樓層滅火活動之設備，以避免樓梯間逐層布置水帶延伸所耗時間，及減少水帶摩擦損失之消防搶救用設備。
組成構件	由送水口、配管、放水口、閥門、加壓送水裝置等構成。

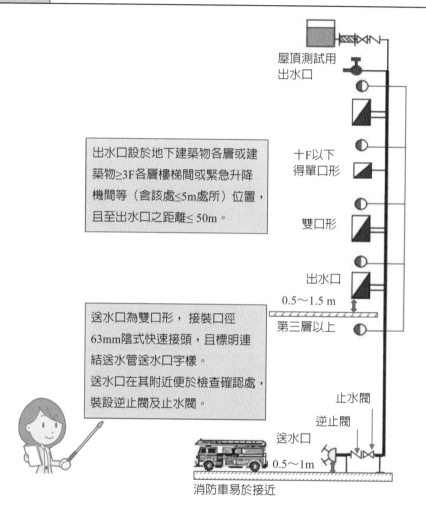

屋頂測試用
出水口

出水口設於地下建築物各層或建築物≥3F各層樓梯間或緊急升降機間等（含該處≤5m處所）位置，且至出水口之距離≤ 50m。

十F以下
得單口形

雙口形

出水口

0.5～1.5 m

第三層以上

送水口為雙口形，接裝口徑63mm陰式快速接頭，且標明連結送水管送水口字樣。
送水口在其附近便於檢查確認處，裝設逆止閥及止水閥。

止水閥

逆止閥

送水口

0.5～1m

消防車易於接近

3-96 送水管配管及水帶箱

第 181 條

配管，依下列規定設置：

一、應為專用，其立管管徑在 100 毫米以上。但建築物高度在 50 公尺以下時，得與室內消防栓共用立管，其管徑在 100 毫米以上，支管管徑在 65 毫米以上。

二、符合 CNS 6445、4626 規定或具有同等以上強度、耐腐蝕性及耐熱性者。但其送水設計壓力逾每平方公分 10 公斤時，應使用符合 CNS 4626 管號 Sch 40 以上或具有同等以上強度、耐腐蝕性及耐熱性之配管。

三、同一建築物內裝置二支以上立管時，立管間以橫管連通。

四、管徑依水力計算配置之。

五、能承受送水設計壓力 1.5 倍以上之水壓，且持續 30 分鐘。但設有中繼幫浦時，幫浦二次側配管，應能承受幫浦全閉揚程 1.5 倍以上之水壓。

【解說】

消防配管大多使用一般配管或是較好的 Sch40 或 Sch80。在送水壓力 $\geq 10kg/cm^2$ 應使用 Sch40 以上強度配管。而二支以上立管應以橫管連接，這具有旁通管作用，增強水量水壓或抵消局部水壓過大現象。而耐 1.5 倍以上水壓，這是避免日後壓力突然過大而造成漏水現象。管徑依水力計算，$Q = A \times V$，因 $\frac{d^2}{4}\pi$，$d = 2\sqrt{\frac{Q}{\pi V}}$ → 一般 $Q = 2.4 \frac{m^3}{min}$，$V = 150 \frac{m}{min}$，則 $d = 2\sqrt{\frac{2.4}{3.14 \times 150}} = 0.143m = 143mm$，依此管徑採用 6 吋（150mm）立管。

場所如變電所係屬不宜射水搶救之特殊場所，如依規定設有自動滅火設備、火警自動警報設備及滅火器等消防安全設備時，得免設室內消防栓設備，並包括連結送水管設備。

第 182 條

十一層以上之樓層，各層應於距出水口 5 公尺範圍內設置水帶箱，箱內備有直線水霧兩用瞄子一具，長 20 公尺水帶二條以上，且具有足夠裝置水帶及瞄子之深度，其箱面表面積應在 0.8 平方公尺以上，並標明水帶箱字樣，每字應在 20 平方公分以上。

前項水帶箱之材質應為厚度在 1.6 毫米以上之鋼板或同等性能以上之不燃材料。

【解說】

十一層以上之樓層設置水帶箱，消防人員不必從消防車上攜行水帶之裝備負荷。事實上，建築物高度超過十層樓以上部分之最大一層樓地板面積，在 ≤ 1500 平方公尺，至少應設置一座緊急昇降機，並設置消防栓、出水口、緊急電源插座等消防設備，供消防人員使用。消防人員水帶、瞄子、救災裝備皆可利用緊急昇降機，進行運送。但十一層以上之樓層如同地下層或無開口樓層等，無論在消防搶救與人命避難上，在法規上有其特別之考量。

送水管配管規定

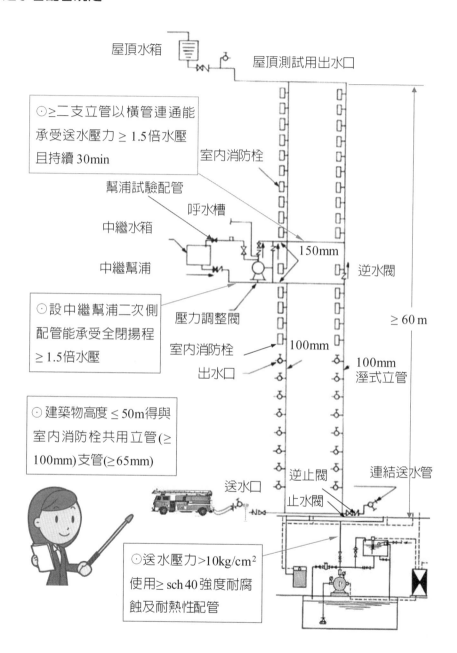

屋頂水箱

屋頂測試用出水口

⊙≥二支立管以橫管連通能
承受送水壓力 ≥ 1.5倍水壓
且持續 30min

室內消防栓

幫浦試驗配管

呼水槽

中繼水箱

中繼幫浦

150mm

逆水閥

⊙設中繼幫浦二次側
配管能承受全閉揚程
≥ 1.5倍水壓

壓力調整閥

室內消防栓
出水口

100mm

≥ 60 m

100mm
溼式立管

⊙建築物高度 ≤ 50m得與
室內消防栓共用立管(≥
100mm)支管(≥65mm)

送水口

逆止閥

連結送水管

止水閥

⊙送水壓力>10kg/cm²
使用≥ sch40 強度耐腐
蝕及耐熱性配管

3-97 中繼幫浦

第 183 條

建築物高度超過 60 公尺者,連結送水管應採用溼式,其中繼幫浦,依下列規定設置:

一、中繼幫浦全揚程在下列計算值以上:

全揚程＝消防水帶摩擦損失水頭＋配管摩擦損失水頭＋落差＋放水壓力

$$H = h1 + h2 + h3 + 60m$$

二、中繼幫浦出水量在每分鐘 2400 公升以上。

三、於送水口附近設手動啟動裝置及紅色啟動表示燈。但設有能由防災中心遙控啟動,且送水口與防災中心間設有通話裝置者,得免設。

四、中繼幫浦一次側設出水口、止水閥及壓力調整閥,並附設旁通管,二次側設逆止閥、止水閥及送水口或出水口。

五、屋頂水箱有 0.5 立方公尺以上容量,中繼水箱有 2.5 立方公尺以上。

六、進水側配管及出水側配管間設旁通管,並於旁通管設逆止閥。

七、全閉揚程與押入揚程合計在 170 公尺以上時,增設幫浦使串聯運轉。

八、設置中繼幫浦之機械室及連結送水管送水口處,設有能與防災中心通話之裝置。

九、中繼幫浦放水測試時,應從送水口以送水設計壓力送水,並以口徑 21 毫米瞄子在最頂層測試,其放水壓力在每平方公分 6 公斤以上,且放水量在每分鐘 600 公升以上,送水設計壓力,依下圖標明於送水口附近明顯易見處。

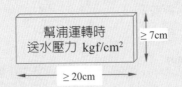

【解說】

　　全閉揚程是泵不出水時泵所打出來的揚程。額定揚程是根據泵工作參數進行設計以達到最佳性能,通常是產品指定值。全閉揚程壓力值等於額定揚程 1.1~1.4 倍。而全閉揚程與押入揚程合計在 170 公尺以上時,表示單一台幫浦中繼之性能不足增設幫浦使串聯運轉。因消防車送水壓力要達 17 kg f/cm² 已有困難,所以要增加幫浦串聯運轉。押入揚程是指消防車加壓送水到大樓中繼泵所剩的壓力。而全閉揚程是指大樓中繼泵關閉(流量為 0)時,此時中繼泵的壓力。當消防車加壓送水須大於 6kg/cm²,所以有押入揚程。實際上押入揚程也不會太多,所以減掉摩擦損失,押入揚程還有 1kg/cm²(即 10m)是合理。此外,超高層建築物水系統,不裝設中繼幫浦,閥門構件能否承受系統高壓且會使低樓層水壓超過法定值,而加裝減壓閥。所以,超高層建築物裝設中繼幫浦是較為經濟。

建築物超過 60m 溼式中繼幫浦規定

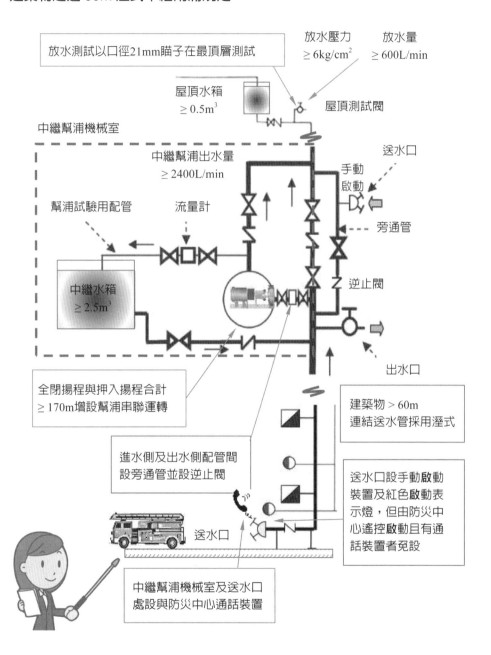

放水測試以口徑21mm瞄子在最頂層測試

放水壓力
$\geq 6kg/cm^2$

放水量
$\geq 600L/min$

屋頂水箱
$\geq 0.5m^3$

屋頂測試閥

中繼幫浦機械室

中繼幫浦出水量
$\geq 2400L/min$

送水口

手動
啟動

幫浦試驗用配管

流量計

旁通管

中繼水箱
$\geq 2.5m^3$

逆止閥

全閉揚程與押入揚程合計
$\geq 170m$增設幫浦串聯運轉

出水口

建築物 > 60m
連結送水管採用溼式

進水側及出水側配管間
設旁通管並設逆止閥

送水口設手動啟動
裝置及紅色啟動表
示燈，但由防災中
心遙控啟動且有通
話裝置者免設

送水口

中繼幫浦機械室及送水口
處設與防災中心通話裝置

3-98 送水設計壓力

第 184 條
送水設計壓力，依下列規定計算：
一、送水設計壓力在下列計算值以上：
送水設計壓力 = 配管摩擦損失水頭 + 消防水帶摩擦損失水頭 + 落差 + 放水壓
力
$$H = h1 + h2 + h3 + 60m$$
二、消防水帶摩擦損失水頭為 4 公尺。
三、立管水量，最上層與其直下層間為每分鐘 1200 公升，其他樓層為每分鐘 2400
公升。
四、每一線瞄子支管之水量為每分鐘 600 公升。

【解說】

　　60 公尺之放水壓力，依 P（壓力）= 0.1h（高度）換算為 $6kg/cm^2$，瞄子出水量為 600L/min，在幫浦出水量 2400L/min，是可滿足四個出水口流量規定。屋頂水箱有 ≧ 0.5 立方公尺容量，係任何一層出水口或室內消防栓，一打開即出水，且具有某種程度之水壓（重力高度差），即可進行射水滅火，待沒多久幫浦運轉加壓送水即到達，此時水壓就較強。而中繼幫浦出水口徑 21 毫米瞄子、放水壓力在每平方公分 6 公斤以上，放水量在每分鐘 600 公升以上，依 $Q = 0.653d^2\sqrt{P}$，進行驗算，輸入出水口徑及壓力，則流量為 705L/min，為法規規定 600L/min 以上。

　　依內政部消防法令函釋及公告，建築物設有緊急昇降機間時，連結送水管出水口及緊急電源插座，應設於消防人員易於施行救火之位置，而含各該處所 5 公尺以內之場所，仍應以設於樓梯間或緊急昇降機間內為宜。而送水設計壓力之計算係針對建築物高度超過 60 公尺設有中繼幫浦者，至建築物高度在 60 公尺以下時，無需計算其連結送水管之送水設計壓力。室內消防栓及自動撒水設備，其幫浦（一次幫浦）全閉揚程在 170 公尺以上時，應設中繼幫浦使串聯運轉，且一次幫浦之全揚程，在中繼幫浦處，應有 10 公尺以上之揚程。

　　而要求室內消防栓設備及自動撒水設備，其幫浦全閉揚程與押入揚程合計需小於 170 公尺，旨在適度限制幫浦規格，避免管路壓力過高；並無建築物高度超過 60 公尺者，該等設備需設中繼幫浦之限制。建築物高度超過 60 公尺者，連結送水管應採用溼式，並依該條檢討設置中繼幫浦。

　　於送水口附近設手動啟動裝置及紅色啟動表示燈。但設有能由防災中心遙控啟動，且送水口與防災中心間設有通話裝置者，得免設。明定中繼幫浦啟動方式，基於連結送水管係供消防搶救使用，消防人員使用連結送水管及啟動其中繼幫浦之時機，仍以手動啟動為之。

送水設計壓力與水帶箱規定

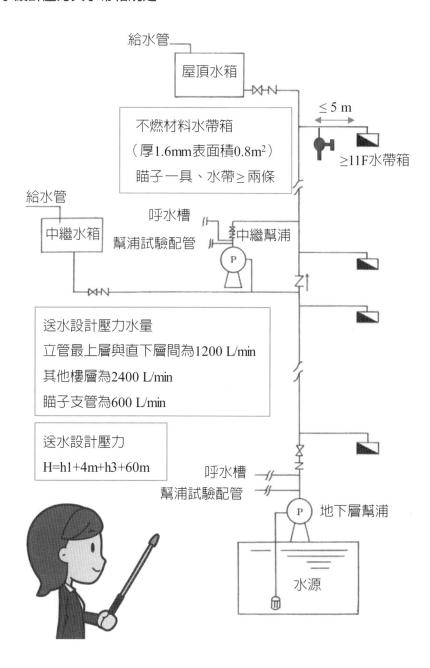

給水管

屋頂水箱

≤ 5 m

不燃材料水帶箱
（厚1.6mm表面積0.8m²）
瞄子一具、水帶 ≥ 兩條

≥11F水帶箱

給水管

呼水槽

中繼水箱

幫浦試驗配管

中繼幫浦

P

送水設計壓力水量
立管最上層與直下層間為1200 L/min
其他樓層為2400 L/min
瞄子支管為600 L/min

送水設計壓力
H=h1+4m+h3+60m

呼水槽

幫浦試驗配管

P　地下層幫浦

水源

3-99 消防專用蓄水池設置

第 185 條

消防專用蓄水池，依下列規定設置：

一、蓄水池有效水量應符合下列規定設置：

　　（一）依第 27 條第一款及第三款設置者，其第一層及第二層樓地板面積合計
　　　　　後，每 7500 平方公尺（包括未滿）設置 20 立方公尺以上。

　　（二）依第27 條第二款設置者，其總樓地板面積每 12500 平方公尺（包括未滿）
　　　　　設置 20 立方公尺以上。

二、任一消防專用蓄水池至建築物各部分之水平距離在 100 公尺以下，且其有效水
　　量在 20 立方公尺以上。

三、設於消防車能接近至其 2 公尺範圍內，易於抽取處。

四、有進水管投入後，能有效抽取所需水量之構造。

五、依下列規定設置投入孔或採水口。

　　（一）投入孔為邊長 60 公分以上之正方形或直徑 60 公分以上之圓孔，並設鐵
　　　　　蓋保護之。水量未滿80 立方公尺者，設一個以上；80 立方公尺以上者，
　　　　　設二個以上。

　　（二）採水口為口徑 100 毫米，並接裝陰式螺牙。水量 20 立方公尺以上，設
　　　　　一個以上；40 立方公尺以上至 120 立方公尺未滿，設二個以上；120 立
　　　　　方公尺以上，設三個以上。採水口配管口徑至少 100 毫米以上，距離基
　　　　　地地面之高度在 1 公尺以下 0.5 公尺以上。

前項有效水量，指蓄水池深度在基地地面下 4.5 公尺範圍內之水量。但採機械方式
引水時，不在此限。

【解說】

　　設置消防專用蓄水池，係因應大規場所火災需要大量消防用水，以自設來提供穩定
可靠消防水源。而建築物內設置送水口及採水口，依內政部消防法令函釋及公告，係
屬供消防人員進入大樓搶救上使用之必要設備，而公設消防栓之設置係為確保救災所
需之水源持續供應無虞，並能直接提供公設消防單位於救災時使用，二者雖皆屬法定
供消防搶救之設備，然其設置之依據、標準不同，故消防送水口及消防採水口不得視
同為公設消防栓。真空幫浦抽水深度僅在 4.5M 範圍內，超過此深度必須藉由機械引
水之方式。

　　惟為確保建築物內前揭設備操作使用空間範圍，建請將消防送水口及消防採水口設
置地點 5 公尺範圍內禁止停車之規定，由地方政府訂定自治規則。

消防專用蓄水池及有效水量

設置目的	設消防專用蓄水池之場所，一般為大規模基地面積，此等場所當火災發生時，消防活動可能需長時間來進行救災，且需源源不斷水量來達到能有效滅火。此等場所需耗費大量公設消防栓水資源來救災，因而有必要自設水源，一方面是確保有相當水量可使用；另一方面是使用者付費之原則。
組成構件	由一定水量以上蓄水池、投入孔或採水口、配管、底閥、清潔用鐵鍊或機械方式引水裝置等構成。

消防專用蓄水池採水口

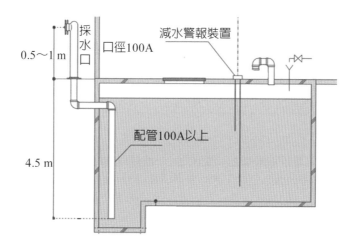

蓄水池有效水量		
場所	條件	有效水量
第 1 款：基地面積 ≥ 20000m² 且任何一層 ≥ 1500m²	1F+2F ≤ 7500m²	設置≥ 20 m³
第 3 款：基地有 ≥ 2 棟，1F ≤ 3m、2F ≤ 5m，1F + 2F ≥ 10000m²		
第 2 款：高度 ≥ 31m 且 ≥ 25000m²	≤ 12500m²	設置≥ 20 m³

3-100 消防專用蓄水池機械引水

第 186 條
消防專用蓄水池採機械方式引水時，除依前條第一項第一款及第二款後段規定外，任一採水口至建築物各部分之水平距離在 100 公尺以下，並依下列規定設置加壓送水裝置及採水口：
一、加壓送水裝置出水量及採水口數，符合右表之規定。
二、加壓送水裝置幫浦全揚程在下列計算方式之計算值以上：
全揚程 = 落差 + 配管摩擦損失水頭 + 15m
$$H = h1 + h2 + 15m$$
三、加壓送水裝置應於採水口附近設啟動裝置及紅色啟動表示燈。但設有能由防災中心遙控啟動，且採水口與防災中心間設有通話聯絡裝置者，不在此限。
四、採水口接裝 63 毫米陽式快接頭，距離基地地面之高度在 1 公尺以下 0.5 公尺以上。

【解說】

消防隊欲取消防專用蓄水池之水源方式，一種是以消防車或移動式幫浦，以消防車上進水管從邊長 60 公分以上之正方形或直徑 60 公分以上圓孔之投入孔，投入水池後打真空之負壓取水，此有效水量為蓄水池深度在基地地面下 4.5 公尺範圍內之水量；另一種仍是以採水口接消防隊進水管，以加壓送水裝置直接機械方式引水給消防車。如果當水源深度大於 4.5 公尺時，則必須採用機械引水方式。

加壓送水裝置幫浦全揚程 = 落差 + 配管摩擦損失水頭 + 15 公尺，即幫浦送水壓力僅 1.5kg/cm^2，為何加壓之水壓如此少，因這只是引水至消防車，再配合消防車送水至連結送水管或直接出水線，延伸水帶至火場，進行瞄子出水滅火，所以送水至消防車之水箱內，再出水箱至火場射水或連結送水管送出水，只要前者進水略微大於後者出水即可，不然進水大於出水過多，送進消防車水箱內水會自然溢出水箱外部至地面上。再者，是出水口徑達到 63 毫米，依 $Q = 0.653d^2\sqrt{P}$，進行驗算，輸入出水口徑（63 毫米）及壓力（1.5kg/cm^2），則出水量高達 3174L/min，接近採水口數三個，出水量 3300L/min，這時加壓送水裝置再稍微加壓，即可達到法規要求。

事實上，連結送水管是消防車送水給場所內各樓層出水口使用，入內消防人員以此水源延伸水線滅火；而消防專用蓄水池是場所供水給消防車，再給連結送水管，或直接延伸水線進行滅火。因此兩者目的一致，只是前者為消防車送水，而後者為消防車接受供水再送水。

消防專用蓄水池投入口

水量（m³）	出水量（L／min）	採水口數（個）
40	1100	1
40 以上 120 未滿	2200	2
120 以上	3300	3

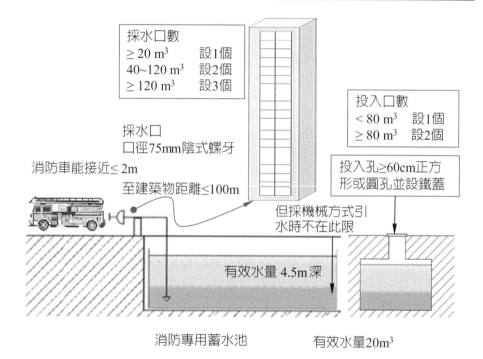

採水口數
≥ 20 m³　設1個
40~120 m³　設2個
≥ 120 m³　設3個

採水口
口徑75mm陰式螺牙

消防車能接近≤ 2m

至建築物距離≤100m

投入口數
< 80 m³　設1個
≥ 80 m³　設2個

投入孔≥60cm正方形或圓孔並設鐵蓋

但採機械方式引水時不在此限

有效水量 4.5m 深

消防專用蓄水池

有效水量20m³

採水口

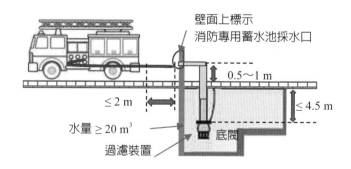

壁面上標示
消防專用蓄水池採水口

0.5～1 m

≤ 2 m

≤ 4.5 m

水量 ≥ 20 m³

過濾裝置

底閥

3-101 消防專用蓄水池標示

第 187 條
消防專用蓄水池之標示，依下列規定設置：
一、進水管投入孔標明消防專用蓄水池字樣。
二、採水口標明採水口或消防專用蓄水池採水口字樣。

【解說】

連結送水管中繼幫浦之啟動必須與地面送水口之人員進行送水配合，不能使用水系統壓力開關等自動啟動方式。而消防專用蓄水池與連結送水管均是消防搶救上之必要設備，由於是火災時消防機關之使用操作，因此其啟動裝置不可能為水系統之自動啟動方式，而必須使用設於送水口、採水口之啟動按鈕裝置、或防災中心之遙控啟動或遠端操作。

消防專用蓄水池係以大規模建築物或高層建築物為應設對象，依內政部消防法令函釋及公告，有關國民中小學教室與其他各類場所相較並無排除設置之特殊理由，仍應依規定設置，惟所提易生蚊子等問題，可從設計及管理層面進行改善；事實上，如此法規似有過苛之嫌，學校教室大多為防火構造建築物，且火載量為 A 類可燃物之課桌椅有限數量，不太可能教室與教室間火勢延燒，且法規已要求室內消防栓，並有設計水源，自然無需再有消防專用蓄水池。

而大型石化工廠等工作場所，如依本標準設有室外消防栓，且能符合消防專用蓄水池有效水量及有關設置規定者，得申請視同設有「消防專用蓄水池」，係指室外消防栓蓄水池之水源容量亦能符合消防專用蓄水池有效水量時，得兼作消防專用蓄水池使用，惟此時該蓄水池仍應符合消防專用蓄水池之相關規定。

又行政院同意開放設置游泳池即已設置之消防蓄水池申請兼作游泳池使用。至開放民間設置游泳池前即已設置之消防蓄水池，在不妨礙消防專用蓄水池之使用，並能符合設置規定，且經常保持其有效水量之原則下，得適用行政院同意開放民間設置游泳池之條件，申請兼作游泳池作用。

至於「勞工安全衛生設施規則」第 251 條第一項第四款對於高、中、低危險工作場所應設置蓄水池（塔）充分供應消防水源之相關規定，並將蓄水池（塔）酌作文字修正為「消防專用蓄水池」，故前揭二項法規對於蓄水池（塔）之設置規定雖有部分差異，惟皆屬法定之「消防專用蓄水池」，並非不同之消防安全設備。至消防專技人員辦理前揭設備之檢修申報作業時其應檢修之項目，仍應依原核准消防安全設備圖說辦理。

消防專用蓄水池機械引水及標示

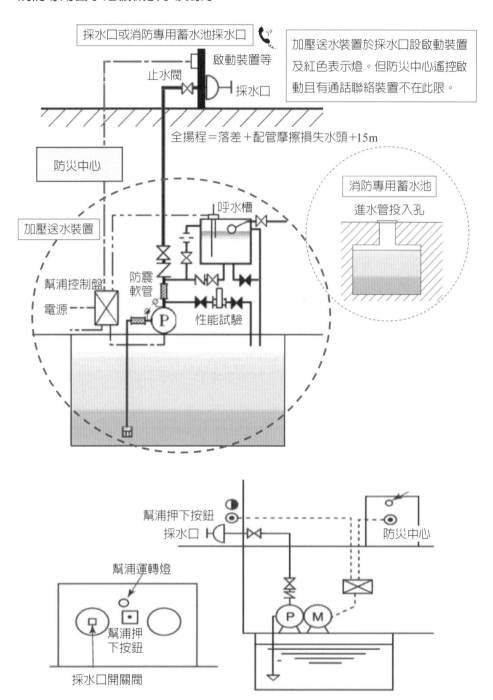

採水口或消防專用蓄水池採水口

啟動裝置等

止水閥

採水口

加壓送水裝置於採水口設啟動裝置
及紅色表示燈。但防災中心遙控啟
動且有通話聯絡裝置不在此限。

全揚程＝落差＋配管摩擦損失水頭＋15m

防災中心

消防專用蓄水池

進水管投入孔

加壓送水裝置

呼水槽

幫浦控制盤

防震
軟管

電源

性能試驗

P

幫浦押下按鈕

採水口

防災中心

幫浦運轉燈

P　M

幫浦押
下按鈕

採水口開關閥

3-102 居室排煙設備（一）

第 188 條

第 28 條第一項第一款至第四款排煙設備，依下列規定設置：

一、每層樓地板面積每 500 平方公尺內，以防煙壁區劃。但戲院、電影院、歌廳、集會堂等場所觀眾席，及工廠等類似建築物，其天花板高度在 5 公尺以上，且天花板及室內牆面以耐燃一級材料裝修者，不在此限。

二、地下建築物之地下通道每 300 平方公尺應以防煙壁區劃。

三、依第一款、第二款區劃（以下稱為防煙區劃）之範圍內，任一位置至排煙口之水平距離在 30 公尺以下，排煙口設於天花板或其下方 80 公分範圍內，除直接面向戶外，應與排煙風管連接。但排煙口設在天花板下方，防煙壁下垂高度未達 80 公分時，排煙口應設在該防煙壁之下垂高度內。

四、排煙設備之排煙口、風管及其他與煙接觸部分應使用不燃材料。

五、排煙風管貫穿防火區劃時，應在貫穿處設防火閘門；該風管與貫穿部位合成之構造應具所貫穿構造之防火時效；其跨樓層設置時，立管應置於防火區劃之管道間。但設置之風管具防火性能並經中央主管機關審核認可，該風管與貫穿部位合成之構造具所貫穿構造之防火時效者，不在此限。

六、排煙口設手動開關裝置及探測器連動自動開關裝置；以該等裝置或遠隔操作開關裝置開啟，平時保持關閉狀態，開口葉片之構造應不受開啟時所生氣流之影響而關閉。手動開關裝置用手操作部分應設於距離樓地板面 80 公分以上 150 公分以下之牆面，裝置於天花板時，應設操作垂鍊或垂桿在距離樓地板 180 公分之位置，並標示簡易之操作方式。

（續）

【解說】

排煙設備分為建管之防火避難用排煙設備與消防搶救用之排煙設備，於貫穿防火區劃牆壁或樓地板之電力管線、通訊管線及給排水管線或管線匣，與貫穿部位合成之構造，應具有 1 小時以上之防火時效。

有關數個樓層間設置直通樓梯或自動樓梯（電扶梯）貫穿樓板之挑高空間場所，將上下樓層間設計為同一防煙區劃，並於該區劃之最上層設置排煙口，使區劃內下面樓層產生之煙，得經由挑高最上層排煙口排出之設計。

「跨樓層設置時，立管應置於防火區劃之管道間」係就貫穿防火區劃之立管而言。立管於建築物跨樓層挑空部分設置者，未貫穿防火區劃，即無該規定之適用。

居室排煙設備

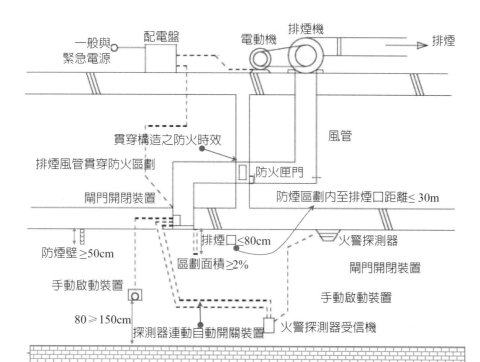

- 防煙區劃至排煙口距離≤30m
- 排煙口於天花板≤80cm應與排煙風管連接
- 排煙口應設在防煙壁下垂高度內
- 排煙口、風管與煙接觸應使用不燃材料
- 排煙風管貫穿防火區劃應設防火閘門
- 風管跨樓層立管應置於管道間（防火時效不在此限）
- 排煙口設手動及探測器連動開關，平時保持關閉狀態
- 手動開關設於地板面80~150cm牆面
- 裝於天花板應設操作垂鍊在地板180cm並標示操作方式

每500m²内以防煙壁區劃
但戲院、電影院、歌廳、集會堂等觀眾席，及工廠天花板高度≥5m且耐燃一級裝修不在此限。
地下建築物每300m²以防煙壁區劃。

3-103 居室排煙設備（二）

七、排煙口之開口面積在防煙區劃面積之 2% 以上，且以自然方式直接排至戶外。排煙口無法以自然方式直接排至戶外時，應設排煙機。

八、排煙機應隨任一排煙口之開啟而動作。排煙機之排煙量在每分鐘 120 立方公尺以上；且在一防煙區劃時，在該防煙區劃面積每平方公尺每分鐘 1 立方公尺以上；在二區以上之防煙區劃時，在最大防煙區劃面積每平方公尺每分鐘 2 立方公尺以上。但地下建築物之地下通道，其總排煙量應在每分鐘 600 立方公尺以上。

九、連接緊急電源，其供電容量應供其有效動作 30 分鐘以上。

十、排煙口直接面向戶外且常時開啟者，得不受第六款及前款之限制。

十一、排煙口開啟時應連動停止空氣調節及通風設備運轉。

前項之防煙壁，指以不燃材料建造，自天花板下垂 50 公分以上之垂壁或具有同等以上阻止煙流動構造者。但地下建築物之地下通道，防煙壁應自天花板下垂 80 公分以上。

【解說】

　區劃間隔檢討免設排煙設備之居室，其防火牆之設置並應延伸至樓板（頂板），惟並無該區劃內設置之分間牆應延伸至樓板（頂板）之限制。建築物其牆面僅隔到裝修之天花板，而未隔到水泥頂板，並不符免設排煙設備之規定。

　依內政部消防法令函釋及公告，有關連接排煙機排煙管道出風口直接通向戶外即可，並無不得設於陽臺之限制，如新建工程之排煙機出風口規劃設置之陽臺，確屬常時通風之場所，並符排煙設置規定，原則應屬可行。而有關自然排煙設備設置之自然補氣口之設置，固無明文規範，惟排煙口開啟排煙，佐以適當之補氣口之開啟，能形成良好氣流，而導引濃煙由自然排煙口排出。補氣口係以氣流能順利流動，以達到設置功能為原則。

　此外，礙於建築空間受限，其與進風口連接進風管道並與戶外連通部分，可採分層設置於第一、二、三層方式，其進風口之設置同特別安全梯或緊急昇降機間之排煙設備，如採設置排煙、送風管道之方式，其進風口如直接面臨室外時，得由該進風口直接進風，否則該進風口應直接連通進風管道，且直接連通戶外規定。

　設置室內排煙機時，排煙閘門以偵煙式探測器連動開啟，偵煙式數量為期有效偵測並迅速啟動該排煙口或排煙機，應以該防煙區劃面積及探測器有效探測範圍來核算；另將偵煙式探測器接至火警受信總機，再由火警受信總機將信號傳至排煙受信總機，然後至控制盤以啟動排煙機之方式，這與排煙設備應具有獨立之手動、探測、啟動、控制等組件，以爭取時效，迅速排煙不合，不宜以其他設備之連動取代。

居室排煙設備排煙口及排煙機

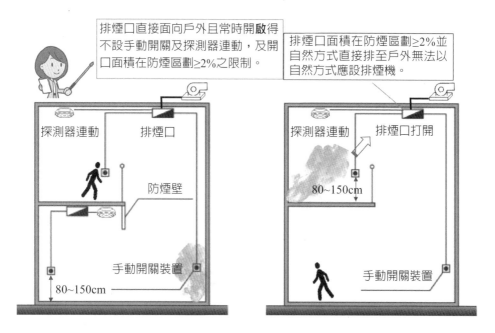

排煙口直接面向戶外且常時開**啟**得不設手動開關及探測器連動，及開口面積在防煙區劃≥2%之限制。

排煙口面積在防煙區劃≥2%並自然方式直接排至戶外無法以自然方式應設排煙機。

探測器連動　排煙口

防煙壁

手動開關裝置

80~150cm

探測器連動　排煙口打開

80~150cm

手動開關裝置

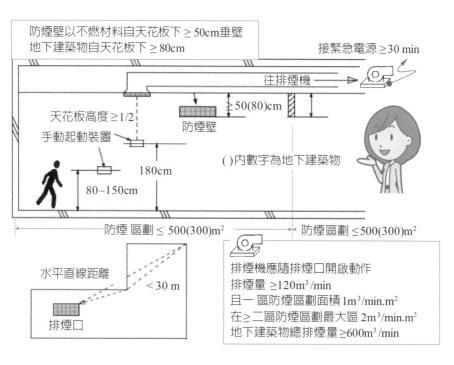

防煙壁以不燃材料自天花板下≥50cm垂壁地下建築物自天花板下≥80cm

接緊急電源≥30 min

往排煙機

天花板高度≥1/2

手動起動裝置

≥50(80)cm

防煙壁

( )內數字為地下建築物

180cm

80~150cm

防煙 區劃 ≤ 500(300)m²

防煙區劃 ≤500(300)m²

水平直線距離

< 30 m

排煙口

排煙機應隨排煙口開啟動作
排煙量 ≥120m³/min
且一 區防煙區劃面積1m³/min.m²
在≥二區防煙區劃最大區 2m³/min.m²
地下建築物總排煙量≥600m³/min

3-104 居室排煙設備（三）

【解說】

依法應設排煙設備場所，可分為二種，一是 ≥ 100 平方公尺居室且有效通風面積未達 2%，另一是達到規定就要設置，不分居室或非居室。但設置排煙設備是想要保護內部人員無論是建築物收容人員或是進來搶救之消防人員（排出閃爆燃發生之燃料源），所以在居室與非居室之免設排煙設備，就具相當差異性。

於甲類場所面積合計大於 500 平方公尺應設排煙設備，為跨樓層合計之樓地板面積。而室內高度 5 公尺以上可免防煙區劃，係室內高度已有一定蓄煙量，煙層飄下降至 得威脅人命之 1.8 公尺，需有一定相當時間，人員可有較從容餘裕的時間來進行火災應變，然而這時間仍另取決於火災猛烈度因素。

當室內火災使排煙設備（自動或手動）動作後，當火勢仍持續發展到達一定程度時，為避免火、熱及煙流藉由排煙風管擴大延燒，此時於風管貫穿防火區劃處所設之防火閘門當即關閉，以遮斷火、熱及煙流之流竄，日本建築法規相關技術規範，排煙設備防火閘門，其熔煉或感溫裝置應於 280℃動作，使防火閘門自動關閉。而國內依排煙設備用閘門認可基準是 121～177℃時，就要啟動關閉，即已無法排煙，如果是較大規模空間，避難動線距離遠，內部人員要耗費相對較長的時間來完成避難動作，此時一到達 121～177℃就將防火排煙閘門關閉，旨在避免延燒之擴大，但卻不利人員之避難與消防人員之人命搶救。

事實上，從風管失敗火勢延燒，也要風管附近有可燃物，如有可燃物以這種溫度仍不會被起燃，如起燃發展至會再威脅內部使用人之火勢，也需相當一段時間，因此國內法規似將不早關閉會擴大延燒，看得太重，是有可能會延燒，但那是一段相當長的時間，且這時內部人縱未逃出，此時人命安全面對環境，已不是火問題，而是一氧化碳之煙霧問題。另一方面，這是創造有利於消防滅火之空間能見度問題，另一方面是在保護入內消防人員不會遇到致命之閃（爆）燃現象，因已大量排出閃（爆）燃發生所需燃料源（濃煙中的一氧化碳）。

居室，係指以不燃材料所區隔之最小空間單位，尚非以整個樓層為一居室之範圍。又居室與非居室以常開式開口連通或未予實體分隔者，應視為一居室，據以檢討排煙設備之設置；居室與非居室之間常開式防火門區劃分隔者，認定為具有實體分隔，無視為一居室之適用；惟該常開式防火門不得為防火捲門。

排煙設備設置規定

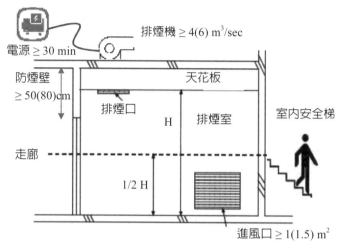

註：（ ）內數字為梯間排煙與緊急昇降機間兼用時

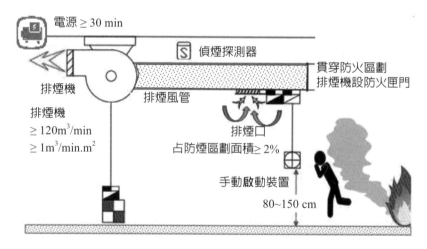

日本排煙機排出方式設計例

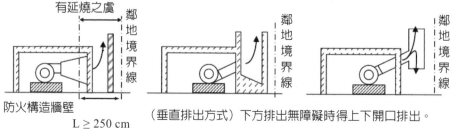

（垂直排出方式）下方排出無障礙時得上下開口排出。
如下方有障礙，僅上方排出，下方設計排雨水措施。

3-105 居室排煙設備（四）

【解說】

為確保排煙設備動作時，不受空調等通風換氣裝置影響排煙效果，民110年於第一項增列第十一款排煙口開啟時應連動停止空氣調節及通風設備運轉。

依內政部消防函釋及公告，於自然排煙設備設置直接開向戶外之窗戶時，其應設之手動開關裝置，需具「單一動作」即能開啟至定位，並確保其穩定開啟狀態之功能。此外，排煙口設於天花板或其下方80公分範圍內；建築物天花板或斜屋頂與牆壁交接處高度在5公尺以上，其排煙設備之排煙口符合所定要件者，該排煙口得設於天花板或斜屋頂與牆壁交接處高度1/2以上。至同一防煙區劃之天花板高度不同時，其排煙口有效範圍，依下列方式之一認定：

1. 天花板高度僅分為高低兩層，排煙口緊鄰較高天花板，則較高天花板之橫寬在80公分以上者，其排煙口之有效範圍，為較高天花板下方80公分範圍內；較高天花板之橫寬未達80公分者，其排煙口之有效範圍，為較低天花板下方80公分範圍內。

2. 核算平均天花板高度，視為前開規定天花板之高度。平均天花板高度未達5公尺者，其排煙口之有效範圍，為平均天花板高度下方80公分以上之範圍；平均天花板高度在5公尺以上者，其排煙口之有效範圍，為平均天花板高度1/2以上之範圍。平均天花板高度，指防煙區劃部分樓地板面積除防煙區劃部分容積之商。

應設排煙設備場所之樑為裸露式者，交錯之樑形成之各防煙區劃皆應設置排煙口。但其樓地板面積每500平方公尺防煙區劃內，防煙壁及排煙口之設置，符合第188條第一項第三款規定，並符合下列規範者，不在此限。

$$A + X \geq 50$$
$$(A + X) - B \geq 30$$

式中，

A：大樑深度（公分）。

B：中樑深度（公分）。

X：大樑下加設之垂壁高度（公分），其值得為0。

A + X：防煙壁下垂高度（公分）。

排煙設備緊急電源

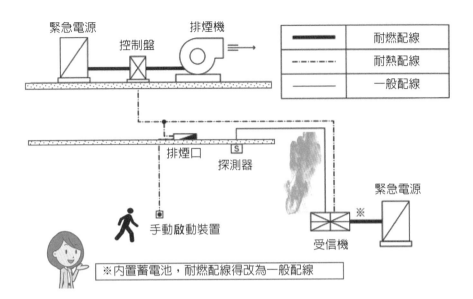

排煙口連動停止空調及通風設備運轉

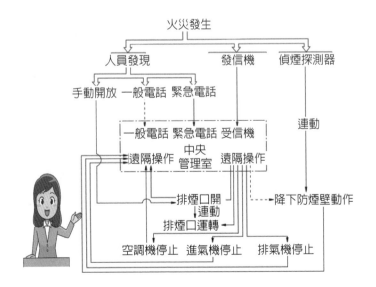

3-106 排煙室排煙（一）

第 189 條

特別安全梯或緊急昇降機間排煙室之排煙設備，依下列規定選擇設置：

一、設置直接面向戶外之窗戶時，應符合下列規定：

（一）在排煙時窗戶與煙接觸部分使用不燃材料。

（二）窗戶有效開口面積位於天花板高度 1/2 以上之範圍內。

（三）窗戶之有效開口面積在 2 平方公尺以上。但特別安全梯排煙室與緊急昇降機間兼用時（以下簡稱兼用），應在 3 平方公尺以上。

（四）前目平時關閉之窗戶設手動開關裝置，其操作部分設於距離樓地板面 80 公分以上 150 公分以下之牆面，並標示簡易之操作方式。

二、設置排煙、進風風管時，應符合下列規定：

（一）排煙設備之排煙口、排煙風管、進風口、進風風管及其他與煙接觸部分應使用不燃材料。

（二）排煙、進風風管貫穿防火區劃時，應在貫穿處設防火閘門；該風管與貫穿部位合成之構造應具所貫穿構造之防火時效；其跨樓層設置時，立管應置於防火區劃之管道間。但設置之風管具防火性能並經中央主管機關認可，該風管與貫穿部位合成之構造具所貫穿構造之防火時效者，不在此限。

（三）排煙口位於天花板高度 1/2 以上之範圍內，與直接連通戶外之排煙風管連接，該風管並連接排煙機。進風口位於天花板高度 1/2 以下之範圍內；其直接面向戶外，開口面積在 1 平方公尺（兼用時，為 1.5 平方公尺）以上；或與直接連通戶外之進風風管連接，該風管並連接進風機。

（四）排煙機、進風機之排煙量、進風量在每秒 4 立方公尺（兼用時，每秒 6 立方公尺）以上，且可隨排煙口、進風口開啟而自動啟動。

（五）進風口、排煙口依前款第四目設手動開關裝置及探測器連動自動開關裝置；除以該等裝置或遠隔操作開關裝置開啟外，平時保持關閉狀態，開口葉片之構造應不受開啟時所生氣流之影響而關閉。

（六）排煙口、進風口、排煙機及進風機連接緊急電源，其供電容量應供其有效動作 30 分鐘以上。

【解說】

　特別安全梯是建築物 16 樓以上或高度 50 公尺以上建築物應設；而緊急昇降機是建築物 11 樓以上應設。防煙壁係指「以不燃材料建造，自天花板下垂 50 公分以上之垂壁或具有同等以上阻止煙流動構造者。」規定，並無建築物構造樑不得做為防煙壁之限制。

排煙室自然排煙方式

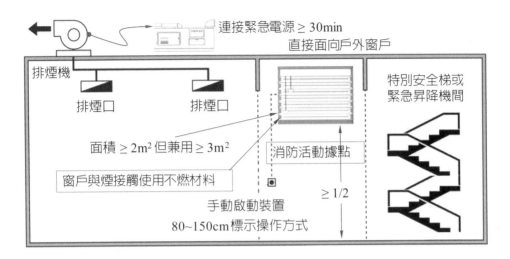

連接緊急電源 ≥ 30min

直接面向戶外窗戶

排煙機

排煙口　　排煙口

面積 ≥ 2m² 但兼用 ≥ 3m²

窗戶與煙接觸使用不燃材料

消防活動據點

≥ 1/2

手動啟動裝置
80~150cm 標示操作方式

特別安全梯或
緊急昇降機間

排煙室機械排煙方式

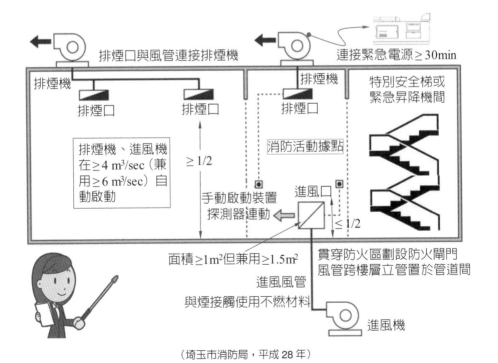

排煙口與風管連接排煙機

連接緊急電源 ≥ 30min

排煙機

排煙口　　排煙口

排煙機

排煙口

排煙機、進風機
在 ≥ 4 m³/sec（兼
用 ≥ 6 m³/sec）自
動啟動

≥ 1/2

消防活動據點

手動啟動裝置
探測器連動

進風口

≤ 1/2

特別安全梯或
緊急昇降機間

面積 ≥ 1m² 但兼用 ≥ 1.5m²

進風風管
與煙接觸使用不燃材料

貫穿防火區劃設防火閘門
風管跨樓層立管置於管道間

進風機

（埼玉市消防局，平成 28 年）

3-107 排煙室排煙（二）

【解說】

依內政部消防法令函釋及公告，在每層樓地板面積每 500 平方公尺內，並無最小樓地板面積之限制，惟排煙機容量及風管大小係以最大防煙區劃面積為基準而設，故同一排煙系統防煙區劃面積不宜將過大與過小者併設，避免過小區劃排煙時，會產生靜壓過大、排煙口開關障礙、洩漏量增加及排煙機震動等不良情形。

特別安全梯排煙設備進風風管與停車場通風換氣共用，無禁止之規定；而老舊排煙設備之改善，依「排煙設備施工及結構安全確有困難者，於樓地板面積每 100 平方公尺以防煙壁區劃間隔，且天花板及室內裝修材料使用不燃材料或耐燃材料」之規定辦理。

防煙壁之功能旨在延緩煙之擴散，增加人員避難時間，防煙壁深度自樓板下方起算 50 公分以上之樑，未設天花板或其它樓板裝修者亦屬之。防煙壁應以不燃材料建造，而玻璃雖屬不燃材料，雖基於玻璃破損之危險性及防火上之觀點考量，仍應以使用鑲嵌鐵絲網玻璃為宜。排煙口平時應保持關閉狀態，自然排煙口不可僅設開孔，排煙口應設置手動開關裝置。

排煙機排煙量，其意係指各排煙口排煙量，故其檢測方式，防煙區劃為一區時，該區內各排煙口排煙量之合計，不得小於該防煙區劃面積每平方公尺每分鐘 1 立方公尺，且不得小於每分鐘 120 立方公尺；防煙區劃為二區以上時，應開啟最大防煙區劃及其前後防煙區劃之排煙口，合計其排煙量，不得小於該最大防煙區劃面積每平方公尺每分鐘 2 立方公尺以上。

自然排煙可分為窗戶直接排煙方式、排煙閘門直接排煙方式及排煙閘門連接排煙管道直接排煙方式等三種，採用窗戶排煙時就不需考慮進風之問題；如以一般窗戶替代排煙口時，該窗戶仍應第 189 條有關排煙口規定，其手動開關裝置用手操作部分，應設於距樓地板面 80 公分以上 150 公分以下之牆面，而手動開關裝置並不侷限以整個過程均需以機械性動作完成，亦可以人為手動方式開啟，故手動開關裝置如設於牆面時，其開關裝置得採錘鍊或垂桿或電氣式按鈕。

一般排煙口，應具有排煙及防火（配合防火匣門）之雙重功能，於動作後應延遲幾秒後開啟排煙機，防止排煙閘門尚未開啟而排煙機動作，造成整個排煙管道受到排煙機的抽風之力而形成負壓真空，所以先以排煙閘門動作後再開啟排煙機。

有效排煙開口面積

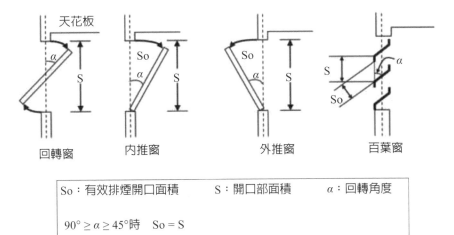

回轉窗　　　內推窗　　　　外推窗　　　百葉窗

So：有效排煙開口面積　　　S：開口部面積　　　α：回轉角度

$90° \geq α \geq 45°$時　　$So = S$

$45° \geq α \geq 0°$時　　$So = S \times \dfrac{α}{45°}$

排煙室排煙方式

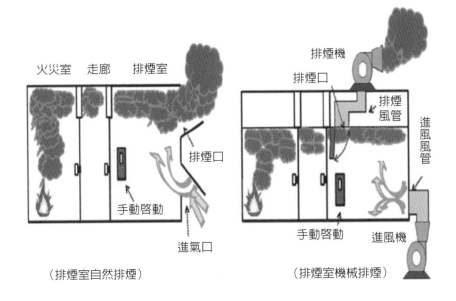

（排煙室自然排煙）　　　　　　（排煙室機械排煙）

3-108 免設排煙設備（一）

第 190 條

下列處所得免設排煙設備：

一、建築物在第十層以下之各樓層（地下層除外），其非居室部分，符合下列規定之一者：
  （一）天花板及室內牆面，以耐燃一級材料裝修，且除面向室外之開口外，以半小時以上防火時效之防火門窗等防火設備區劃者。
  （二）樓地板面積每 100 平方公尺以下，以防煙壁區劃者。

二、建築物在第十層以下之各樓層（地下層除外），其居室部分，符合下列規定之一者：
  （一）樓地板面積每 100 平方公尺以下，以具 1 小時以上防火時效之牆壁、防火門窗等防火設備及各該樓層防火構造之樓地板形成區劃，且天花板及室內牆面，以耐燃一級材料裝修者。
  （二）樓地板面積在 100 平方公尺以下，天花板及室內牆面，且包括其底材，均以耐燃一級材料裝修者。

三、建築物在第十一層以上之各樓層、地下層或地下建築物（地下層或地下建築物之甲類場所除外），樓地板面積每 100 平方公尺以下，以具 1 小時以上防火時效之牆壁、防火門窗等防火設備及各該樓層防火構造之樓地板形成區劃間隔，且天花板及室內牆面，以耐燃一級材料裝修者。

四、樓梯間、昇降機昇降路、管道間、儲藏室、洗手間、廁所及其他類似部分。

五、設有二氧化碳或乾粉等自動滅火設備之場所。

六、機器製造工廠、儲放不燃性物品倉庫及其他類似用途建築物，且主要構造為不燃材料建造者。

七、集合住宅、學校教室、學校活動中心、體育館、室內溜冰場、室內游泳池。

八、其他經中央主管機關核定之場所。

前項第一款第一目之防火門窗等防火設備應具半小時以上之阻熱性，第二款第一目及第三款之防火門窗等防火設備應具 1 小時以上之阻熱性。

【解說】

　　樓梯間、昇降機昇降路、管道間、儲藏室、洗手間、廁所及其他類似部分，考量上開處所空間較小、非逃生動線、起火源少，且通常非人員常駐區，得檢討免設排煙設備。

　　於地下層檢討免設排煙應參考第 190 條第 3 款（不分居室、非居室），假使地下層為供甲類場所使用，是無法免設的。又地下層樓地板面積超過 1000m² 者，將有很大可能比照第 28 條第 3 款之無開口樓層，來設置排煙設備。

排煙設備免設規定

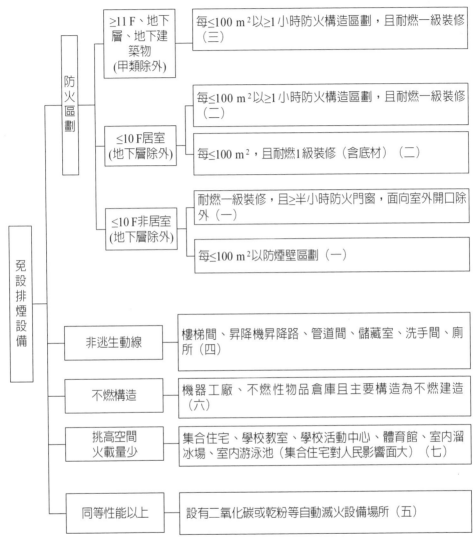

免設排煙設備	防火區劃	≥11 F、地下層、地下建築物（甲類除外）：每<100 m²以≥1小時防火構造區劃，且耐燃一級裝修（三）
		≤10 F居室（地下層除外）：每<100 m²以≥1小時防火構造區劃，且耐燃一級裝修（二）／每<100 m²，且耐燃1級裝修（含底材）（二）
		≤10 F非居室（地下層除外）：耐燃一級裝修，且>半小時防火門窗，面向室外開口除外（一）／每<100 m²以防煙壁區劃（一）
	非逃生動線	樓梯間、昇降機昇降路、管道間、儲藏室、洗手間、廁所（四）
	不燃構造	機器工廠、不燃性物品倉庫且主要構造為不燃建造（六）
	挑高空間火載量少	集合住宅、學校教室、學校活動中心、體育館、室內溜冰場、室內游泳池（集合住宅對人民影響面大）（七）
	同等性能以上	設有二氧化碳或乾粉等自動滅火設備場所（五）

註：（　）括符內數字代表第190條第幾款。

3-109 免設排煙設備（二）

【解說】

依內政部消防法令函釋及公告，防火門窗等防火設備區劃，以符合常時開放式之防火門設置者，得視為居室之區隔及防火區劃。於學校教室得檢討免設排煙設備，並不受第 188 條以防火牆、防火樓板及防火門窗區劃間隔之限制；至學校教室外走廊部分，得比照學校教室免設排煙設備。學校教室免設排煙亦包括電腦、視聽、舞蹈教室等。

建築物內特別安全梯設置三個排煙室，為確保特別安全梯排煙室排煙設備發揮應有之功能，仍應分別設置排煙機為宜。特別安全梯或緊急昇降機間採自然或機械排煙，進風應採自然進風，不宜採用機械進風；如採設置直接開向戶外之窗戶時，應符合規定。假使選擇設置直接開向戶外之窗戶時，仍應依規定設置手動開關裝置。

進風管道戶外開口置於屋頂層之設計，濃煙將會回流進風管道，再進入室內，使無排煙功能；其回流方式，不僅從排煙管道之戶外排煙口，更會從火災室窗口冒出之濃煙回流之錯誤設計。而免設排煙設備場所在其使用及空間型態上，具起火及火災擴大危險性均低，且易避難逃生等特性，爰前揭規定所列場所之附屬空間，符合複合用途建築物判斷基準所列主要用途及功能上構成從屬用途關係之規定，即適用之。

此外，因應社會多元使用，場所及空間型態上，具起火及火災擴大危險性均低，且易避難逃生等特性，在內政部消防法令函釋及公告核定免設排煙設備具體場所如下：

1. 建築物出入口之旋轉門，以間隔外氣與室內空氣直接流通之空間，及利用前後門區隔，以強氣流清除人體上灰塵等之風淋室（Air Shower），考量該處人員進出頻繁，且因強大氣流影響火災探測，在該空間無任何可燃物及為室內消防栓或補助撒水栓有效防護範圍內者，得免設排煙設備。
2. 涼亭、市場、拍賣場等類似場所，其建築物之構造有加蓋（天花板）而無牆壁（或少只設三面牆壁，一面沒設），開口面積非常通風，人員逃生容易時，雖然其面積有達到設置排煙設備之規定就可免設置排煙設備。
3. 地上一層室內無隔間為無開口樓層，樓地板面積超過 1000 平方公尺，供冷凍肉類之冷凍廠房使用，且室溫保持在 –20℃以下，其儲存物品僅限於肉類並無其他可燃性物品，且室溫常時保持在 –20℃以下時，得免設排煙設備。
4. 學校圖書室、閱覽室（建築物構造類似學校教室者）。
5. 里鄰（老人）活動中心（建築物構造類似學校活動中心者）。
6. 冷（藏）凍肉類、蔬果之倉庫、生鮮批發市場等類似用途之場所。

相鄰室內空間能否作為同一防煙區劃日本設計例

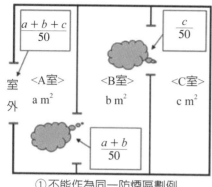

①不能作為同一防煙區劃例

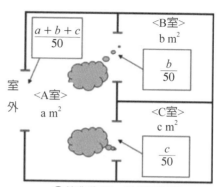

②能作為同一防煙區劃例

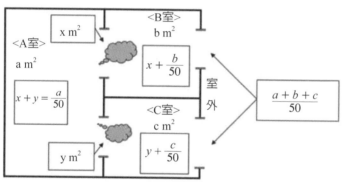

③不能作為同一防煙區劃

代表常時開放開口部（面積）

⊙≥兩個房間在上部皆有常時開放有效開口，且其中一房間是有排煙口（自然排煙和機械排煙）
⊙排煙口是在天花板下方≤50cm，其開口面積在防煙區劃面積 ≥1/50

（福岡市消防局，平成 26 年）

3-110 緊急電源插座

第 191 條

緊急電源插座，依下列規定設置：

一、緊急電源插座裝設於樓梯間或緊急昇降機間等（含各該處 5 公尺以內之場所）消防人員易於施行救火處，且每一層任何一處至插座之水平距離在 50 公尺以下。

二、緊急電源插座之電流供應容量為交流單相 110 伏特（或 120 伏特）15 安培，其容量約為 1.5 瓩以上。

三、緊急電源插座之規範，依下右圖規定。

四、緊急電源插座為接地型，裝設高度距離樓地板 1 公尺以上 1.5 公尺以下，且裝設二個於符合下列規定之崁裝式保護箱：

　（一）保護箱長邊及短邊分別為 25 公分及 20 公分以上。

　（二）保護箱為厚度在 1.6 毫米以上之鋼板或具同等性能以上之不燃材料製。

　（三）保護箱內有防止插頭脫落之適當裝置（L 型或 C 型護鉤）。

　（四）保護箱蓋為易於開閉之構造。

　（五）保護箱需接地。

　（六）保護箱蓋標示緊急電源插座字樣，每字在 2 平方公分以上。

　（七）保護箱與室內消防栓箱等併設時，需設於上方且保護箱蓋需能另外開啟。

五、緊急電源插座在保護箱上方設紅色表示燈。

六、應從主配電盤設專用迴路，各層至少設二迴路以上之供電線路，且每一迴路之連接插座數在十個以下。（每迴路電線容量在二個插座同時使用之容量以上）。

七、前款之專用迴路不得設漏電斷路器。

八、各插座設容量 110 伏特、15 安培以上之無熔絲斷路器。

九、緊急用電源插座連接至緊急供電系統。

【解說】

　　緊急電源插座則針對高樓或大規模地下建築之災害搶救，以提供必要之緊急電源供各項救災器材（照明、破壞器具等）於災害現場（如地震、火災等）使用，並依應設數量分設於消防人員易於施行救火處如樓梯間或緊急昇降機間。又考量消防人員從事滅火救災時，射水搶救中水濺易使緊急電源插座失效，因此專用迴路不得設漏電斷路器，且各插座設 ≥ 15 安培無熔絲斷路器，以提供短路或過載之過電流保護裝置。

　　在消防救災時，使用救災機具必須進行調整及移動，為免移動時拉扯造成脫落，法規規定保護箱內有防止插頭脫落之適當裝置，如 L 型鉤或 C 型鉤，以固定住插頭。

緊急電源插座規範

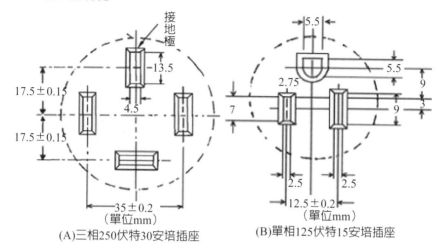

(A)三相250伏特30安培插座

(B)單相125伏特15安培插座

緊急電源插座設置規定

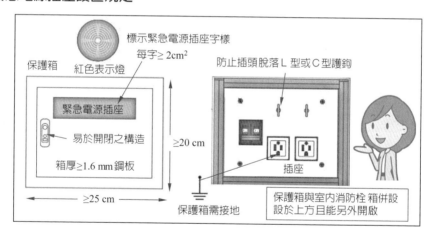

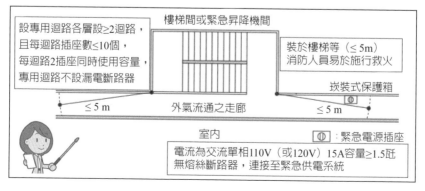

3-111 無線電通信輔助設備

第 192 條

無線電通信輔助設備，依下列規定設置：

一、無線電通信輔助設備使用洩波同軸電纜，該電纜適合傳送或輻射 150 百萬赫
（MHz）或中央主管機關指定之周波數。

二、洩波同軸電纜之標稱阻抗為 50 歐姆。

三、洩波同軸電纜經耐燃處理。

四、分配器、混合器、分波器及其他類似器具，應使用介入衰耗少，且接頭部分有
適當防水措施者。

五、設增輻器時，該增輻器之緊急電源，應使用蓄電池設備，其能量能使其有效動
作 30 分鐘以上。

六、無線電之接頭應符合下列規定：

（一）設於地面消防人員便於取用處及值日室等平時有人之處所。

（二）前目設於地面之接頭數量，在任一出入口與其他出入口之步行距離大於
三百公尺時，設置二個以上。

（三）設於距樓地板面或基地地面高度 0.8 公尺至 1.5 公尺間。

（四）裝設於保護箱內，箱內設長度 2 公尺以上之射頻電纜，保護箱應構造堅
固，有防水及防塵措施，其箱面應漆紅色，並標明消防隊專用無線電接
頭字樣。

共構之建築物內有二處以上場所設置無線電通信輔助設備時，應有能使該設備訊號
連通之措施。

【解說】

　　民 110 年增列共構建築物訊號連通，因共構之建築物建造時間不同，且建築物之所
有或管理單位不同，所採用之無線電通訊設備規格不盡相同，為整合發揮聯繫，爰增
訂應有訊號連通措施，以強化消防搶救之緊急通訊效能。無線電通信輔助設備主要是
用於地下層之通訊問題，主要構件是洩波同軸電纜（或空中天線），能與消防單位接
頭相接，為一分二以上使用分配器，為二合一使用混合器，因空氣是不良傳導體，無
線電波隨距離減弱，需使用增輻器。

　　依內政部消防法令函釋及公告，無線電通信輔助設備應使用洩波同軸電纜，對於梯
間及門廳空間較小及獨立處得使用同軸電纜及天線之組合，替代洩波同軸電纜，惟該
同軸電纜及天線均應經審核認可，始准使用。至對於電氣室較容易干擾電波或電信室
較易受電波干擾等之機房，必須任一部分均應能以無線電通信連絡。

　　但下列場所得免設：

　　（一）主要構造為防火構造，開口以甲種防火門窗區劃分隔，且樓地板面積在 100
平方公尺以下之倉庫、儲藏室、電氣設備室。

　　（二）從室內各部分任一點至出入口之步行距離在 20 公尺以下之房間。

　　（三）能有效通信之直通樓梯間。

洩波同軸電纜與設備方式

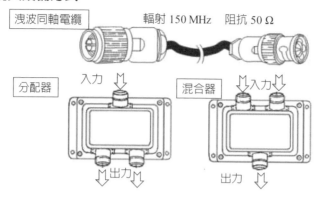

洩波同軸電纜方式	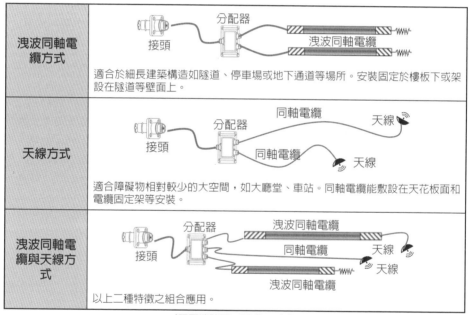

洩波同軸電纜方式：適合於細長建築構造如隧道、停車場或地下通道等場所。安裝固定於樓板下或架設在隧道等壁面上。

天線方式：適合障礙物相對較少的大空間，如大廳堂、車站。同軸電纜能敷設在天花板面和電纜固定架等安裝。

洩波同軸電纜與天線方式：以上二種特徵之組合應用。

（福岡消防局，平成 26 年）

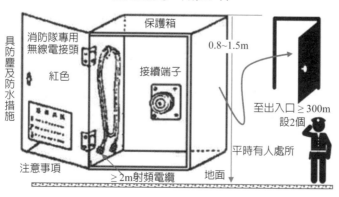

第 192 條之一

防災監控系統綜合操作裝置應設置於防災中心、中央管理室或值日室等經常有人之處所，並監控或操作下列消防安全設備：

一、火警自動警報設備之受信總機。
二、瓦斯漏氣火警自動警報設備之受信總機。
三、緊急廣播設備之擴大機及操作裝置。
四、連結送水管之加壓送水裝置及與其送水口處之通話連絡。
五、緊急發電機。
六、常開式防火門之偵煙型探測器。
七、室內消防栓、自動撒水、泡沫及水霧等滅火設備加壓送水裝置。
八、乾粉、惰性氣體及鹵化烴等滅火設備。
九、排煙設備。

防災監控系統綜合操作裝置之緊急電源準用第三十八條規定，且其供電容量應供其有效動作二小時以上。

【解說】

民 110 年增訂第三十條之一防災監控系統綜合操作裝置及其設置場所，爰將第 238 條第 3 款規定移列，俾供高層建築物防災中心、地下建築物中央管理室等場所設置是項設備時適用之；並明定防災監控系統綜合操作裝置應連接緊急電源。依民 108 年 12 月發布「防災監控系統綜合操作裝置認定基準」之消防搶救支援性能試驗：火災時為提供抵達現場之消防人員準確且及時之資訊，綜合操作裝置應設有消防活動支援性能，並符合設計檢核表、確認用軟體及顯示器表示。

（一）顯示器表示能以易於了解之方式表示火警探測器、發信機或瓦斯漏氣檢知器已動作之所有樓層平面圖及下列事項。
　　1.已動作之火警探測器或火警發信機位置。
　　2.已動作之瓦斯漏氣檢知器位置及瓦斯緊急遮斷設備動作狀況。
　　3.構成防火區劃之牆壁位置及防火門、防火捲門、防火閘門及可動式防煙垂壁之動作狀況。
　　4.排煙機及排煙口動作狀況。
　　5.自動撒水設備等自動滅火設備動作範圍。
（二）顯示器應能簡易操作並以易於了解之表示，呈現各樓層平面圖之狀態。
　　1.起火層平面圖。
　　2.起火層以外火警探測器、發信機或瓦斯漏氣檢知器動作之樓層平面圖。
　　3.起火層直上層及直上二層之平面圖。
　　4.起火層直下層之平面圖。
　　5.地下層各層之平面圖。

防災監控系統綜合操作裝置應監控消防設備

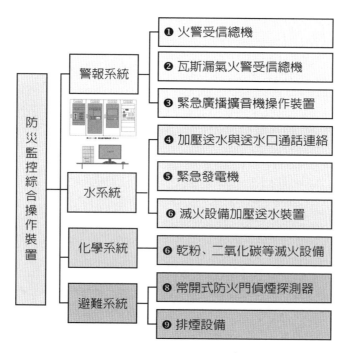

防災監控系統綜合操作裝置應設於防災中心

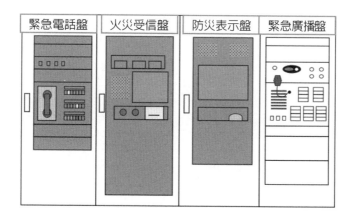

Note

第4章
公共危險物品等場所消防設計及消防安全設備（第193條～第233條）

4-1 適用場所（一）

第 193 條

適用本編規定之場所（以下簡稱公共危險物品等場所）如下：

一、公共危險物品及可燃性高壓氣體製造儲存處理場所設置標準暨安全管理辦法規定之場所。

二、加油站。

三、加氣站。

四、天然氣儲槽及可燃性高壓氣體儲槽。

五、爆竹煙火製造、儲存及販賣場所。

【解說】

在本條規範係爲六類公共危險製造儲存處理場所、加油站、可燃性氣體儲槽場所，包括天然氣，以及易燃易爆之爆竹煙火製造、儲存及販賣場所。因上述這些場所具易爆易燃特性。因此，有必要使用消防設備或火災防護設備，使其有災害發生之虞或災害已發生時，進行火勢控制及撲滅抑制之目的。

依內政部消防法令函釋及公告（以下同），於 93 年 5 月 1 日前既設合法之場所，除有「各類場所消防安全設備設置標準」第 13 條之情形外，得免重新檢討其消防安全設備。於 93 年 5 月 1 日後設立之場所，倘當時申請並非以「各類場所消防安全設備設置標準」第四編檢討設置，之後檢查發現該場所存放公共危險物品達管制量者，應依上開標準第四編重新檢討其消防安全設備。此外，有關其位置、構造及設備（安全性設備）法令檢討係在公共危險物品暨可燃性高壓氣體…管理辦法作探討，如果是既設合法場所（民 95 年 11 月 1 日前），其構造及設備檢討，則依該管理辦法第 79 條附表 5 項目進行改善。

於危險物品場所（設施）消防安全設備設置方面，指出設於建築物內部者，應考量整棟建築物或樓層之特性（如樓層數、無開口樓層、總樓地板面積等），因結構共同體；設於建築物以外部分者，應以整體安全考量爲前提。

在漁船加油站方面，其設置型態及危害特性與設置標準第 193 條第二款所定加油站類似，大多屬第四類公共危險物品場所，其消防安全設備得比照加油站相關規定檢討設置；至該場所如設置地上式儲油槽，其消防安全設備得比照室內、室外儲槽場所之相關規定辦理。

在液化石油氣儲槽方面，其作爲工廠之機器使用，非屬該管理辦法所定場所，其位置、構造、設備得免依該管理辦法規定設置。惟該場所及天然氣儲槽與上開管理辦法之儲存場所性質類似，其消防安全設備應比照上開設置標準第 193 條第三款之天然氣儲槽規定檢討設置，因二者爆炸下限都很低，一旦洩漏出，可燃混合氣易受靜電或電氣火花等發火源引爆。

各類場所消防安全設備設置標準架構及檢討

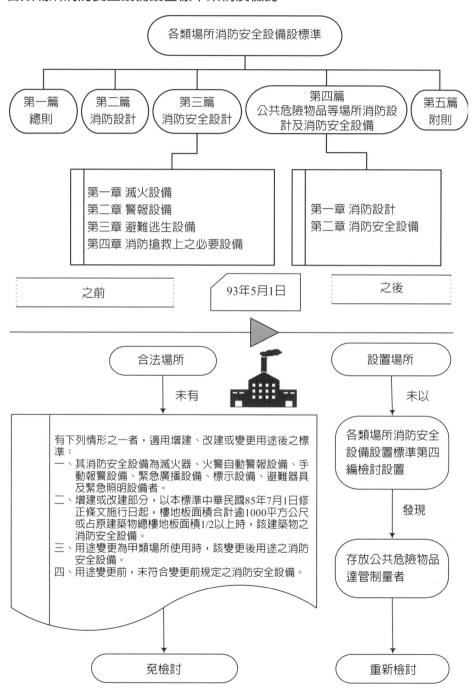

4-2 適用場所（二）

【解說】

　　危險物品場所等之消防安全設備設置，依內政部消防法令函釋及公告，應依下列原則辦理：

（一）危險物品場所等如位於建築物內者：

　　　1.建築物專供危險物品場所等使用者：

　　　　（1）設置標準第四編及第一至三編均有規定部分（如滅火器、室內消防栓、自動撒水設備、水霧滅火設備、泡沫滅火設備、二氧化碳滅火設備、乾粉滅火設備、火警自動警報設備、手動報警設備及標示設備等）：危險物品場所等應符合第四編規定，得免依設置標準第一至三編之規定檢討設置。

　　　　（2）設置標準第四編未規範部分（如緊急廣播設備、避難器具、緊急照明設備、連結送水管、消防專用蓄水池及排煙設備等）：準用第一至三編之規定。

　　　2.建築物之部分供危險物品場所等使用者：

　　　　（1）設置標準第四編及第一至三編均有規定部分：危險物品場所等應符合第四編規定；至該場所以外部分之消防安全設備之檢討，如涉建築物整棟或整層之特性（如樓層數、該樓層面積或總樓地板面積等），危險物品場所等部分仍應納入，依第一至三編規定一併檢討設置，惟危險物品場所等部分如依第四編規定已設有之設備，得免重複設置。

　　　　（2）設置標準第四編未規範部分：納入危險物品場所等以外場所，依第一至三編之規定，一併檢討設置。

（二）危險物品場所等如位於建築物以外部分者：依第四編進行檢討，但於檢討整體廠區或建築基地內之室外消防栓設備及消防專用蓄水池時，危險物品場所等之面積應納入一併計算檢討。

　　事實上，建築物供危險物品使用，增加了其火災爆炸之危險度，且其發火源更是多樣化如靜電、化學熱（氧化熱、分解熱、聚合熱等自燃發火）、物理熱（撞擊、摩擦）等，在保安監督人之防火管理力度更需加強。因此，為了確保公共安全，法規作了最小化保障，規範其位置、構造及設備，並設置相關消防及防護設備。

危險物品場所消防設備檢討

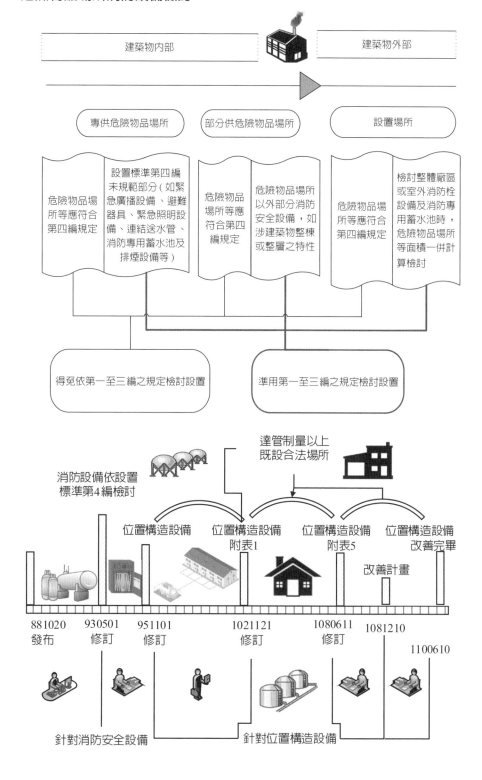

4-3 製造或一般處理顯著滅火困難場所

第 194 條

顯著滅火困難場所,指公共危險物品等場所符合下列規定之一者:

一、公共危險物品製造場所或一般處理場所符合下列規定之一:

(一)總樓地板面積在 1000 平方公尺以上。

(二)公共危險物品數量達管制量 100 倍以上。但第一類公共危險物品之氯酸鹽類、過氯酸鹽類、硝酸鹽類、第二類公共危險物品之硫磺、鐵粉、金屬粉、鎂、第五類公共危險物品之硝酸酯類、硝基化合物、金屬疊氮化合物,或含有以上任一種成分之物品且供作爆炸物原料使用,或高閃火點物品其操作溫度未滿 100°C 者,不列入管制量計算。

(三)製造或處理設備高於地面 6 公尺以上。但高閃火點物品其操作溫度未滿 100°C 者,不在此限。

(四)建築物除供一般處理場所使用以外,尚有其他用途。但以無開口且具 1 小時以上防火時效之牆壁、樓地板區劃分隔者,或處理高閃火點物品其操作溫度未滿 100°C 者,不在此限。

(續)

【解說】

公共危險物品等場所在消防管理上,係以滅火困難程度來作分類,本條是顯著滅火困難場所,因此以樓地板面積、管制量、離地面高度及複合用途來作定義。依內政部消防法令函釋及公告指出:

1. 第一款第一目之總樓地板面積係指公共危險物品製造或一般處理場所所在建築物之總樓地板面積。符合顯著滅火困難場所所指之對象,僅為公共危險物品製造或一般處理場所部分。第一款及第二款主要係規範「一般處理場所」及「室內儲存場所」為顯著滅火困難場所,其範圍仍應依「公共危險物品及可燃性高壓氣體設置標準暨安全管理辦法」第 5 條至第 7 條所定義範圍為主,而非指該棟建築物。

2. 於第一款第三目規定,製造或處理設備高於地面 6 公尺以上,即屬顯著滅火困難場所,其製造或處理設備高度應以地面至設備頂端之高度核算。

3. 一般處理場所所在建築物如尚供其他用途使用者,即符合第一款第四目規定,屬顯著滅火困難場所,但以無開口且具 1 小時以上防火時效之牆壁,樓地板區劃分隔者,或處理高閃火點物品之操作溫度未滿 100°C 者,不在此限。至該顯著滅火困難場所,僅指建築物內之一般處理場所部分。

顯著滅火困難場所

場所分類	設施規模等	公共危險物品種類
製造或一般處所場所	總樓地板面積 ≥ 1000m²	六類
	管制量 ≥ 100 倍	高閃火點物品操作溫度 < 100℃者或火藥原料類除外
	高於地面 ≥ 6m	高閃火點物品操作溫度 < 100℃者除外
	尚有其他用途（無開口且 ≥ 1 小時防火時效牆壁地板區劃除外）	
室內儲存場所	管制量 ≥ 150 倍	高閃火點物品操作溫度 < 100℃者或火藥原料類除外
	總樓地板面積 ≥ 150m²（每 150m² 內無開口且 ≥ 0.5 小時防火時效牆壁地板區劃除外）	儲存第一、三、五、六類
	尚有其他用途（無開口且 ≥ 1 小時防火時效牆壁地板區劃除外）	
	總樓地板面積 ≥ 150m²（每 150m² 內無開口且 ≥ 1 小時防火時效牆壁地板區劃除外）	第二類（閃火點 < 40℃除外）或第四類閃火點 < 70℃
	尚有其他用途（無開口且 ≥ 1 小時防火時效牆壁地板區劃除外）	
	高於地面 ≥ 6 m	六類

（續）

➕ 知識補充站

液體蒸氣壓結構圖

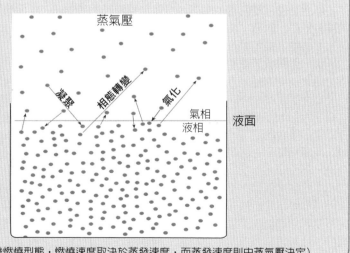

（液體火災係屬蒸發燃燒型態，燃燒速度取決於蒸發速度，而蒸發速度則由蒸氣壓決定）

4-4 室內儲存顯著滅火困難場所

第 194 條（續）

二、室內儲存場所符合下列規定之一：

（一）儲存公共危險物品達管制量 150 倍以上。但第一類公共危險物品之氯酸鹽類、過氯酸鹽類、硝酸鹽類、第二類公共危險物品之硫磺、鐵粉、金屬粉、鎂、第五類公共危險物品之硝酸酯類、硝基化合物、金屬疊氮化合物，或含有以上任一種成分之物品且供作爆炸物原料使用，或高閃火點物品者，不在此限。

（二）儲存第一類、第三類、第五類或第六類公共危險物品，其總樓地板面積在 150 平方公尺以上。但每 150 平方公尺內，以無開口且具半小時以上防火時效之牆壁、樓地板區劃分隔者，不列入管制量計算。

（三）儲存第二類公共危險物品之易燃性固體或第四類公共危險物品閃火點未滿 70℃，其總樓地板面積在 150 平方公尺以上。但每 150 平方公尺內，以無開口且具 1 小時以上防火時效之牆壁、樓地板區劃分隔者，不在此限。

（四）儲存第一類、第三類、第五類或第六類公共危險物品，其建築物除供室內儲存場所使用以外，尚有其他用途。但以無開口且具 1 小時以上防火時效之牆壁、樓地板區劃分隔者，不在此限。

（五）儲存第二類公共危險物品之易燃性固體或第四類公共危險物品閃火點未滿 70℃，其建築物除供室內儲存場所使用以外，尚有其他用途。但以無開口且具 1 小時以上防火時效之牆壁、樓地板區劃分隔者，不在此限。

（六）高度在 6 公尺以上之一層建築物。

（續）

【解說】

在室內儲存場所方面，以管制量、樓地板面積、複合用途及地面高度來作定義。前二者係考量儲存量問題，而複合用途是管理較不易問題，地面高度是立體快速延燒及消防有效射水問題。依內政部消防法令函釋及公告，「以無開口且具 1 小時以上防火時效之牆壁、樓地板區劃分隔者，指不得設置門、窗或其他開口，於火災時無法或難以延燒，而降低該等場所之危險度及侷限火災範圍。但設有人員進出與物品儲放所設置之出入口，如係位於建築物內相鄰場所間之牆壁時，均不符前開之但書規定；惟該場所如僅於面臨戶外之牆壁設有出入口等時，則無前開但書應區劃分隔之適用。

條文內每 150 平方公尺內，以無開口且具半小時以上防火時效之牆壁、樓地板區劃分隔者，不在此限。因沒有開口即表示火災中對流及輻射熱已有某種相當程度之熱阻隔，僅靠相鄰間之牆壁來進行熱傳導，但牆壁、樓地板具半小時以上防火時效之區劃分隔，表示能完全抵抗火災至少半小時以上，不會裂開或熱滲透至另一區劃空間，所以不在此限。而儲存第 1 類、第 3 類、第 5 類或第 6 類公共危險物品，其建築物除供室內儲存場所使用以外，尚有其他用途，表示已具複合用途，具多重可燃物質，管理較不易，法規提高要求以無開口且具 1 小時以上防火時效之牆壁、樓地板區劃分隔，來作替代補償其管理不易之問題。而高度在 6 公尺以上之一層建築物，具可燃物垂直堆疊，形成立體燃燒及消防瞄子有效射水困難之雙重問題。

顯著滅火困難場所（續）

場所分類	設施規模等	公共危險物品種類
室外儲存場所	面積 ≥ 100m²	硫磺
室內儲槽場所	液體表面積 ≥ 40m² 儲槽高度 ≥ 6m 閃火點 40～70°C儲槽專用室設於一層以外之建築物（無開口且 ≥ 1小時防火時效牆壁地板區劃除外）	高閃火點物品或第六類操作溫度 < 100°C者除外
室外儲槽場所	液體表面積 ≥ 40m² 儲槽高度 ≥ 6m 固體公共危險物品管制量 ≥ 100 倍	高閃火點物品或第六類操作溫度 < 100°C者除外
室內加油站	一面開放且其上方層尚有其他用途	第四類

顯著滅火困難場所

製造或一般處所	總樓地板面積≥ 1000m²
	管制量≥ 100 倍
	高於地面≥ 6 m
室內儲存	管制量≥ 150 倍
	總樓地板面積≥ 150m²
	高於地面≥ 6 m
室外儲存	面積≥ 100m²
室內儲槽	液體表面積≥ 40m²
	儲槽高度≥ 6 m
	閃火點 40~70°C儲槽設於一層外建物
室外儲槽	液體表面積≥ 40m²
	儲槽高度≥ 6 m
	管制量≥ 100 倍
室內加油站	一面開放且其上方層尚有其他用途

4-5 室外儲存及儲槽顯著滅火困難場所

第 194 條（續）

三、室外儲存場所儲存塊狀硫磺，其面積在 100 平方公尺以上。

四、室內儲槽場所符合下列規定之一。但儲存高閃火點物品或第六類公共危險物品，其操作溫度未滿 100℃者，不在此限：

（一）儲槽儲存液體表面積在 40 平方公尺以上。

（二）儲槽高度在 6 公尺以上。

（三）儲存閃火點在 40℃以上未滿 70℃之公共危險物品，其儲槽專用室設於一層以外之建築物。但以無開口且具 1 小時以上防火時效之牆壁、樓地板區劃分隔者，不在此限。

五、室外儲槽場所符合下列規定之一。但儲存高閃火點物品或第六類公共危險物品，其操作溫度未滿 100℃者，不在此限：

（一）儲槽儲存液體表面積在 40 平方公尺以上。

（二）儲槽高度在 6 公尺以上。

（三）儲存固體公共危險物品，其儲存數量達管制量 100 倍以上。

六、室內加油站一面開放且其上方樓層供其他用途使用。

【解說】

　　室外儲存場所儲存塊狀硫磺一定面積以上，代表燃料量多且以堆疊方式，一旦火災勢必成為深層悶燒型態，欲完全撲滅火勢必耗費相當長之射水時間。在室內儲槽場所方面，儲存液體表面積大，因液體燃燒係以蒸發燃燒型態，油類火勢規模取決於其表面積；而儲槽專用室設於一層以外之建築物，意謂二層以上會增加消防活動難度。依內政部消防法令函釋及公告指出：

1. 第四款儲存閃火點在 40℃以上未達 70℃之第四類公共危險物品（如柴油），其儲槽專用室符合「公共危險物品及可燃性高壓氣體設置標準暨安全管理辦法」第 34 條規定，出入口設置甲種防火門且無設置窗戶，並以具半小時以上防火時效之牆壁、樓地板區劃分隔之獨立防火區劃者，得依第 194 條第四款第三目但書規定，排除顯著滅火困難場所之適用。

2. 第六款所稱顯著滅火場所之室內加油站係指室內加油站設於建築物之第一層，且其上方樓層為非屬加油站用途使用者，並且僅有一面供車輛加油出入使用者。

3. 總樓地板面積指建築物各層包括地下層、屋頂突出物及夾層等樓地板面積之總和。

建築物供室內儲存場所使用，尚有其他用途以無開口且具 1 小時以上防火時效之牆壁、樓地板區劃分隔

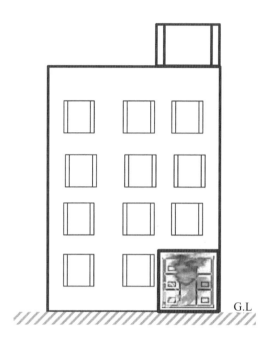

面臨戶外出入口無區劃分隔適用

4-6 一般滅火困難場所

第 195 條

一般滅火困難場所,指公共危險物品等場所符合下列規定之一者:

一、公共危險物品製造場所或一般處理場所符合下列規定之一:

    (一)總樓地板面積在 600 平方公尺以上未滿 1000 平方公尺。

    (二)公共危險物品數量達管制量 10 倍以上未滿 100 倍。但處理第一類公共危險物品之氯酸鹽類、過氯酸鹽類、硝酸鹽類;第二類公共危險物品之硫磺、鐵粉、金屬粉、鎂;第五類公共危險物品之硝酸酯類、硝基化合物或高閃火點物品,其操作溫度未達 100℃者,不在此限。

    (三)未達前條第一款規定,而供作噴漆塗裝、淬火、鍋爐或油壓裝置作業場所。但儲存高閃火點物品或第六類公共危險物品,其操作溫度未滿 100℃者,不在此限。

二、室內儲存場所符合下列規定之一:

    (一)一層建築物以外。

    (二)儲存公共危險物品數量達管制量 10 倍以上未滿 150 倍。但儲存第一類公共危險物品之氯酸鹽類、過氯酸鹽類、硝酸鹽類;第二類公共危險物品之硫磺、鐵粉、金屬粉、鎂;第五類公共危險物品之硝酸酯類、硝基化合物或高閃火點物品者,不在此限。

    (三)總樓地板面積在 150 平方公尺以上。

三、室外儲存場所符合下列規定之一:

    (一)儲存塊狀硫磺,其面積在 5 平方公尺以上,未滿 100 平方公尺。

    (二)儲存公共危險物品管制量在 100 倍以上。但其為塊狀硫磺或高閃火點物品者,不在此限。

四、室內儲槽場所或室外儲槽場所未達顯著滅火困難場所規定。但儲存第六類公共危險物品或高閃火點物品者,不在此限。

五、第二種販賣場所。

六、室內加油站未達顯著滅火困難場所。

【解說】

    公共危險物品等場所消防安全設備,是以消防搶救觀點來進行分類。

    基本上,顯著、一般及其他滅火困難場所之分類,是一種相對性比較程度之問題。如室內加油站一面開放且其上方樓層供其他用途使用者,因一面開放之火勢燃燒時,火流得直接往上延燒,使上方樓層供其他用途使用空間,易陷入火災延燒環境,所以屬顯著滅火困難場所,假使室內加油站有區劃空間或非具上方樓層,則屬一般滅火困難場所。此外,第一種販賣場所僅為其他滅火困難場所,但第二種販賣場所列入一般滅火困難場所,這是二者管制量高低之問題,燃料量多者為一般滅火困難場所;但二者皆非考量為顯著滅火困難場所,這是其空間規模小(管制量 40 倍以下)之性質。

一般滅火困難場所

場所分類	設施規模等	公共危險物品種類
製造或一般處所場所	總樓地板面積 600～1000m²	六類
	管制量 10～100 倍	高閃火點物品操作溫度 <100℃者或火藥原料類除外
	未達顯著滅火規定	供作噴漆塗裝、淬火、鍋爐或油壓裝置作業（高閃火點物品或第六類操作溫度 <100℃者除外）
室內儲存場所	一層建築物以外（非平房）	六類
	總樓地板面積 ≥150m²	
	管制量 10～150 倍	高閃火點物品或火藥原料類除外
室外儲存場所	面積 5～100m²	硫磺
	管制量≥ 100 倍	塊狀硫磺或高閃火點物品者除外
室內（外）儲槽場所	未達顯著滅火規定	高閃火點物品或第六類除外
第 2 種販賣場所	管制量 15～40 倍	六類
室內加油站	未達顯著滅火規定	第四類

＋ 知識補充站

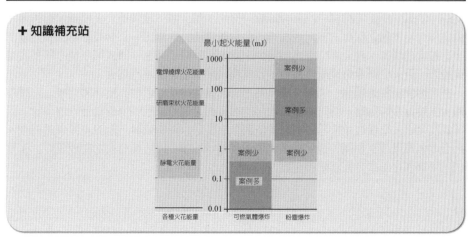

4-7 其他滅火困難場所與滅火設備分類

第 196 條
其他滅火困難場所，指室外加油站、未達顯著滅火困難場所或一般滅火困難場所者。

【解說】

公共危險物品等場所係分三級管理，在設置相關消防安全設備上，考量當其發生火災後之控制程度，並依氧氣（無開口）、熱量（防火區劃、防火時效）、燃料之火載量（管制量、儲存面積）、強度（危險物品種類、高度、複合用途）等搶救難度來區分顯著、一般及其他三種等級。

第 197 條
公共危險物品等場所之滅火設備分類如下：
一、第一種滅火設備：室內或室外消防栓設備。
二、第二種滅火設備：自動撒水設備。
三、第三種滅火設備：水霧、泡沫、二氧化碳或乾粉滅火設備。
四、第四種滅火設備：大型滅火器。
五、第五種滅火設備：滅火器、水桶、水槽、乾燥砂、膨脹蛭石或膨脹珍珠岩。
可燃性高壓氣體製造場所、加氣站、天然氣儲槽及可燃性高壓氣體儲槽之防護設備分類如下：
一、冷卻撒水設備。
二、射水設備：指固定式射水槍、移動式射水槍或室外消防栓。

【解說】

公共危險物品等場所在消防防護上設備，可分火災撲滅抑制目的（Fire Suppression）及火災控制（Fire Control）目的二種。滅火設備是火災撲滅，而防護設備僅作火災控制之作用。依內政部消防法令函釋及公告指出：公共危險物品製造場所及一般處理場所，在火災時有充滿濃煙之虞者，不得使用第一種或第三種之移動式滅火設備，因火災時會造成煙霧蓄積，致無法人為靠近操作進行滅火。

在可燃性高壓氣體製造場所、加氣站、天然氣儲槽及可燃性高壓氣體儲槽之防護設備，主要以水作為唯一消防藥劑，因這些場所火災是以擴散燃燒或混合燃燒型態，且常以混合之化學爆炸型態呈現，在消防觀點主要是以降低輻射、對流及傳導熱為主，因溫度與高壓成正相關，避免形成高溫之儲槽或容器，以防其高壓之物理爆炸，演變成化學爆炸之二次災害為防護重點。

公共危險物品滅火設備分類

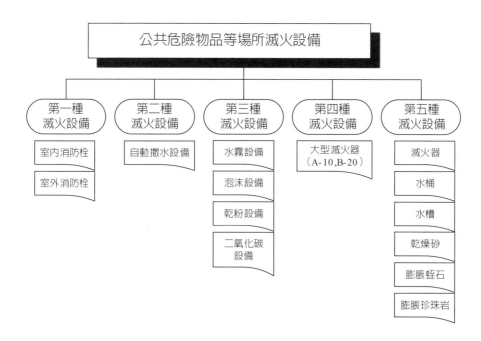

可燃性高壓氣體防護設備分類

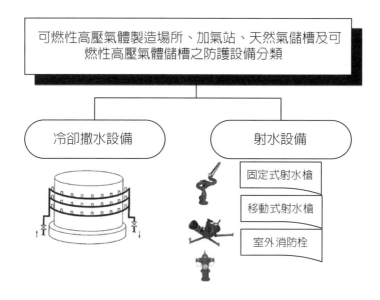

4-8 選擇滅火設備

第 198 條
公共危險物品製造、儲存或處理場所，依下表選擇滅火設備。

【解說】

滅火設備	建築物及附屬設施	電氣設備	第一類 鹼金屬過氧化物	第一類 其他	第二類 鐵粉、金屬粉、鎂	第二類 硫化磷、赤磷、硫磺	第二類 其他	第三類 禁水性物質	第三類 其他	第四類	第五類	第六類	爆竹煙火
第一種 室內或室外消防栓	○			○	○	○	○		○		○	○	○
第二種 自動撒水設備	○			○	○	○	○		○		○	○	○
第三種 水霧滅火設備	○	○		○	○	○	○		○	○	○	○	○
第三種 泡沫滅火設備	○			○	○	○	○		○	○	○	○	○
第三種 二氧化碳滅火設備		○					○		○	○			
第三種 乾粉 磷酸鹽類等	○	○		○			○		○	○		○	
第三種 乾粉 碳酸鹽類等		○	○		○		○	○		○			
第三種 乾粉 其他			○		○			○					
第四種 大型滅火器 柱狀水滅火器	○			○	○	○	○		○		○	○	○
第四種 大型滅火器 霧狀水滅火器	○	○		○	○	○	○		○		○	○	○
第四種 大型滅火器 柱狀強化液滅火器	○			○	○	○	○		○		○	○	○
第四種 大型滅火器 霧狀強化液滅火器	○	○		○	○	○	○		○	○	○	○	○
第四種 大型滅火器 泡沫滅火器	○			○	○	○	○		○	○	○	○	○
第四種 大型滅火器 二氧化碳滅火器		○					○		○	○			
第四種 大型滅火器 乾粉 磷酸鹽類等	○	○		○			○		○	○		○	
第四種 大型滅火器 乾粉 碳酸鹽類等		○	○		○		○	○		○			
第四種 大型滅火器 乾粉 其他			○		○			○					

滅火設備 ＼ 防護對象	建築物及附屬設施	電氣設備	第一類 鹼金屬過氧化物	第一類 其他	第二類 鐵粉、金屬粉、鎂	第二類 硫化磷、赤磷、硫磺	第二類 其他	第三類 禁水性物質	第三類 其他	第四類	第五類	第六類	爆竹煙火
第五種　滅火器　柱狀水滅火器	○			○		○	○		○		○	○	○
第五種　滅火器　霧狀水滅火器	○	○		○		○	○		○		○	○	○
第五種　滅火器　柱狀強化液滅火器	○			○		○	○		○		○	○	○
第五種　滅火器　霧狀強化液滅火器	○	○		○		○	○		○	○	○	○	○
第五種　滅火器　泡沫滅火器	○			○		○	○		○	○	○	○	○
第五種　滅火器　二氧化碳滅火器		○					○			○			
第五種　滅火器　乾粉　磷酸鹽類等	○	○		○		○	○			○		○	
第五種　滅火器　乾粉　碳酸鹽類等		○	○		○		○	○		○			
第五種　滅火器　乾粉　其他			○		○			○					
水桶或水槽	○			○		○	○		○		○	○	○
乾燥砂			○	○	○	○	○	○	○	○	○	○	○
膨脹蛭石或膨脹珍珠岩			○	○	○	○	○	○	○	○	○	○	○

備註

1. 本表中「○」標示代表可選設該項滅火設備，但在一大氣壓時，閃火點 < 22.8°C且沸點 < 37.8°C之第四類公共危險物品不得選用第二種自動撒水設備。
2. 大型滅火器之藥劑數量應符合 CNS 1387 之規定。
3. 磷酸鹽類等為磷酸鹽類、硫酸鹽類及其他含有防焰性藥劑。
4. 碳酸鹽類等為碳酸鹽類及碳酸鹽類與尿素反應生成物。

可燃氣體（蒸汽）燃燒範圍圖

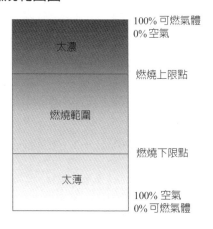

- 100% 可燃氣體　0% 空氣
- 太濃
- 燃燒上限點
- 燃燒範圍
- 燃燒下限點
- 太薄
- 100% 空氣　0% 可燃氣體

4-9 第五種滅火設備效能值

199 條

設置第五種滅火設備者,應依下列規定核算其最低滅火效能值:
一、公共危險物品製造或處理場所之建築物,外牆為防火構造者,總樓地板面積每100平方公尺(含未滿)有一滅火效能值;外牆為非防火構造者,總樓地板面積每50平方公尺(含未滿)有一滅火效能值。
二、公共危險物品儲存場所之建築物,外牆為防火構造者,總樓地板面積每150平方公尺(含未滿)有一滅火效能值;外牆為非防火構造者,總樓地板面積每75平方公尺(含未滿)有一滅火效能值。
三、位於公共危險物品製造、儲存或處理場所之室外具有連帶使用關係之附屬設施,以該設施水平最大面積為其樓地板面積,準用前二款外牆為防火構造者,核算其滅火效能值。
四、公共危險物品每達管制量之10倍(含未滿)應有一滅火效能值。

【解說】

設置第五種滅火設備使用時機,僅限於火勢初起階段,一旦過了這時機,其使用已不具意義,因為消防力已小於火勢規模。而外牆具防火構造,代表其能耐火至少半小時以上,在火勢延燒上扮演一定作用,因此可減算滅火效能值。以下作本條計算例,假設於室外一般處理場所,工作物(防火構造)290平方公尺、辦公室等(非防火構造)100平方公尺、公共危險物品管制量542倍、變電設備5平方公尺,請問設置第五種滅火設備(A3-B10-C),應需多少支?

答:

建築物及工作物 $\dfrac{290}{100}+\dfrac{100}{50}=4.9$

建築物及工作物(A 類火災)設置第五種滅火設備個數

$$\frac{4.9}{3}=1.63 \quad 設置二支$$

公共危險物品(B 類火災)$\dfrac{542}{10}=54.2$

公共危險物品(B 類火災)設置第五種滅火設備個數

$$\frac{54.2}{10}=5.42 \quad 設置六支$$

變電設備 $\dfrac{5}{100}=0.05$

因此,設置第五種滅火設備為
2(建築物及工作物)+ 6(公共危險物品)+ 1(電氣設備)= 9 支

設置第五種滅火設備者最低滅火效能值之計算方法

對象物		最低滅火效能值	第五種滅火設備設置數
製造或處理場所	外牆為防火構造者	$A1 = \dfrac{總樓地板面積}{100(m^2)}$	$\dfrac{A1+A2+A3}{第五種滅火設備能力單位}$
	外牆為非防火構造者	$A2 = \dfrac{總樓地板面積}{50(m^2)}$	
	室外附屬設施	$A3 = \dfrac{工作物水平最大面積合計}{150(m^2)}$	
儲存場所	外牆為防火構造者	$B1 = \dfrac{總樓地板面積}{150(m^2)}$	$\dfrac{B1+B2+B3}{第五種滅火設備能力單位}$
	外牆為非防火構造者	$B2 = \dfrac{總樓地板面積}{75(m^2)}$	
	室外工作物	$B3 = \dfrac{工作物水平最大面積合計}{150(m^2)}$	
公共危險物品		$C = \dfrac{公共危險物品許可倍數}{10（倍）}$	$\dfrac{C}{第五種滅火設備能力單位}$
電氣設備			$\dfrac{電氣設備場所面積}{100m^2}$
註：計算小數點進位，取整數			

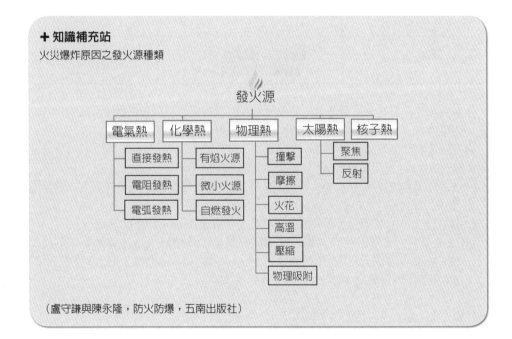

+ 知識補充站

火災爆炸原因之發火源種類

（盧守謙與陳永隆，防火防爆，五南出版社）

4-10 核算滅火效能值

第 200 條
第五種滅火設備除滅火器外之其他設備，依下列規定核算滅火效能值：
一、8 公升之消防專用水桶，每三個爲一滅火效能值。
二、水槽每 80 公升爲 1.5 滅火效能值。
三、乾燥砂每 50 公升爲 0.5 滅火效能值。
四、膨脹蛭石或膨脹珍珠岩每 160 公升爲一滅火效能值。

【解說】

第五種滅火設備（滅火器除外）		相當於一滅火效能值
消防專用水桶		24 公升
水槽		53.3 公升
乾燥砂		100 公升
膨脹蛭石或膨脹珍珠岩		160 公升

　　水桶移動性佳，且水冷卻能力好，而砂與膨脹蛭石（岩）以窒息滅火，砂細小窒息佳，膨脹蛭石（岩）因空隙關係，需大量完全覆蓋，始有滅火效能。

　　有關滅火效能值試驗方式如下：

　　A 類火災：A1 火災模型與 A2 火災模型如右上圖所示。

(1)滅火於燃燒盤點火 3 分鐘才開始進行，當燃燒盤尚有餘焰時不得對下一個燃燒盤進行滅火。

(2)操作滅火器人員得穿著防火衣及面具且應在風速 3m/sec 以下狀態進行。

(3)滅火劑噴射完畢時並無餘焰且於噴射完畢後 2 分鐘以內不再復燃者才可判熄滅。如測得 S 個 A2 模型所得值就爲 2S 滅火效能值，如測得 S 個 A2 模型 +1 個 A1 模型所得值就爲（2S + 1）滅火效能值。

　　B 類火災：B 火災模型如右下圖所示。

(1)滅火動作應於點火 1 分鐘後才開始。

(2)操作滅火器人員得穿著防火衣及面具且應在風速 3m/sec 以下狀態進行。

(3)滅火劑噴射完畢後如經過 1 分鐘以內不再復燃，則可判定已完全熄滅。

滅火效能值試驗方式

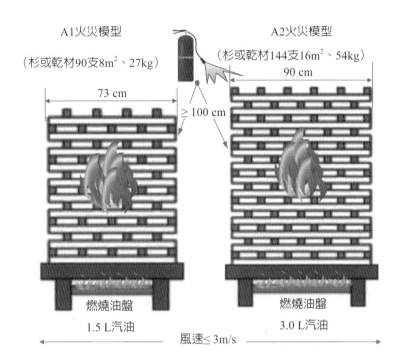

A1火災模型

（杉或乾材90支8m²、27kg）

73 cm

A2火災模型

（杉或乾材144支16m²、54kg）

90 cm

≥ 100 cm

燃燒油盤

1.5 L汽油

燃燒油盤

3.0 L汽油

風速≤ 3m/s

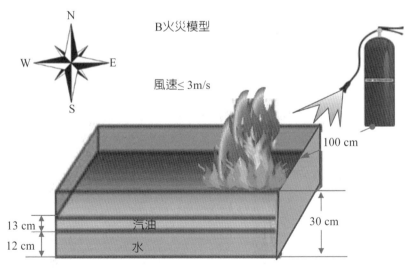

B火災模型

風速≤ 3m/s

100 cm

13 cm

12 cm

汽油

水

30 cm

燃燒油盤

4-11 顯著滅火困難場所滅火設備

第 201 條

顯著滅火困難場所應依下表設置第一種、第二種或第三種滅火設備：
如右圖所示顯著滅火困難場所應設滅火設備。

前項場所除下列情形外，並應設置第四種及第五種滅火設備：

一、製造及一般處理場所儲存或處理高閃火點物品之操作溫度未滿 100℃者，其設置之第一種、第二種或第三種滅火設備之有效範圍內，得免設第四種滅火設備。

二、儲存第四類公共危險物品之室外儲槽場所或室內儲槽場所，設置第五種滅火設備二具以上。

三、室內加油站應設置第五種滅火設備。

【解說】

　依內政部消防法令函釋及公告（以下同），物流倉庫倘屬有分裝用途之顯著滅火困難場所，且為一般處理場所者，依第 201 條如在火災時有充滿濃煙之虞，則不得設置移動式之第三種滅火設備；若專為儲存用途，倘其倉庫為高度 6 公尺以上之一層建築物，亦不得設置移動式之第三種滅火設備。

　於室內（外）儲槽場所依第 201 條選擇固定式泡沫滅火設備或水霧滅火設備者，規定如下：

（一）固定式泡沫滅火設備部分：室內（外）儲槽場所之固定式泡沫應依第 213 條規定，設置固定式泡沫放出口（Foam Chamber）。至第 217 條所定之泡沫噴頭，係設置於公共危險物品製造、一般處理、室內儲存及室外儲存等場所。

（二）水霧滅火設備部分：設於室內儲槽場所者，考量火災或洩漏易延燒至整個儲槽專用室，水霧滅火設備之防護範圍應涵蓋整個儲槽專用室；如設於室外儲槽場所者，應針對儲槽頂部及其側壁予以防護；至噴頭之設置位置應於儲槽頂部及側壁上部，使防護對象之表面積均在水霧噴頭放水之有效防護範圍內，但儲槽設有風樑或補強環等阻礙水流路徑者，風樑或補強環等下方亦應設置；另噴頭數量應依總放水量、每一噴頭之防護範圍及放水量核算，其中總放水量係以防護對象總表面積（即儲槽頂部及側壁之表面積合計）與第 212 條第一項第三款所定單位面積放水量（每平方公尺每分鐘 20 公升以上）之乘積以上。

顯著滅火困難場所應設滅火設備

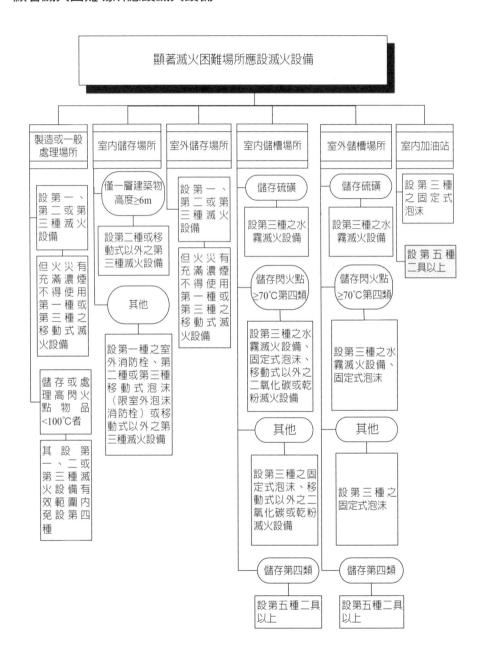

4-12 一般滅火困難場所滅火設備

第 202 條

一般滅火困難場所,依下列設置滅火設備:

一、公共危險物品製造場所及一般處理場所、室內儲存場所、室外儲存場所、第二種販賣場所及室內加油站設置第四種及第五種滅火設備,其第五種滅火設備之滅火效能值,在該場所儲存或處理公共危險物品數量所核算之最低滅火效能值1/5 以上。

二、室內及室外儲槽場所,設置第四種及第五種滅火設備各 1 具以上。

前項設第四種滅火設備之場所,設有第一種、第二種或第三種滅火設備時,在該設備有效防護範圍內,得免設。

【解說】

基本上,第四種及第五種滅火設備因滅火效能值有限,大多只能使用於初期滅火階段,因其非自動滅火,需靠場所人員發現火勢後取用進行釋放或噴灑,以抑制、冷卻或窒息火勢之作用。

上揭第二種販賣場所係販賣裝於容器之六類物品,其數量達管制量 15~40 倍之場所,如與第一種販賣場所(管制量≦ 15 倍)比較,燃料量(火載量)相對較多,需設置第四種及第五種滅火設備,其第五種滅火設備之滅火效能值,在該場所儲存或處理公共危險物品數量所核算之最低滅火效能值 1/5 以上。

在製造、處理與儲存之顯著滅火困難場所之公共危險物品場所,原則上其火載量、火災猛烈度或潛在爆炸性皆相對較大,在選擇滅火設備時,以第一種、第二種或第三種固定系統式消防設備為主要考量,因上揭場所全天皆有人在,倘發生火災時,一般能早期即發現,為初期滅火之需要,需設人員操作使用之第四種或第五種滅火設備。而在選取第一種或第三種時,於火災時易充滿濃煙處所,則不得使用由人員操作使用之移動式滅火設備。

而製造、處理與儲存之六類公共危險物品場所,其滅火方法及滅火原理選取如次:

(1)冷卻法:水、強化化學液、泡沫等。

(2)窒息法:二氧化碳、乾砂、膨脹蛭石或膨脹珍珠岩或泡沫等。

(3)抑制法:乾粉、海龍替代藥劑。

第四種及第五種滅火設備設置規定

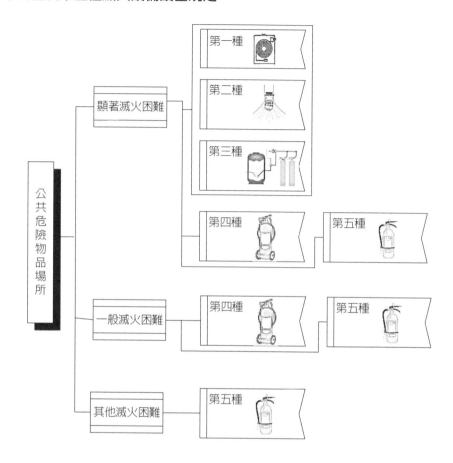

公共危險物品	滅火方法
第一類	用大量的水冷卻，乾粉抑制，乾砂窒息滅火
第二類	用水／強化液／泡沫冷卻，乾砂／不燃性氣體之窒息滅火
第三類	用乾砂窒息滅火，用水／強化液／泡沫之冷卻滅火
第四類	用強化液／泡沫／二氧化碳窒息，海龍替代／乾粉抑制滅火
第五類	如疊氮化鈉類（NaN_3）窒息，否則水／強化液／泡沫之冷卻滅火
第六類	用海龍替代抑制滅火，否則水／泡沫之冷卻滅火

4-13 其他滅火困難場所滅火設備

> **第 203 條**
> 其他滅火困難場所,應設置第五種滅火設備,其滅火效能值應在該場所建築物與其
> 附屬設施及其所儲存或處理公共危險物品數量所核算之最低滅火效能值以上。
> 但該場所已設置第一種至第四種滅火設備之一時,在該設備有效防護範圍內,其滅
> 火效能值得減至 1/5 以上。
> 地下儲槽場所,應設置第五種滅火設備二具以上。

【解說】

其他滅火困難場所已設第一種至第四種之一時,仍應設第五種滅火設備。

> **第 204 條**
> 電氣設備使用之處所,每100平方公尺(含未滿)應設置第五種滅火設備一具以上。

【解說】

電氣設備使用之處所,設置二化碳手提滅火器之第五種滅火設備一具以上。

項目		設置第四種及第五種滅火設備
顯著滅火困難場所	 製造及一般處理場所儲存或處理高閃火點物品之操作溫度 < 100℃	 大型滅火器　　小型滅火器
	 儲存第四類公共危險物品之室外儲槽場所或室內儲槽場所	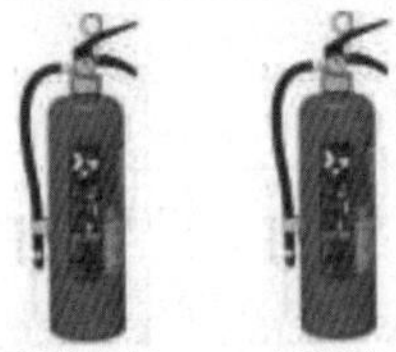 小型滅火器　　小型滅火器
	 室內加油站	 小型滅火器

項目		設置第四種及第五種滅火設備
一般滅火困難場所	製造及一般處理場所	大型滅火器　小型滅火器
	室內及室外儲存場所	大型滅火器　小型滅火器
	室內及室外儲槽場所	大型滅火器　小型滅火器
	第二種販賣場所	大型滅火器　小型滅火器
	室內加油站	大型滅火器　小型滅火器
其他滅火困難場所	全部	小型滅火器
	地下儲槽場所	小型滅火器　小型滅火器

4-14 火警自動警報設備場所

第205條
下列場所應設置火警自動警報設備：
一、公共危險物品製造場所及一般處理場所符合下列規定之一者：
（一）總樓地板面積在500平方公尺以上者。
（二）室內儲存或處理公共危險物品數量達管制量100倍以上者。但處理操作溫度未滿100℃之高閃火點物品者，不在此限。
（三）建築物除供一般處理場所使用外，尚供其他用途者。但以無開口且具1小時以上防火時效之牆壁、樓地板區劃分隔者，不在此限。
二、室內儲存場所符合下列規定之一者：
（一）儲存或處理公共危險物品數量達管制量100倍以上者。但儲存或處理高閃火點物品，不在此限。
（二）總樓地板面積在150平方公尺以上者。但每150平方公尺內以無開口且具1小時以上防火時效之牆壁、樓地板區劃分隔，或儲存、處理易燃性固體以外之第二類公共危險物品或閃火點在70℃以上之第四類公共危險物品之場所，其總樓地板面積在500平方公尺以下者，不在此限。
（三）建築物之一部分供作室內儲存場所使用者。但以無開口且具1小時以上防火時效之牆壁、樓地板區劃分隔者，或儲存、處理易燃性固體以外之第二類公共危險物品或閃火點在70℃以上之第四類公共危險物品，不在此限。
（四）高度在6公尺以上之一層建築物。
三、室內儲槽場所達顯著滅火困難者。
四、一面開放或上方有其他用途樓層之室內加油站。
前項以外之公共危險物品製造、儲存或處理場所儲存、處理公共危險物品數量達管制量10倍以上者，應設置手動報警設備或具同等功能之緊急通報裝置。但平日無作業人員者，不在此限。

【解說】
場所一旦意外發生起火，人員勢必趕快緊急應變，尤公共危險物品火災非常容易失控，因此，火警自動警報設備扮演重要角色，尤其是深夜無人員活動時段。基本上消防設備有自動就需有手動，但本條僅限公共危險物品數量達管制量10倍以上者，始設置手動報警設備或具同等功能之緊急通報裝置，可能考量場所規模小，一有狀況彼此用呼喊或無線電通報告知即可。此外，室內、外加油站主要以其油泵島設於建築物內或建築物外區分之。至油泵島上方設置遮雨棚蓋者，原則上係屬室外加油站。

應設火警自動警報設備公共危險物品場所

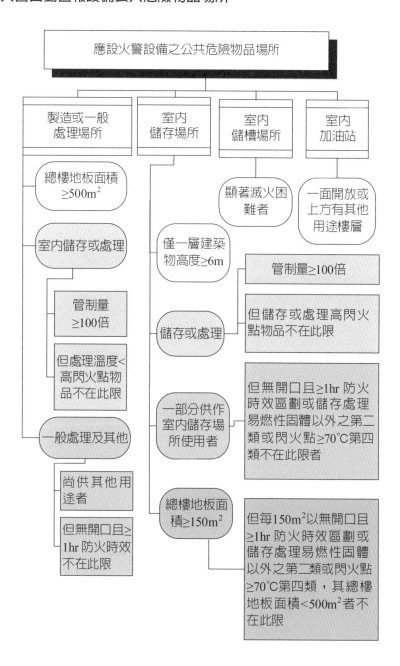

4-15 加油站等設置第五種滅火設備

第 206 條
加油站所在建築物，其二樓以上供其他用途使用者，應設置標示設備。

【解說】
　室內、外加油站如何區分，主要以其油泵島設於建築物內或建築物外。至油泵島上方設置遮雨棚蓋者，原則上係屬室外加油站。而二樓以上非避難層，在公眾得使用建築物可能有不特定人員進入，且標示設備設置成本較低，且有其發揮功能；因此作此規定。

第 206-1 條
下列爆竹煙火場所應設置第五種滅火設備：
一、爆竹煙火製造場所有火藥區之作業區或庫儲區。
二、達中央主管機關所定管制量以上之爆竹煙火儲存、販賣場所。
建築物供前項場所使用之樓地板面積合計在 150 平方公尺以上者，應設置第一種滅火設備之室外消防栓。但前項第二款規定之販賣場所，不在此限。

【解說】
　爆竹煙火場所危險性類似於第五類公共危險物品，在作業或工作人員製造、處理及儲存過程中，倘遇火焰、火花或高溫物體接近，或過熱、衝擊、摩擦，而造成起火，能就近取用小型滅火設備；而樓地板面積合計≥ 150 平方公尺，已具一定規模火載量，恐非小型滅火設備克竟全功，需使用室外栓大量水來進行冷卻壓制；但排除面積有限之販賣場所（如線香店等）。

第 207 條
可燃性高壓氣體製造、儲存或處理場所及加氣站、天然氣儲槽、可燃性高壓氣體儲槽，應設置滅火器。

【解說】
　本條不寫第五種滅火設備，而寫滅火器，是因使用膨脹砂岩無法覆蓋滅火。依消防法第 15 條，中央目的事業主管機關（經濟部）已訂定安全管理，本管理辦法已無再訂定之需要。至其消防設備應依設置標準第 207 條（滅火器）、第 208 條（防護設備）設置。基本上，相對足夠滅火器在初期火災控制上扮演關鍵性角色，又此與火載量、火災猛烈度、發現使用時間及人員使用能力有關。在這些可燃性氣體場所，燃燒型式僅有二種，即擴散燃燒與混合燃燒，其與氣體洩漏後起火時間有關，倘若一洩漏即起火，這會形成擴散性火柱，火柱形成是其內部壓力造成；假使洩漏未即起火，可燃氣體已與空氣中氧進行混合，一遇起火源（靜電、過熱等）即形成混合燃燒之爆炸型態；所以，當其意外洩漏後，雖未起火趕快噴灑滅火器也可使其非活性化。

爆竹煙火場所應設置第五種滅火設備

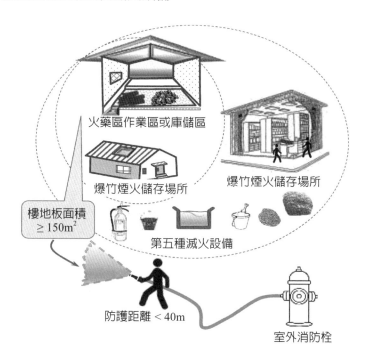

火藥區作業區或庫儲區

爆竹煙火儲存場所

爆竹煙火儲存場所

樓地板面積 ≥ 150m²

第五種滅火設備

防護距離 < 40m

室外消防栓

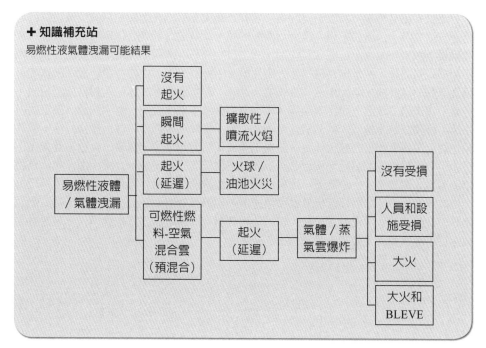

＋ 知識補充站

易燃性液氣體洩漏可能結果

易燃性液體 / 氣體洩漏

沒有起火

瞬間起火 → 擴散性 / 噴流火焰

起火（延遲） → 火球 / 油池火災

可燃性燃料-空氣混合雲（預混合） → 起火（延遲） → 氣體 / 蒸氣雲爆炸

沒有受損

人員和設施受損

大火

大火和 BLEVE

4-16 設置防護設備

第 208 條

下列場所應設置防護設備。但已設置水噴霧裝置者，得免設：

一、可燃性高壓氣體製造場所。

二、儲存可燃性高壓氣體或天然氣儲槽在 3000 公斤以上者。

三、氣槽車之卸收區。

四、加氣站之加氣車位、儲氣槽人孔、壓縮機、幫浦。

【解說】

場所應設置防護設備，但已設置水噴霧裝置者，得免設。因二者是同等性能，所欲達目的是一樣的，皆主要冷卻輻射熱之火勢控制作用，避免波及鄰近儲槽及設備。依內政部消防法令函釋及公告，依設置標準第 208 條規定設置防護設備者，得依第 197 條第二項規定擇一設置。至水噴霧裝置非指第三種滅火設備，而係指符合高壓氣體勞工安全規則第 35 條規定之裝置，此與第三種滅火設備具同等性能者，因此可等價替代之。

而「天然氣儲槽」一詞用語，係為與管理辦法所稱之「可燃性高壓氣體」有所區別，天然氣中央主管機關為經濟部，在用戶端方面非同液化石油氣一樣，採取地面上道路搬運移送方式，而是採取地下輸送方式，二者從供應端到用戶端大有不同，所以本管理辦法主管機關（內政部），將其有所區別。

可燃性高壓氣體場所設置防護設備，並非以滅火為目的，因此項以滅火為設計目標將是不切實際。因氣體燃燒不是火焰擴散燃燒，就是混合燃燒之化學性爆炸型態。當本項場所較有洩漏之虞位置如製程區、注入口、洩漏孔附近或防護之重要動力設備如壓縮機或幫浦等，或是儲存量已達一定規模（≥ 3000 公斤）之場所或位置區，在其可燃性氣體一旦外洩，無論是否起火燃燒，此時，理想應變方式應是起動自衛防編組，避難引導班儘速疏散人員至安全處，滅火班啟動冷卻撒水設備、射水設備（固定式射水槍、移動式射水槍或室外消防栓）等任一種，假使於未起火時進行撒水冷卻，使其惰化起火源或大幅提高起火能量，使之不受任何可能起火源（靜電、火焰、電氣火花等）引火或爆炸；如果是洩漏已起火，此時開啟防護設備，進行大量冷卻，無論是儲槽或容器，使其不受火焰高溫，致形成高壓之危險狀態；另外考量是此等場所當起火燃燒時，如果冷卻降溫速度低於其蓄溫速度，則最後會演變成儲槽或容器高熱高壓而爆炸，此時無論此狀況是否形成，持續使用該無人操作之冷卻撒水設備、固定式射水槍進行供應水源使其繼續仍發揮冷卻之效果。

可燃性高壓氣體場所防護設備種類

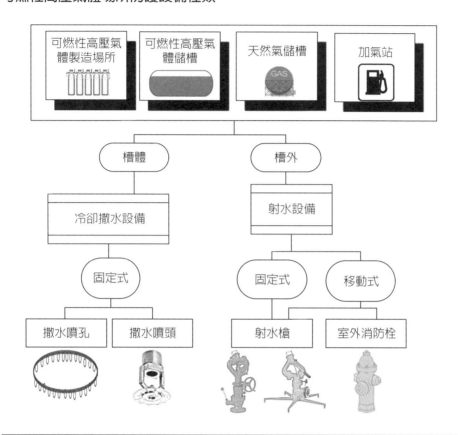

	場所種類	位置、規模及危險	防護設備種類
製造	可燃性高壓氣體製造場所	高壓製程（易洩漏，危險度較高）	冷卻撒水設備 射水設備（固定式射水槍、移動式射水槍或室外消防栓） 擇一設置，已設置水噴霧裝置者，具同等性能者，得免設
儲存	可燃性高壓氣體儲存場所	≥ 3000kg（儲存量已達一定規模，冷卻降溫避免大規模爆炸）	
	天然氣儲槽		
處理	氣槽車	卸收區（注入口具洩漏危險）	
	加氣站	加氣車位（注入口危險） 儲氣槽人孔（洩漏孔危險） 壓縮機（重要動力設備） 幫浦（重要動力設備）	

4-17 室內消防栓設備規定

第 209 條
室內消防栓設備，應符合下列規定：
一、設置第一種消防栓。
二、配管、試壓、室內消防栓箱、有效水量及加壓送水裝置之設置，準用第 32
　　條、第 33 條、第 34 條第一項第一款第三目、第二項、第 35 條、第 36 條第二
　　項、第三項及第 37 條之規定。
三、所在建築物其各層任一點至消防栓接頭之水平距離在 25 公尺以下，且各層之
　　出入口附近設置一支以上之室內消防栓。
四、任一樓層內，全部室內消防栓同時使用時，各消防栓瞄子放水壓力在 3.5kg/
　　cm^2 以上或 0.35MPa 以上；放水量在 260L/min 以上。但全部消防栓數量超過
　　五支時，以同時使用五支計算之。
五、水源容量在裝置室內消防栓最多樓層之全部消防栓繼續放水 30 分鐘之水量以
　　上。但該樓層內，全部消防栓數量超過五支時，以五支計算之。
室內消防栓設備之緊急電源除準用第 38 條規定外，其供電容量應供其有效動作 45
分鐘以上。

【解說】

在公共危險物品場所之消防安全設備，會比一般場所規定嚴格，主要係其物品理化性，會形成多樣化起火源（氧化、分解等化學熱及過熱、衝擊、摩擦或火花等物理熱），且有不同火災猛烈度如禁水性、爆炸性等特性。

因此，法規針對公共危險物品場所之消防安全設備，較嚴格要求，如應設置出水量較大之第 1 種室內消防栓、瞄子放水壓力提高為 3.5kg/cm^2、放水量在 260L/min 以上，且全部消防栓數量超過 5 支時，以同時使用五支計算之，而繼續放水也提高至 30 分鐘之水量以上及緊急電源也提高至 45 分鐘以上。這是考量公共危險物品場所有較大火災強度，需用大量水壓制，及較長供水即供電也需相對較長，避免場所火勢未能控制，產生完全失控情況。

依內政部消防法令函釋及公告，公共危險物品及可燃性高壓氣體場所儲槽區，其水系統消防安全設備之消防幫浦及配管應以專用為原則，於無妨礙各設備之性能時，其室內消防栓設備與冷卻撒水設備之消防幫浦及配管得併用，此時其揚程應為兩者中之最大者，出水量應為兩者最大出水量之合計計算。

公共危險物品及可燃性高壓氣體場所儲槽區無法以自來水作消防水源時，在不影響消防安全設備各項性能及確保有效水源容量下，得採用海水當作消防水源，惟各項設備、器材應採取有效之防蝕措施。

室內消防栓配管及水源規定

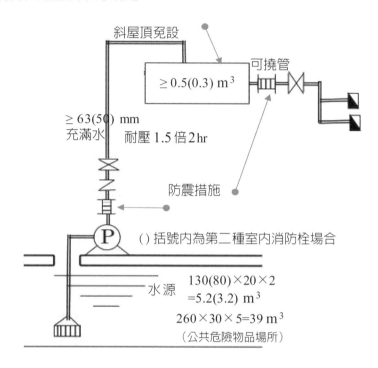

斜屋頂免設

$\geq 0.5(0.3)$ m^3

可撓管

$\geq 63(50)$ mm
充滿水

耐壓 1.5 倍 2hr

防震措施

P

( ) 括號內為第二種室內消防栓場合

水源

$130(80) \times 20 \times 2$
$= 5.2(3.2)$ m^3

$260 \times 30 \times 5 = 39$ m^3
（公共危險物品場所）

一般與公共危險物品場設置室內消防栓規定比較

項目		第一種室內消防栓	第二種室內消防栓
防護水平距離	一般場所	≤ 25m	≤ 25m
	公共危險物品場所	≤ 25m	-
放水壓力 （kgf/cm^2）	一般場所	1.7～7m	1.7～7m
	公共危險物品場所	3.5～7m	-
放水量 （L/min）	一般場所	一支消防栓 130×1 $\geq$ 二支消防栓 130×2	一支消防栓 80×1 $\geq$ 二支消防栓 80×2
	公共危險物品場所	一支消防栓 $\geq$ 五支消防栓 260×5	-
口徑		38 或 50mm	25mm
水帶		15m×2 水帶架	30m×1 管盤
瞄子		13mm 直線水霧兩用	直線水霧兩用

4-18 室外消防栓設備規定

第210條

室外消防栓設備應符合下列規定：

一、配管、試壓、室外消防栓箱及有效水量之設置，準用第39條、第40條第三款至第五款、第41條第二項、第三項之規定。

二、加壓送水裝置，除室外消防栓瞄子放水壓力超過 7kg/cm² 或 0.7MPa 時，應採取有效之減壓措施外，其設置準用第42條之規定。

三、口徑在 63 毫米以上，與防護對象外圍或外牆各部分之水平距離在 40 公尺以下，且設置二支以上。

四、採用鑄鐵管配管時，使用符合 CNS832 規定之壓力管路鑄鐵管或具同等以上強度者，其標稱壓力在 16kg/cm² 以上或 1.6MPa 以上。

五、配管埋設於地下時，應採取有效防腐蝕措施。但使用鑄鐵管，不在此限。

六、全部室外消防栓同時使用時，各瞄子出水壓力在 3.5kg/cm² 以上或 0.35MPa 以上；放水量在 450L/min 以上。但全部室外消防栓數量超過四支時，以四支計算之。

七、水源容量在全部室外消防栓繼續放水 30 分鐘之水量以上。但設置個數超過四支時，以四支計算之。

室外消防栓設備之緊急電源除準用第38條規定外，其供電容量應供其有效動作 45 分鐘以上。

【解說】

　　室外消防栓擁有大量源源不斷水，可投入火場，進行大量冷卻能力，在公共危險物品場所因物質理化性，燃燒速度快或可能爆炸，初期顯著火災生成熱量即需以大量水（放水壓力、放水量及水源容量等），比一般場所規定來得大，以便能有效進行壓制火災發展。

　　在放水壓力方面，一般場所為 2.5～6kgf/cm²，公共危險物品卻為 3.5～7kgf/cm²，顯然公共危險物品火勢較猛烈，輻射熱也較大，有較難以靠近射水滅火之問題；所以，法規要求其水量及射程規定，可以用大量水且可射水較遠，快速有效壓制火勢之可能發展。而室外消防栓瞄子超過 7kg/cm²，應採取有效之減壓措施，這是考量其瞄子射水所產生反作用力問題，依 $F = 1.5d^2p = 1.5 \times 1.9^2 \times 7 = 37.9$ 公斤，勢必需二、三個人始得控制住射水力道；有關其正確拿瞄子姿勢，仍需靠平時教育訓練，方能在緊急操作時避免人員受傷情事發生。

室外消防栓設備規定比較

防護距離	一般場所	≦40m
	公共危險物品	≦40m（設二支消防栓）
放水壓力	一般場所	2.5～6kgf/cm²
	公共危險物品	3.5～7kgf/cm²
放水量	一般場所	≧ 350L/min
	公共危險物品	一支消防栓 450L/min ≧四支消防栓 450L/min×4
電源容量	一般場所	一發電機設備或蓄電池 ×30min
	公共危險物品	一發電機設備或蓄電池 ×45min 二丁類場所得使用引擎動力系統
水源容量（m³）	一般場所	二支消防栓 30min×2
	公共危險物品	一支消防栓 30min×1 ≧四支消防栓 30min×4

一般公共危險物品場所室外消防栓比較

（　）括號內表公共危險物品場所

防護半徑 < 40m, 2.5(3.5)～6(7) kg/cm² , 350(450) L/min

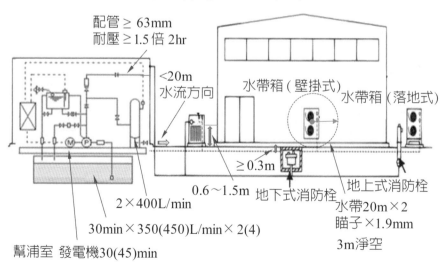

4-19 自動撒水設備規定

【解說】

　　如與一般場所自動撒水設備作比較,無論其密閉式撒水防護半徑、無障礙物之淨空
間、撒水持續時間,或開放式每放水區域或是緊急源供應時間,勢必皆相對較大。這
是因為公共危險物品等場所之火災猛烈度及活性反應大,而不是火載量問題,為能有
效控制或抑制火勢,法規上採取相對較嚴格之考量。

　　在水源容量方面,使用密閉式撒水頭時,應在設置三十個撒水頭繼續放水 30 分鐘
之水量以上。如使用開放式撒水頭時,應在最大放水區域全部撒水頭,繼續放水 30
分鐘之水量以上。30 分鐘後,時間足夠由公設消防部門來接管,以消防栓給水至消
防車,後繼續供應撒水設備用水。而使用密閉乾式或預動式流水檢知裝置時,應追加
十個撒水頭之水量,這是因火警發生後其啟動較慢,火勢可能相對較大,則需要較多
水量來做壓制。

自動警報逆止閥動作原理

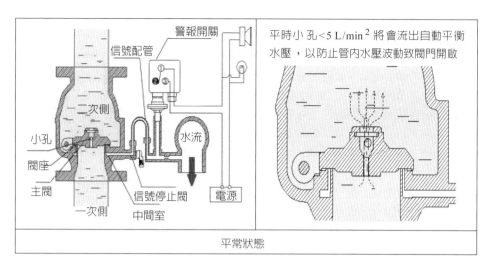

平時小孔<5 L/min^2 將會流出自動平衡水壓，以防止管內水壓波動致閥門開啟

平常狀態

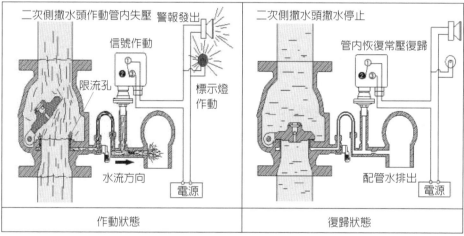

作動狀態　　　　　　　　　　　復歸狀態

（AIESE SPRINKLER 株式會社，平成 26 年）

項目		一般場所	公共危險物品場所
撒水頭	防護半徑	≤1.7～2.6m	≤1.7m
	淨空間	水平 30cm 下方 45cm	水平 30cm 下方 90cm
	放水時間	≥20min	≥30min
開放式每放水區域		≥100m^2	≥150m^2
緊急電源		≥30min	≥45min

4-20 水霧滅火設備規定

第 212 條
水霧滅火設備，應符合下列規定：
一、水霧噴頭、配管、試壓、流水檢知裝置、啟動裝置、一齊開放閥及送水口設置
　　規定，準用第 61 條、第 62 條、第 66 條及第 67 條規定。
二、放射區域，每一區域在 150 平方公尺以上，其防護對象之面積未滿 150 平方公
　　尺者，以其實際面積計算之。
三、水源容量在最大放射區域，全部水霧噴頭繼續放水 30 分鐘之水量以上。其放
　　射區域放水量在 20L/m².min 以上。
四、最大放射區域水霧噴頭同時放水時，各水霧噴頭之放射壓力在 3.5kg/cm² 以上
　　或 0.35MPa 以上。
水霧滅火設備之緊急電源除準用第 38 條規定外，其供電容量應供其有效動作 45 分
鐘以上。

【解說】
　　如與一般場所水霧滅火設備做比較，無論其放水壓力、放射區域或是緊急電源供應
時間，勢必皆相對較大。這是因為公共危險物品等場所之火災猛烈度及活性反應大，
而不是火載量問題，為能有效控制或抑制火勢，法規上採取相對較嚴格之考量。

一般場所與公共危險物品場所水霧滅火設備比較

項目	一般場所	公共危險物品場所
放水壓力	≥ 2.7～3.5kg/m²	≥ 3.5kg/m²
每放射區域	≥ 50 平方公尺	≥ 150 平方公尺
緊急電源	≥ 30 分鐘	≥ 45 分鐘

水霧滅火設備滅火機制

原理	項目	內容
主要滅火機制	熱移除	水之蒸發潛熱為 539cal/g，能顯著降溫達到冷卻作用
	稀釋氧氣	蒸發為水蒸氣，大量膨脹氧氣受到排擠作用
	表面溼潤降溫	使表面溼潤吸收熱能，使氣相燃料之生成遭到抑制
次要滅火機制	降低輻射回饋	產生遮蔽及吸收輻射熱，使其難以有熱量反饋
	流場動態效應	水微粒體積小空氣中漂浮及流場動態效應冷卻

水霧自動滅火設備系統

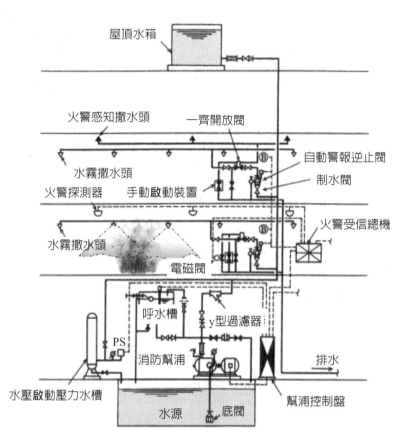

屋頂水箱

火警感知撒水頭　　　一齊開放閥

水霧撒水頭　　　　　　　　　　　　自動警報逆止閥

火警探測器　手動啟動裝置　　　　　　制水閥

水霧撒水頭　　　　　　　　　　　火警受信總機

電磁閥

呼水槽

y型過濾器

PS

消防幫浦　　　　　　　　　　　　　排水

水壓啟動壓力水槽

水源　　底閥　　　　幫浦控制盤

＋ 知識補充站

管系水錘效應

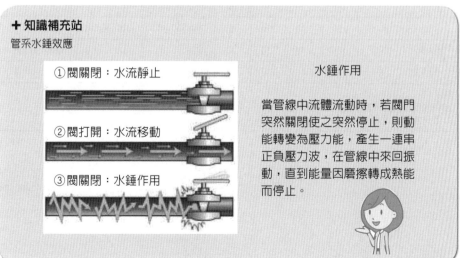

①閥關閉：水流靜止

②閥打開：水流移動

③閥關閉：水錘作用

水錘作用

當管線中流體流動時，若閥門突然關閉使之突然停止，則動能轉變為壓力能，產生一連串正負壓力波，在管線中來回振動，直到能量因磨擦轉成熱能而停止。

4-21 固定式泡沫滅火設備

第 213 條
設於儲槽之固定式泡沫滅火設備，依下列規定設置：
一、泡沫放出口，依表 1 之規定設置，且以等間隔裝設在不因火災或地震可能造成損害之儲槽側板外圍上。
二、儲槽儲存不溶性之第四類公共危險物品時，依前款所設之泡沫放出口，並就表 2 所列公共危險物品及泡沫放出口種類，以泡沫水溶液量乘以該儲槽液面積所得之量，能有效放射，且在同表所規定之放出率以上。
三、儲槽儲存非不溶性之第四類公共危險物品時，應使用耐酒精型泡沫，其泡沫放出口之泡沫水溶液量及放出率，依表 3 規定。
四、前款並依表 4 公共危險物品種類乘以所規定的係數值。但未表列之物質，依中央主管機關認可之試驗方法求其係數。
前項第二款之儲槽如設置特殊型泡沫放出口，其儲槽液面積爲浮頂式儲槽環狀部分之表面積。

【解說】

本條規定，設於儲槽之固定式泡沫滅火設備（如 II 型泡沫放出口），其使用泡沫之膨脹比種類係屬設置標準第 70 條所列之低發泡者，於竣工查驗時，仍應依消防安全設備審查及查驗作業基準規定，實施泡沫放射試驗。

表 2　儲槽儲存不溶性第四類之泡沫放出口水溶液量及放出率

第四類危險物品	I 型		II 型		特殊型		III 型		IV 型	
	X	Y	X	Y	X	Y	X	Y	X	Y
閃火點 <21℃	120	4	220	4	240	8	220	4	220	4
閃火點 21～70℃	80	4	120	4	160	8	120	4	120	4
閃火點 ≥ 70℃	60	4	100	4	120	8	100	4	100	4

註：
1. X 為泡沫水溶液量，Y 為放出率
2. 泡沫水溶液量單位 L/m^2，放出率單位 $L/min.m^2$。

表 1　泡沫放出口

儲槽直徑（m）	泡沫放出口應設數量			
	固定頂儲槽		內浮頂儲槽	外浮頂儲槽
	I 或 II 型	III 或 IV 型	II 型	特殊型
<13			2	2
13～19	1	1	3	3
19～24			4	4
24～35	2	2	5	5
35～42	3	3	6	6
42～46	4	4	7	7
46～53	5	6	7	7
53～60	6	8	8	8
60～67	8	10		9
67～73	9	12		10
73～79	11	14		11
79～85	13	16		12
85～90	14	18		12
90～95	16	20		13
95～99	17	22		13
≥ 99	19	24		14

註：
一、特殊型泡沫放出口使用安裝在浮頂上方者，得免附設泡沫反射板。
二、本表之 III 型泡沫放出口，限於處理或儲存在 20℃時 100g 中水中溶解量 <1g 之危險物品，及儲存溫度 <15℃或動黏度在 100cst 以下之危險物品儲槽使用。
三、內浮頂儲槽浮頂採用鋼製雙層甲板或鋼製浮筒式甲板，其泡沫系統之泡沫放出口種類及數量，得比照外浮頂儲槽設置。

表 3　儲槽儲存非不溶性之第四類公共危險物品之泡沫水溶液量及放出率

I 型		II 型		特殊型		III 型		IV 型	
X	Y	X	Y	X	Y	X	Y	X	Y
160	8	240	8	1	1	1	1	240	8

註：
1.X 為泡沫水溶液量，Y 為放出率
2. 耐酒精型泡沫，泡沫水溶液量及放出率，得依廠商提示值核計。
3. 泡沫水溶液量單位 L/m^2，放出率單位 L/min.m^2。

表 4 公共危險物品種類乘以所規定的係數值

第四類公共危險物品種類		
類別	詳細分類	係數
醇類	甲醇、3-甲基-2-丁醇、乙醇、烯丙醇、1-戊醇、2-戊醇、第三戊醇（2-甲基-2-丁醇）、異戊醇、1-己醇、環己醇、糠醇、苯甲醇、丙二醇	1.0
	2-丙醇、1-丙醇、異丁醇、1-丁醇、2-丁醇	1.25
	第三丁醇	2.0
醚類	異丙醚、乙二醇乙醚（2-羥基乙醚）、乙二醇甲醚、二甘醇乙醚、二甲醇甲醚	1.25
	1,4 二氧雜環己烷	1.5
	乙醚、乙縮醛（1,1-雙乙氧基乙烷）、乙基丙基醚、四氫喃、異丁基乙烯醚、乙基丁基醚	2.0
酯類	乙酸乙脂、甲酸乙酯、甲酸甲酯、乙酸甲酯、乙酸乙烯酯、甲酸丙酯、丙烯酸甲酯、丙烯酸乙酯、異丁烯酸甲酯、異丁烯酸乙酯、乙酸丙酯	1.0
酮類	丙酮、丁酮、甲基異丁基酮、2,4-戊雙酮、環己酮	1.0
醛類	丙烯醛、丁烯醛（巴豆醛）、三聚乙醛	1.25
	乙醛	2.0
胺類	乙二胺、環己胺、苯胺、乙醇胺、二乙醇胺、三乙醇胺	1.0
	乙胺、丙胺、烯丙胺、二乙胺、丁胺、異丁胺、三乙胺、戊胺、第三丁胺	1.25
	異丙胺	2.0
腈類	丙烯腈、乙腈、丁腈	1.25
有機酸	醋酸、醋酸酐、丙烯酸、丙酸、甲酸	1.25
其他非不溶性者	氧化丙烯	2.0

泡沫滅火設備一齊開放閥裝置

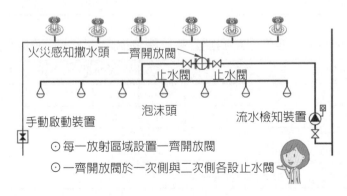

固定式泡沫放出口種類

種類	內容	圖示 （日本危險物設施基準指南，平成 7 年）
I 型	由固定頂儲槽上部注入泡沫之放出口。該泡沫放出口設於儲槽側板上方，具有泡沫導管或滑道等附屬裝置，不使泡沫沉入液面下或攪動液面，而使泡沫在液面展開有效滅火，並且具有可以阻止儲槽內公共危險物品逆流之構造。	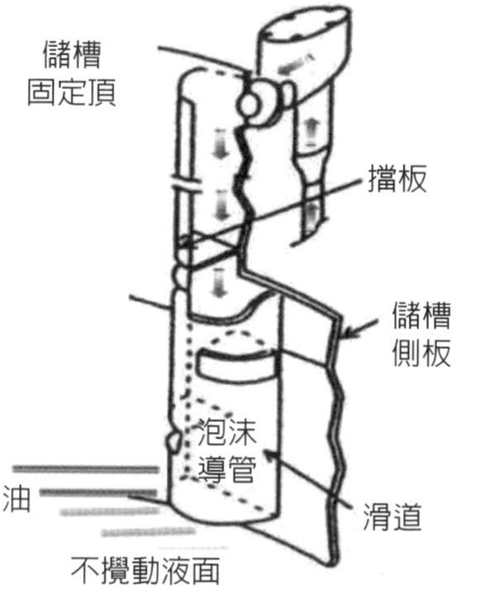 儲槽固定頂　擋板　儲槽側板　泡沫導管　油　滑道　不攪動液面
II 型	由固定頂儲槽之部注入。在泡沫放出口上附設泡沫反射板可以使放出之泡沫能沿著儲槽之側板內面流下，又不使泡沫沉入液面下或攪動液面，可在液面展開有效滅火，並且具有可以阻止槽內公共危險物品逆流之構造。	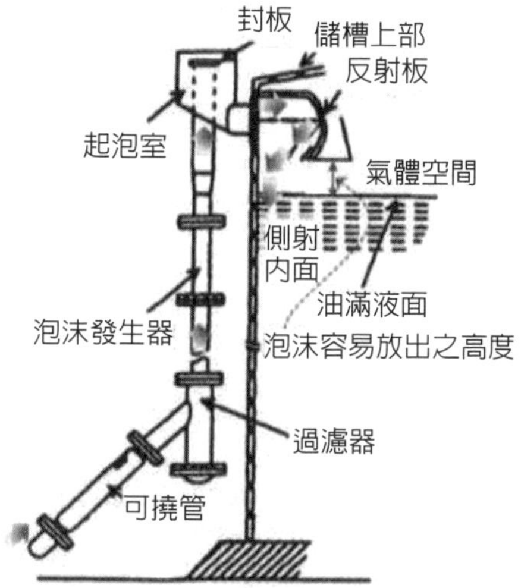 封板　儲槽上部反射板　起泡室　氣體空間　側射內面　油滿液面　泡沫發生器　泡沫容易放出之高度　過濾器　可撓管

種類	內容	圖示 （日本危險物設施基準指南，平成 7 年）
特殊型	供外浮頂儲槽上部注入泡沫，並附設泡沫反射板，注入於側板與隔板所形成之環狀部分。該泡沫隔板係指在浮頂上方設有高度 ≥ 0.3m，且距離儲槽內側 ≥ 0.3m 鋼製隔板，可阻止泡沫外流，且該區預期最大降雨量，設有可充分排水之排水口為限。	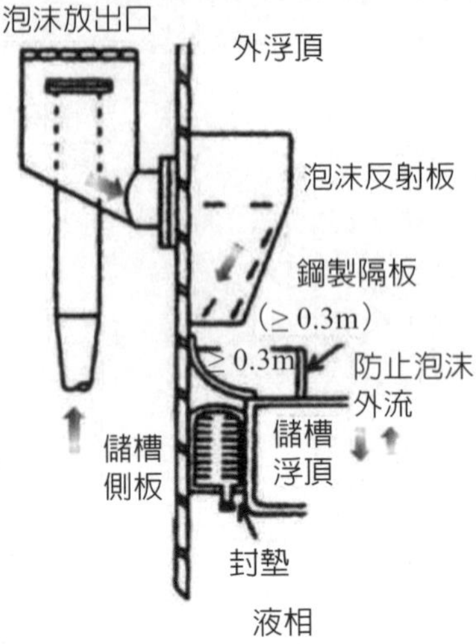
Ⅲ型	供固定頂儲槽槽底注入泡沫法之放出口，該泡沫放出口由泡沫輸送管，將發泡器或泡沫發生機所發生之泡沫予以輸送注入儲槽內，並由泡沫放出口放出泡沫。	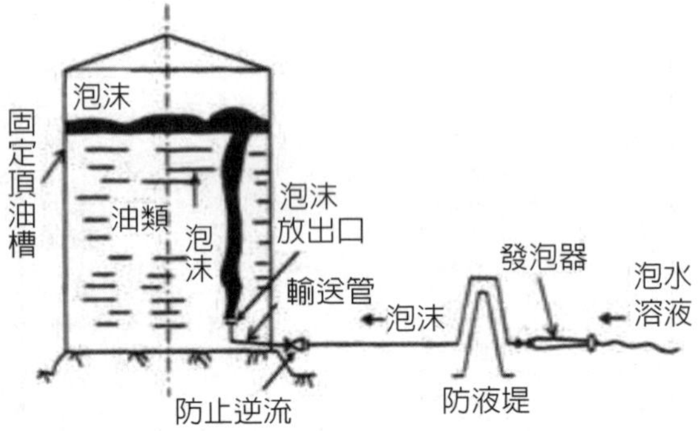
Ⅳ型	供固定頂儲槽槽底注入泡沫法之放出口，將泡沫輸送管末端與平時設在儲槽液面下底部之存放筒所存放之特殊軟管等相連接，於送入泡沫時可使特殊軟管等伸直，使特殊軟管等之前端到達液面而放出泡沫。	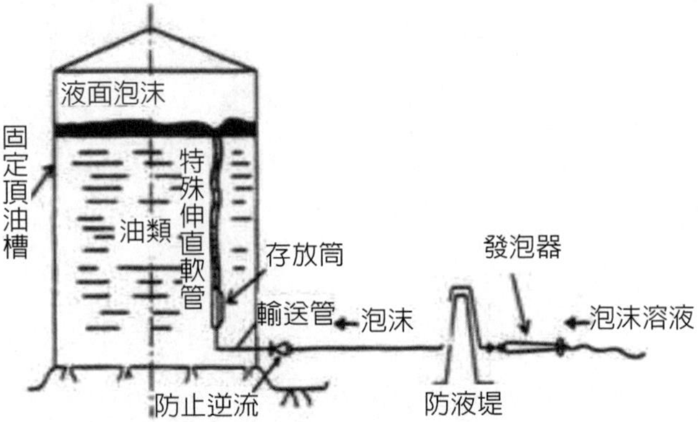

公共危險物品場所泡沫系統

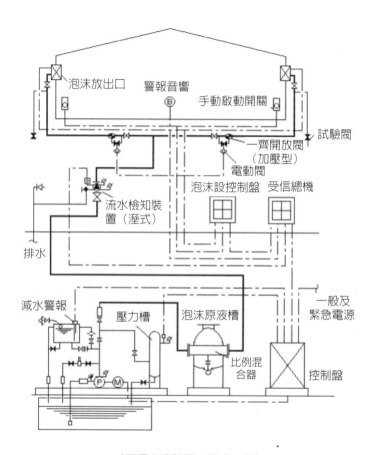

（福岡市消防局，平成26年）

固定式泡沫放出口配置

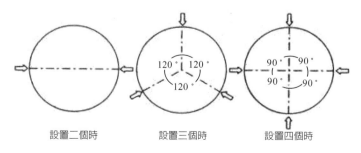

（日本危險物設施基準指南，平成7年）

泡沫滅火設備應用型態

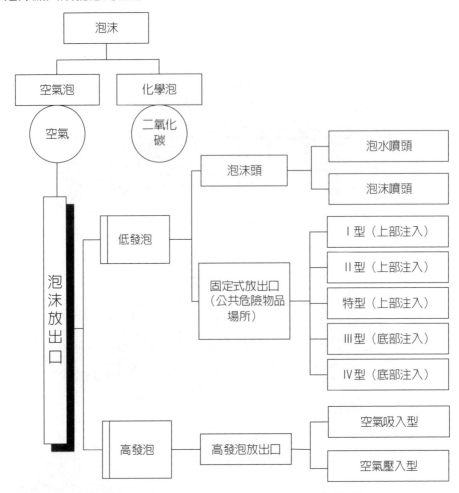

第四類公共危險物品洩漏特性

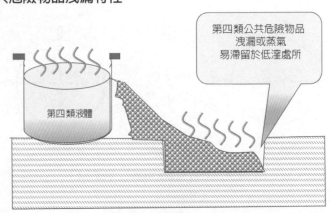

複層式停車空間泡沫頭裝置規定

複層式停車設施之泡
沫噴頭，礙於構造，
無法在最上層以外之
停車平臺配置時，其
配管之延伸應就停車
構造成一單元部分，
在其四周設置泡沫噴
頭，使能對四周全體
放射泡沫。

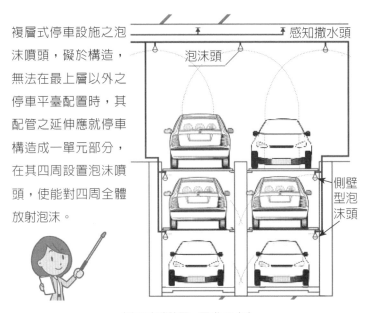

（琦玉市消防局，平成 28 年）

NFPA704 危險物品危險識別標示

4-22 補助泡沫消防栓及連結送液口

第214條
儲槽除依前條設置固定式泡沫放出口外,並依下列規定設置補助泡沫消防栓及連結送液口:
一、補助泡沫消防栓,應符合下列規定:
　　(一) 設在儲槽防液堤外圍,距離槽壁 ≥ 15 公尺,便於消防救災處,且至任一泡沫消防栓之步行距離 ≤ 75 公尺,泡沫瞄子放射量 ≥ 400L/min,放射壓力 ≥ 3.5kg/cm² 或 0.35Mpa 以上。但全部泡沫消防栓數量 ≥ 三支時,以同時使用三支計算之。
　　(二) 補助泡沫消防栓之附設水帶箱之設置,準用第 40 條第四款規定。
二、連結送液口所需數量,依下列公式計算:
$$N = Aq/C$$
　　N:連結送液口應設數量
　　A:儲槽最大水平斷面積。但浮頂儲槽得以環狀面積核算(平方公尺)。
　　q:固定式泡沫放出口每平方公尺放射量(L/min m²)
　　C:每一個連結送液口之標準送液量(800L/min)

【解說】
　　儲槽基本上,由固定式泡沫滅火設備來作防護,這不需人員待在第一線操作,也無考慮重油儲槽火災特有沸溢或濺溢現象發生。而補助泡沫消防栓有其機動性與移動性,在儲槽周邊施工不慎起火,即可使用此項設備,予以有效制火勢發展。
　　對付第四類公共危險物品火災,使用泡沫藥劑是一種非常有效之滅火設備,如使用乾粉、二氧化碳等第三種滅火設備,皆有火災撲滅後再復燃之可能,其冷卻效果無法如泡沫之有效。
　　補助泡沫消防栓應設在儲槽防液堤外圍,距離槽壁 15 公尺以上,便於消防救災處,且至任一泡沫消防栓之步行距離在 75 公尺以下。亦即泡沫消防栓與最遠處之步行距離如小於 75 公尺時,僅需設置一支補助泡沫消防栓;惟如大於 75 公尺時,應於步行距離 75 公尺範圍內再增設一支補助泡沫消防栓。

固定式泡沫滅火設備目的與構成

設置目的	火災時以泡沫頭、泡沫放出口等放出發泡體(空氣泡),進行易燃液體表面覆蓋行為,達到窒息及水份冷卻之雙重滅火效果。
組成構件	由泡沫頭、泡沫放出口、配管、選擇閥、加壓送水裝置、啟動設備、音響警報、泡沫原液槽、泡沫比例混合器及水源等組成之滅火裝備。

儲槽設泡沫放出口、補助泡沫消防栓及連結送液口

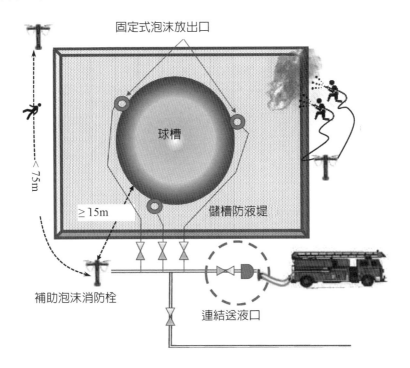

連結送液口構造

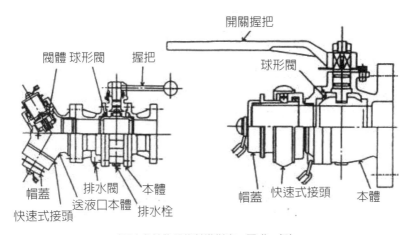

（日本危險物設施基準指南，平成 7 年）

例題：
　由下圖求出所需泡沫水溶液量？放出口數？連結送液口數？

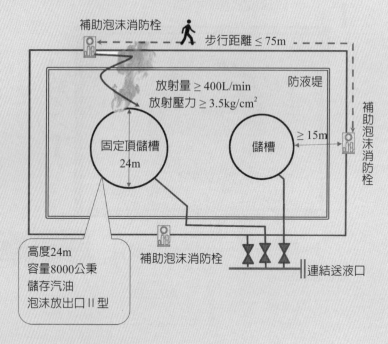

解：
(1)泡沫水溶液量　M＝A×F
　　M：所需泡沫水溶液量（L）
　　A：液表面積（平方公尺）圓柱體為 $A=\pi r^2$
　　F：液表面積每平方公尺所需泡沫水溶液量（L/m²）（第213條表2）
　　M＝(12×12×3.14)×220＝99476 公升
(2)泡沫放出口設置數
　　查表（第213條表1）
　　泡沫放出口設置數為兩個以上
(3)連結送液口個數　$N=\dfrac{A\times q}{c}$
　　N：連結送液口應設數量
　　A：儲槽最大水平斷面積。但浮頂儲槽得以環狀面積核算（平方公尺）。
　　q：固定式泡沫放出口每平方公尺放射量（L/min m²）（第213條表2）
　　C：每一個連結送液口之標準送液量（800L/min）
　　$N=\dfrac{(12\times12\times3.14)\times4}{800}=2.3$，因此連結送液口個數為三個

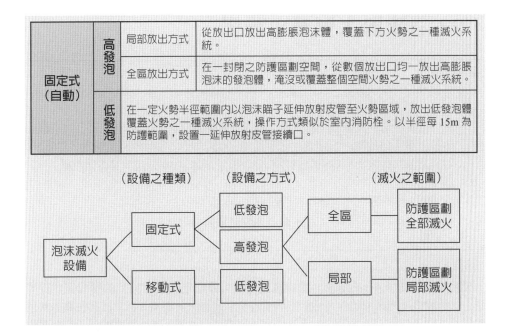

固定式 （自動）	高發泡	局部放出方式	從放出口放出高膨脹泡沫體，覆蓋下方火勢之一種滅火系統。
		全區放出方式	在一封閉之防護區劃空間，從數個放出口均一放出高膨脹泡沫的發泡體，淹沒或覆蓋整個空間火勢之一種滅火系統。
	低發泡		在一定火勢半徑範圍內以泡沫瞄子延伸放射皮管至火勢區域，放出低發泡體覆蓋火勢之一種滅火系統，操作方式類似於室內消防栓。以半徑每 15m 為防護範圍，設置一延伸放射皮管接續口。

第四類場所泡沫系統 NFPA 規定

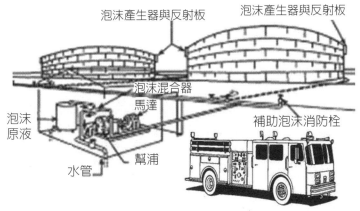

（NFPA 11, Foam Fatale, 2017）

4-23 泡沫射水槍滅火設備

第 215 條
以室外儲槽儲存閃火點在 ≤ 40℃之第四類公共危險物品之顯著滅火困難場所者，且設：
一、室外儲槽之幫浦設備等設於岸壁、碼頭或其他類似之地區時，泡沫射水槍應能防護該場所位於海面上前端之水平距離 ≤ 15 公尺之海面，而距離注入口及其附屬之公共危險物品處理設備各部分之水平距離 ≤ 30 公尺，其設置個數 ≥ 兩具。
二、泡沫射水槍為固定式，並設於無礙滅火活動及可啟動、操作之位置。
三、泡沫射水槍同時放射時，射水槍泡沫放射量為 ≥ 1900L/min，且其有效水平放射距離 ≥ 30 公尺。

【解說】
　　使用空氣泡沫（Air-Foams）進行滅火時，可分固定式（常見於油槽或室內停車場）、移動式（泡沫消防栓、補助泡沫消防栓）及泡沫射水槍（常見於第四類公共危險物品之顯著滅火困難場所）。泡沫供應越平穩滅火就越迅速，所需的滅火劑總量就越低。所有泡沫產生裝置超過其壓力限度，泡沫體品質將會降低，且混合泡沫、乾粉等，可能會破壞原有滅火特性。此外，泡沫是黏著的，泡沫噴霧比水沫的導電性更大。
　　室外儲槽儲存閃火點在 ≤ 40℃之第四類公共危險物品，在液體燃燒方式為蒸發蒸氣燃燒，本項閃火點低，燃燒特性為電不良導體，當靜電放電時，發生的火花即會點燃，形成著火或爆炸之危險、有些蒸汽比重大於 1，將滯留在低窪區易有著火的危險，但大多數液體比重是小於 1，當其流出於水面上，液體表面積增大。因此，當防護幫浦時，海面上前端 ≤ 15 公尺內，或距離注入口等距離 ≤ 30 公尺內皆需防護，且設置 ≥ 兩具，以大量壓制潛在大規模油面上火災。
　　於岸壁、碼頭或其他類似之地區，並連接輸送設備者，除設置固定式泡沫滅火設備外，並依下列規定設置泡沫射水槍滅火設備，輸送第四類公共危險物品時，由於液體與管壁產生靜電，在接合處或出口處產生起火，這時需趕快進行滅火壓制，不然後果堪慮。

公共危險物品混合危險

公共危險物品	第 1 類	第 2 類	第 3 類	第 4 類	第 5 類	第 6 類
第 1 類		×	×	×	×	×
第 2 類	×		×	○	●	×
第 3 類	×	×		●	×	×
第 4 類	×	○	●		●	●
第 5 類	×	●	×	●		×
第 6 類	×	×	●	●	×	

表中 × 表有混合危險者，●表有潛在危險者，○表無混合危險者。

公共危險物品場所泡沫滅火設備應用

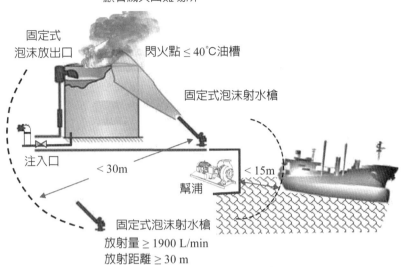

顯著滅火困難場所

固定式
泡沫放出口

閃火點 ≤ 40℃油槽

固定式泡沫射水槍

注入口　　＜30m

幫浦　　＜15m

固定式泡沫射水槍
放射量 ≥ 1900 L/min
放射距離 ≥ 30 m

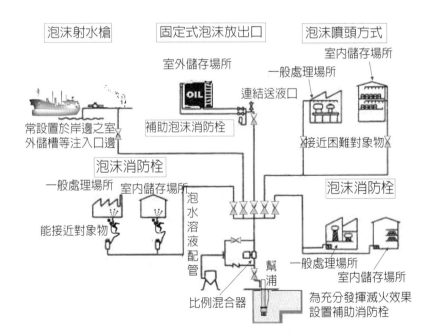

泡沫射水槍

固定式泡沫放出口

泡沫噴頭方式

室外儲存場所

室內儲存場所

一般處理場所

連結送液口

補助泡沫消防栓

常設置於岸邊之室
外儲槽等注入口邊

接近困難對象物

泡沫消防栓

一般處理場所　室內儲存場所

泡沫消防栓

能接近對象物

泡
水
溶
液
配
管

一般處理場所

室內儲存場所

比例混合器

幫浦

為充分發揮滅火效果
設置補助消防栓

（危險物設施基準指南，平成 7 年）

4-24 冷卻撒水設備（一）

第 216 條
以室內、室外儲槽儲存閃火點在 70°C 以下之第四類公共危險物品之顯著滅火困難場所，除設置固定式泡沫滅火設備外，並依下列規定設置冷卻撒水設備：
一、撒水噴孔符合 CNS12854 之規定，孔徑在 4 毫米以上。
二、撒水管設於槽壁頂部，撒水噴頭之配置數量，依其裝設之放水角度及撒水量核算；儲槽設有風樑或補強環等阻礙水路徑者，於風樑或補強環等下方增設撒水管及撒水噴孔。
三、撒水量按槽壁總防護面積 2L/m^2.min 以上計算之，其管徑依水力計算配置。
四、加壓送水裝置為專用，其幫浦出水量在前款撒水量乘以所防護之面積以上。
五、水源容量在最大一座儲槽連續放水 4 小時之水量以上。
六、選擇閥（未設選擇閥者為開關閥）設於防液堤外，火災不易殃及且容易接近之處所，其操作位置距離地面之高度在 0.8～1.5 公尺。
七、加壓送水裝置設置符合下列規定之手動啟動裝置及遠隔啟動裝置。但送水區域距加壓送水裝置在 300 公尺以內者，得免設遠隔啟動裝置：
　（一）手動啟動裝置之操作部設於加壓送水裝置設置之場所。
　（二）遠隔啟動裝置由下列方式之一啟動加壓送水裝置：
　　　　1. 開啟選擇閥，使啟動用水壓開關裝置或流水檢知裝置連動啟動。
　　　　2. 設於監控室等平常有人駐守處所，直接啟動。
八、加壓送水裝置啟動後 5 分鐘以內，能有效撒水，且加壓送水裝置距撒水區域在 500 公尺以下。但設有保壓措施者，不在此限。
九、加壓送水裝置連接緊急電源。
前項緊急電源除準用第 38 條規定外，其供電容量應在其連續放水時間以上。

【解說】

物品因閃火點低且達顯著滅火困難，所以需加強槽體自我防衛能力，除滅火泡沫外尚需安裝槽體火災撒水冷卻熱傳，及避免鄰近油槽受到輻射熱而起火。本條設置冷卻撒水設備有其相當規範，如孔徑在 4 毫米以上及 2L/m^2.min 以上相當撒水量，且於風樑或補強環等下方增設撒水管及撒水噴孔，避免有防護上之盲點；水源容量在最大一座儲槽連續放水 4 小時之水量以上，這是因為第四類儲槽火災在滅火上，常因儲槽本身規模與高度難以有效滅火，在以往災例上顯示，現場消防活動時間會持續很久。

基本上，儲槽設置固定式泡沫滅火設備外，尚需設置冷卻撒水設備。此二項消防設備皆需用到大量水，但其設計宗旨是不同的，前者是為達到滅火抑制撲滅（Fire suppression）之目的，後者是為達到火災控制作用（Fire control）之目的，因實際上，儲槽設置往往不是單一，其鄰近周邊也有儲槽，避免其中一座儲槽著火，波及其他儲槽致地區災害失控之場面。

固定式泡沫滅火設備

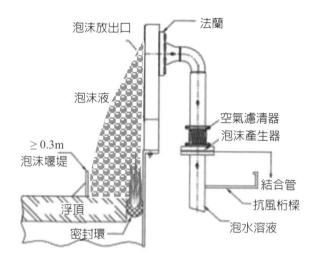

冷卻撒水設備

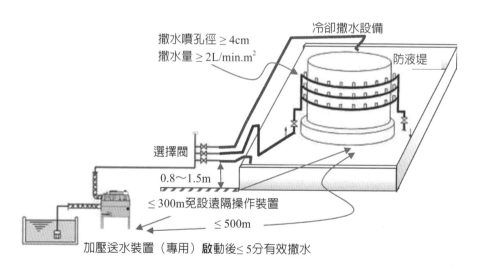

4-25 冷卻撒水設備（二）

【解說】

本條法規是採取雙重消防設備之設計；在設備構造上，固定式泡沫滅火是自動啓動，噴撒僅針對槽頂液面；而冷卻撒水設備噴撒僅針對槽壁（須避開液面，免使泡沫失效），噴頭至選擇閥配管是開放式，平時管內無水，選擇閥至幫浦之配管平時充滿水，因是火災防護用，基本上是人員手動啓動加壓送水裝置進行送水；另一是遠隔啓動，藉由流水檢知裝置，來連動啓動加壓送水裝置直接送水，但現場仍要設手動啓動裝置。另一方面，選擇閥（未設選擇閥者爲開關閥）設於防液堤外，火災不易殃及且容易接近之處所，其操作位置距離地面之高度在0.8～1.5公尺，因這是人員需前往操作之問題，所以需設在防液堤外之較易安全接近之位置，且手動高度一樣，原則上以0.8～1.5公尺。

基本上，可燃性高壓氣體等場所之火災防護，主要滅火劑仍以水爲主，其僅作爲火災控制作用，而非以火災滅火作用。氣體容器易受火災高熱而產生高壓狀態，倘若溫度仍續增高終會使氣體容器產生高壓失效，而破裂造成大規模爆炸後火災。所以，控制火災溫度即顯得相當重要。而控制火災高熱最有效滅火劑仍以取得容易且經濟之水爲主，當其從液體受熱變成氣體時，可以自我體積膨脹約1700倍之大量空間，有效冷卻降低溫度之效（如右圖所示）。而水具高密度性質，無論是從儲槽體撒水或消防瞄子等，能射出相當長距離；因水最大表面張力值爲72.8mN/m，使用上能有不同形態，從水滴到水柱流，也使水滴能保持相對穩定性。

依內政部消防法令函釋及公告（以下同），關於防護設備設置係指冷卻撒水或射水設備擇一設置即可。關於冷卻撒水設備之撒水頭配置數量、間距、撒水頭種類及地下儲氣槽區檢討設置撒水頭部分，依設置標準並無明定冷卻撒水設備之撒水頭配置數量、間距、撒水頭種類等之規定，惟其性能應符合該標準第229條第三、四款及第230條之撒水量、放水時間及防護面積規定，且能均勻有效涵蓋防護對象。

此外，地下儲氣槽區檢討設置撒水頭部分，依設置標準第230條第三款規定，僅針對儲氣槽人孔處以冷卻撒水設備予以防護，儲氣槽區之其餘部分並無明定，但應依該標準第228條第三款第一目規定設置滅火器四具以上。在冷卻撒水設備之放水區域之分區、構造及手動啟動裝置、選擇閥部分，有關其中之構造（指撒水噴頭、管線及管配件等之配置）及手動啟動裝置依設置標準第229條第五款規定，並準用216條之規定，至放水區域應否分區及選擇閥應否設置一節，應依所防護對象之位置、火災規模大小等危險特性予以規劃考量。

漁船加油站設計案，倘其儲槽屬以室內或室外儲槽儲存閃火點在70℃以下之第四類公共危險物品之顯著滅火困難場所者，應依本標準第216條規定設置冷卻撒水設備，且其撒水管應設於槽壁頂部；倘其儲槽屬地下儲槽場所，則無上開規定之適用。

水消防滅火機制

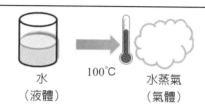

水（液體）　100℃　水蒸氣（氣體）

水轉變水蒸氣將大量膨脹，依理想氣體定律計算：

$$PV = nRT$$

P 為一大氣壓 101325Pa

V 為體積，水的密度在 20℃（293.15K）為 998kg/m³（998000g/m³）

n 為莫耳，水分子質量為 18g/mol

R 為理想氣體常數 8.3145J/mol.K

T 為溫度（單位 K），水的沸點在大氣壓力為 100℃（373.15K）

在 1 莫耳（n）純蒸汽（100℃）的體積 V（m³）

$$V = \frac{nRT}{P}$$

$$8.3145 \frac{J}{mol} \cdot K \left(\frac{1 \times 373K}{101325Pa}\right) = 0.0306 m^3 \text{（100℃時）}$$

而 1 莫耳水質量為 18 克。密度為質量（g）/ 體積（m³），所以 100℃蒸汽的密度，可以計算 $\left(D = \frac{M}{V}\right)$ 如下：

$$\frac{18g}{0.0306m^3} = 588.2 g/m^3$$

在 100℃蒸汽密度除以水密度，決定水特定質量在此溫度下汽化膨脹比

$$\frac{998000 \, g/m^3 \text{（20℃時）}}{588.2 \frac{g}{m^3} \text{（100℃時）}} = 1696.7$$

所以，水從 20℃至 100℃蒸汽體積將擴增 1696.7 倍

水分子粒徑	每公升水膨脹表面積	滅火設備	
1mm	2m³	自動撒水	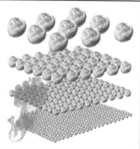
0.1mm	20m³	水霧設備	
0.01mm	200m³	細水霧設備	

4-26 泡沫噴頭規定

第 217 條
採泡沫噴頭方式者，應符合下列規定：
一、防護對象在其有效防護範圍內。
二、防護對象之表面積（為建築物時，為樓地板面積），每 9 平方公尺設置一個泡
　　沫噴頭。
三、每一放射區域在 100 平方公尺以上。其防護對象之表面積未滿 100 平方公尺
　　時，依其實際表面積計算。

【解說】
　　泡水噴頭具有開放式撒水頭與泡沫頭之功能，適用於大規模防護體如飛機庫，法令
要求較大放射量如 75L/min，另使用泡沫原液量 1～6% 之泡沫噴頭，適用於汽車類
或公共危險物品場所火災，泡沫噴頭比泡水噴頭有較佳之泡沫窒息效果，但放射量從
3.7～8L/min。在放射區域法規要求每一放射區域在 100 平方公尺以上，以大面積一
齊放射來達有效冷卻覆蓋範圍，因此常應用於室內停車空間，車輛火災具有 A 類與
B 類火災型態，因 B 類燃燒具相當火災猛烈度，滅火方式以一齊開放區域放射。

噴頭適用防護對象與防護表面積（樓地板面積）

噴頭	防護對象	防護對象表面積
泡水噴頭	飛機庫	於 $8m^2$ 設 1 個
泡沫噴頭	室內停車空間或汽車修理廠	於 $9m^2$ 設 1 個
	公共危險物品場所	於 $9m^2$ 設 1 個

不同噴頭之放射區域及放射量

噴頭	放射區域	放射量		
泡水噴頭	放射區域占其樓地板面積 ≥1/3 且 ≥$200m^2$	75L/min×20min		
		但樓地板面積 <$200m^2$ 者，放射區域依其實際樓地板面積計		
泡沫噴頭	一般場所每一放射區域 50～$100m^2$	蛋白質	3%～6%	6.5L/min×20min
		合成界面活性	1%～3%	8L/min×20min
		水成膜	3%～6%	3.7L/min×20min
	公共危險物品每一放射區域 ≥$100m^2$	以最大泡沫放射區域，繼續射水 ≥10min 水量		

固定式低發泡滅火設備

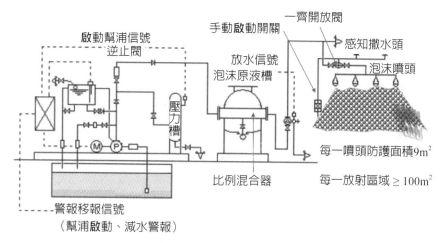

（福岡市消防局，平成 26 年）

公共危險物品場所泡沫滅火設備

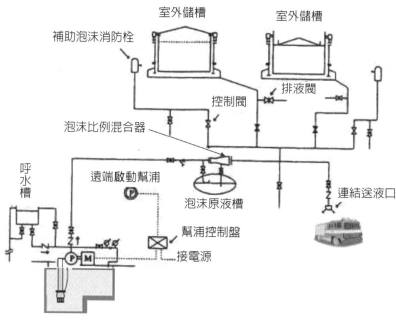

（危險物設施基準指南，平成 7 年）

4-27 泡沫滅火設備規定

第 218 條

泡沫滅火設備之泡沫放出口、放射量、配管、試壓、流水檢知裝置、啟動裝置、一齊開放閥、泡沫原液儲存量、濃度及泡沫原液槽設置規定,準用第 69 條、第 70 條、第 72 條至第 74 條、第 78 條、第 79 條及第 81 條之規定。

儲槽用之泡沫放出口,依第 213 條之規定設置。

【解說】

　　泡沫滅火設備對第四類危險物品火災,有良好滅火之窒息及冷卻效果,因具有相當水份,使滅火後不像乾粉滅火設備或二氧化碳滅火設備一樣產生復燃現象。儲槽用泡沫放出口常用於公共危險物品,分上部注入方式與下部注入方式。在高架式危險物品之儲存倉庫,常形成難以滅火之深層火災型態,且高架式火災向上延燒,形成初期火勢成長快速現象。因此,在火災防護上使用高發泡沫,即可採取具黏著性泡沫覆蓋,並限制及冷卻可燃物與空氣中氧接觸面積,如同地下室火災一樣,使用高發泡是一正確滅火之消防戰術。

第 69 條　　泡沫滅火設備之放射方式,依實際狀況需要,就下列各款擇一設置:

　　　　　　一、固定式:視防護對象之形狀、構造、數量及性質配置泡沫放出口,其設置數量、位置及放射量,應能有效滅火。

　　　　　　二、移動式:水帶接頭至防護對象任一點之水平距離 ≤ 15 公尺。

第 70 條　　固定式泡沫滅火設備之泡沫放出口,依泡沫膨脹比,就下表選擇設置之:

膨脹比種類	泡沫放出口種類
膨脹比 ≤20（低發泡）	泡沫噴頭或泡水噴頭
膨脹比 80～1000（高發泡）	高發泡放出口
前項膨脹比,指泡沫發泡體積與發泡所需泡沫水溶液體積之比值。	

第 72 條　　泡沫頭之放射量,依下列規定:

　　　　　　一、泡水噴頭放射量 ≥ 75L/min。

　　　　　　二、泡沫噴頭放射量,依下表規定:

泡沫原液種類	樓地板面積每平方公尺之放射量
蛋白質泡沫液	≥ 6.5L/min
合成界面活性泡沫液	≥ 8.0L/min
水成膜泡沫液	≥ 3.7L/min

公共危險物品場所泡沫滅火設備各式應用

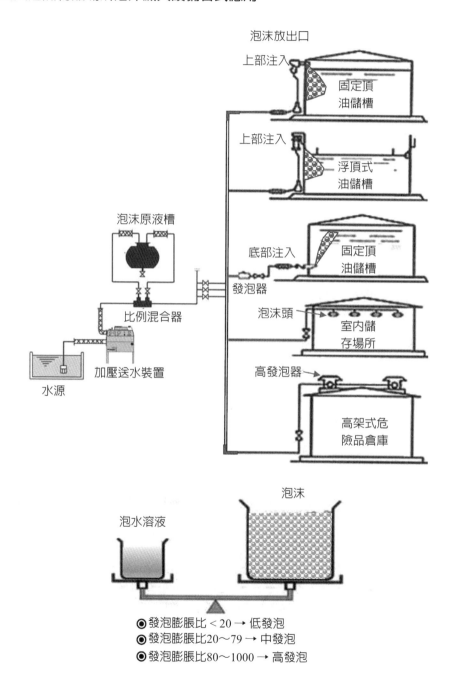

- ◎ 發泡膨脹比＜20 → 低發泡
- ◎ 發泡膨脹比20～79 → 中發泡
- ◎ 發泡膨脹比80～1000 → 高發泡

4-28 移動式泡沫滅火設備

第 219 條
移動式泡沫滅火設備，依下列規定設置：
一、泡沫瞄子放射壓力在 3.5kg/cm² 以上或 0.35MPa 以上。
二、泡沫消防栓設於室內者，準用第 34 條第一項第一款第一目及第 35 條規定；設
於室外者，準用第 40 條第一款及第四款規定。

【解說】
　　移動式泡沫滅火設備常用於室內或室外場所，能接近滅火對象物，且其在一定高度
以下物體。為了能有效接近及控制公共危險物品火災，法規要求放射壓力需在 3.5kg/
cm² 以上，避免高輻射熱迫使滅火人員無法靠近，且防護對象物不能太高，不然無法
有效覆蓋火勢。

第 34 條　除第 12 條第二款第十一目或第四款之場所，應設置第一種消防栓外，其
　　　　　他場所應就下列二種消防栓選擇設置之：
　　　　　一、第一種消防栓，依下列規定設置：
　　　　　　　（一）各層任一點至消防栓接頭之水平距離 ≤ 25 公尺。
　　　　　　　（二）任一樓層內，全部消防栓同時使用時，各消防栓瞄子放水壓力
　　　　　　　　　　 ≥ 1.7kg/cm²，放水量 ≥ 130L/min。但全部消防栓數量超過兩支
　　　　　　　　　　時，以同時使用兩支計算之。
　　　　　　　（三）消防栓箱內，配置口徑 38 毫米或 50 毫米之消防栓一個，口徑
　　　　　　　　　　38 毫米或 50 毫米、長 15 公尺並附快式接頭之水帶兩條，水帶
　　　　　　　　　　架一組及口徑 ≥ 13 毫米之直線水霧兩用瞄子一具。但消防栓接
　　　　　　　　　　頭至建築物任一點之水平距離 ≤ 15 公尺時，水帶部分得設 10
　　　　　　　　　　公尺水帶兩條。

第 40 條　室外消防栓，依下列規定設置：
　　　　　一、口徑 ≥ 63 毫米，與建築物一樓外牆各部分之水平距離 ≤ 40 公尺。
　　　　　四、於其 5 公尺範圍內附設水帶箱，並符合下列規定：
　　　　　　　（一）水帶箱具有足夠裝置水帶及瞄子之深度，箱底二側設排水孔，
　　　　　　　　　　其箱面表面積 ≥ 0.8 平方公尺。
　　　　　　　（二）箱面有明顯而不易脫落之水帶箱字樣，每字 ≥ 20 平方公分。
　　　　　　　（三）箱內配置口徑 63 毫米及長 20 公尺水帶兩條、口徑 ≥ 19 毫米直
　　　　　　　　　　線噴霧兩用型瞄子一具及消防栓閥型開關一把。

移動式泡沫滅火設備設置

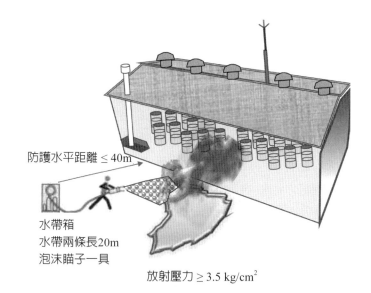

防護水平距離 ≤ 40m

水帶箱
水帶兩條長20m
泡沫瞄子一具

放射壓力 ≥ 3.5 kg/cm^2

移動式泡沫滅火設備

泡沫滅火設備種類

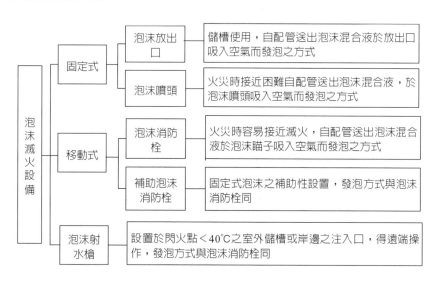

（日本危險物設施基準指南，平成 7 年）

4-29 泡沫滅火設備水源容量

第 220 條
泡沫滅火設備之水源容量需達下列規定水溶液所需之水量以上，並加計配管內所需之水溶液量：
一、使用泡沫頭放射時，以最大泡沫放射區域，繼續射水 10 分鐘以上之水量。
二、使用移動式泡沫滅火設備時，應在四具瞄子同時放水 30 分鐘之水量以上。但瞄子個數未滿四個時，以實際設置個數計算。設於室內者，放水量在 200L/min 以上；設於室外者，在 400L/min 以上。
三、使用泡沫射水槍時，在二具射水槍連續放射 30 分鐘之水量以上。
四、設置於儲槽之固定式泡沫滅火設備之水量，為下列之合計：
　（一）固定式泡沫放出口依第 213 條第二款、第三款表列之泡沫水溶液量，乘以其液體表面積所能放射之量。
　（二）補助泡沫消防栓依第 214 條規定之放射量，放射 20 分鐘之水量。

【解說】
　　泡沫滅火設備之水源容量，依應用防護對象之種類方式不同。使用泡沫頭放射時，只需 10 分鐘以上水量，這是因為已有相當泡沫覆蓋防護體上面，能維持一段長時間繼續覆蓋令火勢窒息，覆蓋時間依其消泡率而有不同。
　　使用移動式時需放水 30 分鐘之水量以上，這是因為有效射水問題，於室外由人員移動射水，有時輻射熱及風勢問題，造成過遠無效射水，並考量室外人員避難較安全，較不易長時間射水而受困。使用泡沫射水槍時 30 分鐘水量，也如同上述。設置於儲槽使用補助泡沫消防栓 20 分鐘水量，這是自衛編組人員初期滅火之時間，之後即由公設消防單位到達接管。

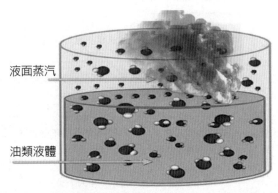

液面蒸汽

油類液體

油類液體火災為蒸發燃燒型態，使用泡沫（比油輕）覆蓋油面，抑制液體蒸發及斷絕空氣中氧接觸之雙重滅火機制（盧守謙，火災學，2017，五南出版）

公共危險物品場所泡沫滅火水源容量

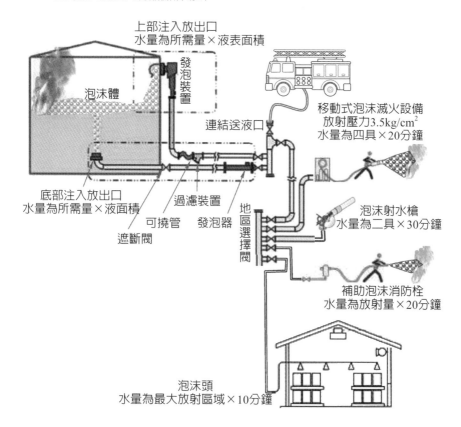

室外第四類公共物品儲槽場所

上部注入放出口
水量為所需量×液表面積

發泡裝置

泡沫體

連結送液口

移動式泡沫滅火設備
放射壓力3.5kg/cm²
水量為四具×20分鐘

底部注入放出口
水量為所需量×液面積

過濾裝置

可撓管　發泡器

遮斷閥

地區選擇閥

泡沫射水槍
水量為二具×30分鐘

補助泡沫消防栓
水量為放射量×20分鐘

泡沫頭
水量為最大放射區域×10分鐘

泡沫混合器設置於送水配管中設計例

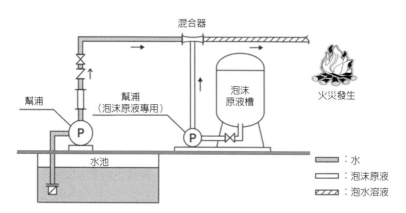

混合器

幫浦

幫浦
（泡沫原液專用）

泡沫
原液槽

火災發生

水池

：水
：泡沫原液
：泡水溶液

（琦玉市消防局，平成 28 年）

4-30 加壓送水裝置

第 221 條

依前條設置水源應連結加壓送水裝置，並依下列各款擇一設置：

一、重力水箱，應符合下列規定：

（一）有水位計、排水管、溢水用排水管、補給水管及人孔之裝置。

（二）水箱必要落差在下列計算值以上：

必要落差＝移動式泡沫設備水帶摩擦損失水頭＋配管摩擦損失水頭＋泡沫放出口、泡沫瞄子或泡沫射水槍之放射壓力（計算單位：公尺）

$$H = h1 + h2 + h3m$$

二、壓力水箱，應符合下列規定：

（一）有壓力表、水位計、排水管、補給水管、給氣管、空氣壓縮機及人孔之裝置。

（二）水箱內空氣占水箱容積 1/3 以上，壓力在使用建築物最高處之消防栓維持規定放水水壓所需壓力以上。當水箱內壓力及液面減低時，能自動補充加壓。空氣壓縮機及加壓幫浦，與緊急電源相連接。

（三）必要壓力在下列計算值以上：

必要壓力＝水帶摩擦損失＋配管摩擦損失＋落差＋泡沫放出口、泡沫瞄子或泡沫射水槍之放射壓力（計算單位：kg/cm^2，MPa）

$$P = P1 + P2 + P3 + P4$$

三、消防幫浦，應符合下列規定：

（一）幫浦全揚程在下列計算值以上：

幫浦全揚程＝消防水帶摩擦損失水頭＋配管摩擦損失水頭＋落差＋泡沫放出口、泡沫瞄子或射水槍之放射壓力，並換算成水頭（計算單位：公尺）

$$H = h1 + h2 + h3 + h4$$

（二）連結泡沫設備採泡沫噴頭方式者，出水壓力準用第 77 條規定。

（三）應為專用。但與其他滅火設備並用，無妨礙各設備性能不在此限。

（四）連接緊急電源。

前項緊急電源除準用第 38 條規定外，其供電容量應在所需放射時間之 1.5 倍以上。

【解說】

加壓送水裝置擇一設置，但重力水箱設相當高度以上，始有法規所要求水壓，在實務上有其不切實際。壓力水箱空氣占水箱容積 1/3 以上，以壓縮氣體來製造水壓。所以，在國內大多以消防幫浦作為加壓送水裝置，而加壓送水裝置即指幫浦加發電機二者之組合裝置而言。

加壓送水裝置之壓力水箱（圖左）及重力水箱（圖右）

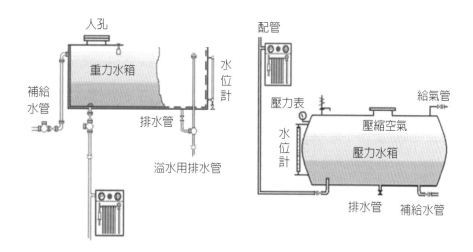

水源之有效水量範圍（圖左）及消防用水與普通用水合併使用之有效水量（圖右）

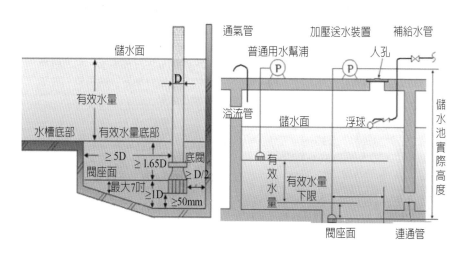

（福岡市消防局，平成 26 年）

第 38 條　緊急電源

緊急電源	容量	一般場所	1. 發電機設備或蓄電池 ×30min
		公共危險物品	1. 發電機設備或蓄電池 ×45min 2. 丁類場所得使用引擎動力系統

第 77 條

項目			內容
連結泡沫滅火設備採泡沫噴頭方式者	全區及局部	出水壓力	泡沫放射區域有 ≧ 2 區域時，以最大一個泡沫放射區域之最低出水量加倍計算
		出水量	最末端一個泡沫放射區域全部泡沫噴頭放射壓力均 ≧ 1kg/m^2
	移動式	出水量	同一樓層一泡沫消防栓箱 ≧ 130L/min 同一樓層 ≧ 二泡沫消防栓箱 ≧ 260L/min
		出水壓力	最末端一泡沫消防栓放射壓力 ≧ 3.5kg/m^2
	連接緊急電源		

消防幫浦孔蝕現象

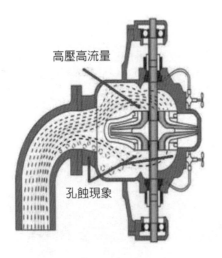

高壓高流量

孔蝕現象

幫浦孔蝕現象（Cavitation）
當彎管不當或吸水管過長，液體形成氣泡，氣泡流到高壓區突然破滅，瞬間產生局部高壓，壓力能衝擊內部金屬表面致孔蝕現象，並形成噪音震動。

輻射熱與距離之關係

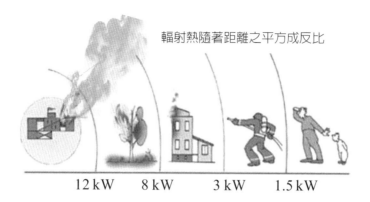

（盧守謙，防火防爆，2017，五南出版）

二個以上放射區域泡沫滅火設備

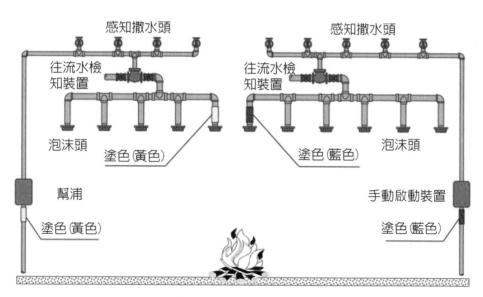

（埼玉市消防局，平成28年）

4-31 二氧化碳滅火設備

第 222 條
二氧化碳滅火設備準用第 82 條至 97 條規定。但全區放射方式之二氧化碳滅火設備,依下列規定計算其所需滅火藥劑量:
一、以表 1 所列防護區域體積及其所列每立方公尺防護區域體積所需之滅火藥劑量,核算其所需之量。但實際量未達所列之量時,以該滅火藥劑之總量所列最低限度之基本量計算。
二、防護區域之開口部未設置自動開閉裝置時,除依前款計算劑量外,另加算該開口部面積每 $5kg/m^2$ 之量。
　於防護區域內或防護對象係為儲存、處理之公共危險物品,依表 2 之係數,乘以前項第一款或第二款所算出之量。未表列之公共危險物品,依中央主管機關認可之試驗方式求其係數。

【解說】
　　二氧化碳滅火設備之滅火原理係利用窒息,使燃燒因缺氧而無法化學氧化反應,使燃燒停止。用於全區放射方式之二氧化碳滅火設備,因是使用窒息,因此滅火濃度勢必具有相當濃度以上,且區劃空間具有密閉性,始能使火勢達到窒息作用;因二氧化碳比空氣重 1.5 倍,且允許在一定高度以上牆壁具有開口,假使防護區域之開口部未設置自動開閉裝置時,需再加算該開口部面積每 $5kg/m^2$ 之二氧化碳量,以作補充其漏出量。

表 1　防護區域體積藥劑量

防護區域體積 (m^3)	每立方公尺防護區域體積所需之滅火藥劑量(kg/m^3)	滅火藥劑之基本需要量(kg)
< 5	1.2	－
5～15	1.1	6
15～50	1.0	17
50～150	0.9	50
150～1500	0.8	135
≥ 1500	0.75	1200

表 2　係數乘以表 1 所算出之量

公共危險物品	二氧化碳	乾粉			
		第一種	第二種	第三種	第四種
丙烯腈	1.2	1.2	1.2	1.2	1.2
氰甲烷	1.0	1.0	1.0	1.0	1.0
丙酮	1.0	1.0	1.0	1.0	1.0
乙醇	1.2	1.2	1.2	1.2	1.2
汽油	1.0	1.0	1.0	1.0	1.0
輕油	1.0	1.0	1.0	1.0	1.0
原油	1.0	1.0	1.0	1.0	1.0
醋酸乙酯	1.0	1.0	1.0	1.0	1.0
重油	1.0	1.0	1.0	1.0	1.0
潤滑油	1.0	1.0	1.0	1.0	1.0
煤油	1.0	1.0	1.0	1.0	1.0
甲苯	1.0	1.0	1.0	1.0	1.0
石腦油	1.0	1.0	1.0	1.0	1.0
丙醇	1.0	1.0	1.0	1.0	1.0
己烷	1.0	1.2	1.2	1.2	1.2
庚烷	1.0	1.0	1.0	1.0	1.0
苯	1.0	1.2	1.2	1.2	1.2
戊烷	1.0	1.4	1.4	1.4	1.4
甲醛	1.6	1.2	1.2	1.2	1.2
丁酮	1.0	1.0	1.0	1.2	1.0

✚ 知識補充站

公共危險物品之氣體、
液體及固體定義

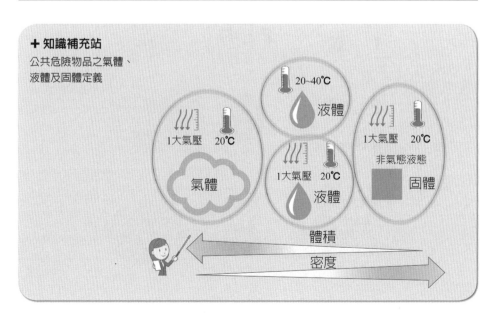

二氧化碳滅火設備容器閥安全裝置

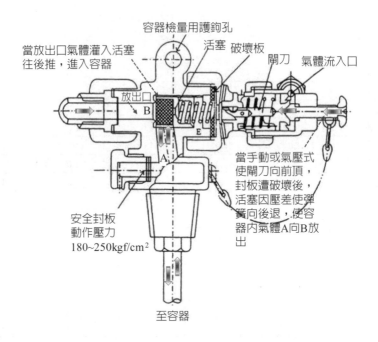

容器檢量用護鉤孔

活塞 破壞板

當放出口氣體灌入活塞
往後推，進入容器

閘刀 氣體流入口

放出口
B

E

A

當手動或氣壓式
使閘刀向前頂，
封板遭破壞後，
活塞因壓差使彈
簧向後退，使容
器內氣體A向B放
出

安全封板
動作壓力
180~250kgf/cm²

至容器

六類危險物品混合危險

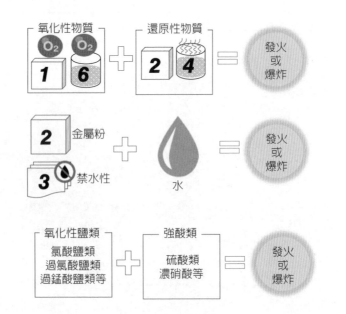

氧化性物質

O_2 O_2
1 **6**

還原性物質

2 **4**

發火
或
爆炸

2 金屬粉
3 禁水性

水

發火
或
爆炸

氧化性鹽類

氯酸鹽類
過氯酸鹽類
過錳酸鹽類等

強酸類

硫酸類
濃硝酸等

發火
或
爆炸

公共危險物品消防安全設備一覽表

消防安全設備			主要規定	條文
第 1 種	室內消防栓		壓力 3.5～7 放水量 260 防護 25 電源 45	§209
	室外消防栓		壓力 3.5～7 放水量 450 防護 40 電源 45	§210
第 2 種	自動撒水設備		壓力 1 放水量 80 防護 1.7～2.6 電源 30	§211
第 3 種	水霧滅火設備		壓力 2.7～3.5 防護 150 電源 45	§212
	泡沫滅火設備	固定式放出口	分固定、外浮與內浮，放出口 I ～ V 型	§213
		補助泡沫栓	壓力 3.5 放射量 400 防護 75 電源 30	§214
		泡沫射水槍	放射量 1900 防護 30 電源 30	§215
		冷卻撒水設備	撒水量 2L/min.m^2 電源 240	§216
		泡沫噴頭	每 1 噴頭防護 9 m^2 放射區域 100 m^2	§217
		放射量原液等	泡水放射量 75L/min 泡沫 3.7～6.5L/min	§218
		移動式泡沫	壓力 3.5 室內防護 25 室外防護 40	§219
		水源容量	依上列計算各有不同	§220
		加壓送水裝置	重力、壓力水箱與幫浦，供電 ×1.5 倍	§221
	二氧化碳滅火設備		高壓 14 低壓 9 移動式防護 15 電源 60	§222
	乾粉滅火設備		壓力 1 全區藥劑 0.6～0.24kg/m^3 電源 60	§223
第 4 種　防護距離			≦ 30m	§224
第 5 種　防護距離			≦ 20m	§225
警報設備			每一分區≦ 600 m^2 邊長≦ 50m 電源 10	§226
標示設備			出口燈 15～60 避難燈 10～20 電源 10～60	§227
可燃性高壓氣體	滅火器		≦15m 場所 2 具儲槽 3 加氣站 1～4 具	§228
	冷卻撒水設備		壓力 3.5 放水量 450 防護 5L/min.m^2	§229
	冷卻撒水防護面積		2m^2（加氣車位及幫浦）～30m^2（卸收區）	§230
	射水設備		壓力 3.5～6 放水量 450 電源 30	§231
	射水位置數量		防護 40 儲槽 50 m^2 1 具（隔熱 100m^2）	§232
	射水配管電源等		分重力、壓力水箱與幫浦（400 L/min）	§233

4-32 乾粉滅火設備

第 223 條

乾粉滅火設備，準用第98條至第111條之規定。但全區放射方式之乾粉滅火設備，於防護區域內儲存、處理之公共危險物品，依前條第三款表列滅火劑之係數乘以第99條所算出之量。前條第三款未表列出之公共危險物品，依中央主管機關認可之試驗求其係數。

【解說】

　乾粉與二氧化碳一樣，因本身比重大在應用上可分全區與局部放射方式。因臺灣海島型潮溼氣候，應用乾粉滅火設備是相當少見的。

<table>
<tr><td rowspan="9">第99條局部防護方式</td><td rowspan="4">藥劑量（面積式）</td><td colspan="3">可燃性固體或易燃性液體存放於上方開放式容器，火災發生時，燃燒限於一面且可燃物無向外飛散之虞者，所需之滅火藥劑量。</td></tr>
<tr><td colspan="3">$S \, m^2 \times Q \, kg/m^2 \times 1.1$
S：防護對象物之邊長在 <0.6m 時，以 0.6m 計</td></tr>
<tr><td>乾粉種類</td><td>防護對象每平方公尺表面積所需滅火藥劑量（kg/m²）</td><td>追加倍數</td></tr>
<tr><td>第一種</td><td>8.8</td><td rowspan="3">1.1</td></tr>
</table>

<table>
<tr><td rowspan="10">第99條局部防護方式</td><td rowspan="5">藥劑量（面積式）</td><td colspan="3">可燃性固體或易燃性液體存放於上方開放式容器，火災發生時，燃燒限於一面且可燃物無向外飛散之虞者，所需之滅火藥劑量。</td></tr>
<tr><td colspan="3">$S \, m^2 \times Q \, kg/m^2 \times 1.1$
S：防護對象物之邊長在 <0.6m 時，以 0.6m 計</td></tr>
<tr><td>乾粉種類</td><td>防護對象每平方公尺表面積所需滅火藥劑量（kg/m²）</td><td>追加倍數</td></tr>
<tr><td>第一種</td><td>8.8</td><td rowspan="3">1.1</td></tr>
<tr><td>第二,三種</td><td>5.2</td></tr>
<tr><td>第四種</td><td>3.6</td></tr>
<tr><td rowspan="4">藥劑量（體積式）</td><td colspan="3">$V \, m^2 \times Q \, kg/m^2 \times 1.1$
V：防護對象物之邊長在 <0.6m 時，以 0.6m 計
$Q = X - Y \times a/A$
Q：假想防護空間單位體積滅火藥劑量（kg/m³）所需追加倍數比照前目規定。
a：防護對象周圍實存牆壁面積之合計（m²）。
A：假想防護空間牆壁面積之合計（m²）。
X 及 Y 值，依下表規定為準：</td></tr>
<tr><td>乾粉種類</td><td>X 值</td><td>Y 值</td><td>追加倍數</td></tr>
<tr><td>第一種</td><td>5.2</td><td>3.9</td><td rowspan="3">1.1</td></tr>
<tr><td>第二,三種</td><td>3.2</td><td>2-4.</td></tr>
</table>

乾粉種類	X 值	Y 值	追加倍數
第一種	5.2	3.9	1.1
第二,三種	3.2	2-4.	
第四種	2.0	1.5	

供電信機器室使用者，所核算出之滅火藥劑量，需乘以 0.7

乾粉滅火設備動作流程

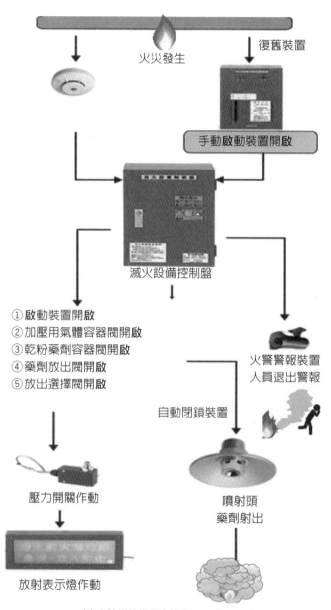

（東京防災設備保守協會，平成 28 年）

乾粉滅火設備全區防護

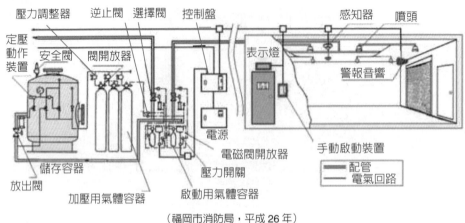

（福岡市消防局，平成 26 年）

乾粉設備定壓動作裝置

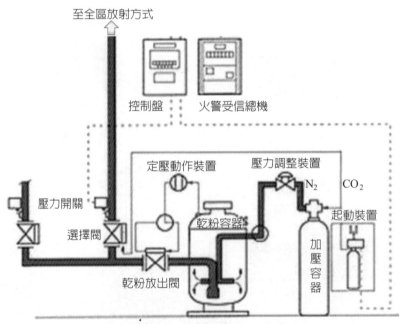

（Nippon Dry-Chemical 株式會社，平成 28 年）

Note

4-33 第四種滅火設備

第 224 條
第四種滅火設備距防護對象任一點之步行距離，應在 30 公尺以下。但與第一種、第二種或第三種滅火設備併設者，不在此限。

【解說】

第四種滅火設備係指大型滅火器，距防護對象任一點之步行距離，應在 30 公尺以下。但與第一種、第二種或第三種滅火設備併設者，不在此限；因已設第一種、第二種或第三種滅火設備等，滅火效能皆比第四種滅火設備優。

步行距離是相對於水平距離，在地面上常擺置各種物品或是於轉角通道問題，在滅火上以人員驅近使用滅火，以實際之步行距離來作計算，在 30 公尺以下需設第四種滅火設備，除非該處所已有更佳之第一～三種滅火設備。

基本上，滅火器使用時機處於初期滅火之階段，非常講求時效性，所以每一步行距離在 30 公尺以下，就能就近取得，再速往一定距離內火場進行打開噴灑滅火。所以，大型滅火器配置係採分散制，分布於廠區各處，不能以集中管理之方式。如果現場有更好之滅火設備如第一種、第二種或第三種滅火設備，則能完全取代並免設第四種滅火設備。

第四種滅火設備比第五種滅火設備劑量多 2 倍以上，滅火效能值相對較高，以應付公共危險物品場所可能之起火事件；另一方面，為使大型滅火器能完全發揮效能，所以人員必須經過教育訓練，一旦真實火災時不畏火勢並知其滅火原理及滅火能力，前進有效壓制燃燒。

第四種滅火設備適用於 A 類火災者應在 10 以上；適用於 B 類火災者應在 20 以上。大型滅火器所充填之滅火劑量規定如下：

（一）機械泡沫滅火器：20 公升以上。
（二）二氧化碳滅火器：45 公斤以上。
（三）乾粉滅火器：18 公斤以上。

依第 202 條指出，於公共危險物品製造場所及一般處理場所、室內儲存場所、室外儲存場所、第二種販賣場所及室內加油站或室內及室外儲槽場所，依規定應設第四種滅火設備之場所，設有第一種、第二種或第三種滅火設備時，在該設備有效防護範圍內，得免設。

第四種滅火設備防護距離

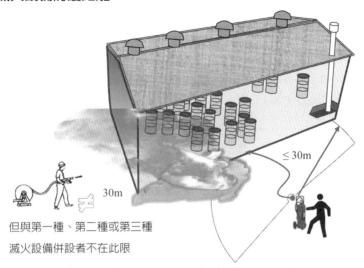

30m

但與第一種、第二種或第三種
滅火設備併設者不在此限

≤ 30m

第四種滅火設備設於有效滅火處所且步行距離 ≤ 30m

日本第四種滅火設備種類

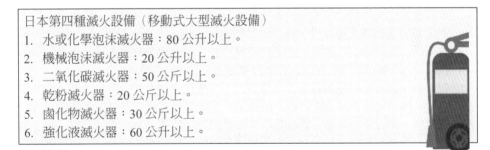

日本第四種滅火設備（移動式大型滅火設備）
1. 水或化學泡沫滅火器：80 公升以上。
2. 機械泡沫滅火器：20 公升以上。
3. 二氧化碳滅火器：50 公斤以上。
4. 乾粉滅火器：20 公斤以上。
5. 鹵化物滅火器：30 公斤以上。
6. 強化液滅火器：60 公升以上。

＋ 知識補充站

氣體體積與溫度壓力關係

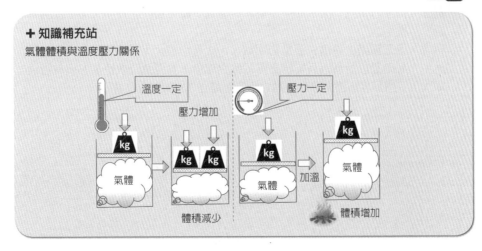

4-34 第五種滅火設備

第 225 條
第五種滅火設備應設於能有效滅火之處所，且至防護對象任一點之步行距離應在
20公尺以下。但與第一種、第二種、第三種或第四種滅火設備併設者，不在此限。
前項選設水槽應備有 3 個 1 公升之消防專用水桶，乾燥砂、膨脹蛭石及膨脹珍珠岩
應備有鏟子。

【解說】

與上一條第四種滅火設備比較而言，顯然第五種滅火設備設置密度較高，且滅火
設備種類具多元化。基本上，第五種滅火設備為小型手提滅火器、水桶、水槽、乾燥
砂、膨脹蛭石及膨脹珍珠岩。

1. 以手提式滅火器而言，其在 19 世紀末開始研製發展，一開始滅火器裝有酸性玻
   璃瓶，當玻璃瓶破裂時，瓶內酸液便流入蘇打溶液中，從而產生具有足夠氣壓
   的混合物，使滅火劑溶液自動噴出。而泡沫滅火器於 1917 年開始，二氧化碳滅
   火器與泡沫一樣產於第一次大戰期間，到 1950 年代手提乾粉滅火器受到世人青
   睞，並於 1957 年 NFPA 17 訂定乾粉滅火系統標準。

2. 水對 A 類火災是一種非常優良滅火劑，第五種滅火設備為以水桶或水槽，進
   行取水滅火，其透過冷卻燃料表面及水分滲入燃料內層來熄滅火勢；且水引入
   到火勢促進熱傳冷卻作用，減少輻射熱通量（Radiant Heat Flux），降低燃料
   熱裂解（Pyrolysis）速率，造成燃燒熱損失。當熱損失超過火勢熱獲得（Heat
   Gain），此繼續撒水將使燃料表面持續降溫，直到火災熄滅為止。

3. 乾燥砂、膨脹蛭石及膨脹珍珠岩是對付一些難以撲滅之危險物品火災，主要是
   以窒息作用來達到滅火之目的。既然是窒息就需以全面完全覆蓋，始能達到無
   氧供應，所以必須具備一定量以上。但此類滅火設備不像手提滅火器一樣，僅
   能適用於火勢初期階段，在一定火勢成長階段，仍能撒於火堆中，使成燃燒障
   礙體，但此效果應不大，如果燃燒障礙體量多時，可能在控制火勢上就另當別
   論。

4. 再者，第五種滅火設備主要是初期滅火，火勢尚不大，以人員取用之手動操作
   為主，必須設於能靠近且安全之有效滅火處所，且考量時效性，必須就近能立
   即取用，所以至防護對象任一點之步行距離在 20 公尺以下。

第五種滅火設備防護距離

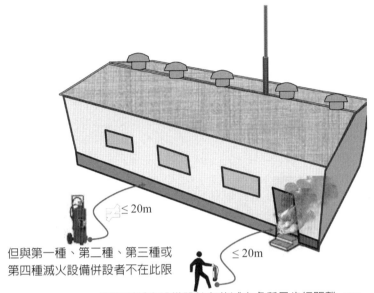

但與第一種、第二種、第三種或
第四種滅火設備併設者不在此限

≤ 20m

≤ 20m

第五種滅火設備設於有效滅火處所且步行距離 ≤ 20m

第五種滅火設備種類

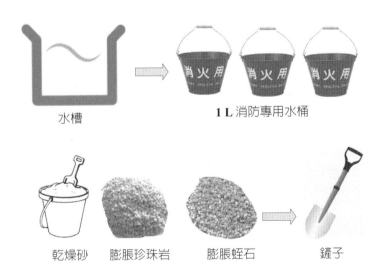

水槽

1 L 消防專用水桶

乾燥砂　　膨脹珍珠岩　　膨脹蛭石　　鏟子

4-35 警報設備與標示設備設置

第 226 條
警報設備之設置，依第 112 條至第 132 條之規定。

【解說】

「警報設備」主要是火災通報之告知功能，對火災發生之生成物煙、火、熱，依其時間順序而有偵煙式、火焰式及偵溫式探測器等，自動加以感知，並送出信號至受信總機，表示火災發生的迴路位置，及發出音響警報，通知建築物使用人採取火災應變動作，或由受信總機連動相關設備（滅火設備、避難逃生設備、消防人員搶救設備等）。

火警受信總機在國內多為 P 型與 R 型；P（Proprietary）型是專有所有的意思，是指每一火警分區迴路為專有的一組配線至受信總機，而受信總機面板上小燈有其相對應專屬迴路，能夠判定哪一迴路之探測器動作，但無法判定該迴路中哪一探測器動作。如此使 P 型依其迴路數之配線多，大都使用在迴路數不多的建築物使用；因此，因應 P 型使火警受信總機應具有火警區域表示裝置，指示火警發生之分區，且受信總機附近備有識別火警分區之圖面資料，又當火警發生時，能發出促使警戒人員注意之音響。而 R（Record）型是記錄式的意思，為受信總機所接收的信號並非直接式，需經過中繼器記錄、解碼、轉換數位式，再傳送到受信總機之警報信號。因 R 型具有可定址之功能，當某一探測器感知能以數字或圖形送出並顯示位置，使火災位置更易搜尋掌握；因 P 型只知某一火警分區，可能是一樓層整個範圍。

如果裝置蓄積式探測器或中繼器之火警分區，該分區在受信總機，不得有雙信號功能。而受信總機、中繼器及偵煙式探測器，有設定蓄積時間時，其蓄積時間之合計，每一火警分區在 60 秒以下，使用其他探測器時，在 20 秒以下。

第 227 條
標示設備之設置，依第 146 條至第 156 條之規定。

【解說】

建築物內部可燃物品在用火用電不慎引起火災，因燃燒生成物對內部使用人造成威脅，並增加環境空間呼吸及能見度之困難，而標示設備應提供燈源或反光標示，以提供人員視覺上之導引，在法規上要求標示設備之設置距離、規格、亮度及顏色等。

此外，照度是光通量與受照面積之比值，亦即每一單位區域面積所接受光通量的密度，單位為勒克斯（Lx）。而標示面光度係指常用電源點燈時其標示面平均亮度（cd/m²）乘以標示面面積（平方公尺）所得之值（單位 cd）。

蓄積型火警受信總機

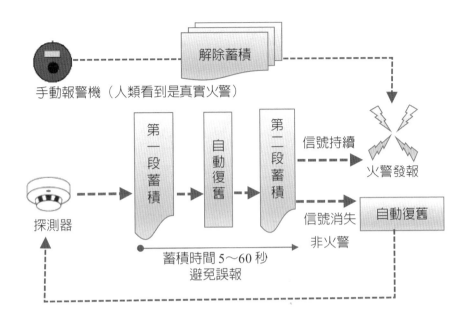

二信號式火警受信總機

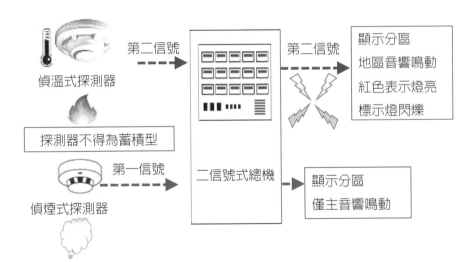

避難指標設置規定

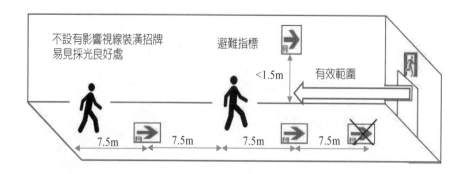

避難引導燈分類（日本）

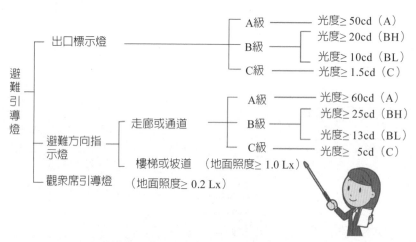

（福岡市消防局，消防用設備等技術基準，平成 26 年）

區分	設置場所	設置目的	
出口標示燈	避難出口（其上方或最近避難上有效處所）	明示避難出口之位置	
避難方向指示燈	走廊、樓梯、通道或其他避難設施器具場所	樓梯或坡道以外場所	明示避難之方向
		樓梯或坡道所	A 確保避難上必要地板照度 B 確認避難之方向
觀眾席引導燈	戲院、電影院、歌廳、集會堂及類似場所觀眾席	確保避難上必要地板照度	

汽油與柴油危險性比較

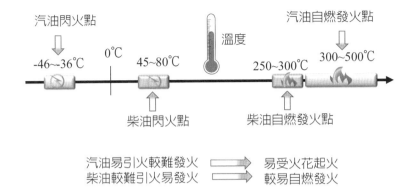

汽油易引火較難發火 ⟹ 易受火花起火
柴油較難引火易發火 ⟹ 較易自燃發火

強氧化性固體危險

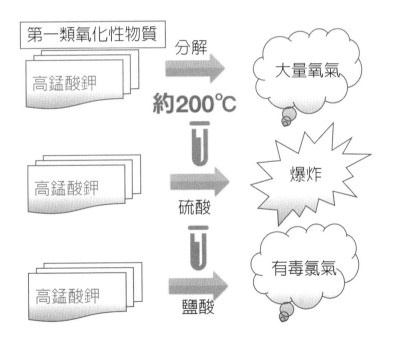

4-36 可燃性高壓氣體場所滅火器

第 228 條

可燃性高壓氣體場所、加氣站、天然氣儲槽及可燃性高壓氣體儲槽之滅火器,依下列規定設置:

一、製造、儲存或處理場所設置二具。但樓地板面積 200 平方公尺以上者,每 50 平方公尺(含未滿)應增設一具。

二、儲槽設置三具以上。

三、加氣站,依下列規定設置:

　　(一)儲氣槽區四具以上。

　　(二)加氣機每臺一具以上。

　　(三)用火設備處所一具以上。

　　(四)建築物每層樓地板面積在 100 平方公尺以下設置二具,超過 100 平方公尺時,每增加(含未滿)100 平方公尺增設一具。

四、儲存場所任一點至滅火器之步行距離在 15 公尺以下,並不得妨礙出入作業。

五、設於屋外者,滅火器置於箱內或有不受雨水侵襲之措施。

六、每具滅火器對普通火災具有四個以上之滅火效能值,對油類火災具有十個以上之滅火效能值。

七、滅火器之放置及標示依第 31 條第四款之規定。

【解說】

　　可燃性高壓氣體場所、加氣站、天然氣儲槽及可燃性高壓氣體儲槽之火災防護設備,有初期之手提滅火器、冷卻撒水設備及射水設備,只有滅火器是作為火災抑制(Fire Suppression)之撲滅目的,但使用時機僅火勢剛起火階段,一過這個初起很短的階段,使用手提滅火器已失去其存在意義了,因氣體火勢已起,但氣體火勢初起階段使用時機非常短,法規仍要求設置,這是火勢初起如仍有機會能予以撲滅,當然是最好的,不然會很決演變成儲槽火災或爆炸階段;而冷卻撒水設備與射水設備在消防設備扮演作用,不是撲滅火勢,而是冷卻控制(Fire Control)或防護火勢不再擴大,或是不使其高溫致儲槽高壓演變成爆炸現象。

　　滅火器之放置及標示依第 31 條第四款:固定放置於取用方便之明顯處所,並設有長邊 24 公分以上,短邊 8 公分以上,以紅底白字標明滅火器字樣之標識。在一般場所任一點至滅火器之步行距離在 20 公尺以下,而在此儲存場所任一點至滅火器之步行距離在 15 公尺以下,而每具滅火器滅火效能值為 A-4、B-10 以上,顯然比一般場所要求要高。而在加氣站用火設備處所僅一具即可,這是因用火設備較不會爆炸。

可燃性高壓氣體場所等設置滅火器之規定數量

製造、處理及儲存場所
$200m^2 + \leq 50m^2$

儲槽

儲氣槽區

用火設備處所

加氣機

加氣站
$100m^2 + \leq 100m^2$

4-37 冷卻撒水設備設置

第 229 條
可燃性高壓氣體場所、加氣站、天然氣儲槽及可燃性高壓氣體儲槽之冷卻撒水設備，依下列規定設置：
一、撒水管使用撒水噴頭或配管穿孔方式，對防護對象均勻撒水。
二、使用配管穿孔方式者，符合 CNS12854 之規定，孔徑在 4 毫米以上。
三、撒水量為防護面積 5L/min.m² 以上。但以厚度 25 毫米以上之岩棉或同等以上防火性能之隔熱材被覆，外側以厚度 0.35 毫米以上符合 CNS1244 規定之鋅鐵板或具有同等以上強度及防火性能之材料被覆者，得將其撒水量減半。
四、水源容量在加壓送水裝置連續撒水 30 分鐘之水量以上。
五、構造及手動啟動裝置準用第 216 條之規定。

【解說】

　　可燃性高壓氣體場所、加氣站、天然氣儲槽及可燃性高壓氣體儲槽之冷卻撒水設備，是扮演冷卻，並防護周邊鄰近槽體不會受熱致高壓爆炸；所以其設置非達到火災撲滅之目的。

　　為達有效冷卻目的，撒水量必須達一定程度，法規要求防護面積為 5L/min.m² 以上，但設不易傳導熱量之岩棉或同等以上防火性能之隔熱材被覆，得將其撒水量減半。水源容量為加壓送水裝置連續撒水 30 分鐘之水量以上，以作為公設消防部門尚未到達前自我防衛之作用，待消防車到達後，繼續送水以其持續撒水冷卻。依內政部消防法令函釋指出：

1. 有關冷卻撒水設備之放水區域之分區、構造及手動啟動裝置、選擇閥部分：其中之構造（指撒水噴頭、管線及管配件等之配置）及手動啟動裝置依設置標準第 229 條第五款規定，準用 216 條之規定，至放水區域應否分區及選擇閥應否設置一節，應依所防護對象之位置、火災規模大小等危險特性予以規劃考量。
2. 冷卻撒水之撒水頭配置數量、間距、撒水頭種類及地下儲氣槽區設置撒水頭部分：
   (1) 設置標準無明定冷卻撒水設備之撒水頭配置數量、間距、撒水頭種類等之規定，其性能應符合該標準第 229 條第三、四款及第 230 條之撒水量、放水時間及防護面積規定，且能均勻有效涵蓋防護對象。
   (2) 地下儲氣槽區檢討設置撒水頭部分，依設置標準第 230 條第三款規定，僅針對儲氣槽人孔處以冷卻撒水設備予以防護，儲氣槽區之其餘部分並無明定，但應依該標準第 228 條第三款第一目規定設置滅火器四具以上。

冷卻撒水設備以四等分割方法配置可燃性氣體儲槽

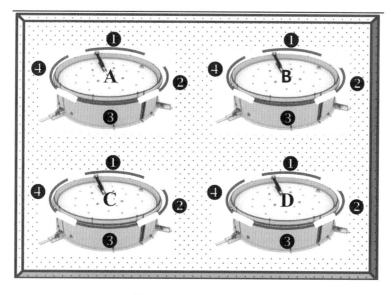

（橫濱市消防局，平成 27 年）

冷卻撒水設備之止水閥、選擇閥、排水閥及過濾器之位置關係

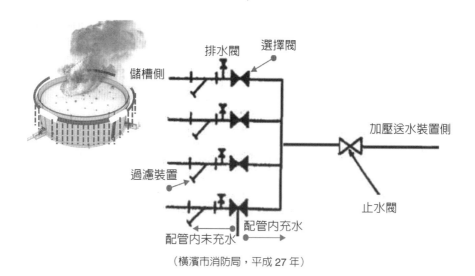

（橫濱市消防局，平成 27 年）

4-38 防護面積計算

【解說】

　　可燃性高壓氣體場所、加氣站、天然氣儲槽及可燃性高壓氣體儲槽之冷卻撒水設備之撒水量爲防護面積 $5L/min.m^2$ 以上。但以厚度 25 毫米以上之岩棉或同等以上防火性能之隔熱材被覆,外側以厚度 0.35 毫米以上符合 CNS1244 規定之鋅鐵板或具有同等以上強度及防火性能之材料被覆者,得將其撒水量減半。在此防護面積計算方式在儲槽爲儲槽本體之外表面積(圓筒形者含端板部分)及附屬於儲槽之液面計及閥類之露出表面積,法規希望槽體受熱之外表面積及附屬於液面計及閥類露出表面積,皆能撒水冷卻,避免火災傳導高熱使其裂開致氣體逸出,造成防護失效。

　　而製造設備離地面高度超過 5 公尺者,以 5 公尺之間隔作水平面切割所得之露出表面積作爲應予防護之範圍,這是因爲受熱體由上面撒水流下某一長度,水已變成熱水無具冷卻作用,因此再延伸管路撒冷水。依傅立葉定律(Fourier's Law),單位時間通過一定截面積,正比於熱傳量;又根據牛頓冷卻定律(Newton Law of Cooling),溫度高於周圍環境的物體向周圍介質傳遞熱量逐漸冷卻時所遵循的規律,即流體與固體表面間的對流熱通量,與流體和固體表面間的溫度差成正比,且截面積越大接觸熱量將越多,熱傳導越快。因此,露出表面積受到冷卻撒水接觸面越多,冷卻熱傳也愈快。

　　製造設備離地面高度超過 5 公尺者,意謂其越高,越愈成立體火災;因以垂直位置燃燒,可透過對流、傳導和輻射同時進行多種之熱傳方式,故作相對熱量增加之切割,以相對增加冷卻撒水防護面積。

冷卻撒水設備防護面積計算

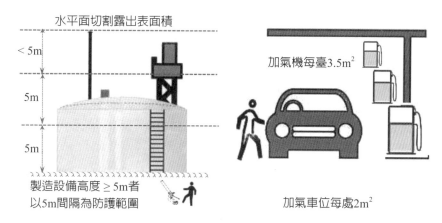

水平面切割露出表面積

< 5m

5m

5m

製造設備高度 ≥ 5m者
以5m間隔為防護範圍

加氣機每臺3.5m²

加氣車位每處2m²

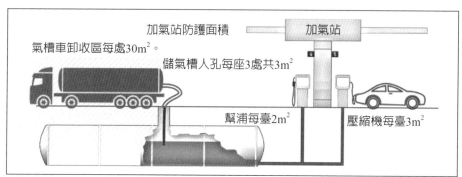

加氣站防護面積

加氣站

氣槽車卸收區每處30m²。

儲氣槽人孔每座3處共3m²

幫浦每臺2m²

壓縮機每臺3m²

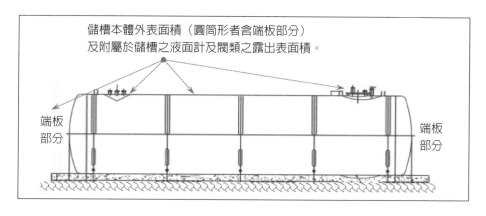

儲槽本體外表面積（圓筒形者含端板部分）
及附屬於儲槽之液面計及閥類之露出表面積。

端板
部分

端板
部分

4-39 射水設備

第 231 條
可燃性高壓氣體場所、加氣站、天然氣儲槽及可燃性高壓氣體儲槽之射水設備，依下列規定：
一、室外消防栓應設置於屋外，且具備消防水帶箱。
二、室外消防栓箱內配置瞄子、開關把手及口徑 63 毫米、長度 20 公尺消防水帶二條。
三、全部射水設備同時使用時，各射水設備放水壓力在 3.5kg/cm² 以上或 0.35MPa 以上，放水量在每分鐘 450 公升以上。但全部射水設備數量超過兩支時，以同時使用兩支計算之。
四、射水設備之水源容量，在兩具射水設備同時放水 30 分鐘之水量以上。

【解說】

可燃性高壓氣體場所、加氣站、天然氣儲槽及可燃性高壓氣體儲槽之射水設備，使用室外消防栓應設置於屋外，且具備消防水帶箱，內置瞄子、開關把手及口徑 63 毫米、長度 20 公尺消防水帶兩條，如此水帶長度 4 公尺，但火場上水帶長度非直線，必有幅度，因此無法達到 40 公尺，但有瞄子射程至少 6 公尺遠。而各射水設備放水壓力在 3.5kg/cm² 以上，放水量在每分鐘 450 公升以上，且在兩具射水設備同時放水 30 分鐘之水量以上，以作為廠區自我防衛之目的。以下依火災學理做探討：

1. 可燃性高壓氣體場所、加氣站、天然氣儲槽及可燃性高壓氣體儲槽，皆為可燃氣體，與可燃固體、液體相比，可燃氣體組成最為簡單，大多為多種分子碳氫化合物之組合。氣體本身無形狀亦無體積，而液體無形狀但有一定體積，而固體則具有形狀和體積。氣體是由恆定運動（Constant Motion）的極微小粒子所組成的，這種運動影響氣體的性質和行為，如溫度越高分子運動則越迅速。

2. 氣體燃燒能直接與空氣中氧結合，不需像固體、液體類經分解、昇華、液化、蒸發過程；如氫、乙炔或瓦斯等可燃氣體與空氣接觸直接燃燒。以氣體燃燒而言，僅有擴散及預混合（混合）燃燒二種，混合燃燒即所謂化學性爆炸，擴散火焰是起火前燃料和空氣是不相混合，在氧化燃料與空氣相遇時發生，其透過分子擴散（Molecular Diffusion）方式，其燃燒速率由氧化燃料分子擴散，與氧氣接觸至燃燒區之物理作用所控制；火焰較穩定的僅發生於兩種氣體交界處。擴散火焰通常是黃色的，這是燃燒中煤灰（Soot）形成。擴散火焰之燃料分子與層流或紊流之氧氣混合，這分別產生了層流和紊流擴散火焰，而紊流有助於加速氧混合過程。於火災期間氣體受熱膨脹，使容器中壓力增加，容器受高溫喪失強度而破裂。因此，本條即以大量水來冷卻降溫，避免形成大規模二次災害（爆炸）。

可燃性高壓氣體儲槽之射水設備（室外消防栓）

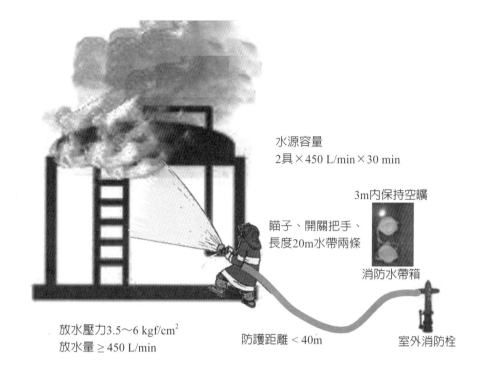

水源容量
2具×450 L/min×30 min

3m內保持空曠

瞄子、開關把手、
長度20m水帶兩條

消防水帶箱

放水壓力3.5～6 kgf/cm²
放水量 ≥ 450 L/min

防護距離＜40m

室外消防栓

可燃性高壓氣體儲槽之射水設備（固定式射水槍）

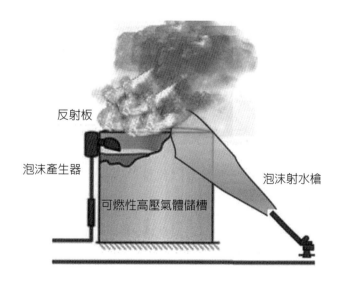

反射板

泡沫產生器

泡沫射水槍

可燃性高壓氣體儲槽

4-40 射水設備位置數量

第 232 條

射水設備設置之位置及數量應依下列規定：

一、設置個數在兩支以上，且設於距防護對象外圍 40 公尺以內，能自任何方向對儲槽放射之位置。

二、依儲槽之表面積，每 50 平方公尺（含未滿）設置一具射水設備。但依第 229 條第三款但書規定設置隔熱措施者，每 100 平方公尺（含未滿）設置一具。

【解說】

　　射水設備係指固定式射水槍、移動式射水槍或室外消防栓，主要防護於可燃性高壓氣體製造場所、加氣站、天然氣儲槽及可燃性高壓氣體儲槽之火災熱量不致過高，使槽體高熱致高熱膨脹破裂，成 BLEVE 現象。

　　而 BLEVE 為沸騰液體膨脹蒸汽爆炸現象（Boiling Liquid Expansion Vapor Explosion, BLEVE），因容器無法維持內部壓力，致內部液體外洩，在非常高溫及低壓下整個體積瞬時沸騰，形成快速膨脹擴張狀態，速度如此快能被歸類為一種爆炸現象。

　　為能有效冷卻設置個數在兩支以上，能交叉防護設置，其防護表面積效果是最佳的，且設於距防護對象外圍 40 公尺以內，這是考量其有效射程距離，並能自任何方向對儲槽放射之位置。

　　而每具射水設備依儲槽之表面積，每 50 平方公尺（含未滿）設置一具。但依規定設置隔熱措施者，不易熱傳導至內部時，每 100 平方公尺（含未滿）設置一具即可；畢竟射水設備僅是達到槽體火災溫度或鄰近槽體溫度不致過高即可。

　　依火災學理而言，溫度差是熱傳之推動力，溫度差與熱傳導量成正比，火災燃燒速度越快，使溫度增加越高；又根據牛頓冷卻定律傳遞熱量與溫度差成正比，意即燃燒越猛烈，溫度成長越快，對流熱傳越大。當儲槽表面設置隔熱措施，結構遭遇高溫時，在表面有耐火隔熱保護者，避免結構直接受火焰灼燒，在一定程度上減緩結構升溫，尤其是鋼或其他金屬結構更是如此。

　　隔熱措施使用熱傳導係數（k）低之無機材質，固定在結構之厚度越厚，保護效果越佳，以隔絕火焰對底材加熱，達到防火之作用。而射水設備中，因無需人員操作，假使射水冷卻仍不使槽體有效冷卻，有潛在爆炸之可能，此時固定式射水槍即可派上用場，其缺點是不能改變位置；而移動式射水槍即可改善固定式之不能移位，其因應火勢方位而擺在最佳戰術位置；此外，室外消防栓必須有二人以上方可使用，第一是其後作用力問題，第二是前進後退充滿水之水帶拖動移位，質量很重之問題，且受槽體高輻射熱，而射程因水帶摩擦損失且水壓不能太高，所以使其射程相對較短。

射水設備設置之位置及數量

儲槽表面積每 $\leq 50m^2$ 設一具射水設備
儲槽表面設隔熱措施每 $\leq 100m^2$ 設一具射水設備

厚度 $\geq 25mm$ 岩棉，
外側厚度 $\geq 0.35mm$
鋅鐵板被覆者，撒
水量得為 ≥ 225 L/min

< 40m

可燃性高壓氣體儲槽

< 40m

放水壓力 ≥ 3.5 kg/cm^2
水量 2×450 L/min $\times 30$ min

固定式射水槍

固定式射水槍

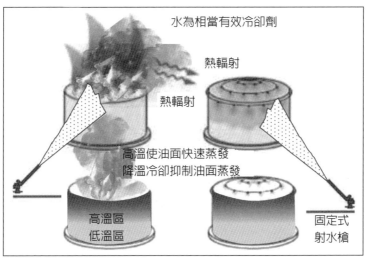

水為相當有效冷卻劑

熱輻射

熱輻射

高溫使油面快速蒸發
降溫冷卻抑制油面蒸發

高溫區
低溫區

固定式
射水槍

4-41 射水設備配管等規定

第 233 條
射水設備之配管、試壓、加壓送水裝置及緊急電源準用第 39 條及第 42 條之規定。

【解說】

　　射水設備應用於公共危險物品與可燃性高壓氣體場所，主要於槽體之間做爲冷卻輻射熱之火災控制之目的，並非爲達到撲滅之火災抑制目的，有效消防射水，防止災害擴大，因此有其配管之耐壓、遠程水壓到達及有效供應電源之相關問題。

第 39 條　室外消防栓設備之配管、試壓及緊急電源，準用第 32 條第一款第一目至第五目、第七目、第二款、第 33 條及第 38 條規定設置。

　　　　　配管除符合前項規定外，水平主幹管外露部分，應於 ≤ 20 公尺以明顯方式標示水流方向及配管名稱。

第 42 條　依前條設置之水源，應連結加壓送水裝置，並依下列各款擇一設置：

加壓送水裝置	重力水箱		必要落差 = 消防水帶摩擦損失水頭 + 配管摩擦損失水頭 + 25（公尺） $H = h1 + h2 + 25m$
	壓力水箱		必要壓力 = 消防水帶摩擦損失水頭 + 配管摩擦損失水頭 + 落差 + 2.5（公斤／平方公分） $P = P1 + P2 + P3 + 2.5kgf/cm^2$
	消防幫浦	出水量	一支消防栓 400L/min×1 ≥ 兩支消防栓 400L/min×2
		全揚程	幫浦全揚程 = 消防水帶摩擦損失水頭 + 配管摩擦損失水頭 + 落差 + 25（公尺） $H = h1 + h2 + h3 + 25m$
		專用	
		連接緊急電源	

射水設備配管等規定

構件	項目	第一種	第二種
射水設備準用第 32 條、第 33 條及第 38 條規定			
配管	材質	1. CNS6445 配管用碳鋼鋼管、4626 壓力配管用碳鋼鋼管、6331 配管用不銹鋼鋼管或具同等以上強度、耐腐蝕性及耐熱性者。 2. 經中央主管機關認可具氣密性、強度、耐腐蝕性、耐候性及耐熱性等性能之合成樹脂管。	
	管徑	≧ 63mm	≧ 50mm
	位置	裝置於不受外來損傷及火災不易殃及之位置。	
	連接	連接屋頂水箱、重力水箱或壓力水箱，配管平時充滿水。	
	防震	採取有效之防震措施。	
	耐壓	加壓試驗壓力不得小於加壓送水裝置全閉揚程 1.5 倍以上，維持 2 小時無漏水現象。	
配件	閥類	1. 止水閥以明顯之方式標示開關之狀態。 2. 逆止閥標示水流之方向，並符合 CNS 規定。 通水時　　未通水時	
緊急電源	配線	啟動表示燈　控制盤或受信總機　啟動裝置與消防栓箱　電動機與幫浦　緊急電源 ≧ 30min 註 　耐燃線　耐熱線　一般配線	

公共危險物品：氧化性物質之氧氣

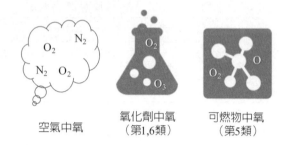

空氣中氧　　氧化劑中氧　　可燃物中氧
　　　　　　（第1,6類）　　（第5類）

公共危險物品：硫磺之危險屬性

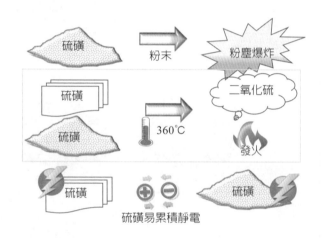

硫磺　粉末　粉塵爆炸

硫磺

硫磺　360℃　二氧化硫

發火

硫磺

硫磺易累積靜電　硫磺

日本消防危險物品洩漏與火災件數

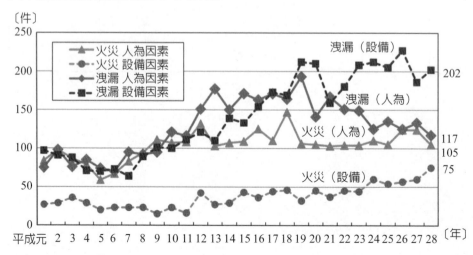

第5章
附則（第234條～第239條）

5-1 緊急供電系統配線

第 234 條

依本標準設置之室內消防栓、室外消防栓、自動撒水、水霧滅火、泡沫滅火、冷卻撒水、射水設備及連結送水管等設備,其消防幫浦、電動機、附屬裝置及配管摩擦損失計算,由中央消防機關另定之。

【解說】

　　本條授權內政部,必須明定防幫浦、電動機、附屬裝置及配管摩擦損失計算之執法標準。依內政部 110 年 6 月執法疑義,發電機室規定:設於室內應有 1 小時以上防火時效區劃空間、有效通風換氣設備、不得設於有妨礙發電機正常機能之處所、發電機所需作業距離於操作部(指前面)1 公尺以上及供檢修面 0.6 公尺以上、引擎排氣管專用並有斷熱措施、電源由發電機自動切換。

第 235 條

緊急供電系統之配線除依用戶用電設備裝置規則外,並依下列規定:
一、電氣配線應設專用迴路,不得與一般電路相接,且開關有消防安全設備別之明顯標示。
二、緊急用電源迴路及操作迴路,使用 600 伏特耐熱絕緣電線,或同等耐熱效果以上之電線。
三、電源迴路之配線,依下列規定,施予耐燃保護:
　　(一)電線裝於金屬導線管槽內,並埋設於防火構造物之混凝土內,混凝土保護厚度為 20 毫米以上。但在使用不燃材料建造,且符合建築技術規則防火區劃規定之管道間,得免埋設。
　　(二)使用 MI 電纜或耐燃電纜時,得按電纜裝設法,直接敷設。
　　(三)其他經中央主管機關指定之耐燃保護裝置。
四、標示燈迴路及控制迴路之配線,依下列規定,施予耐熱保護:
　　(一)電線於金屬導線管槽內裝置。
　　(二)使用MI電纜、耐燃電纜或耐熱電線電纜時,得按電纜裝設法,直接敷設。
　　(三)其他經中央主管機關指定之耐熱保護裝置。

【解說】

　　第二款規定線材耐熱;第三款規定施工工法需具備耐燃保護方式,二者擇一:
　1. 使用第二款耐熱線 + 第三款第一目金屬管槽 = 耐燃效果
　2. 使用第三款第二目耐燃線 + 直接敷設 = 耐燃效果
　　如規定需耐燃保護連接電動機、中繼器等小線段,得使用第二款耐熱線 + 第三款第一目金屬管槽。如電線裝於合成樹脂管,並埋設於防火構造混凝土 20 公釐以上者,視為符合第三款第一目所定耐燃保護。
　　但管內配線,無法察覺其有否破損或完整;絕緣電阻值會因配線老化衰減。有些迴路係屬水電工程承攬,不屬消防設備。因此,消防設備之配線依屋內線路裝置規則外,會採取較嚴格之法規要求。

日本消防設備緊急電源最低容量

緊急電源 消防設備	緊急電源 專用受電 設備	發電機	蓄電池		燃料 電池	容量
			無交直流 切換裝置	交直流切 換裝置		
室內消防栓	○註	○	○	○	○	30分
室外消防栓	○註	○	○	○	○	30分
自動撒水設備	─	○	○	○	○	60分
水霧滅火設備						
泡沫滅火設備						
不活性氣體滅火設備						
海龍替代滅火設備						
乾粉滅火設備						
火警自動警報設備	○	─	○	─	─	10分
瓦斯洩漏火警設備	─	○	○	○	○	10分
標示設備	─	○	○	○	○	20分
排煙設備	○註	○	○	○	○	30分
連結送水管 加壓送水裝置	○註	○	○	○	○	120分
緊急電源插座	○註	○	○	○	○	30分
無線電通信輔助設備	○註	─	○	─	─	30分
註：總樓地板面積 ≥ 1000m² 建築物除外。						

日本消防認可緊急電源專用受電設備

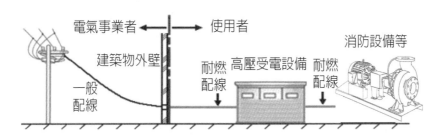

5-2 配線耐燃耐熱

【解說】

本條消防用配線，係分三個等級：

1. 耐燃保護配線係 CNS 11359 規定於 750℃時耐 3 小時或 CNS 11174 規定於 840℃時耐 30 分鐘，與緊急電源需保持開啟狀態之供應連接線、非與緊急電源直接連接但為重要組件者。

2. 耐熱保護配線係 CNS 11175 於 310℃時耐 15 分鐘，經由控制盤或受信總機之控制迴路、非控制迴路但較重要傳送信號或不燃天花板底板者。

3. 一般配線，單純傳送末端信號或火災造成短路也會發出同樣信號者或內置蓄電池者。

在消防工程中一般電線使用上已有愈少傾向，而要求耐熱電線及耐燃電線，來提高火災防護效果。以下依內政部消防法令函釋及公告，火警自動警報設備及瓦斯漏氣火警自動警報設備受信總機至中繼器間之配線，如為緊急電源迴路，應施耐燃保護；如為控制迴路，得採耐熱保護。其實務執行，應就中繼器緊急供電系統之輸入端型態區分，分別依下列方式辦理：

1. 中繼器由受信總機、檢知器或其他中繼器供應電力者，該輸入端配線認定屬控制迴路，得採耐熱保護。

2. 中繼器非由受信總機、檢知器或其他中繼器供應電力者，其電力迴路輸入端配線認定屬緊急電源迴路，應採耐燃保護。

3. 中繼器內置蓄電池者，該輸入端配線得採一般配線。

有關室內消防栓之緊急供電系統配線施予耐燃保護或耐熱保護，惟配線進入消防栓箱箱體內至結線部分，考量室內消防栓箱箱身為厚度在 1.6 公釐以上之鋼板或具同等性能以上之不燃材料者，且進入箱體至結線之距離短，尚具保護作用，得免施金屬導線管。另按火警自動警報設備之配線，採用電線配線者，需為耐熱 600 伏特塑膠絕緣電線；採用電纜者，需為通信電纜」。而耐燃電線係屬內政部消防技術審議委員會決議應經審核認可之消防安全設備品目，需經審核認可始能設置使用。

消防安全設備緊急供電系統配線

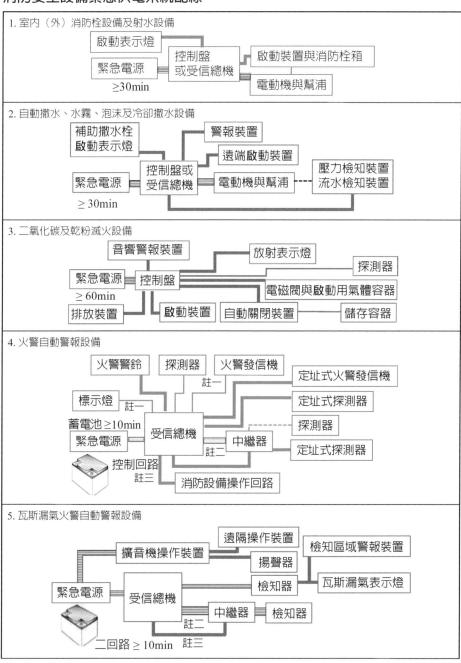

1. 室內（外）消防栓設備及射水設備

啟動表示燈
緊急電源 ≥30min
控制盤 或受信總機
啟動裝置與消防栓箱
電動機與幫浦

2. 自動撒水、水霧、泡沫及冷卻撒水設備

補助撒水栓 啟動表示燈
警報裝置
遠端啟動裝置
緊急電源 ≥ 30min
控制盤或 受信總機
電動機與幫浦
壓力檢知裝置 流水檢知裝置

3. 二氧化碳及乾粉滅火設備

音響警報裝置
放射表示燈
探測器
緊急電源 ≥ 60min
控制盤
電磁閥與啟動用氣體容器
排放裝置
啟動裝置
自動關閉裝置
儲存容器

4. 火警自動警報設備

火警警鈴
探測器
火警發信機 註一
定址式火警發信機
標示燈 註一
定址式探測器
蓄電池 ≥10min
緊急電源
受信總機
探測器
中繼器 註二
定址式探測器
控制回路 註三
消防設備操作回路

5. 瓦斯漏氣火警自動警報設備

遠隔操作裝置
檢知區域警報裝置
擴音機操作裝置
揚聲器
瓦斯漏氣表示燈
緊急電源
受信總機
檢知器
中繼器 註二
檢知器
二回路 ≥ 10min 註三

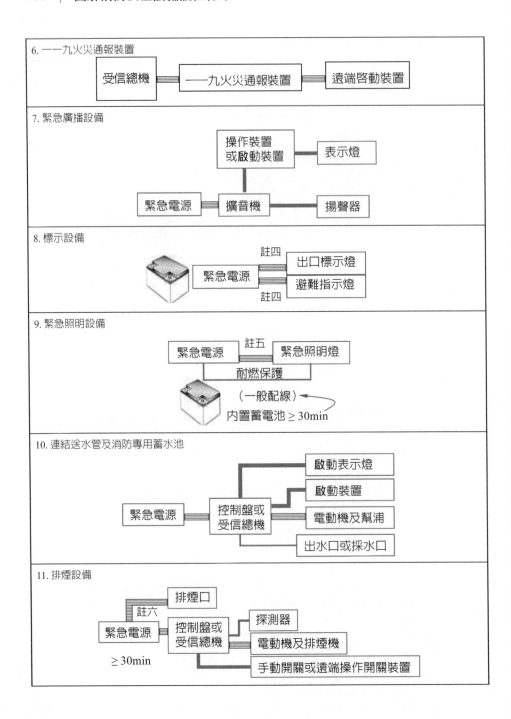

6. ──九火災通報裝置

受信總機 ── ──九火災通報裝置 ── 遠端啓動裝置

7. 緊急廣播設備

操作裝置
或啟動裝置 ── 表示燈

緊急電源 ── 擴音機 ── 揚聲器

8. 標示設備

緊急電源 ──註四── 出口標示燈
──註四── 避難指示燈

9. 緊急照明設備

緊急電源 ──註五── 緊急照明燈
耐燃保護

（一般配線）
內置蓄電池 ≥ 30min

10. 連結送水管及消防專用蓄水池

啟動表示燈
緊急電源 ── 控制盤或 ── 啟動裝置
受信總機 ── 電動機及幫浦
出水口或採水口

11. 排煙設備

排煙口
緊急電源 ──註六── 控制盤或 ── 探測器
受信總機 ── 電動機及排煙機
≥ 30min ── 手動開關或遠端操作開關裝置

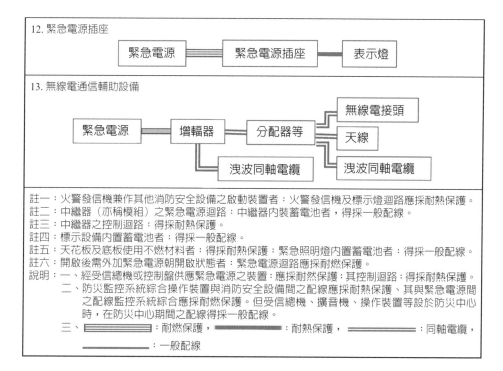

12. 緊急電源插座

```
緊急電源 ── 緊急電源插座 ── 表示燈
```

13. 無線電通信輔助設備

```
緊急電源 ── 增輻器 ── 分配器等 ── 無線電接頭
                                 ── 天線
                    洩波同軸電纜   洩波同軸電纜
```

註一：火警發信機兼作其他消防安全設備之啟動裝置者：火警發信機及標示燈迴路應採耐熱保護。
註二：中繼器（亦稱模組）之緊急電源迴路：中繼器內裝蓄電池者，得採一般配線。
註三：中繼器之控制迴路：得採耐熱保護。
註四：標示設備內置蓄電池者：得採一般配線。
註五：天花板及底板使用不燃材料者：得採耐熱保護；緊急照明燈內置蓄電池者：得採一般配線。
註六：開啟後需外加緊急電源朝開啟狀態者：緊急電源迴路應採耐燃保護。
說明：一、經受信總機或控制盤供應緊急電源之裝置：應採耐熱保護；其控制迴路：得採耐熱保護。
　　　二、防災監控系統綜合操作裝置與消防安全設備間之配線應採耐熱保護、其與緊急電源間
　　　　　之配線監控系統綜合應採耐燃保護。但受信總機、擴音機、操作裝置等設於防災中心
　　　　　時，在防災中心期間之配線得採一般配線。
　　　三、▭▭▭：耐燃保護，▭▭▭▭：耐熱保護，▭▭▭：同軸電纜，
　　　　　─────：一般配線

【解說】

本條民 110 年增列一一九火災通報裝置。

日本消防認可緊急電源──燃料電池原理

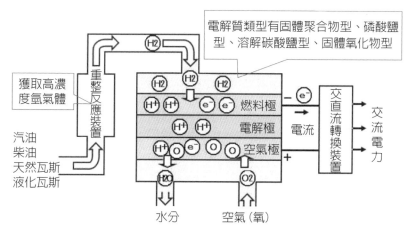

連續供給氫和氧透過電化學反應直接產生電能

5-3 緊急供電系統電源

第 237 條
緊急供電系統之電源,依下列規定:
一、緊急電源使用符合 CNS 10204 規定之發電機設備、10205 規定之蓄電池設備或具有相同效果之設備,其容量之計算,由中央消防機關另定之。
二、緊急電源裝置切換開關,於常用電源切斷時自動切換供應電源至緊急用電器具,並於常用電源恢復時,自動恢復由常用電源供應。
三、發電機裝設適當開關或連鎖機件,以防止向正常供電線路逆向電力。
四、裝設發電機及蓄電池之處所為防火構造。但設於屋外時,設有不受積水及雨水侵襲之防水措施者,不在此限。
五、蓄電池設備充電電源之配線設專用迴路,其開關上應有明顯之標示。

【解說】

　　國內緊急供電系統之電源主要為發電機設備與蓄電池設備,在日本經認可緊急電源,除此之外尚有緊急電源專用受電設備(分高壓與低壓受電設備)、機櫃型之燃料電池設備(分室外與室內型)。

　　依內政部消防法令函釋及公告,關於發電機設備規定:

1. 設置於屋內時,應依建築技術規則設備篇第 10 條規定外,並為防火構造之牆壁、地板所區劃之專用空間。
2. 不得設於有妨礙發電機正常機能之處所。
3. 為使發電機機能正常,應確保供檢修或維護所需之距離如下:操作部(指前面)為 ≥ 1 公尺。進行檢修之面為 ≥ 0.6 公尺。
4. 設於屋內者,為供給燃燒等必須空氣量,應設置通到外氣有效通風換氣設備。用以換氣之進風管及排風管,應為專用管道,並不可貫穿防火區劃。如不得不貫穿防火區劃時,應符合建築技術規則設計施工篇第 85 條之規定。
5. 引擎等之排氣管應為專用,並直接排放至屋外或連接到煙囪;如需接到共用煙囪時,應注意不可引起逆流,且不可接於一般排氣管道。並應注意排氣管之斷熱措施。
6. 通風換氣設備與發電機室照明之電源,應能夠由發電機自動切換。

此外,對於領有審核認可書之發電機組,要求檢附電機技師簽證報告。

項目	緊急供電系統之電源
電源設備	符合 CNS 發電機設備或蓄電池等設備
電源切換	於常用電源切斷或恢復自動切換電源
發電機	應防止逆向電力
處所	防火構造但屋外防水不在此限
電源配線	設專用迴路及標示

日本消防設備認可緊急電源

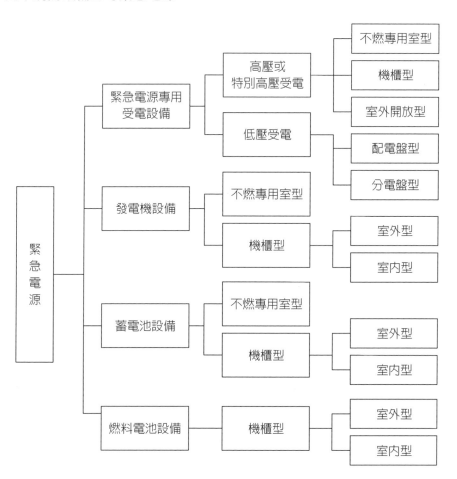

5-4 防災中心

第 238 條
防災中心樓地板面積應在 40 平方公尺以上，並依下列規定設置：
一、防災中心之位置，依下列規定：
　　（一）設於消防人員自外面容易進出之位置。
　　（二）設於便於通達緊急昇降機間及特別安全梯處。
　　（三）出入口至屋外任一出入口之步行距離在 30 公尺以下。
二、防災中心之構造，依下列規定：
　　（一）冷暖、換氣等空調系統為專用。
　　（二）防災監控系統相關設備以地腳螺栓或其他堅固方法予以固定。
　　（三）防災中心內設有供操作人員睡眠、休息區域時，該部分以防火區劃間隔。

【解說】
　≥ 16F 應設防災中心，本條將其面積（≥ 40 平方公尺）、位置、構造及設備做一規範，位置以消防人員能快速到達為考量，且至屋外出入口之步行距離 ≤ 30 公尺，因此決定了其在高樓建築物離屋外出入口不能太遠，一般是在避難層或其直上或直下層。在構造上，空調、設備固定及 24 小時人員休息之防火空間。在設備上，具監控或操作裝置應具「啟動顯示」、「動作顯示」、「操作」、「啟動」等功能，以達到監控或操作之目的。民 110 年將防災中心應設置防災監控系統綜合操作裝置，移至第 192 條之一。

第 239 條
本標準施行日期，由內政部以命令定之。

【解說】
　本標準自 78 年 7 月 31 日訂定發布，同（78）年 9 月 1 日施行迄今。

高層建築物防災中心

設置目的	為因應高層建築物可能火災或地震等緊急性危害時，能提供有效災害應變指揮，進行整棟之建築設備安全、防火避難設施及消防設備管控，以便救災人員得以在指示下於相對安全環境進行消防活動
構成要件	依規定應設防災設備及設備監控裝置，如消防安全設備、緊急升降設備、電力設備、通調設備、聯絡通信、燃氣設備及其他之必要設備等，設置空間樓地板面積 $\geq 40\text{m}^2$
應設場所	高層建築物　高度 $\geq 50\text{m}$ 或 $\geq 16\text{F}$ 應設 高度 $\geq 90\text{m}$ 或 $\geq 25\text{F}$ 增設防災等監控系統設備
	高層建築連接地下建築物或地下運輸系統之建築物

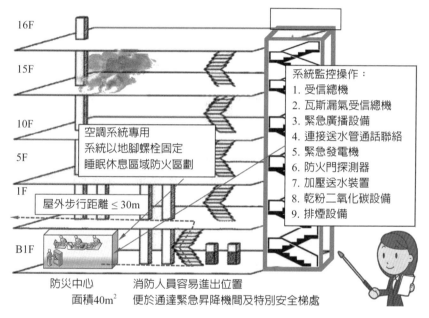

防災中心　　　消防人員容易進出位置
面積40m²　　便於通達緊急昇降機間及特別安全梯處

保安監督人與設施保安員

泡沫與泡水噴頭對照比較

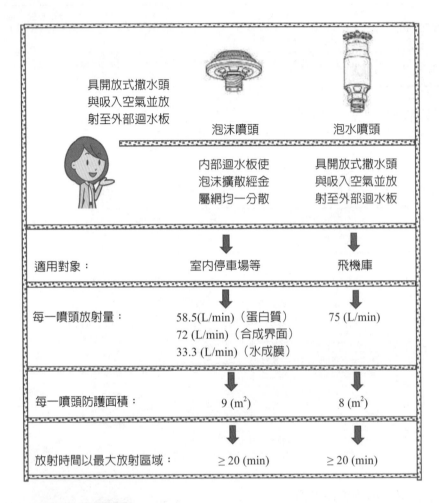

物質三態與溫度關係圖

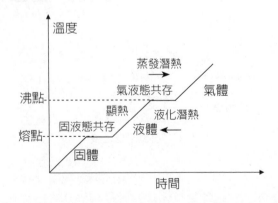

第6章
消防設備師（士）考題精選

6-1 111年消防設備師考題

一、111年水系統消防安全設備

1. 某三層建築物經檢討後設置密閉濕式自動撒水設備。室內各場所經量測平常最高周圍溫度，獲得有 32、45 及 60℃ 三種溫度。請說明各最高周圍溫度不同場所應選用之密閉式撒水頭標示溫度範圍及密閉式撒水頭動作溫度試驗之測試條件分別為何？（25 分）

【解說】

（一）不同場所應選用之密閉式撒水頭標示溫度範圍

第 48 條　密閉式撒水頭，應就裝置場所平時最高周圍溫度，依下表選擇一定標示溫度之撒水頭。

最高周圍溫度	標示溫度
三十九度未滿	七十五度未滿
三十九度以上六十四度未滿	七十五度以上一百二十一度未滿
六十四度以上一百零六度未滿	一百二十一度以上一百六十二度未滿
一百零六度以上	一百六十二度以上

（二）密閉式撒水頭動作溫度試驗之測試條件

1. 將撒水頭置入溫度分布均勻之液槽內，標示溫度未滿 79℃ 者採用水浴（蒸餾水），79℃ 以上者採用油浴（閃火點超過試驗溫度之適當油類）。由低於標示溫度 10℃ 之溫度開始以不超過 0.5℃／min 之加熱速度昇溫直至撒水頭動作（釋放機構應能完全分解，如屬玻璃球型，其玻璃球應破損）為止，實測其動作溫度。實測值 α_0（℃）用無條件捨去法取至小數第一位。此動作溫度實測值就易熔元件型應在其標示溫度之 97% 至 103% 之間；就玻璃球型應在其標示溫度之 95% 至 115% 之間。

2. 依下列公式計算動作溫度實測值（α_0）與標示溫度（α）之偏差，其值用無條件捨去法取至小數第一位。

$$偏差（\%）= \frac{\alpha - \alpha_0}{60 \times 30} \times 100$$

2. 請說明消防幫浦孔蝕現象（Cavitation）與淨正吸水頭（Net positive suction head required, NPSHR）之關聯性。避免孔蝕現象發生可採取之方式為何？（25 分）

【解說】

（一）幫浦孔蝕與淨正吸水頭關聯性

孔蝕是管路流動液體中蒸汽泡的形成和隨後的破裂衝擊幫浦葉輪，造成幫浦損壞的原因。所需的淨正吸頭（NPSHR）是幫浦入口處為使幫浦正常運行所需的揚程。NPSHR 通常包含在製造商的幫浦曲線中，並由性能測試確定。在離心幫浦，流體的壓力在葉輪眼處最小。

當流體壓力低於其蒸汽壓力時，將流體中形成氣泡。氣泡的破裂會產生衝擊波，在幫浦葉輪或管壁等固體表面，則會導致硬體損壞如振動、噪音和葉輪蝕洞。這會導致幫浦效率衰減。

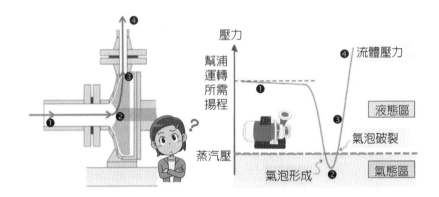

幫浦中能發生兩種類型的孔蝕，即吸水孔蝕和出水孔蝕。當幫浦向其幫浦曲線的高揚程端運行時，會發生出水孔蝕，導致流體被迫高速透過葉輪和幫浦殼之間的間隙，導致形成可能發生孔蝕的低壓區。

（二）避免孔蝕現象發生可採取之方式

為避免幫浦出現孔蝕，應特別注意淨正吸水頭（NPSHR），可透過降低 NPSHR 來避免孔蝕現象。

1. 使用節流閥節流幫浦出水，這將透過降低流量來增加幫浦水頭，在較低的 NPSHR 區域來運行幫浦。

2. 使用超大幫浦。

3. 使用直徑較大葉輪。

4. 降低轉速、安裝葉輪誘導器、將增壓幫浦集成到幫浦系統中以減輕主幫浦的壓力、冷卻幫浦溫度、增加吸入區域液位。

5. 幫浦吸入管徑增加以減少流體湍流行為。

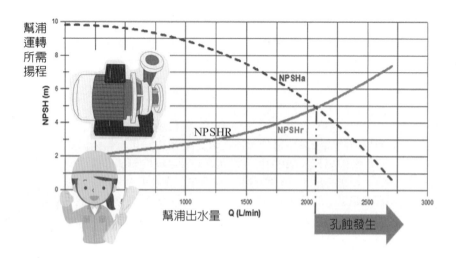

幫浦運轉所需揚程

NPSH (m)

NPSHa

NPSHR   NPSHr

幫浦出水量 Q (L/min)

孔蝕發生

6. 避免內部流動再循環：打開幫浦出水閥是否堵塞、清除過濾器堆積物、確保逆止閥有否正確安裝。

---

3. 某五層建築物，經檢討後各層設置二只第一種室內消防栓。消防幫浦設置於地上一層。竣工後，經測量地上一層二只室內消防栓瞄子有較高之放水壓力，分別為 3.6 與 4.0kgf/cm² 。請說明：

(1) 依規定是否需採取有效減壓措施？（5 分）

(2) 設置之配管除材質要求外，其它規定為何？（10 分）

(3) 水源容量最少值應為多少？以使消防栓得以持續放水 20 分鐘。已知瞄子口徑為 13mm。（10 分）

【解說】

（一）是否需採取有效減壓措施

依第 37 條室內消防栓瞄子放水壓力超過每平方公分七公斤時，應採取有效之減壓措施。本場所 3.6 與 4.0kgf/cm² 是不需採取減壓措施。

（二）配管除材質外其它規定

第 32 條　配管部分：

(1) 應為專用。但與室外消防栓、自動撒水設備及連結送水管等滅火系統共用，無礙其功能者，不在此限。

(2) 徑，依水力計算配置。但立管與連結送水管共用，其管徑在一百毫米以上。

(3) 立管管徑，第一種消防栓在六十三毫米以上；第二種消防栓在五十毫米以上。

(4) 立管裝置於不受外來損傷及火災不易殃及之位置。

(5) 立管連接屋頂水箱、重力水箱或壓力水箱，使配管平時充滿水。

(6) 採取有效之防震措施。

（三）水源容量最少值

水源容量法規值爲室內消防栓設備之水源容量：

第一種室內消防栓爲 130L/min×20min×2 支 = 5.2m³

假設水源容量比法規值高，法規也允許

而Q = 0.653d²$\sqrt{P}$ = 0.653×13²×$\sqrt{4}$ = 220.7L/min

第一種室內消防栓設備之水源容量：220.7L/min×20min×2 支 =8.83m³

---

4. 請說明自動撒水設備之流水檢知裝置依其動作方式區分種類爲何？其中，乾式與預動式流水檢知裝置動作原理，及二次側配管側經防腐蝕處理後，有效排水之裝置規定分別爲何？（25 分）

【解說】

（一）流水檢知裝置類型動作方式區分種類

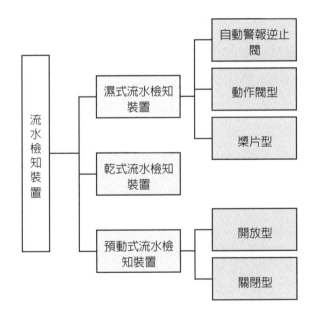

（二）動作原理

1. 乾式流水檢知裝置：一次側加壓水，二次側加壓空氣，當動作使壓力下降時，產生壓力差，閥門即開啓，一次側加壓水即由二次側流出。

2. 預動式流水檢知裝置：一次側加壓水，二次空氣，當探測器及感知撒水頭均動作時，閥門即開啓，一次側加壓水即由二次側流出。依動作方式分爲：

  A. 開放型：依感知裝置之動作，而使閥門開啓。

  B. 開閉型：依感知裝置動作或停止，使閥門開啓或關閉。

（三）二次側配管有效排水裝置規定

1. 支管每十公尺傾斜四公分，主管每十公尺傾斜二公分。

2. 於明顯易見處設排水閥，並標明排水閥字樣。

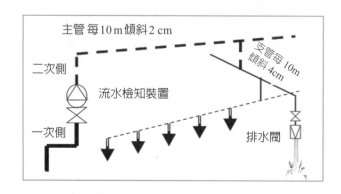

二、111年化學系統消防安全設備

1. 請敘述可燃性高壓氣體場所、天然氣儲槽及可燃性高壓氣體儲槽之滅火器，其設置規定爲何？（25分）

【解說】

第228條　可燃性高壓氣體場所、加氣站、天然氣儲槽及可燃性高壓氣體儲槽之滅火器，依下列規定設置：

  一、製造、儲存或處理場所設置2具。但樓地板面積200m² 以上者，每50m²（含未滿）應增設1具。

  二、儲槽設置3具以上。

  三、加氣站，依下列規定設置：

    （一）儲氣槽區4具以上。

    （二）加氣機每臺1具以上。

    （三）用火設備處所1具以上。

    （四）建築物每層樓地板面積在100m² 以下設置2具，超過100m² 時，每增加（含未滿）100m² 增設1具。

  四、儲存場所任一點至滅火器之步行距離在15m 以下，並不得妨礙出入作業。

五、設於屋外者，滅火器置於箱內或有不受雨水侵襲之措施。

六、每具滅火器對普通火災具有 4 個以上之滅火效能值，對油類火災具有 10 個以上之滅火效能值。

七、滅火器之放置及標示依第 31 條第 4 款之規定。

可燃性高壓氣體場所等設置滅火器之規定數量

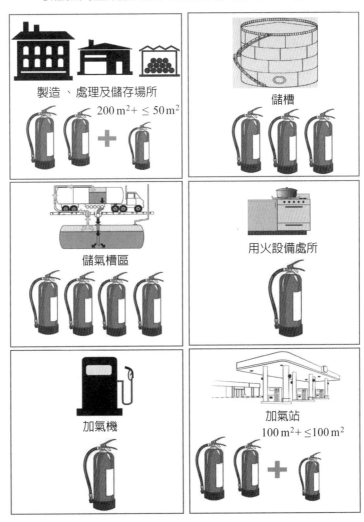

2. 有一乙醇儲桶，其長 3m、寬 2m、高 1.8m，放置於樓地板面，現擬採二氧化碳局部放射設計（高壓），其所需滅火藥劑量為何？若長邊靠牆且寬邊距另一牆 0.4m，其所需滅火藥劑量為何？其滅火藥劑儲存容器，設置規定為何？（25 分）

【解說】

（一）所需滅火藥劑量

假想防護空間單位體積

$V = (3 + 0.6 + 0.6) \times (2 + 0.6 + 0.6) \times (1.8 + 0.6) = 32.3m^3$

$A = [(3 + 0.6 + 0.6) \times (1.8 + 0.6) \times 2] + [(2 + 0.6 + 0.6) \times (1.8 + 0.6) \times 2]$
$= 35.5m^2$

$Q = 8 - 6 \times \dfrac{0}{35.5}$

$Q = 8kg/m^3$

$W = Q \times V \times K = 8kg/m^3 \times 32.3m^3 \times 1.4 = 361.3kg$

防護乙醇 $361.3 \times 1.2 = 433.56kg$

（二）長邊靠牆且寬邊距另一牆 0.4m 局部放射方式（高壓）所需藥劑量

$a = (3 + 0.6) \times (1.8 + 0.6) + (2 + 0.6) \times (1.8 + 0.6) = 14.88m^2$

$W = Q \times V \times K = (8 - 6 \times \dfrac{14.88}{35.5}) \times 32.3 \times 1.4 = 248.03kg$

防護乙醇 $248.03 \times 1.2 = 297.64kg$

防護對象物		防護對象周圍實存牆壁面積之合計
皆無靠牆	0	a = 0（周圍無實存牆壁）
一面靠牆	一	a =（長或寬 + 0.6 + 0.6）×（高 + 0.6）
二面靠牆	二	a =（長 + 0.6）×（高 + 0.6）+（寬 + 0.6）×（高 + 0.6）

表 1　防護區域體積藥劑量

防護區域體積（m³）	每立方公尺防護區域體積所需之滅火藥劑量（kg/m³）	滅火藥劑之基本需要量（kg）
<5	1.2	－
5～15	1.1	6
15~50	1.0	17
50～150	0.9	50
150～1500	0.8	135
≥ 1500	0.75	1200

表2　係數乘以表1所算出之量

公共危險物品	二氧化碳	乾粉			
		第一種	第二種	第三種	第四種
乙醇	1.2	1.2	1.2	1.2	1.2

（三）滅火藥劑儲存容器設置規定

第87條　滅火藥劑儲存容器，依下列規定設置：

一、充填比在高壓式為一點五以上一點九以下；低壓式為一點一以上一點四以下。

二、儲存場所應符合下列規定：

（一）置於防護區域外。

（二）置於溫度攝氏四十度以下，溫度變化較少處。

（三）不得置於有日光曝曬或雨水淋濕之處。

三、儲存容器之安全裝置符合 CNS 一一一七六之規定。

四、高壓式儲存容器之容器閥符合 CNS 一〇八四八及一〇八四九之規定。

五、低壓式儲存容器，應設有液面計、壓力表及壓力警報裝置，壓力在每平方公分二十三公斤以上或 2.3MPa 以上或每平方公分十九公斤以下或 1.9MPa 以下時發出警報。

六、低壓式儲存容器應設置使容器內部溫度維持於攝氏零下二十度以上，攝氏零下十八度以下之自動冷凍機。

七、儲存容器之容器閥開放裝置，依下列規定：

（一）容器閥之開放裝置，具有以手動方式可開啟之構造。

（二）容器閥使用電磁閥直接開啟時，同時開啟之儲存容器數在七支以上者，該儲存容器應設二個以上之電磁閥。

八、採取有效防震措施。

---

3. 海龍替代品滅火藥劑中，請說明 IG541、IG100、IG01、FM200（HFC-227ea）及 FE-25（HFC-125）之成分與化學式？若 IG541 之滅火設計濃度為 0.4（40%）、FE-25 滅火設計濃度為 0.08（8%）且 NOAEL 為 0.075（7.5%），試問若此二化學藥劑放射時，才發現有人員受困於放射現場，此時救災人員所需配戴呼吸防護器具有何差異並請說明原因？又此二滅火藥劑之主要滅火原理之差異為何？（25 分）

【解說】

（一）成分與化學式

種類	項目	化學式	成份	滅火原理
惰性氣體	IG-541	$N_2/Ar/CO_2$	$N_2$52%、Ar40%、$CO_2$8%	主要使用氮（N_2）及氬（Ar）降低氧濃度
	IG-01	Ar	Ar100%	
	IG-55	Ar/N_2	Ar50%、$N_2$50%	
	IG-100	N_2	$N_2$100%	
鹵化烷化物	FM-200	C_3HF_7（七氟丙烷）	HFC-227	大多以高壓液化儲存，主要將破壞臭氧層之溴（Br_2）拿掉；藉由切斷火焰之連鎖反應達到滅火目的。
	FE-25	C_2HF_5（五氟乙烷）	HFC-125	

（二）救災人員所需配戴呼吸防護器具差異

IG541 比空氣略重，約爲空氣比重的 1.18 倍，其二氧化碳成分會加快人的呼吸速率和吸收氧氣的能力，從而來補嘗環境氣氛中氧氣的較低濃度。滅火系統中滅火設計濃度 40% 時，該系統對人體是安全無害的。此外，FE-25 是碳、氟和氫（CHF_2CF_3）的液化壓縮氣體，以液體形式儲存，以不會遮擋視線的蒸汽形式，不會留下任何殘留物並且具有可接受的毒性。若此二化學藥劑放射時，才發現有人員受困於放射現場，此時救災人員所需配戴呼吸防護器，在 IG541 方面是可不需配戴；而 FE-25 方面是必需配戴的。N OAEL（noobservedadverseeffectlevel），爲無毒性濃度，藥劑對身體不產生明顯影響之最高濃度。

1. IG541 之滅火設計濃度爲 40% 且 NOAEL 爲 43～52%，因此 IG541 滅火設計濃度＜NOAEL：可用於一般人員常駐場所。

2. FE-25 滅火設計濃度爲 8% 且 NOAEL 爲 7.5%，因此 FE-25 滅火設計濃度＞NOAEL：不可用於一般人員常駐場所。

（三）滅火藥劑之主要滅火原理差異

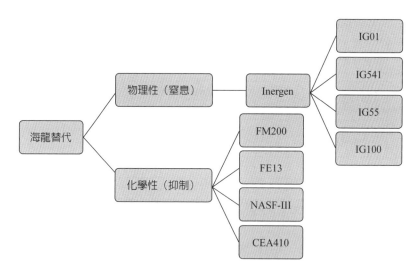

　　滅火原理也整合於上方表內容。

---

4. 某光電廠之製程中會使用到如三甲基鋁等禁水性物質，此場所外牆為非防火構造，長 40m、寬 15m，試求此場所所需的最低滅火效能值為多少？如欲採用膨脹蛭石為其滅火設備（第五種滅火設備），則需設置多少公升的膨脹蛭石？若該製造場所依國際保險公司要求將外牆改為防火構造，則需設置多少公升的膨脹蛭石？（25 分）

【解說】本題為第 110 年考古題型

某光電廠之製程，得判斷為一製造場所。

第 199 條　外牆為非防火構造者 $A2 = \dfrac{40 \times 15}{50(m^2)} = 12$

　　　　　膨脹蛭石 $12 \times 160L = 1920L$

　　　　　外牆為防火構造者 $A1 = \dfrac{40 \times 15}{100(m^2)} = 6$

　　　　　膨脹蛭石 $6 \times 160L = 960L$

設置第 5 種滅火設備者最低滅火效能值之計算方法

對象物		最低滅火效能值	第 5 種滅火設備設置數
製造或處理場所	外牆為防火構造者	$A1 = \dfrac{總樓地板面積}{100(m^2)}$	$\dfrac{A1 + A2 + A3}{第\ 5\ 種滅火設備能力單位}$
	外牆為非防火構造者	$A2 = \dfrac{總樓地板面積}{50(m^2)}$	
	室外附屬設施	$A3 = \dfrac{工作物水平最大面積合計}{100(m^2)}$	
註：計算小數點進位，取整數			

第 5 種滅火設備（滅火器除外）		相當於一滅火效能值	
消防專用水桶		3 個	24L
水槽		80L 為 1.5	53.3L
乾燥砂		50L 為 0.5	100L
膨脹蛭石或膨脹珍珠岩		160L	

三、111年警報系統消防安全設備

1. 依照「各類場所消防安全設備設置標準」，請問火焰式探測器不得設於那些處所？（10 分）某飛機庫室內裝置標稱監視距離為 18 公尺、視野角度為 30 度的紅外線局限型火焰式探測器，依照「火警探測器認可基準」，應如何進行該探測器的靈敏度試驗？（15 分）

【解說】火焰式探測器靈敏度試驗為 104 年考古題

（一）火焰式探測器不得設於下列處所：
   1. 會散發腐蝕性氣體之場所。
   2. 廚房及其他平時煙會滯留之場所。
   3. 顯著高溫之場所。
   4. 煙會大量流入之場所。
   5. 會結露之場所。

6. 設有用火設備其火焰外露之場所。
7. 水蒸氣會大量滯留之處所。
8. 其他對探測器機能會造成障礙之處所。

（二）火焰式探測器靈敏度試驗

1. 標稱監視距離，係按照每 5 度視角加以規定，未滿 20 公尺時以每 1 公尺為刻度，20 公尺以上時，以每 5 公尺為刻度。

2. 靈敏度應符合下列規定：

(1)動作試驗：相對於探測器之分類及每一視角之標稱監視距離，將 L 及 d 之值作如表之規定時，在距離探測器之水平距離 L 公尺處，以一邊長度為 d 公分之正方形燃燒盤燃燒正庚烷，應在 30 秒內發出火災信號。

火焰式探測器動作試驗數值表

分類	L（m）	d（cm）
室內型	標稱監視距離之 1.2 倍值	33
室外型	標稱監視距離之 1.4 倍值	70

(2)不動作試驗：紫外線及紅外線之受光量，在前款動作試驗中受光量之四分之一時，在 1 分鐘內不會動作。

---

2. 某場所長度 15 公尺、寬度 15 公尺、天花板高度 6 公尺，廣播區域之平均吸音率為 0.10，揚聲器設置於該區域天花板正中央時，如何檢討其殘響時間與音壓強度？（15 分）另火警自動警報設備連動緊急廣播設備之揚聲器廣播時，手動報警設備火警警鈴同時動作，為避免該場所緊急廣播內容受到火警警鈴干擾，請繪圖並說明如何確保緊急廣播之清晰度？（10 分）

【解說】

（一）配置該空間緊急廣播設備之揚聲器

1. 廣播區域超過一百平方公尺時，設 L 級揚聲器。
2. 廣播區域超過五十平方公尺一百平方公尺以下時，設 L 級或 M 級揚聲器。
3. 廣播區域在五十平方公尺以下時，設 L 級、M 級或 S 級揚聲器。

本場所為 15m×15m=225m²，設 L 級揚聲器，音壓 92 分貝以上

計算殘響時間 t（性能式）

以揚聲器性能作為設置方法時，則首先要算出廣播區域內表面積的總和及體積，並決定廣播區域內各內裝材料的吸音率，然後再來計算殘響時間。

$$T = \frac{0.161V}{S\alpha} \text{（V 為體積、S 為圍壁面積、}\alpha\text{ 為吸音率）}$$

$$T = \frac{0.161(15 \times 15 \times 6)}{(15 \times 15 \times 2 + 15 \times 6 \times 2 + 15 \times 6 \times 2) \times 0.10} = 2.68$$

1. T＜1，公式一

   如殘響時間小於 1 秒時，則直接套用下列公式一，計算距離樓板面 1 公尺處的音壓，並確確認是否在 75 分貝以上。

   $$\text{【音量確保】} P = p + 10 \log 10 \left(\frac{Q}{4\pi r^2} + \frac{4(1-\alpha)}{S\alpha} \right) \text{（公式一）}$$

2. T≥3，公式二

   如殘響時間大於 3 秒時，則依臨界距離三倍距離的計算方法，求出臨界距離的三倍距離，再以每一揚聲器為中心，畫出每一揚聲器在離樓地板面一公尺處的有效範圍，並將揚聲器適當的配置在廣播區域內，然後再依公式 1 計算距離樓地板面一公尺處的音壓水平是否符合在 75 分貝以上。

   $$\text{【明瞭度確保】} r = \frac{3}{4} \sqrt{\frac{QS\alpha}{\pi(1-\alpha)}} \text{（公式二）}$$

（三）1＜T＜3 且任一邊長 ≥ 20m，使用公式一，否則回到第 1 步驟之規格式

   如殘響時間 T 在 1～3 秒時，且一揚聲器的有效範圍超過 10 公尺時，這個廣播區域的殘響時間是屬於比較長的廣播區域，則仍依臨界距離 3 倍距離計算方法去設計

   本案揚聲器設置於該區域天花板正中央，揚聲器配置角度為30°～60°，指向係數 Q 為 1，揚聲器使用天花板露出型 3W，其音響功率為 95dB 設計。

   $$S = (15 \times 15 \times 2 + 15 \times 6 \times 2 + 15 \times 6 \times 2) = 810$$

   受音點至揚聲器距離（r）

   $$r = \frac{3}{4} \sqrt{\frac{QS\alpha}{\pi(1-\alpha)}} = \frac{3}{4} \sqrt{\frac{1 \times 810 \times 0.10}{\pi(1-0.10)}} = 4.02m$$

   音壓 P，設揚聲器

   $$P = p + 10 \log 10 \left(\frac{Q}{4\pi r^2} + \frac{4(1-\alpha)}{S\alpha} \right) = 95 + 10 \log_{10} \left(\frac{1}{4\pi(4.02)^2} + \frac{4(1-0.10)}{810 \times 0.10} \right)$$

   $$= 95 - 13.07 = 81.93 \text{（dB）} > 75 \text{（合乎法規）}$$

   繪圖並說明如何確保緊急廣播之清晰度

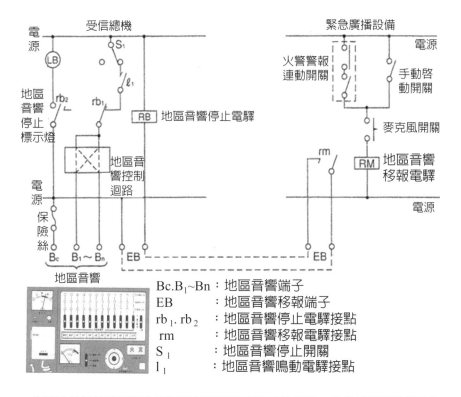

Bc.B₁~Bn：地區音響端子
EB：地區音響移報端子
rb₁. rb₂：地區音響停止電驛接點
rm：地區音響移報電驛接點
S₁：地區音響停止開關
l₁：地區音響鳴動電驛接點

　　此設計受信總機與緊急廣播設備間配線應爲耐熱保護；麥克風開關啓動緊急
廣播時，若火警自動警報設備地區音響鳴動中，應即停止地區音響；停止麥
克風廣播（關麥克風開關）時，應即再鳴動地區音響之功能。

---

3. 某餐廳的瓦斯漏氣火警自動警報設備在申請建築物消防安全設備圖說審查時，
消防專技人員應檢附圖說資料項目爲何？（10分）該場所瓦斯漏氣火警自動警
報設備的警報裝置，在進行外觀檢查與性能檢查時，其檢查項目、檢查方法與
判定方法爲何？（15分）

【解說】

（一）消防專技人員應檢附圖說資料項目

　　依消防機關辦理建築物消防安全設備審查及查驗作業基準，起造人填具申請
書，檢附建築、消防圖說、建造執照申請書、消防安全設備概要表、相關證
明文件資料等，向當地消防機關提出。其中消防圖說由消防安全設備設計人
依滅火設備、警報設備、避難逃生設備、消防搶救上之必要設備等之順序依
序繪製並簽章，圖說內所用標示記號，依消防圖說圖示範例註記。

（二）警報裝置外觀檢查
    1. 瓦斯漏氣表示燈
      (1)檢查方法：以目視確認有無變形、損傷、脫落及妨礙視認之因素。
      (2)判定方法：應無變形、損傷、脫落及妨礙視認之因素。
    2. 檢知區域警報裝置
      (1)檢查方法
        A.外形：以目視確認有無變形、損傷、明顯腐蝕等。
        B.裝置狀態：以目視確認有無脫落、妨礙音響效果之因素。
      (2)判定方法
        A.外形：應無變形、損傷、明顯腐蝕等。
        B.裝置狀態：應無脫落、鬆動、妨礙音響效果之因素。
（三）警報裝置性能檢查
    1. 瓦斯漏氣表示燈
      (1)檢查方法：按照檢知器之性能檢查，使檢知器動作，確認其亮燈狀況。
      (2)判定方法
        A.應無明顯劣化，且正常亮燈。
        B.動作之檢知器，其所在位置應能容易辨識。
    2. 檢知區域警報裝置
      (1)檢查方法：按照檢知器之性能檢查，使檢知器動作，按下列步驟確認
        其鳴動狀況。
        A.音壓：確認其音壓是否在七十分貝以上，且其音色是否有別於其他
          機械噪音。
        B.鳴動區域：一個檢知器能有效檢知瓦斯漏氣之區域（以下簡稱『檢
          知區域』）內，確認是否能有效聽到。
      (2)判定方法
        A.音壓音壓應在七十分貝以上，且其音色有別於其他機械噪音。
        B.鳴動區域：鳴動區域適當，且於檢知區域內任一點均能有效聽到。

---

4. 進行 119 火災通報裝置本體的性能檢查時，其檢查項目、檢查方法與判定方法
為何？（15分）某醫院為地上 3 層的防火建築物，各樓層高度為 4 公尺，1 樓警
衛室設置 P 型火警受信總機與 119 火災通報裝置本體，另於 1 樓急診室、2 樓與
3 樓的護理站分別設置遠端啟動裝置，請參照附表繪製 119 火災通報裝置的系統
昇位圖。（10分）

附表：圖例說明表

圖例	設備名稱	設置位置
⊠	P 型火警受信總機	1 樓警衛室
E⊠I	119 通報裝置本體	1 樓警衛室
T	119 遠端啓動裝置（專用電話機）	1 樓急診室、2 樓與 3 樓的護理站

【解說】

（一）119 火災通報裝置本體性能檢查

1. 保險絲類

    (1)檢查方法

    確認有無損傷、熔斷等，及是否爲所定之種類、容量。

    (2)判定方法

    A.應無損傷、熔斷。

    B.應使用回路圖所示之種類、容量。

2. 啓動機能

    (1)手動啓動裝置

    A.檢查方法

    操作手動啓動裝置，以通報裝置試驗機之消防機關側電話機確認啓動信號送出。

    B.判定方法

    通報裝置動作時，以中文字幕或國語音效顯示。

    (2)連動啓動（限與火警自動警報設備連動者）

    A.檢查方法

    使與火警自動警報設備的探測器作動時連動啓動，以試驗機的消防機關側電話機確認啓動信號送出。

    B.判定方法通報裝置動作時，以中文字幕或國語音效顯示。

3. 優先通報機能

    (1)檢查方法

    將連接通報裝置的電話回路以試驗機等方式成爲通話狀態，操作手動啓動裝置或連動啓動（限與火警自動警報設備連動者），確認啓動狀態。

    (2)判定方法

    由接續通報裝置的電話回路應正常送出蓄積語音，該電話回路連接的電話機有使用中時，應能強制切斷，優先送出蓄積語音。

4. 通報自始播放機能
   (1)檢查方法
     操作手動啟動裝置或連動啟動（限與火警自動警報設備連動者），以試驗機之消防機關側電話機應答，確認通報開始狀況。
   (2)判定方法
     蓄積語音需為自始撥放或一區段的蓄積語音須完整、明瞭及清晰。
5. 手動啟動裝置優先機能（限與火警自動警報設備連動者）
   (1)檢查方法
     連動啟動使蓄積語音送出時，操作手動啟動裝置後確認狀況。
   (2)判定方法
     因連動啟動將一區段蓄積語音送出後，再操作手動啟動裝置，應能再送出蓄積語音。
6. 蓄積語音訊息
   (1)檢查方法
     操作手動啟動裝置或連動啟動（限與火警自動警報設備連動者），以試驗機之消防機關側電話機，確認蓄積語音訊息。
   (2)判定方法
     蓄積語音訊息內容應適切。
7. 再撥號機能
   (1)檢查方法
     使試驗機之消防機關側電話機於通話狀態，操作手動啟動裝置或連動啟動（限與火警自動警報設備連動者），確認啟動狀況。
   (2)判定方法
     應能自動再撥號。
8. 通話機能
   (1)蓄積語音送出後之回撥應答狀況
     A. 檢查方法
       操作手動啟動裝置或連動啟動（限與火警自動警報設備連動者），俟一區段之蓄積語音送出並完成通話後，自動開放 20 秒時間的電話回路，從試驗機消防機關側送出回撥信號，確認應答狀態。
     B. 判定方法
       可正確偵測回撥信號，確認信號時可以音效表示，通報裝置側的電話機回撥時，其與試驗機之消防機關側電話機間應可相互通話。
   (2)不應答時的繼續通報狀態
     A. 檢查方法
       操作手動啟動裝置或連動啟動（限與火警自動警報設備連動者），確認消防機關側保持不應答時，確認一區段之蓄積語音的送出狀態。

B. 判定方法

從通報裝置應繼續送出蓄積語音。

(3) 切換狀況

A. 檢查方法

操作手動啓動裝置或連動啓動（限與火警自動警報設備連動者），於蓄積語音通訊中時，藉由手動操作切換電話回路爲送話機側狀況。

B. 判定方法

以手動操作使蓄積語音通報停止，在試驗機的消防機關側電話機間應可相互通。

（二）繪製 119 火災通報裝置的系統昇位圖

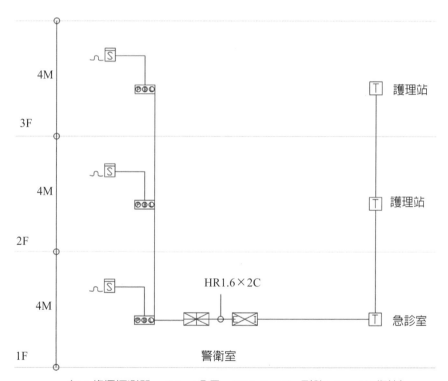

（S：偵煙探測器，4M：4公尺，HR1.6×2C：耐熱1.6mm×2條線）

四、111年避難系統消防安全設備

1. 消防安全設備之裝置作業，係指消防安全設備施工完成後之功能測試，並製作消防安全設備測試報告書，請說明排煙設備施工完成後，進行綜合試驗時，針對機械排煙設備之測試項目、測試方法及判定要領爲何？（25 分）

【解說】

測試項目			測試方法	判定要領
綜合試驗	排煙風量測試	室內排煙	防煙區劃為一區時，該區內各排煙口排煙量之合計，不得小於該防煙區劃面積每平方公尺每分鐘一立方公尺，且不得小於每分鐘一百二十立方公尺。防煙區劃為二區以上時，應開啓最大防煙區劃及其前後防煙區劃之排煙口，合計其排煙量，不得小於該最大防煙區劃面積每平方公尺每分鐘二立方公尺。	排煙機應能隨任一排煙口之開啓而動作，其排煙量不得小於每分鐘一百二十立方公尺，且在一防煙區劃時，不得小於該防煙區劃面積每平方公尺每分鐘一立方公尺，在二區以上之防煙區劃時，應不得小於最大防煙區劃面積每平方公尺每分鐘二立方公尺。但地下建築物之地下通道，其總排煙量不得小於每分鐘六百立方公尺。
		特別安全梯或緊急昇降機間排煙	設置排煙、進風管道時。	a 排煙設備之排煙口、排煙管道、進風口、進風管道及其他與煙接觸之部分均應以不燃材料建造。 b 排煙口應設於天花板高度二分之一以上之範圍內，開口面積不得小於四平方公尺（兼用時，應為六平方公尺），並直接連通排煙管道。 c 排煙管道內部斷面積不得小於六平方公尺（兼用時，應為九平方公尺），且其頂部應直接通向戶外。 d 設有排煙量在每秒四立方公尺（兼用時，每秒六立方公尺）以上，且可隨排煙口開啓而自動啓動之排煙機者，得不受前二項之限制。 e 進風口應設於天花板高度二分之一以下之範圍內，開口面積不得小於一平方公尺（兼用時，應為一點五平方公尺），並直接連通進風管道，管道斷面積不得小於二平方公尺（兼用時，應為三平方公尺），且直接連通戶外。 f 進風口、排煙口應依前款第四目設置手動開關裝置及偵煙式探測器連動開關裝置，且平時保持關閉狀態，開口葉片之構造應不受開啓時所生氣流之影響而關閉。

2. 避難引導的照明器具，分成出口標示燈、避難方向指示燈（以下簡稱引導燈具），平日以常用電源點燈，停電時自動切換成緊急電源點燈，設置目的係提供人員在火場逃生之避難指引，請問那些場所應設置引導燈具？引導燈具得免設條件爲何？依據標示設備附加燈光閃滅及引導音響裝置設置指導綱領規定，燈光閃滅裝置及引導音響裝置動作方式及停止時機爲何？（25 分）

【解說】

（一）場所應設置引導燈具

第 23 條　下列場所應設置標示設備：

一、供第十二條第一款、第二款第十二目、第五款第一目、第三目使用之場所，或地下層、無開口樓層、十一層以上之樓層供同條其他各款目所列場所使用，應設置出口標示燈。

二、供第十二條第一款、第二款第十二目、第五款第一目、第三目使用之場所，或地下層、無開口樓層、十一層以上之樓層供同條其他各款目所列場所使用，應設置避難方向指示燈。

三、戲院、電影院、歌廳、集會堂及類似場所，應設置觀眾席引導燈。

（二）引導燈具得免設條件

第 146 條　下列處所得免設出口標示燈、避難方向指示燈或避難指標：

一、自居室任一點易於觀察識別其主要出入口，且與主要出入口之步行距離符合下列規定者。但位於地下建築物、地下層或無開口樓層者不適用之：

（一）該步行距離在避難層爲二十公尺以下，在避難層以外之樓層爲十公尺以下者，得免設出口標示燈。

（二）該步行距離在避難層爲四十公尺以下，在避難層以外之樓層爲三十公尺以下者，得免設避難方向指示燈。

（三）該步行距離在三十公尺以下者，得免設避難指標。

二、居室符合下列規定者：

（一）自居室任一點易於觀察識別該居室出入口，且依用途別，其樓地板面積符合下表規定。

用途別	第十二條第一款第一目至第三目	第十二條第一款第四目、第五目、第七目、第二款第十目	第十二條第一款第六目、第二款第一目至第九目、第十一目、第十二目、第三款、第四款
居室樓地板面積	一百平方公尺以下	二百平方公尺以下	四百平方公尺以下

（二）供集合住宅使用之居室。

三、通往主要出入口之走廊或通道出入口，設有探測器連動自動關閉裝置之防火門，並設有避難指標及緊急照明設備確保該指標明顯易見者，得免設出口標示燈。

四、樓梯或坡道，設有緊急照明設備及供確認避難方向之樓層標示者，得免設避難方向指示燈。

（三）動作及停止時機

1. 燈光閃滅裝置及引導音響裝置動作方式：

(1)與火警自動警報設備連動，能自動發出燈光閃滅或引導音響。

(2)依各類場所消防安全設備設置標準第 113 條所定火警自動警報設備之鳴動方式，連動鳴動層之標示設備發出燈光閃滅或引導音響。

2. 燈光閃滅裝置及引導音響裝置停止時機：

設置附加燈光閃滅及引導音響功能之標示設備場所，其直通樓梯樓梯間應設偵煙式探測器，當樓梯間遭煙入侵時，該標示設備之燈光閃滅、引導音響功能應停止，其時機如下。但設於通往戶外之防火門、通往安全梯及排煙室之防火門、通往另一防火區劃之防火門、居室通往走廊或通道之出入口之位置者，不適用之：

(1)起火層爲地上樓層時，其起火層直上層以上各樓層標示設備之燈光閃滅、引導音響應停止。

(2)起火層爲地下層時，地下層各層標示設備之燈光閃滅、引導音響應停止。

---

3. 某棟防火構造建築大樓中之第五層設有兒童醫院，從業人員有 45 人，候診室 240m²，病床 200 個，育嬰室嬰兒 20 人，試回答下列問題：收容人數、該層避難器具數及避難器具種類？又假設該兒童醫院選用救助袋作爲避難器具，請問其開口面積、操作面積、下降空間、下降空地設置規定分別爲何？（25 分）

【解說】

(一) 收容人數

本場所收容人員人數，爲下列各款合計之數額：

一、從業員工數：45 人

二、病房內病床數 200

三、各候診室，$\dfrac{240}{3m^2} = 80$

四、醫院等場所育嬰室之嬰兒，應列爲收容人員計算，計 20 人

收容人數爲 45 + 200 + 80 + 20 = 345

(二) 該層避難器具數及避難器具種類

該層避難器具數爲 4 具

避難器具種類爲避難橋、救助袋、滑台

場所	收容人員	應設數量	應設樓層	BF	2F	3F 5F	6F 10F
醫院	≥ 20（其下層供甲 1 甲 5.甲 7.乙 2. 乙 6. 乙 7. 丙 3 或丁類爲 10 人）	≤ 100 人 1 具，每 100 人加 1 具	2 10F BF	避難梯	避難梯、避難橋、救助袋、滑台、緩降機	避難橋、救助袋、滑台	避難橋、救助袋、滑台

(三) 救助袋保有必要空間面積

避難器具	開口面積 162	操作面積 163	下降空間 164	下降空地 165
救助袋（斜降式）	高 ≥ 60cm，寬 ≥ 60cm	寬 ≥ 150cm，長 ≥ 150cm 但無操作障礙，且 2.25m² 不在此限	上端 25° 下端 35° 方向所圍範圍	最下端起 2.5m 及中心線左右 ≥ 1m 所圍範圍
救助袋（直降式）			與牆壁間隔 ≥ 30cm 半徑 1m 圓柱範圍	下降空間投影面積

---

4. 建築物火災所產生濃煙會影響收容人員逃生避難行爲，設置排煙設備可限制濃煙流竄，減緩煙層下降時間，增加收容人員逃生避難餘裕時間，試問那些場所應設置排煙設備？倘若在應置排煙設備場所之內部處所，其建築空間配置及防火設計具有等效替代排煙設備特性，可延緩火災濃煙快速流竄，該處所得免設排煙設備，請說明什麼類型建築空間配置及防火設計得免設排煙設備？（25 分）

【解說】

（一）場所應設置排煙設備

第 28 條　下列場所應設置排煙設備：

一、供第十二條第一款及第五款第三目所列場所使用，樓地板面積合計在五百平方公尺以上。

二、樓地板面積在一百平方公尺以上之居室，其天花板下方八十公分範圍內之有效通風面積未達該居室樓地板面積百分之二者。

三、樓地板面積在一千平方公尺以上之無開口樓層。

四、供第十二條第一款第一目所列場所及第二目之集會堂使用，舞臺部分之樓地板面積在五百平方公尺以上者。

五、依建築技術規則應設置之特別安全梯或緊急昇降機間。

（二）建築空間配置及防火設計得免設排煙設備

第 190 條　下列處所得免設排煙設備：

一、建築物在第十層以下之各樓層（地下層除外），其非居室部分，符合下列規定之一者：

（一）天花板及室內牆面，以耐燃一級材料裝修，且除面向室外之開口外，以半小時以上防火時效之防火門窗等防火設備區劃者。

（二）樓地板面積每一百平方公尺以下，以防煙壁區劃者。

二、建築物在第十層以下之各樓層（地下層除外），其居室部分，符合下列規定之一者：

（一）樓地板面積每一百平方公尺以下，以具一小時以上防火時效之牆壁、防火門窗等防火設備及各該樓層防火構造之樓地板形成區劃，且天花板及室內牆面，以耐燃一級材料裝修者。

（二）樓地板面積在一百平方公尺以下，天花板及室內牆面，且包括其底材，均以耐燃一級材料裝修者。

三、建築物在第十一層以上之各樓層、地下層或地下建築物（地下層或地下建築物之甲類場所除外），樓地板面積每一百平方公尺以下，以具一小時以上防火時效之牆壁、防火門窗等防火設備及各該樓層防火構造之樓地板形成區劃間隔，且天花板及室內牆面，以耐燃一級材料裝修者。

第一款第一目之防火門窗等防火設備應具半小時以上之阻熱性，第二款第一目及第三款之防火門窗等防火設備應具一小時以上之阻熱性。

6-2 111年消防設備士考題

一、111年水與化學系統消防安全設備

【申論題】（50分）

> 1. 近日物流倉庫發生火災頻傳，造成嚴重的環境污染及財產損失，試說明「高架
>   儲存倉庫」之定義及設置自動撒水設備時，其撒水頭配置及進行外觀檢查時，
>   撒水頭之檢查及判定方法。（25分）

【解說】

（一）「高架儲存倉庫」之定義

供第 12 條第 2 款第 11 目使用之場所，樓層高度超過 10 公尺且樓地板面積
在 700 平方公尺以上之高架儲存倉庫。

（二）撒水頭外觀檢查

1. 檢查方法

(1)外形

A. 以目視確認有無洩漏、變形等。

B. 以目視確認有無被利用為支撐、吊架使用等。

(2)感熱及撒水分布障礙：以目視確認周圍有無感熱及撒水分布之障礙。

(3)未警戒部分：確認有無如圖所示，因隔間變更應無設置撒水頭，而造
成未警戒之部分。

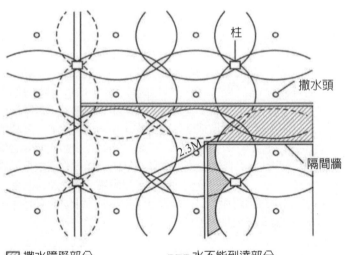

☒撒水障礙部分　　　---- 水不能到達部分

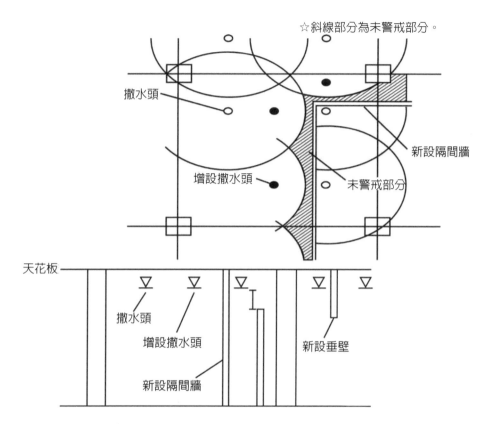

2. 判定方法
　　(1)外形
　　　　A.應無洩漏、變形等。
　　　　B.應無被利用為支撐、吊架使用。
　　(2)感熱及撒水分布障礙
　　　　A.撒水頭周圍應無感熱、撒水分布之障礙。
　　　　B.撒水頭應無被油漆、異物附著等。
　　　　C.於設有撒水頭防護蓋之場所，其防護蓋應無損傷、脫落等。
（三）未警戒部分
　　　應無因隔間、垂壁、風管管道等之變更、增設、新設等，而造成未警戒部
　　　分。

---

2. 依據消防安全設備及必要檢修項目檢修基準規定，請詳述進行簡易自動滅火設
　備之性能檢查時，滅火藥劑儲存容器之滅火藥劑量的檢查方法、判定方法及注
　意事項為何？（25分）

【解說】

（一）蓄壓式滅火藥劑儲存容器等

  1.　滅火藥劑量

    (1)檢查方法

      使用台秤測定計之方法。

      A.將裝設在容器閥之容器閥開放裝置、連接管、操作管及容器固定器具取下。

      B.將儲存容器置於台秤上，測定其重量計算至小數點第一位。

      C.藥劑量則為測定值扣除容器閥及容器重量後所得之值；藥劑量應與標示差異不超過 3%。

    (2)判定方法

      將藥劑量之測定結果與重量表、圖面明細表或原廠技術手冊規範核對，其差值應在充填值 3% 以下。

    (3)注意事項

      A.測量後，應將容器號碼、充填量記載於重量表、檢查表上。

      B.當滅火藥劑量或容器內壓減少時，應迅即進行調查，並採取必要之措施。

（二）加壓式滅火藥劑儲存容器

  1.　滅火藥劑量

    (1)檢查方法

      依下列方法確認之。

      A.使用台秤測定計之方法。

        (A) 將裝設在容器閥之容器閥開放裝置、連接管、操作管及容器固定器具取下。

        (B) 將儲存容器置於台秤上，測定其重量計算至小數點第一位。

        (C) 藥劑量則為測定值扣除容器閥及容器重量後所得之值。

      B.使用量尺測定之方法。

        (A) 將裝設在儲存容器之容器閥、連接管、操作管及容器固定器具取下。

        (B) 自充填口以量尺測量滅火藥劑之液面高度。

    2.　判定方法

      A.藥劑量之重量應與標示差異不超過 3%。

      B.滅火藥劑之液面高度，應與標示高度差異在誤差範圍內。

  2.　加壓用氣體容器等

    (1)氣體量

      A.檢查方法

        (A) 以手旋轉加壓用氣體容器，將容器取下。

        (B) 將容器置於計量器上，測定其總重量。

(C) 總重量應比標示重量不少於 14.2 公克。
　　B. 判定方法
　　　氣體量應在規定量以上。
(2)容器閥開放裝置
　A. 電氣式容器閥之開放裝置
　　(A) 檢查方法
　　　a.以手旋轉加壓用氣體容器，將容器取下。檢視閥開放裝置，確認撞針有無彎曲、斷裂或短缺等情形。
　　　b.拔下安全栓或安全插梢，以手操作電氣式手動啓動裝置，確認撞針動作是否正常。
　　　c.使用復歸扳手將撞針縮回原位。
　　(B) 判定方法
　　　a.撞針應無彎曲、斷裂或短缺等情形。
　　　b.以規定之電壓可正常動作，並可確實以手動操作。
　　(C) 注意事項
　　　加壓用氣體容器旋回閥開放裝置前，應先使用復歸扳手將撞針縮回原位後再進行。
　B. 鋼索牽引之彈簧式容器閥之開放裝置
　　(A) 檢查方法
　　　a.以手旋轉加壓用氣體容器，將容器取下。檢視閥開放裝置，確認撞針有無彎曲、斷裂或短缺等情形。
　　　b.拔下容器閥開放裝置與手動啓動裝置的安全栓或安全插梢，以手操作箱外的機械式手動啓動裝置，確認撞針動作是否正常。
　　　c.使用復歸扳手將撞針縮回原位。將鋼索縮回手動啓動裝置並裝回安全栓或安全插梢。
　　(B) 判定方法
　　　a.確認撞針有無彎曲、斷裂或短缺等情形。
　　　b.確認撞針動作是否正常。
(3)壓力調整器
　A. 檢查方法
　　關閉設在壓力調整器二次側之檢查用開關或替代閥，以手動操作或以氣壓、電氣方式之容器閥開放裝置使加壓用氣體容器之容器閥動作開放，確認一、二次側壓力表之指度及指針之動作。
　B. 判定方法
　　(A) 各部位應無氣體洩漏情形。
　　(B) 一次側壓力表之指針應在規定壓力值。
　　(C) 一次側壓力表之指針應在設定壓力值，且功能正常。

【選擇題】（50分）

(C) 1. 依各類場所消防安全設備設置標準規定，下列何種場所不需設置室外消防栓設備？
   (A)建築物及儲存場所之第一層及第二層總面積合計 5,500 平方公尺之可燃性高壓氣體製造場所
   (B)建築物及儲存場所之第一層及第二層總面積合計 5,500 平方公尺之輕工業場所
   (C)儲存閃火點攝氏 90 度易燃性液體物質之建築物及儲存場所第一層及第二層總面積合計 3,500 平方公尺
   (D)建築物及儲存場所之第一層及第二層總面積合計 3,500 平方公尺之木材加工業作業場所
   【解說】

高度	1. 可燃性固體物質倉庫高度 ≥ 5.5m 2. 易燃性液體閃火點 <60°C 與 37.8°C 時，其蒸氣壓 < 2.8kg/cm² 者 3. 可燃性高壓氣體製造、儲存、處理場所 4. 石化作業場所，木材加工業作業場所及油漆作業場所等	≥ 3000 m²
中度	1. 儲存一般可燃性固體物質倉庫之高度 <5.5m 者 2. 易燃性液體物質之閃火點≥ 60°C 之作業場所 3. 輕工業場所。	≥ 5000 m²
低度	有可燃性物質存在，存量少，延燒範圍小，延燒速度慢，僅形成小型火災者。	≥ 10000 m²

(B) 2. 有關室外消防栓與室內消防栓之瞄子放水壓力之敘述，下列何者正確？
   (A)室外消防栓（一般場所）放水壓力應在 2.5kgf/cm²～7kgf/cm²
   (B)第一種（一般場所）消防栓放水壓力應在 1.7kgf/cm²～7kgf/cm²
   (C)第一種（公共危險物品場所）消防栓放水壓力應在 2.5kgf/cm²～7kgf/cm²
   (D)第二種消防栓放水壓力應在 0.6kgf/cm²～7kgf/cm²
   【解說】

滅火設備	方式	壓力（kg/cm²）
室內消防栓	第一種	1.7～7（公危 3.5～7）
	第二種	1.7～7
室外消防栓		2.5～6（公危 3.5～7）
撒水頭	一般	1.0～10
	水道式	0.5～10

（C）　3. 某公共危險物品場所設置室外消防栓設備，在裝置全部消防栓數量 5 支時，其所需之水源容量至少應為多少立方公尺以上？
(A)27　　　　(B)41　　　　(C)54　　　　(D)67.5
【解說】450 L/minÎ4×30min=54000 L

（D）　4. 裝置於舞臺之開放式自動撒水設備，依規定下列何者正確？
(A) 每一放水區域可以設置兩個一齊開放閥
(B) 手動啓動開關，其高度距樓地板面在 0.8 公尺以上 1.6 公尺以下
(C) 感知撒水頭設在裝置面距樓地板面高度 6 公尺以下，且能有效探測火災處
(D) 每一舞臺之放水區域設置 4 個以下
【解說】設置一個一齊開放閥；距樓地板面在 0.8 公尺以上 1.5 公尺以下；裝置面距樓地板面高度 5 公尺以下

（A）　5. 有關移動式泡沫滅火設備，依各類場所消防安全設備設置標準之規定，下列敘述何者正確？
(A) 在水帶接頭 3 公尺範圍內，設置泡沫消防栓箱
(B) 泡沫瞄子放射壓力應在每平方公分 1.5 公斤以上
(C) 泡沫消防栓箱，箱內配置長 10 公尺以上水帶及泡沫瞄子 1 具
(D) 同一樓層各泡沫瞄子放射量，應在 150L/min 以上
【解說】在每平方公分 2.5 公斤以上；箱內配置長 20 公尺以上；放射量 100L/min 以上

（B）　6. 消防幫浦之防止水溫上升用排放裝置，防止水溫上升用之排水管內之流水量，當幫浦在全閉狀態下連續運轉時，不使幫浦內部水溫，升高至攝氏多少度以上？
(A)25　　　　(B)30　　　　(C)35　　(D)40
【解說】
$$q = \frac{L_s \times C}{60 \times \Delta t}$$
△t：30℃（幫浦內部之水溫上昇限度）

（A）　7. 下列有關撒水頭設置之敘述，何者正確？
(A) 公共危險物品等場所設置自動撒水設備，防護對象任一點至撒水頭之水平距離在 1.7 公尺以下
(B) 設於集會堂表演場所舞臺之撒水頭，任一點至撒水頭之水平距離在 2.3 公尺以下
(C) 高架儲存倉庫中，設於貨架之撒水頭，任一點至撒水頭之水平距離在 2.3 公尺以下，並以平行方式設置
(D) 一防火構造之餐廳設置一般反應型撒水頭（第二種感度），各層任一點至撒水頭之水平距離在 2.6 公尺以下
【解說】舞臺撒水頭 1.7 公尺以下；貨架撒水頭 2.5 公尺以下；防火構造一般反應型撒水頭 2.3 公尺以下

（ B ） 8. 固定式泡沫滅火設備（低發泡）進行綜合檢查作業時，發泡倍率應在幾倍以上？

(A)3　　　　　(B)5　　　　　(C)8　　　　　(D)10

【解說】發泡倍率 5 倍以上

（ A ） 9. 泡沫滅火設備之減水警報裝置進行性能檢查時，當呼水槽水量減少到多少時，應發出警報？

(A)1/2　　　　(B)1/3　　　　(C)1/4　　　　(D)1/5

【解說】呼水槽水量減少 1/2 時發出警報

（ C ）10. 樓地板面積 250 平方公尺之變壓器室，依各類場所消防安全設備設置標準規定，可選擇下列何種消防安全設備？　①水霧　②泡沫　③二氧化碳　④乾粉

(A) ①②　　　(B) ①②③　　　(C) ①③④　　　(D) ①②③④

【解說】泡沫導電

（ B ）11. 依各類場所消防安全設備設置標準規定，消防專用蓄水池應設置於消防車能接近至多少公尺範圍內，易於抽取處？

(A)1　　　　　(B)2　　　　　(C)3　　　　　(D)5

【解說】

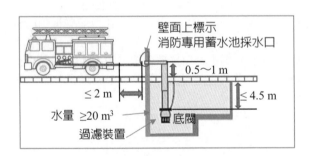

（ C ）12. 有關水霧滅火設備，依各類場所消防安全設備設置標準之規定，下列敘述何者正確？

(A) 每一水霧噴頭之有效半徑在 2.1 公尺以上

(B) 放射區域有 2 區域以上者，其主管管徑應在 50 毫米以上

(C) 水霧滅火設備之水源容量，放射區域在 2 區域以上者，應保持 40 立方公尺以上

(D) 水霧滅火設備之水源，無需連結加壓送水裝置

【解說】水霧有效半徑 2.1 公尺以下；2 區域管徑 100 毫米以上；連結加壓送水裝置

（ B ）13. 有關自動撒水設備末端查驗閥之敘述，下列何者正確？

(A) 開放式自動撒水設備應設置管徑在 25 毫米以下

(B) 限流孔之放水性能應與標準撒水頭相同

(C) 查驗閥之二次側設壓力表

(D) 配置距離地板面之高度在 2.5 公尺以下，並附有排水管裝置，並標明末端查驗閥字樣

【解說】管徑在 25 毫米以上；一次側設壓力表；高度在 2.1 公尺以下

(A) 14. 開放式自動撒水設備之自動啟動裝置，感知撒水頭應設在裝置面距樓地板面高度多少公尺以下，且能有效探測火災處？

(A)5　　　　(B)6　　　　(C)8　　　　(D)10

【解說】感知撒水頭應設高度五公尺以下有效探測火災

(A) 15. 採用移動式放射方式之乾粉滅火設備，藥劑種類為第四種乾粉時，每一具噴射瞄子所需藥劑放射量為何？

(A)18kg/min　(B)27kg/min　(C)45kg/min　(D)60kg/min

乾粉滅火藥劑種類	第 1 種	第 2 或 3 種	第 4 種
藥劑量（kg）A	50	30	20
放射量（kg/min）B	45	37	18

A×0.9 = B

(C) 16. 乾粉滅火設備進行性能檢查時，關於滅火藥劑量之敘述，下列何者正確？

(A) 灰色為第一種乾粉　　　　(B) 白色或淡藍色為第二種乾粉

(C) 粉紅色為第三種乾粉　　　(D) 紫色系為第四種乾粉

【解說】白色第一種；紫色第二種；灰色第四種

(B) 17. 惰性氣體滅火設備進行綜合檢查時，採低壓式者進行放射試驗時，其放射試驗所需之藥劑量，為該放射區域所設滅火藥劑量之多少以上？

(A)5%　　　(B)10%　　　(C)15%　　　(D)20%

【解說】放射試驗 10% 滅火藥劑量

(C) 18. 依各類場所消防安全設備設置標準規定，總樓地板面積 100 平方公尺之何種場所應設置滅火器？　①咖啡廳　②幼兒園　③陳列館　④商場

(A) ①③　　　(B) ①②③　　(C) ①②④　　(D) ①②③④

【解說】

第 14 條　下列場所應設置滅火器：甲類場所、地下建築物、幼兒園。陳列館為乙四樓地板面積 150 平方公尺

(B) 19. 下列有關滅火器性能檢查之敘述，何者正確？

(A) 製造日期超過 5 年滅火器，應予報廢

(B) 化學泡沫滅火器應每年實施一次性能檢查

(C) 二氧化碳滅火器應每 2 年實施一次性能檢查

(D) 性能檢查完成後之滅火器瓶頸應加裝檢修環，並以顏色紅、橙、黃、綠、紫交替更換

【解說】製造日期超過十年或無法辨識製造日期之水滅火器、機械泡沫滅
火器或乾粉滅火器應予報廢，非經水壓測試合格不得再行更換及
充填藥劑；氧化碳滅火器應每 3 年；顏色紅、橙、黃、綠、藍交
替更換

(A) 20. 電子工業廠房潔淨室設置消防安全設備，下列敘述何者正確？
(A) 設置密閉濕式自動撒水設備
(B) 設置一般反應型撒水頭（第二種感度）
(C) 水源容量應在最近之 30 個撒水頭連續放射 60 分鐘之水量
(D) 撒水密度每平方公尺每分鐘 7.15 公升以上
【解說】第一種感度；水源容量最遠 30 個撒水頭 60 分鐘；撒水密度每平
方公尺每分鐘 8.15 公升以上

(A) 21. 下列有關乾粉滅火設備設置之規定，何者正確？
(A) 全區及局部放射方式之噴頭，放射壓力每平方公分 1 公斤以上
(B) 滅火藥劑量須於 60 秒內全部放射完畢
(C) 配管採集中為原則，使噴頭同時放射時，效果較佳
(D) 最低配管與最高配管間，落差在 80 公尺以下
【解說】30 秒內全部放射完畢；配管採均分；落差在 50 公尺以下

(C) 22. 有關水道連結型自動撒水設備進行綜合檢查時，放水壓力應為多少？
(A)0.2kgf/cm² 以上 15kgf/cm² 以下　(B)0.3kgf/cm² 以上 12kgf/cm² 以下
(C)0.5kgf/cm² 以上 10kgf/cm² 以下　(D)0.6kgf/cm² 以上 12kgf/cm² 以下
【解說】水道 0.5kgf/cm² 以上 10kgf/cm² 以下

(A)23.簡易自動滅火設備進行性能檢查時，蓄壓式滅火藥劑儲存容器滅火藥劑量應
與標示差異不超過多少？
(A)3%　　　(B)5%　　　(C)10%　　　(D)15%
【解說】簡易自動藥劑量與標示差異不超過 3%

(D) 24. 十樓以下建築物之樓層供百貨商場使用，如達到設置自動撒水設備條件，
使用密閉式一般反應型撒水頭時，其水源容量應符合幾個撒水頭放水 20 分
鐘的撒水量？
(A)8　　　(B)10　　　(C)12　　　(D)15

各類場所		快速反應型	
		撒水頭個數	一般反應型
十一樓以上建築物、地下建築物		十二	十五
十樓以下建築物	供第十二條第一款第四目使用及複合用途建築物中供第十二條第一款第四目使用者	十二	十五
	地下層	十二	十五
	其他	八	十
高架儲存倉庫	儲存棉花、塑膠、木製品、紡織品等易燃物品	二十四	三十
	儲存其他物品	十六	二十

（C）25. 泡沫試料淨重為 200g，還原數值如下，則 25% 還原時間為何？

時間（分）	0	0.5	1	1.5	2	2.5	3
還原量（ml）	0	10	20	30	40	50	60

(A)1.5 分鐘　　(B)2 分鐘　　　(C)2.5 分鐘　　(D)3 分鐘
【解說】200×25%=50 ml，對照上表 50 ml 為 2.5 分鐘

（C）26. 壓力開關高程 0m，屋頂水箱高程 33m，最高處撒水頭高程 30m，加壓送水裝
置利用啓動用壓力開關連動啓動。當壓力開關小於何值時，加壓送水裝置
即應啓動？

(A)3.3kgf/cm^2　(B)3.8kgf/cm^2　　(C)4.5kgf/cm^2　(D)5.0kgf/cm^2
【解說】屋頂水箱 3.3 + 0.5 = 3.8；最高處撒水頭 3 + 1.5 = 4.5

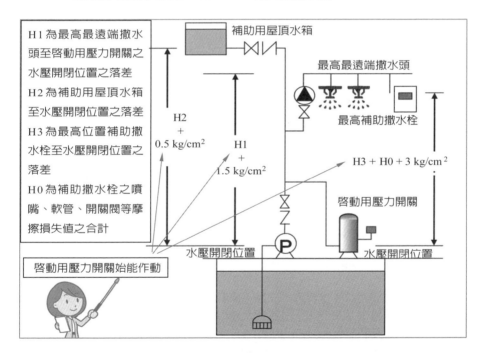

（D）27. 自動撒水採用密閉乾式或預動式自動撒水設備，撒水頭動作後，流水檢知
裝置應在幾分鐘內，使撒水頭放水？
(A)4　　　　　　(B)3　　　　　　(C)2　　　　　　(D)1
【解說】密閉乾式或預動式撒水頭動作後 1 分鐘內撒水頭放水

（D）28. 依各類場所消防安全設備設置標準之規定，下列何者應設自動撒水設備？
(A) 某一地上八層建築物，供 KTV 使用，樓地板面積合計 200 平方公尺
(B) 某一建築物十二層，各層樓地板面積在 90 平方公尺

(C) 無開口樓層供電影院使用，樓地板面積在 300 平方公尺
(D) 車站樓地板面積在 1500 平方公尺以上者
【解說】八層供 KTV 用 300m²；十二層 100 m²；無開口樓層供電影院 1000 m²

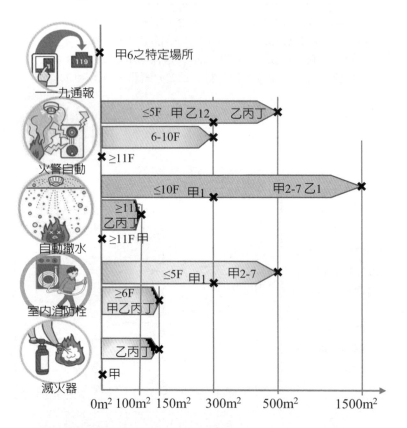

(D) 29. 變電站場所設置水霧滅火設備，放射區域 6 個分區，其消防幫浦出水量需
達每分鐘 X 公升以上；且每顆水霧噴頭放水壓力均能達每平方公分 Y 公斤
以上，請問前述 X、Y 為何？
(A)X=1200；Y=2.7   (B)X=1200；Y=3.5
(C)X=2000；Y=2.7   (D)X=2000；Y=3.5
【解說】2 區以上 2000L/min；變電站 3.5kg/cm²
(C)30.有關消防安全設備檢修完成標示附加位置，下列敘述何者錯誤？
(A) 室內消防栓設備：加壓送水裝置控制盤盤面及消防栓箱箱面
(B) 自動撒水設備：加壓送水裝置控制盤盤面及制水閥本體
(C) 簡易自動滅火設備：手動啟動裝置操作部
(D) 水霧滅火設備：加壓送水裝置控制盤盤面及制水閥本體

【解說】簡易自動滅火設備：控制盤盤面

(B) 31. 應設置消防專用蓄水池之場所規定，下列何者正確？

(A) 百貨商場用途建築物，基地面積在 25000 平方公尺，任何一層樓地板面積在 1000 平方公尺

(B) 集合住宅建築物高度 50 公尺，建築總樓地板面積在 26000 平方公尺者

(C) 總樓地板面積在 1000 平方公尺以上之地下建築物

(D) 十一層樓辦公用途建築物，各層樓地板面積在 500 平方公尺以上者

【解說】

面積	建築基地面積≥ 20000m², 且任何一層樓地板面積≥ 1500m²	有效水量於 1F 及 2F 合計 < 7500m², ≥ 20m³
高度	建築物高度≥ 31m, 且總樓地板面積≥ 25000m²	有效水量於總樓地板面積 < 12500m², ≥ 20m³
2 棟	同一建築基地≥ 2 棟時，建築物間外牆與中心線水平距離 1F < 3m、2F < 5m, 且合計各棟該 1F 及 2F 樓地板面積在≥ 10000m²	有效水量於 1F 及 2F 合計 < 7500m², ≥ 20m³

(C)32. 二氧化碳滅火設備屬於公共危險物品等場所的那一類滅火設備？

(A) 第一種滅火設備　　　(B) 第二種滅火設備
(C) 第三種滅火設備　　　(D) 第四種滅火設備

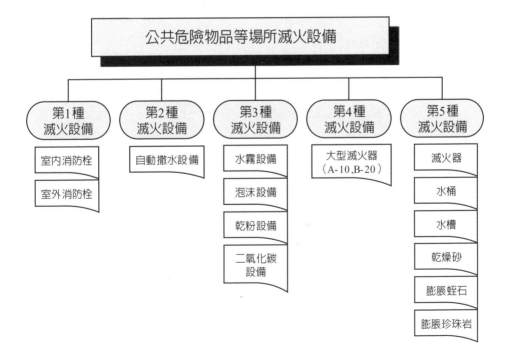

(D) 33. 二氧化碳滅火設備配管，下列設置規定何者錯誤？
(A)配管接頭及閥類之耐壓，高壓式爲每平方公分 165 公斤以上
(B) 低壓式爲每平方公分 37.5 公斤以上
(C) 最低配管與最高配管間，落差在 50 公尺以下
(D) 使用符合 CNS4626 規定之無縫鋼管，其中高壓式爲管號 Sch60 以上
【解說】高壓式爲管號 Sch 80 以上

(A) 34. 第五種滅火設備除滅火器外之其他設備，有關滅火效能值核算之規定，下列何者錯誤？
(A)6 公升之消防專用水桶，每 3 個爲 1 滅火效能值
(B) 水槽每 80 公升爲 1.5 滅火效能值
(C) 乾燥砂每 50 公升爲 0.5 滅火效能值
(D)膨脹蛭石或膨脹珍珠岩每 160 公升爲 1 滅火效能值
【解說】8 公升之消防專用水桶，每 3 個爲 1 滅火效能值

(C) 35. 二氧化碳滅火設備採全區放射，其噴頭設置規定下列何者錯誤？
(A)滅火藥劑儲存於溫度攝氏零下 18 度以下者之低壓式爲每平方公分 9 公斤以上
(B) 滅火藥劑以常溫儲存者之高壓式爲每平方公分 14 公斤以上
(C) 電信機械室採二氧化碳滅火設備全區放射，放射時間應於 3 分鐘內全部放射完畢
(D)鍋爐房採二氧化碳滅火設備全區放射，放射時間應於 1 分鐘內全部放射完畢
【解說】放射時間應於 3.5 分鐘內全部放射完畢

(A) 36. 二氧化碳滅火設備，採用低壓式滅火藥劑儲存容器時，壓力在何範圍會發出警報？
(A)23kgf/cm^2 以上；19kgf/cm^2 以下　(B)22kgf/cm^2 以上；19kgf/cm^2 以下
(C)24kgf/cm^2 以上；20kgf/cm^2 以下　(D)21kgf/cm^2 以上；17kgf/cm^2 以下

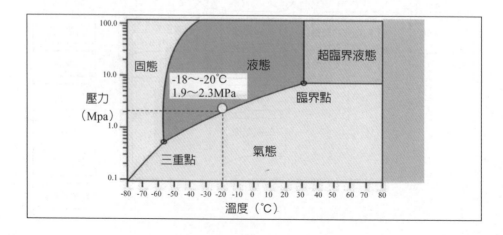

（ B ）37. 依規定 112 年度滅火器檢查合格時，應採用那種顏色檢修環？
(A) 橙　　　　(B) 黃　　　　(C) 藍　　　　(D) 綠
【解說】110 年紅，111 年橙，112 年黃，113 年綠，114 年藍

（ C ）38. 一間變壓機房採全區放射二氧化碳滅火設備，其防護區域體積 1250 立方公尺，無其它開口部，此防護區域需要多少二氧化碳藥劑量？
(A)800kg　　　(B)900kg　　　(C)1000kg　　　(D)1050kg
【解說】$1250 \times 0.8 = 1000$

設置場所	其他		
	50m³～150m³	150m³～1500m³	1500m³
每立方公尺防護區域所需藥劑量（kg/m³）	0.9	0.8	0.75
滅火藥劑之基本需要量（kg）	50	135	1200
開口自動關閉滅火藥劑之基本量（kg）	45	120	1125

（ A ）39. 可燃性高壓氣體儲存場所任一點至滅火器之步行距離在 X 公尺以下，並不得妨礙出入作業；每具滅火器對普通火災具有 Y 個以上之滅火效能值，請問前述 X、Y 為何？
(A)X=15；Y=4　　　　(B)X=10；Y=3
(C)X=20；Y=5　　　　(D)X=25；Y=6
【解說】每具滅火器對普通火災 4 個以上油類火災 10 個以上

（ B ）40. 二氧化碳滅火設備採全區放射方式，採用高壓系統在進行綜合檢查時，以空氣或氮氣進行放射試驗，所需空氣量或氮氣量，應就放射區域應設滅火藥劑量之 X% 核算，每公斤核算空氣量或氮氣量 Y（公升），請問前述 X、Y 為何？
(A)X=5；Y=45　　　　(B)X=10；Y=55
(C)X=15；Y=60　　　　(D)X=20；Y=65
【解說】放射區域 10% 以上；以常溫 15°C 一大氣壓每 mole 為 $22.4 \times \dfrac{273+15}{273} = 23.6$ 公升，則 0.1 公斤 CO_2 之體積為 $\dfrac{100g}{44(g/mole)} = 2.27$（mole）$\times 23.6 = 53.6$（法規取 55）

二、111年警報與避難系統消防安全設備

【申論題】（50分）

1. 依各類場所消防安全設備設置標準，請說明非內置蓄電池式之緊急照明設備的配線規定。依消防安全設備及必要檢修項目檢修基準之規定，之檢查方法及判定方法為何？（25分）

【解說】

（一）配線規定

第 176 條　緊急照明設備除內置蓄電池式外，其配線依下列規定：

一、照明器具直接連接於分路配線，不得裝置插座或開關等。

二、緊急照明燈之電源回路，其配線依第二百三十五條規定施予耐燃保護。但天花板及其底材使用不燃材料時，得施予耐熱保護。

（二）緊急照明設備性能檢查

1. 檢查方法

(1)照度：使用低照度測定用光電管照度計測試，確認緊急照明燈之照度有無達到法規所規定之值。

(2)緊急電源

A.確認於緊急電源切換狀態時有無正常亮燈。

B.確認緊急電源容量能否持續三十分鐘以上。

2. 判定方法

(1)照度：於地下建築物之地下通道，緊急照明燈在地面之水平面照度應達十勒克斯（lux）以上；其它場所應達到二勒克斯（lux）以上。

(2)緊急電源

A.應無不亮燈或閃爍之情形。

B.電源容量應能持續三十分鐘以上。

2. 火警自動警報設備是偵測火災的重要設備，其功能之妥善攸關火災是否能及時被發現。依消防安全設備及必要檢修項目檢修基準，請說明火警自動警報設備在進行綜合檢查時，「同時動作」及「綜合檢查」之檢查方法及判定方法為何？（25分）

【解說】

（一）同時動作

　　1. 檢查方法：操作火災試驗開關及回路選擇開關，不要復舊使任意五回路（不滿五回路者，全部回路），進行火災動作表示試驗。

　　2. 判定方法：受信機（含副機）應正常動作，主音響及地區音響裝置之全部或接續該五回路之地區音響裝置應鳴動。

（二）綜合檢查

　　1. 檢查方法：切換成緊急電源或預備電源供電狀態，使用加熱試驗器等使任一探測器動作，依下列步驟確認其性能是否正常。

　　(1)應遮斷受信總機之常用電源主開關或分電盤之專用開關。

　　(2)進行任一探測器加熱或加煙試驗時，在受信總機處應確認其火警分區之火災表示裝置是否正常亮燈、主音響及地區音響裝置是否正常鳴動。

　　2. 判定方法：火災表示裝置應正常亮燈、音響裝置應正常鳴動。

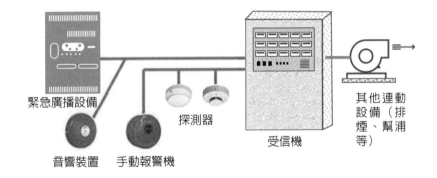

緊急廣播設備　　　　探測器　　　　　　　　　　　其他連動設備（排煙、幫浦等）

音響裝置　手動報警機　　　　　　受信機

【選擇題】（50分）

（ A ）　1. 依各類場所消防安全設備設置標準規定，公共危險物品室內儲存場所總樓
地板面積在多少平方公尺以上者，應設置火警自動警報設備？
(A)150　　　　　(B)300　　　　　(C)350　　　　　(D)500

【解說】

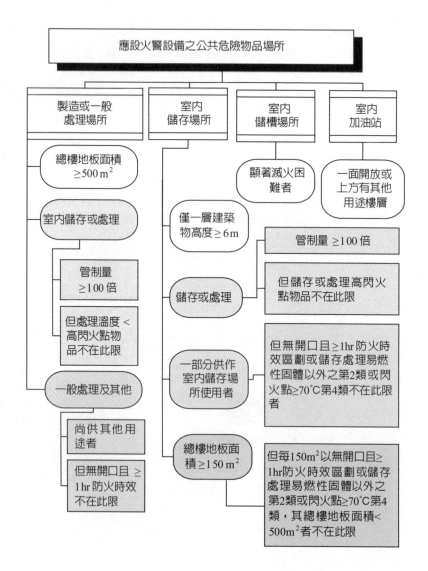

（B）　2. 平時有人之公共危險物品製造、儲存或處理場所，若未達應設置火警自動
警報設備之規定時，其儲存、處理公共危險物品數量達幾倍管制量以上，
應設置手動報警設備或具同等功能之緊急通報裝置？

(A)5 倍　　　　　　(B)10 倍　　　　　　(C)15 倍　　　　　　(D)20 倍

【解說】

第 205 條　前項以外之公共危險物品製造、儲存或處理場所儲存、處理公
共危險物品數量達管制量 10 倍以上者，應設置手動報警設備或
具同等功能之緊急通報裝置。但平日無作業人員者，不在此限。

（D）　3. 下列場所何者依規定應設置火警自動警報設備？

(A) 3 樓建築物，供兒童課後照顧服務中心用途，每樓層樓地板面積 450 平
方公尺

(B) 7 樓集合住宅，每樓層樓地板面積 250 平方公尺

(C) 設於無開口樓層之遊藝場所，其樓地板面積 200 平方公尺

(D) 3 樓建築物，供安養機構用途，每樓層樓地板面積 280 平方公尺

【解說】安養機構用途為甲 6 場所

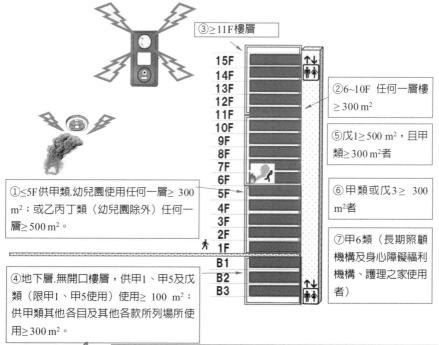

③≥11F樓層

15F
14F
13F
12F
11F
10F
9F
8F
7F
6F
5F
4F
3F
2F
1F
B1
B2
B3

②6~10F 任何一層樓 ≥ 300 m²

⑤戊1≥500 m²，且甲類≥ 300 m²者

⑥甲類或戊3≥ 300 m²者

⑦甲6類（長期照顧機構及身心障礙福利機構、護理之家使用者）

①≤5F供甲類.幼兒園使用任何一層≥ 300 m²；或乙丙丁類（幼兒園除外）任何一層≥500 m²。

④地下層.無開口樓層，供甲1、甲5及戊類（限甲1、甲5使用）使用≥ 100 m²；供甲類其他各目及其他各款所列場所使用≥300 m²。

如已設自動撒水、水霧或泡沫滅火設備（限≤75°C，≤60秒密閉型撒水頭）者免設火警自動警報設備。

（甲類、地下建築物、高層建築物或應設偵煙式場所除外）

(B)4.某建築物火警自動警報設備之鳴動方式依規定採分區鳴動,在分區鳴動經多少
分鐘內或受信總機再接受火災信號時,應立即全區鳴動?
(A)5 分鐘　　　　(B)10 分鐘　　　(C)15 分鐘　　　　(D)20 分鐘
【解說】第 113 條　前三款之鳴動於十分鐘內或受信總機再接受火災信號
時,應立即全區鳴動。

(C)　5. 玻璃工場、熔接作業場所等設有用火設備,其火焰外露之場所,在選擇探
測器時,下列何者較爲適用?
(A) 差動式局限型 1 種　　　　　　(B) 補償式局限型 1 種
(C) 定溫式局限型 1 種　　　　　　(D) 離子式局限型 1 種
【解說】
【記憶法】探測器適才適所

場所	1	2	3	4	5	6	7	8	9
	灰塵	水蒸氣	腐蝕	煙	高溫	廢氣	大量煙	結露	火焰
差動式局限型 灰廢大	○					○	○		
差動式分布型 補償式局限型 灰水腐廢大結	○	○ 二種	○			○	○	○	
定溫式皆可	○	○	○	○	○	○	○	○	○
火焰式灰廢	○					○			

(D)　6. 探測器依其工作原理,下列探測器何者具有搜集環境變異之功能,並採數
位通訊方式傳回總機,再由總機根據歷史紀錄來決定是否作動?
(A) 火焰式探測器　　　　(B) 定址式感熱探測器
(C) 定址式偵煙探測器　 (D) 類比定址式偵煙探測器
【解說】類比定址探測器具有將遮光程度搜集之功能,以及將該定址號碼
轉換爲數位訊號傳回總機,並可由總機根據歷史記錄來決定是否
警報,設定值可由總機設定修改,每一定址號碼爲一偵測單元,
受信總機可確認哪個探測器動作。

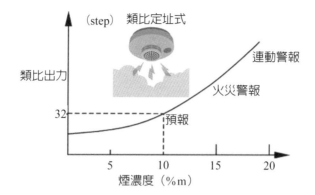

(D)7. 依消防安全設備及必要檢修項目檢修基準，差動式分布型空氣管式之火災動作或動作持續試驗，不動作或測定之時間超過範圍時，應即確認空氣管與旋塞台之連接部位是否栓緊，且應進行何種試驗？
(A) 回路導通試驗及洩漏試驗　　(B) 流通試驗及回路導通試驗
(C) 接點水高試驗及洩漏試驗　　(D) 流通試驗及接點水高試驗
【解說】於空氣管式之火災動作或動作持續試驗，不動作或測定之時間超過範圍時，或與前次檢查之測定值相差幅度大時，應即確認空氣管與旋塞台之連接部位是否栓緊，且應進行流通試驗及接點水高試驗

(B)　8. 一場所設置定溫式局限型 1 種探測器（非再用型）共有 32 個，今進行動作試驗時，應抽取 X 個探測器以加熱試驗器加熱，測定至探測器動作時間為 Y 秒內合格，則 X、Y 為何？
(A)X=1、Y=40　　　　(B) X=2、Y=60
(C)X=4、Y=90　　　　(D) X=7、Y=120
【解說】

定溫式（非再用型）探測器設置數	選取檢查數量
1～10	1
11～50	2
51～100	4
≧ 101	7

(C)　9. 一非防火構造建築物，某層高度 5.2 公尺供辦公室使用，其探測區域為 310 平方公尺，若裝設補償式局限型 1 種探測器，最少設置數量應為多少個？
(A)9　　　　(B)10　　　　(C)11　　　　(D)12
【解說】310/30 = 10.3　取 11 個

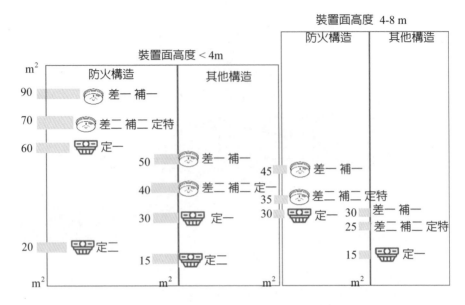

(B) 10. 依各類場所消防安全設備設置標準規定，有關揚聲器在居室樓地板面積在 X 平方公尺以下，其它非居室部分樓地板面積在 Y 平方公尺以下，且該區域與相鄰接區域揚聲器之水平距離相距 Z 公尺以下時，得免設。則 X、Y、Z 值，下列何者正確？

(A)X=6、Y=40、Z=10   (B) X=6、Y=30、Z=8

(C)X=8、Y=40、Z=10   (D) X=8、Y=30、Z=8

【解說】

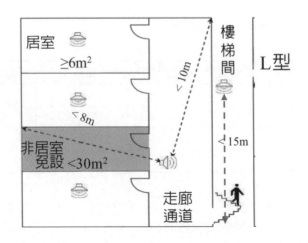

（A）11. 依各類場所消防安全設備設置標準規定，下列場所何者未強制要求設置 119 火災通報裝置？
(A) 供住宿之身心障礙者職業訓練機構
(B) 照顧失智症之身心障礙福利機構
(C) 住宿式之長期照顧服務機構
(D) 精神護理之家
【解說】

項目	10 層以下建築物			11 樓以上	地下層或無開口樓層		地下建築物
	5 樓以下		6 樓以上				
室內消防栓	甲 1	300	甲乙丙丁	150	甲 1	100	150
	甲 2-7、乙丙丁	500			甲 2-7、乙丙丁	150	
	學校教室	1400					
火警自動警報設備	甲、乙 12	300	甲乙丙丁	甲乙丙丁 0	甲 1、甲 5	100	300
	乙丙丁	500	300		戊甲 1、戊甲 5	300	
自動撒水設備	甲 1		300	甲乙丙丁 100	甲	1000	1000
	甲 2-7、乙 1		1500	甲戊 1 0			
	長期照顧服務機構（限機構住宿式、社區式團體家屋、小規模多機能及建築物使用類組非屬 H-2 之日間照顧）、老人福利機構（限長期照顧型、養護型、失智照顧型長期照顧機構、安養機構）、護理機構（限一般護理之家、精神護理之家）、身心障礙福利機構（限照顧植物人、失智症、重癱、長期臥床或身心功能退化者），全部應設。但 ≤ 1000m² 者得設水道連結型自動撒水設備。						
一一九火災通報裝置	醫院、療養院、榮譽國民之家、長期照顧服務機構（限機構住宿式、社區式之建築物使用類組非屬 H-2 之日間照顧、團體家屋及小規模多機能）、老人福利機構（限長期照護型、養護型、失智照顧型之長期照顧機構、安養機構）、護理機構（限一般護理之家、精神護理之家）、身心障礙福利機構（限照顧植物人、失智症、重癱、長期臥床或身心功能退化者），全部應設						

（B）12. 某餐廳廚房之瓦斯爐具使用天然氣作為燃料時，依法設有瓦斯漏氣火警自動警報設備，其瓦斯漏氣檢知器應設於距瓦斯爐具水平距離 X 公尺以內，且於該水平距離內之天花板無淨高 Y 公分以上之樑或類似構造體區隔之吸氣口 Z 公尺範圍內，試問 X、Y、Z 分別為何？
(A) X=4、Y=40、Z=1 　　(B) X=8、Y=60、Z=1.5
(C) X=4、Y=60、Z=1 　　(D) X=8、Y=40、Z=1.2

【解說】

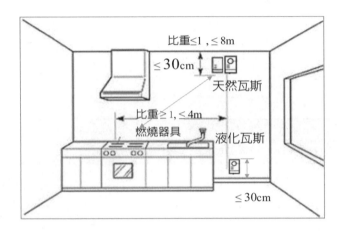

(D) 13. 設有避難器具之場所，進行外觀檢查時，下列判定方法何者正確？
(A) 設置地點為防止不當使用，設置之居室其出入口得加鎖
(B) 由地板面至開口部下端之高度應在 1.2 公尺以下
(C) 下降空間有電線時，應距離下降空間 1.5 公尺以上
(D) 下降空地應有寬 1 公尺以上之避難上有效通路，通往廣場、道路等
【解說】由地板面至開口部下端之高度應在 150cm 以下。有電線時，應距離下降空間 1.2m 以上。但是，如果該架設在空中的電線部分有絕緣措施，而被認定為安全時，不在此限。應有寬一公尺以上之避難上有效通路，通往廣場、道路等。

(A) 14. 依各類場所消防安全設備設置標準規定，供失智照顧型長期照顧服務機構、老人福利機構（安養機構）、產後護理機構等避難弱勢場所之樓層，符合規定者得免設避難器具，下列何者非免設之必要條件？
(A) 主要構造為防火構造
(B) 各樓層以具 1 小時以上防火時效之牆壁及防火設備分隔為 2 個以上之區劃，各區劃均以走廊連接安全梯，或分別連接不同安全梯
(C) 裝修材料以耐燃一級材料裝修
(D) 設有火警自動警報設備及自動撒水設備

【解說】

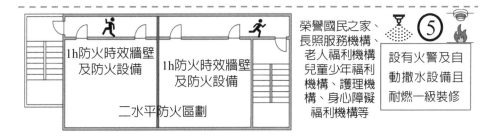

（ A ）15. 依各類場所消防安全設備設置標準規定，為確保排煙設備動作時，不受空
調等通風換氣裝置影響排煙效果，下列何項排煙設備元件動作時應連動停
止空氣調節及通風設備運轉？
(A) 排煙口開啓時
(B) 排煙風機啓動時
(C) 排煙風管貫穿防火區劃之防火閘門動作時
(D) 手動啓動開關動作時
【解說】
第 188 條　排煙口開啓時應連動停止空氣調節及通風設備運轉。

（ C ）16. 依各類場所消防安全設備設置標準規定，下列何種場所得免設排煙設備？
(A) 里民活動中心　　　(B) 圖書館
(C) 體育館　　　　　　(D) 室內健身休閒場
【解說】
第 190 條　集合住宅、學校教室、學校活動中心、體育館、室內溜冰場、
室內游泳池。

（ A ）17. 下列何者非各類場所消防安全設備設置標準明定應設置防災監控系統綜合
操作裝置之場所？
(A) 總樓地板面積在 3 萬平方公尺以上之建築物
(B) 總樓地板面積在 5 萬平方公尺以上之建築物
(C) 總樓地板面積在 1000 平方公尺以上之地下建築物
(D) 高度在 50 公尺或樓層在 16 層以上之建築物

【解說】

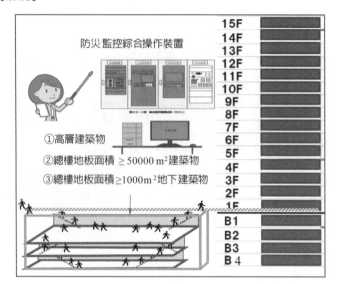

(A) 18. 局限型偵煙探測器光電式的偵測原理若設計為散亂光式，其對火場中何種
信號較不敏感？

(A) 黑煙　　　　(B) 黃煙　　　　(C) 白煙　　　　(D) 灰煙

【解說】光電式散亂光型探測器確實是在淺色煙霧時反應較快，深色煙霧
時反應較慢。

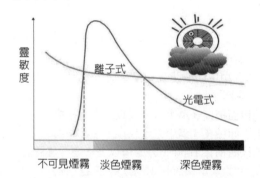

(B) 19. 有關緊急照明燈的緊急電源及配線之規定，下列敘述何者正確？

(A) 使用蓄電池設備時，其容量應能使其持續動作 45 分鐘以上

(B) 採蓄電池設備與緊急發電機併設方式時，其容量應能使其持續動作分別
為 10 分鐘及 30 分鐘以上

(C) 緊急照明燈內置蓄電池者，其配線不得裝置插座或開關等

(D) 緊急照明燈採蓄電池設備與緊急發電機併設方式時，緊急電源供電系統
之配線應施予耐熱保護

【解說】第176條　緊急照明設備除內置蓄電池式外，其配線依下列規定：
　　　　一、照明器具直接連接於分路配線，不得裝置插座或開關等。
　　　　二、緊急照明燈之電源回路，其配線依第二百三十五條規定施予
　　　　　　耐燃保護。但天花板及其底材使用不燃材料時，得施予耐熱
　　　　　　保護。

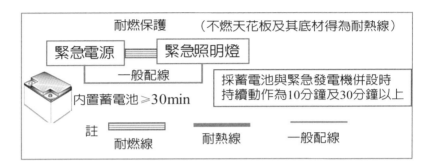

(C) 20. 依消防安全設備及必要檢修項目檢修基準，實施緊急照明設備性能檢查，
　　　　　檢查數量下列之敘述何者正確？
　　　　　(A) 建築物總樓地板面積 2000 平方公尺以下者，檢查數量應在 5 個以上
　　　　　(B) 建築物總樓地板面積 4000 平方公尺以下者，檢查數量應在 10 個以上
　　　　　(C) 建築物總樓地板面積 6000 平方公尺以下者，檢查數量應在 15 個以上
　　　　　(D) 建築物總樓地板面積 10000 平方公尺以上者，檢查數量為 20 個再追加
　　　　　　「每增加 5000 平方公尺、增加 1 個」的個數
　　　　　【解說】

總樓地板面積	1000m² 以下	3000m² 以下	6000m² 以下	10000m² 以下	超過 10000m² 者
檢查數量	5 個以上	10 個以上	15 個以上	20 個以上	20 個加上每增加 5000m² 增加 5 個

(B) 21. 依各類場所消防安全設備設置標準規定，下列有關出口標示燈及避難方向
　　　　　指示燈之敘述，何者正確？
　　　　　(A) 緊急電源應使用蓄電池設備，其容量應能使其有效動作 30 分鐘
　　　　　(B) 高層建築物，其總樓地板面積在 30000 平方公尺以上，設於主要避難路
　　　　　　徑，其容量應在 60 分鐘以上，並得採蓄電池設備及緊急發電機併設方式
　　　　　(C) 出口標示燈及避難方向指示燈之有效範圍，指至該燈之步行距離，在有
　　　　　　不易看清或識別該燈情形者，該有效範圍為 15 公尺
　　　　　(D) 避難方向指示燈設於樓梯或坡道者，在樓梯級面或坡道表面之照度，應
　　　　　　在 2 勒克司（lx）以上

【解說】

第 155 條　出口標示燈及避難方向指示燈之緊急電源應使用蓄電池設備，
其容量應能使其有效動作二十分鐘以上。但設於下列場所之主
要避難路徑者，該容量應在六十分鐘以上，並得採蓄電池設備
及緊急發電機併設方式：
一、總樓地板面積在五萬平方公尺以上。
二、高層建築物，其總樓地板面積在三萬平方公尺以上。
三、地下建築物，其總樓地板面積在一千平方公尺以上。
在有不易看清或識別該燈情形者，該有效範圍為 10 公尺

(A) 22. 避難器具安裝完成實施性能試驗，針對支固器具進行荷重試驗，緩降機至
少應載重 X kg 以上；救助袋應載重 Y kg 以上，試問 X、Y 分別為何？
(A)X=195、Y=300　　　　　　(B) X=215、Y=350
(C)X=235、Y=400　　　　　　(D) X=250、Y=450
【解說】關於載重之大小，如為救助袋，應為 300kg 以上；如為緩降機（多
人數用以外者），為 195kg 以上；如為其他種類，則應有合適之
載重。

(C) 23. 火焰探測器偵測火災為偵測火場的何種參數？
(A) 天花板噴射流之熱能　　　(B) 天花板噴射流之煙流
(C) 燃燒物之輻射能　　　　　(D) 環境影像清晰度
【解說】產生可見的或大氣中沒有的不可見的光輻射。

(C) 24. 某工廠室內製程區其燃氣設備使用之燃氣以丙烷（C_3H_8）為主成分，現場
欲設置可燃氣漏氣警報設備時，檢知器應如何安裝？
(A) 設置於天花板　　　　　　(B) 設置於牆上近天花板
(C) 設置於牆面近地板　　　　(D) 裝設於出入口門上方
【解說】

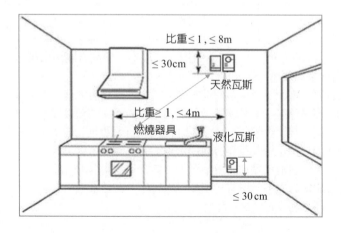

（D）25. 依119火災通報裝置認可基準規定，當常用電源停電，持續 X 分鐘待機狀態後，需保有 Y 分鐘以上可進行火災通報之電源容量；通話功能及回鈴應答試驗於 Z 秒內未收到回鈴）（D）號，應可重複進行撥號。則 X、Y、Z 為何？

(A)X=30、Y=20、Z=10　　　(B) X=30、Y=10、Z=20
(C)X=60、Y=20、Z=10　　　(D) X=60、Y=10、Z=20

【解說】當常用電源停電，持續 60 分鐘待機狀態後，需保有 10 分鐘以上可進行火災通報之電源容量。10 秒內未收到回鈴信號，應可重複進行撥號。

（C）26. 因疫情消毒需求，某醫院院區之一間獨立庫房存放 75% 酒精之備用囤放量遽增，下列何因素使該庫房須設置火警自動警報設備移報至火警總機？

(A) 面積達 100 平方公尺　　　(B) 庫房高度 5 公尺以上
(C) 囤放量達 40000 公升　　　(D) 開口部未達防火時效

【解說】酒精類管制量 400 公升 100 倍

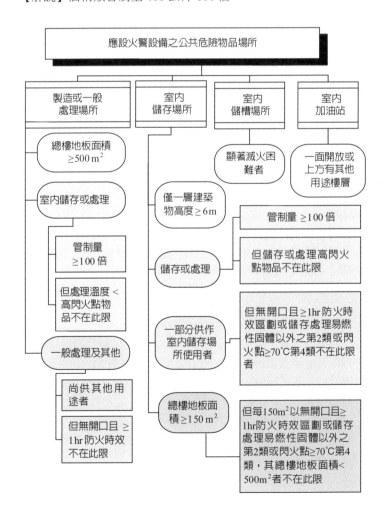

（B）27. 以絕緣電阻計量測 220V 電源之火警受信總機回路絕緣電阻，下列何者正確？
(A) 探測器回路之共線與分區線間應在 0.2MΩ 以上
(B) 探測器回路分區線與大地間應在 0.1MΩ 以上
(C) 電源回路線與大地間應在 0.1MΩ 以上
(D) 電源回路之兩線之間應在 0.1MΩ 以上
【解說】電源回路導線間及導線與大地間之絕緣電阻值，以直流二百五十伏特額定之絕緣電阻計測定，對地電壓在一百五十伏特以下者，在零點一 MΩ 以上，對地電壓超過一百五十伏特者，在零點二 MΩ 以上。探測器回路導線間及導線與大地間之絕緣電阻值，以直流二百五十伏特額定之絕緣電阻計測定，每一火警分區在零點一 MΩ 以上。

（C）28. 非局限型探測器為有效偵知火災，下列何者為設置標準規定裝設於小空間內至少應有的長度或元件數量？
(A) 定溫式線型探測器至少應 20 公尺長
(B) 差動式分布型空氣管至少應 15 公尺長
(C) 差動式分布型熱電偶式至少 4 個熱電偶
(D) 差動式分布型熱半導體式至少 4 個熱半導體
【解說】

差動式分布型探測器（檢出器與裝置面不得傾斜 5 度以上）	
空氣管式	裝接於一個檢出器之空氣管長度，在 20（露出）〜100 m。
熱電偶式	裝接於一個檢出器之熱電偶數，在 4〜20 個。
熱半導體式	裝接於一個檢出器之感熱器數量，在 2〜15 個。

（D）29. 緩降機為顧及使用之安全，裝置時應考慮之位置下列何者為佳？
(A) 設置於安全梯內窗口　　(B) 設置於電梯排煙室窗口
(C) 設置於屋頂平台女兒牆　(D) 設置於樓梯反方向走廊端窗口
【解說】設置於電梯排煙室窗口，旁邊就是特別安全梯

（C）30. 依各類場所消防安全設備設置標準規定，有關緊急廣播設備敘述下列何者錯誤？
(A) 擴音機及操作裝置於各廣播分區配線有短路時，應有短路信號之標示
(B) 任一層之揚聲器或配線有短路或斷線時，不得影響其他樓層之廣播
(C) 操作裝置至各廣播區域均應為獨立之二線式配線
(D) 設有音量調整器時，應為三線式配線
【解說】
一廣播區域內之配線 2 線即可，而三線式配線是多加 1 根線，可經過音量調整器 調整音量，但揚聲器不可經過音量調整器，所以緊急播放時不受影響。

第 139 條　緊急廣播設備之配線，依下列規定設置：

一、導線間及導線對大地間之絕緣電阻值，以直流二百五十伏
特額定之絕緣電阻計測定，對地電壓在一百五十伏特以下
者，在零點一 MΩ 以上，對地電壓超過一百五十伏特者，
在零點二 MΩ 以上。

二、不得與其他電線共用管槽。但電線管槽內之電線用於六十
伏特以下之弱電回路者，不在此限。

三、任一層之揚聲器或配線有短路或斷線時，不得影響其他樓
層之廣播。

四、設有音量調整器時，應為三線式配線。

(C) 31. 設置 119 火災通報裝置的主要功能為何？

(A) 使消防勤務中心能清楚詢問火場訊息

(B) 火警受信總機故障時之備援設備機制

(C) 輔助場所人力不足時之緊急應變通報

(D) 火警受信總機擴充連動周邊防災設備

【解說】

119 火災通報裝置的主要功能為緊急應變通報

(A) 32. 某場所進行緊急廣播設備綜合檢查，使用噪音計（A 特性）量測揚聲器之
音壓位準，在距 L 級揚聲器 1 公尺處，音壓位準值應在 X dB 以上；又挑高
空間採性能設計之指向型揚聲器，於廣播區域內任一位置距樓地板面 Y 公
尺處，音壓位準值應在 Z dB 以上。則 X、Y、Z 值，下列何者正確？

(A)X=92、Y=1、Z=75　　　　　(B) X=90、Y=1.2、Z=85

(C)X=87、Y=1、Z=90　　　　　(D) X=84、Y=1.2、Z=92

【解說】

（一）揚聲器之音壓

1. 檢查方法：距揚聲器一公尺處，使用噪音計（A 特性），確認是
否可得規定之音壓。

2. 判定方法：揚聲器之音壓，L 級 92 分貝以上，M 級 87 分貝以上，
S 級 84 分貝以上。

（二）綜合檢查：廣播區域內距樓地板面一公尺處，依下列公式求得之音
壓在七十五分貝以上者。

(D) 33. 依消防安全設備測試報告書測試方法及判定要領，有關瓦斯漏氣火警自動
警報設備檢知器之動作試驗，以加瓦斯試驗器將試驗瓦斯加進檢知器，測
定至瓦斯漏氣表示為止之時間，下列何者正確？

(A) 依檢知器動作標示燈確認檢知器之瓦斯漏氣動作者，從動作確認燈亮燈
至瓦斯漏氣燈亮燈之時間，應在 60 秒以內（有使用中繼器）

(B) 依檢知區域警報裝置之動作，確認檢知器之瓦斯漏氣動作者，從檢知區
域警報裝置之動作至瓦斯漏氣燈亮燈之時間，應在 65 秒以內（無使用

中繼器）

(C) 依中繼器之確認燈之動作，確認檢知器之瓦斯漏氣動作者，從中繼器之動作確認燈亮燈至瓦斯漏氣燈亮燈之時間，應在 85 秒以內（有使用中繼器）

(D) 無法由檢知器動作標示燈或檢知區域警報裝置或中繼器之動作確認燈測定者，至瓦斯漏氣表示之時間，應在 80 秒以內（無使用中繼器）

【解說】60 + 20 = 80

◆ 判定方法：檢知器動作確認燈亮至受信總機之瓦斯漏氣燈亮之時間，扣除 A 及 B 所定時間應在 60 秒內。

A. 介入中繼器時為 5 秒。

B. 無法由檢知器測定，使用加壓試驗用瓦斯後至受信總機之瓦斯漏氣燈亮之時間為 20 秒

(D) 34. 二氧化碳滅火系統全區放射的空間，以往造成人員死傷之動作噴發，與防護空間下列因素何者無關？

(A) 電銲施工高溫使感熱探測器誤動作

(B) 電銲施工的煙生成使偵煙探測器誤動作

(C) 電銲施工電弧電磁效應使偵煙探測器誤動作

(D) 設計藥劑量太多，人員關閉空間換氣裝置所致

【解說】設計藥劑量太多與誤動作無關

(D) 35. 依緊急廣播設備用揚聲器認可基準規定，下列何者為指向特性 N 之揚聲器服務範圍圖（音域圖）？

(A)　　　　(B)　　　　(C)　　　　(D)

(B) 36. 探測器安裝與天花板冷氣出風口應保持適當之距離，與火警探測器認可基準之下列何者有關？

(A) 老化試驗　　(B) 動作試驗　　(C) 濕度試驗　　(D) 震動試驗

【解說】動作有關

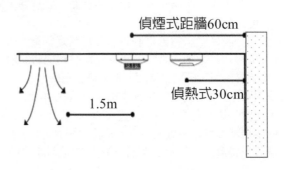

偵煙式距牆60cm

偵熱式30cm

1.5m

（ A ） 37. 醫院之排煙設備進行綜合檢查時，緊急電源之檢查應如何落實？
(A) 有困難之場所，得使用常用電源進行檢查
(B) 應務必以緊急電源測試偵煙探測器連動排煙機之啓動
(C) 應落實以緊急電源運轉測試電動機電流
(D) 應落實以緊急電源運轉測試排煙機風量

（ B ） 38. 依消防安全設備及必要檢修項目檢修基準，針對緩降機之下降空間進行外觀檢查時，確認有無妨礙下降之物品，及有無確保下降必要之空間，下列何者錯誤？
(A) 下降空間爲以器具中心半徑 50 公分圓柱形範圍內
(B) 下降空間爲以器具中心點離牆壁 30 公分以上
(C) 下降空間有突出物在 10 公分以內，且無避難障礙者該突出物得在下降空間範圍內
(D) 下降空間有突出物超過 10 公分時，能採取不損繩索措施者，該突出物得在下降空間範圍內
【解說】下降空間爲以器具中心點離牆壁 50 公分以上

（ B ） 39. 民國 84 年取得使用執照之大樓，測試其火警地區音響裝置之音壓何者正確？
(A) 設於裝修蓋板內時，應將其蓋板打開以利測試
(B) 設於裝修蓋板內時，應保持蓋板關閉測試 85 分貝以上
(C) 使受信總機火災表示燈亮起，主音響鳴動即可
(D) 不需考慮裝修蓋板，以噪音計測試音壓需在 90 分貝以上
【解說】各類消防安全設備設置標準 85 年 6 月訂定後音壓 90 分貝以上，之前爲 85 分貝以上

（ C ） 40. 光電式分離型探測器進行外觀試驗，以目視確認探測器光軸應平行牆壁距離 X 公分以上，且探測器之光軸高度應在天花板等高度 Y% 以上之位置。而使用減光罩進行動作試驗，非蓄積型探測器之動作時間應在 Z 秒內。則 X、Y、Z 值，下列何者正確？
(A)X=30、Y=20、Z=30　　　(B) X=40、Y=60、Z=60
(C)X=60、Y=80、Z=30　　　(D) X=100、Y=90、Z=60
【解說】

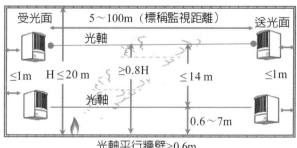

光軸平行牆壁≥0.6m

國家圖書館出版品預行編目資料

圖解消防安全設備設置標準／盧守謙，陳承聖
著. -- 五版. -- 臺北市：五南圖書出版股
份有限公司, 2022.10
    面；　公分
ISBN 978-626-343-295-6（平裝）

1.CST: 消防設施　2.CST: 消防安全
3.CST: 設備標準

575.875　　　　　　　　　111013698

5T37

圖解消防安全設備設置標準

作　　　者 ― 盧守謙（481）

協同作者 ― 陳承聖

編輯主編 ― 王正華

責任編輯 ― 金明芬

封面設計 ― 姚孝慈

出 版 者 ― 五南圖書出版股份有限公司

發 行 人 ― 楊榮川

總 經 理 ― 楊士清

總 編 輯 ― 楊秀麗

地　　　址：106臺北市大安區和平東路二段339號4樓

電　　　話：(02)2705-5066　　傳　　真：(02)2706-6100

網　　　址：https://www.wunan.com.tw

電子郵件：wunan@wunan.com.tw

劃撥帳號：01068953

戶　　　名：五南圖書出版股份有限公司

法律顧問　林勝安律師

出版日期　2018年 7 月初版一刷
　　　　　2019年 5 月二版一刷
　　　　　2020年 2 月三版一刷
　　　　　2021年 9 月四版一刷
　　　　　2022年10月五版一刷
　　　　　2025年 1 月五版二刷

定　　　價　新臺幣680元

全新官方臉書

五南讀書趣

WUNAN Books since1966

經典永恆 · 名著常在

五十週年的獻禮——經典名著文庫

五南，五十年了，半個世紀，人生旅程的一大半，走過來了。
思索著，邁向百年的未來歷程，能為知識界、文化學術界作些什麼？
在速食文化的生態下，有什麼值得讓人雋永品味的？

歷代經典 · 當今名著，經過時間的洗禮，千錘百鍊，流傳至今，光芒耀人；
不僅使我們能領悟前人的智慧，同時也增深加廣我們思考的深度與視野。
我們決心投入巨資，有計畫的系統梳選，成立「經典名著文庫」，
希望收入古今中外思想性的、充滿睿智與獨見的經典、名著。
這是一項理想性的、永續性的巨大出版工程。
不在意讀者的眾寡，只考慮它的學術價值，力求完整展現先哲思想的軌跡；
為知識界開啟一片智慧之窗，營造一座百花綻放的世界文明公園，
任君遨遊、取菁吸蜜、嘉惠學子！